よくわかる
社会保障法
Understanding Social Security Law

第2版

西村健一郎
水島郁子
稲森公嘉
編

倉田賀世
津田小百合
福島　豪
著

有斐閣
yuhikaku

第2版はしがき

　社会保障法の原理やしくみ，基本的な制度は変わらなくても，社会保障法分野のどこかで法改正があったり，新しい裁判例が出されたり，新たな課題が見つかったりと，社会保障法はつねに展開し，変化を続けています。

　2015年に安倍首相は少子高齢化という構造的な問題に真正面から取り組むとの姿勢を表明し，一億総活躍社会の実現を目標に掲げました。その実現のための三本の矢として，「希望を生み出す強い経済」「夢をつむぐ子育て支援」「安心につながる社会保障」を示しました。

　2015年以降の法改正には，少子高齢化を背景とするものが多くあります。2016年の国民年金法等改正による短時間労働者への被用者保険の適用拡大，雇用保険法等の改正による高年齢被保険者の拡大や有期契約労働者の育児介護休業の取得要件緩和，2017年の介護保険法等改正による地域包括ケアシステムの強化等です。すでに以前の法改正で決まっていたことでありますが，年金保険では，マクロ経済スライドの発動，被用者年金の厚生年金への一元化（2015年），老齢基礎年金の受給資格期間の短縮（2017年），年金保険料（率）の固定（2018年。2017年が最後の引上げ）といった，重要な変更もありました。

　第2版では2015年から2018年にかけての法律の施行状況，法改正や裁判例を織り込むとともに，より「よくわかる」内容になるよう若干の記述を改めました。社会保障法を「よくわかる」ようになってほしい，本書をもとに正確な議論ができるようになってほしい，という執筆者の思いは初版と変わりません。

　第2版にあたり，有斐閣京都支店の一村大輔氏，栁澤雅俊氏にたいへんお世話になりました。心より厚く御礼を申し上げます。

2019年1月

　　　　　　　　　　　　　　西村健一郎　水島郁子　稲森公嘉
　　　　　　　　　　　　　　倉田賀世　津田小百合　福島　豪

初版はしがき

　社会保障ほど最近話題になる言葉はないかもしれません。しかし「社会保障法」となると「よくわからない」。そんな人が多いのではないでしょうか。

　社会保障法の基本理念は憲法25条の生存権にありますが，「すべて国民は，健康で文化的な最低限度の生活を営む権利を有する。」という憲法25条の文言や，生存権についての最高裁判所の見解が示された朝日訴訟を，みなさんも一度は耳にしたことがあるでしょう。医療や介護，障害者福祉はみなさんの身近でも行われているでしょうし，保育所の待機児童の問題や年金制度について関心をもっている人もいるのではないでしょうか。社会保障法の勉強を始める前から，社会保障法を「知っている」人は，実は割と多いはずです。

　しかし，社会保障法を「よくわかる」ようになるまでには，壁にぶつかるかもしれません。たとえば，社会保障法制度を「わかって」いても，その根拠となる法律の規定を上手に探せないこともあります。また，社会保障法関連の法律の中には読みづらいものもありますし，逆にすっきりと読みやすい法律はたいてい，具体的内容を省令や通達に委ねていて，法律を読むだけでは「よくわからない」ことも少なくありません。

　次に，社会保障法関連の法律を「わかる」だけでは不十分であることにも気づくでしょう。まず，民法の基礎知識が必要です。社会保障法では家族が問題になることがしばしばありますが，そのときには民法の家族法の規定を参照することになります。介護を受けるときには介護サービス契約を締結しますが，そうなると契約法の知識も必要です。介護や保育の現場で事故がおきれば不法行為が問題になることもあります。成年後見の問題も重要なテーマです。さらに労災保険や雇用保険を学ぶ際には，労働法の基礎知識が必要です。社会保障給付の大半は行政による処分に基づくものですから，行政法も理解しなくてはなりません。いうまでもなく憲法の学習も社会保障法を学ぶ上で重要です。

　さて，社会保障法の各制度は，その基本理念が憲法25条に求められる点で共通

しますが，目的や対象，給付の性格は制度ごとにかなり異なります。たとえば，最低限度の生活を営めない者に支給される生活保護給付と，所定の保険料を納めた者に対して支給される社会保険の老齢年金とでは，法的性格が大きく異なります。社会保障法を「よくわかる」ためには，それぞれの制度の特徴や法的意味をきちんと理解しなくてはなりません。

　本書では，4人の学生（2人の大学院生と2人の学部生）が香里先生とゼミの内外で話をしながら，社会保障法を学んでいきます。会話調のわかりやすい文章でありながら，実務的な論点もできる限り盛り込むよう心を配りました。学部生だけでなく，大学院生，法科大学院生，弁護士・社会保険労務士・社会福祉士・介護職員などの実務家，社会保険・社会福祉行政に携わっている公務員や団体職員，さらには社会保障法に関心をもっているすべての方々にも読んでもらえるものになっていると思います。みなさんも4人の学生とともに，社会保障法の壁を乗りこえて「よくわかる」ようになってほしい。そして，本書をもとにして，正確な議論ができるようになってほしい。これが私たち執筆者の願いです。

　本書の企画・執筆・刊行に際しては，有斐閣書籍編集第一部の一村大輔氏，奥山裕美氏（現六法編集部）に，たいへんお世話になりました。とくに奥山氏には，社会保障法を「よくわかる」ものにするために，そして香里先生と4人の学生が多重人格者になってしまわないために，本当に多数の有益なコメントとご指摘をそれぞれの章にいただきました。本当は執筆者の1人として名前をあげる必要があるかもしれないと思うほどです。心より厚く御礼申し上げます。

2015年1月

　　　　　　　　　　　　　西村健一郎　水島郁子　稲森公嘉
　　　　　　　　　　　　　倉田賀世　津田小百合　福島　豪

執筆者紹介 （執筆順）　　＊は編者

＊稲森 公嘉（いなもり・きみよし）
　　第1章・第8章担当
　　京都大学大学院法学研究科教授

＊西村健一郎（にしむら・けんいちろう）
　　第2章・第5章担当
　　京都大学名誉教授

　津田小百合（つだ・さゆり）
　　第3章担当
　　北九州市立大学法学部准教授

　福島　豪（ふくしま・ごう）
　　第4章担当
　　関西大学法学部教授

＊水島郁子（みずしま・いくこ）
　　第6章・第9章担当
　　大阪大学大学院高等司法研究科教授

　倉田賀世（くらた・かよ）
　　第7章担当
　　熊本大学法学部教授

もくじ

第1章 社会保障の世界へ

1-1 社会保障の意義と沿革 ——————————————— 1
- 1-1-1 社会保障の概念 　1
- 1-1-2 社会保障制度の形成・展開 　4
- 1-1-3 社会保障の理念 　7

1-2 社会保障の目的と方法 ——————————————— 11
- 1-2-1 社会保障の目的・機能 　11
- 1-2-2 社会保障の方法(1)——社会保険 　13
- 1-2-3 社会保障の方法(2)——社会扶助 　15

1-3 社会保障と法 ——————————————————— 16
- 1-3-1 社会保障の法源 　16
- 1-3-2 条　約 　18
- 1-3-3 社会保障の法主体 　20
- 1-3-4 社会保障の法体系 　23

第2章 公的医療保険・高齢者医療

2-1 社会保障における「医療」 ————————————— 27
- 2-1-1 わが国の医療保障の特徴 　27
- 2-1-2 「国民皆保険」——被用者保険と国民健康保険 　28

2-2 健康保険法 ——————————————————— 30
- 2-2-1 保険者 　30
- 2-2-2 適用事業所 　31
- 2-2-3 被保険者 　33
- 2-2-4 被扶養者 　35
- 2-2-5 保険給付・概説 　36
- 2-2-6 療養の給付・療養費・家族療養費 　37
- 2-2-7 高額療養費 　39
- 2-2-8 傷病手当金 　40

  2-2-9 出産手当金等，女性の出産に関する給付 *41*
  2-2-10 その他の給付 *42*
  2-2-11 健康保険の財源 *43*
2-3 **国民健康保険法** ——————————————————— *44*
  2-3-1 沿革・目的 *44*
  2-3-2 保険者 *45*
  2-3-3 被保険者 *46*
  2-3-4 保険給付 *47*
  2-3-5 費用負担 *49*
2-4 **医療供給体制** ——————————————————— *51*
  2-4-1 序 *51*
  2-4-2 医療機関 *52*
  2-4-3 医療計画 *53*
  2-4-4 保険医療機関の指定 *53*
  2-4-5 診療報酬の支払と出来高払制 *56*
  2-4-6 社会保険診療報酬支払基金および国民健康保険団体連合会 *58*
  2-4-7 自由診療 *61*
  2-4-8 混合診療 *61*
2-5 **高齢者医療** ——————————————————————— *62*
  2-5-1 老人保健制度から高齢者医療保険制度へ *62*
  2-5-2 高齢者医療保険制度 *63*
  2-5-3 前期高齢者に係る財政調整 *64*
2-6 **医療制度改革の課題** ——————————————————— *65*

第3章 介 護 保 険

3-1 **介護の社会化と介護保険導入** ————————————— *66*
  3-1-1 介護の社会問題化 *66*
  3-1-2 社会保険としての介護保険 *67*
3-2 **介護保険の加入関係** ——————————————————— *70*
  3-2-1 保険者と被保険者 *70*
  3-2-2 住所地特例と保険者の広域化 *72*
3-3 **介護保険の財源** ————————————————————— *75*
  3-3-1 保険料(1)——第1号被保険者の場合 *75*
  3-3-2 保険料(2)——第2号被保険者の場合 *78*
  3-3-3 保険料の減免措置と給付制限 *78*

3-3-4　公費負担　*79*

3-4　サービスの利用手続と保険給付 ——————————————— 80
- 3-4-1　要介護認定　*81*
- 3-4-2　介護事業者とのサービス利用契約の締結　*83*
- 3-4-3　介護サービス提供事業者・施設の指定・監督　*86*
- 3-4-4　給付の種類・内容　*87*
- 3-4-5　サービス利用の流れと利用者の費用負担　*91*

3-5　どこへ行くんだ？ 介護保険（介護保険の将来と課題）————— 95
- 3-5-1　介護保険の財政問題　*95*
- 3-5-2　障害者福祉領域との統合問題　*98*
- 3-5-3　介護を担う人材の育成　*99*
- 3-5-4　介護職の早期離職問題と外国人介護職の受入れ　*101*
- 3-5-5　介護報酬の引上げ　*102*

第4章　年金保険

4-1　年金保険の全体像 ——————————————————— 104
- 4-1-1　年金保険の意義と体系　*104*
- 4-1-2　年金保険の財政方式　*106*

4-2　年金保険への加入 ——————————————————— 108
- 4-2-1　国民年金の加入資格（被保険者）　*108*
- 4-2-2　国民年金の加入資格と学生　*109*
- 4-2-3　厚生年金の加入資格（被保険者）　*110*
- 4-2-4　年金保険の加入手続　*111*
- 4-2-5　標準報酬（厚生年金）　*112*
- 4-2-6　事業主の届出義務の性格（厚生年金）　*113*

4-3　年金保険の給付 ———————————————————— 114
- 4-3-1　老齢年金　*114*
- 4-3-2　年金額の改定（スライド）　*116*
- 4-3-3　老齢年金の繰上げ・繰下げ支給　*117*
- 4-3-4　特別支給の老齢厚生年金　*118*
- 4-3-5　在職老齢年金　*120*
- 4-3-6　障害年金　*121*
- 4-3-7　障害年金における初診日とは　*123*
- 4-3-8　遺族年金　*124*
- 4-3-9　遺族年金における配偶者とは　*125*

  4-3-10　離婚時の年金分割　*127*
4-4　年金受給権とその性格 ——————————————————— *129*
  4-4-1　年金受給権の構造　*129*
  4-4-2　未支給年金　*131*
  4-4-3　年金給付の併給調整　*131*
  4-4-4　年金給付の逸失利益性　*132*
4-5　年金保険の財源 ——————————————————————— *133*
  4-5-1　年金保険の財源構造　*133*
  4-5-2　国民年金の保険料　*136*
  4-5-3　厚生年金の保険料　*137*
4-6　企　業　年　金 ——————————————————————— *138*
  4-6-1　企業年金の意義　*138*
  4-6-2　厚生年金基金　*139*
  4-6-3　確定給付企業年金と企業型確定拠出年金　*140*
  4-6-4　企業年金の受給者減額　*142*
4-7　年金保険の課題 —————————————————————— *143*

第5章　労　災　保　険

5-1　労災補償とは ———————————————————————— *145*
  5-1-1　労災補償制度の意義と沿革　*145*
  5-1-2　わが国の労災補償制度の特徴　*146*
5-2　労災保険制度 ———————————————————————— *147*
  5-2-1　労災保険の制度的仕組み　*147*
  5-2-2　労災保険の適用される労働者　*148*
  5-2-3　特別加入制度　*149*
5-3　労働保険関係 ———————————————————————— *150*
  5-3-1　労働保険関係の成立と消滅　*150*
  5-3-2　労働保険料　*151*
5-4　業務災害の認定 —————————————————————— *154*
  5-4-1　業務災害とは　*154*
  5-4-2　業務上・外の判断基準　*155*
  5-4-3　業務遂行性の認められる場合の諸類型　*156*
  5-4-4　就業時間外の災害　*157*
  5-4-5　出張中の災害　*158*
  5-4-6　運動競技会等への出場，会社主催の慰安会への参加　*158*

5-4-7　他人の暴行　　*159*
　　　5-4-8　天災地変等による災害　　*160*
　　　5-4-9　原因が不明なケース　　*160*
　5-5　業務上の疾病 ──────────────────────── *161*
　5-6　通勤災害保護制度 ──────────────────── *162*
　　　5-6-1　通勤災害と労災保険　　*162*
　　　5-6-2　「通勤による」災害　　*163*
　　　5-6-3　「通勤」の意義　　*164*
　　　5-6-4　通勤と就業関連性　　*164*
　　　5-6-5　住居と就業の場所　　*165*
　　　5-6-6　合理的な経路・方法　　*166*
　　　5-6-7　通勤経路の逸脱・中断　　*166*
　5-7　労災保険給付の内容 ──────────────────── *167*
　　　5-7-1　労災保険の給付とその意義　　*167*
　　　5-7-2　療養補償給付　　*168*
　　　5-7-3　休業補償給付　　*169*
　　　5-7-4　障害補償給付　　*171*
　　　5-7-5　介護補償給付　　*172*
　　　5-7-6　遺族補償給付　　*172*
　　　5-7-7　葬祭料　　*174*
　　　5-7-8　打切補償と傷病補償年金　　*174*
　　　5-7-9　社会復帰促進等事業　　*175*
　　　5-7-10　他の社会保険給付との調整　　*176*
　5-8　労災保険給付と損害賠償 ──────────────── *177*
　　　5-8-1　損害賠償との調整　　*177*
　　　5-8-2　「第三者災害」　　*177*
　　　5-8-3　第三者災害と示談　　*178*
　　　5-8-4　調整の対象になる受給権者の範囲　　*179*
　　　5-8-5　使用者災害　　*180*

第6章　雇用保険

　6-1　雇用保険制度 ──────────────────────── *182*
　　　6-1-1　雇用保険制度の意義と沿革　　*182*
　　　6-1-2　雇用保険の適用事業　　*183*
　　　6-1-3　保険者と被保険者　　*184*

6-2 雇用保険給付 ———————————————————— 185
- 6-2-1 基本手当 *185*
- 6-2-2 基本手当以外の求職者給付 *187*
- 6-2-3 就職促進給付 *189*
- 6-2-4 教育訓練給付 *191*
- 6-2-5 高年齢雇用継続給付 *192*
- 6-2-6 育児・介護休業給付 *193*

6-3 失業と基本手当 ———————————————————— 195
- 6-3-1 失　業 *195*
- 6-3-2 失業時の手続 *197*
- 6-3-3 受給期間 *198*
- 6-3-4 給付制限 *199*

6-4 雇用安定事業等 ———————————————————— 200
- 6-4-1 雇用安定事業等の仕組み *200*
- 6-4-2 雇用調整助成金 *201*
- 6-4-3 就職支援法事業（求職者支援制度） *202*

6-5 雇用保険制度の将来像 ———————————————————— 203

第7章　社会福祉

7-1 社会福祉とは ———————————————————— 205
- 7-1-1 社会福祉法 *205*
- 7-1-2 社会福祉法制の展開 *206*
- 7-1-3 措置制度の見直し *207*
- 7-1-4 社会福祉サービスの利用関係と実現過程 *209*
- 7-1-5 社会福祉サービスの供給体制 *212*
- 7-1-6 利用者の権利擁護 *214*

7-2 児童・母子福祉とひとり親支援 ———————————————————— 216
- 7-2-1 保育サービスの類型 *216*
- 7-2-2 保育サービスの利用 *219*
- 7-2-3 子ども手当と児童手当 *224*
- 7-2-4 児童手当の財源 *226*
- 7-2-5 要保護児童に対する支援 *227*
- 7-2-6 ひとり親家庭への支援 *229*

7-3 障害を持つ人への支援 ———————————————————— 232
- 7-3-1 障害者，障害児とは *232*

- 7-3-2 障害者福祉法制の沿革と体系　235
- 7-3-3 障害者自立支援法から障害者総合支援法へ　238
- 7-3-4 障害者総合支援法に基づく社会福祉サービス　239

7-4　高齢者福祉 ───── 243
- 7-4-1 老人福祉法に基づく措置　243
- 7-4-2 有料老人ホーム　244

第8章　生活保護

8-1　公的扶助としての生活保護 ───── 247
- 8-1-1 公的扶助の意義と沿革　247
- 8-1-2 生活保護制度の現状　248
- 8-1-3 外国人と生活保護　252
- 8-1-4 生活保護の基本原理と原則　254

8-2　保護の補足性 ───── 256
- 8-2-1 資産の活用　256
- 8-2-2 能力の活用　259
- 8-2-3 扶養および他法他施策の優先　261

8-3　生活保護の給付 ───── 262
- 8-3-1 保護の種類　262
- 8-3-2 保護基準　263
- 8-3-3 収入認定　265
- 8-3-4 世帯単位の原則　266

8-4　保護の過程 ───── 268
- 8-4-1 保護申請　268
- 8-4-2 保護の開始・変更　270
- 8-4-3 被保護者の権利・義務　271
- 8-4-4 保護の停止・廃止　273
- 8-4-5 費用の返還・徴収　275
- 8-4-6 不服申立て　277

8-5　生活保護の財政 ───── 278

8-6　生活保護の課題 ───── 279
- 8-6-1 自立の支援　279
- 8-6-2 他制度との関係　281

第9章　社会保障の権利と財政

9-1　社会保障の権利と義務（社会保障の通則） ─── 284
- 9-1-1　社会保障受給権の発生　*284*
- 9-1-2　社会保障受給権の一身専属性　*285*
- 9-1-3　社会保障受給権の非譲渡性，差押えの禁止　*286*
- 9-1-4　租税その他公課の禁止　*287*
- 9-1-5　社会保障受給権の消滅　*288*
- 9-1-6　過誤・不正による給付の支払　*288*
- 9-1-7　給付の支給制限　*289*
- 9-1-8　給付の併給調整　*290*
- 9-1-9　給付の損害賠償との調整　*291*

9-2　社会保障の財政 ─── 293
- 9-2-1　国民の負担　*293*
- 9-2-2　社会保険料　*295*
- 9-2-3　公費負担　*296*
- 9-2-4　財政調整　*298*

9-3　手続的保障と権利救済 ─── 298
- 9-3-1　手続的保障　*298*
- 9-3-2　行政不服申立て　*300*
- 9-3-3　行政事件訴訟　*301*

9-4　社会保障法と憲法 ─── 304
- 9-4-1　憲法25条（生存権）　*304*
- 9-4-2　憲法14条1項（法の下の平等）　*305*
- 9-4-3　憲法29条（財産権）　*309*
- 9-4-4　憲法84条（租税法律主義）　*311*
- 9-4-5　憲法89条（公の財産の支出・利用の制限）　*312*

参考文献　*314*
事項索引　*315*
判例索引　*321*

イラスト：イナアキコ（p. *2, 45, 81, 115, 156, 193, 244, 269, 293*）

略語表

1　法令名の略語

※「則」はその法律の施行規則,「令」はその法律の施行令を示す.例：国年令＝国民年金法施行令.

育介	育児休業,介護休業等育児又は家族介護を行う労働者の福祉に関する法律（育児介護休業法）
医師	医師法
医療	医療法
介保	介護保険法
確定給付	確定給付企業年金法
確定拠出	確定拠出年金法
学教	学校教育法
求職者支援	職業訓練の実施等による特定求職者の就職の支援に関する法律（求職者支援法）
行審	行政不服審査法
行訴	行政事件訴訟法
行手	行政手続法
憲	日本国憲法
健保	健康保険法
厚年	厚生年金保険法
高年	高年齢者等の雇用の安定等に関する法律（高年齢者雇用安定法）
高齢虐待	高齢者虐待の防止,高齢者の養護者に対する支援等に関する法律
国年	国民年金法
国保	国民健康保険法
子育て支援	子ども・子育て支援法
雇保	雇用保険法
自治	地方自治法
児手	児童手当法
児童虐待	児童虐待の防止等に関する法律（児童虐待防止法）
児福	児童福祉法
児扶手	児童扶養手当法
社福	社会福祉法

障害基	障害者基本法
障害雇用	障害者の雇用の促進等に関する法律
障害総合支援	障害者の日常生活及び社会生活を総合的に支援するための法律（障害者総合支援法）
職安	職業安定法
身体障害	身体障害者福祉法
生保	生活保護法
知的障害	知的障害者福祉法
認定こども園	就学前の子どもに関する教育，保育等の総合的な提供の推進に関する法律
年金支援給付	年金生活者支援給付金の支給に関する法律
母福	母子及び父子並びに寡婦福祉法
民	民法
労基	労働基準法
労契	労働契約法
労災	労働者災害補償保険法（労災保険法）
老福	老人福祉法
労保徴	労働保険の保険料の徴収等に関する法律

2　通達の略語

※2001（平成13）年1月以前，＊は厚生省，無印は労働省

基災収	厚生労働省労働基準局労災補償部長（が疑義に答えて発した）通達
基災発	厚生労働省労働基準局労災補償部長通達
基収	厚生労働省労働基準局長（が疑義に答えて発した）通達
基発	厚生労働省労働基準局長通達
児発＊	厚生省児童家庭局通知
社発＊	厚生労働省社会局長通知
障障発＊	厚生労働省社会・援護局障害保健福祉部障害福祉課長通知
庁保険発	（旧）社会保険庁運営部医療保険課長通知
庁保発	（旧）社会保険庁運営部長通知
年発＊	厚生労働省年金局長通知
発児＊	厚生事務次官通達
保険発＊	厚生労働省保険局調査課長通知
保発＊	厚生労働省保険局長通知

		略語表
保文発＊	厚生労働省保険局保険課長回答	
老健＊	厚生労働省老人保健福祉局老人保健課長通知	
老発＊	厚生労働省老健局長通知	

3　裁判例・判例集等の略語

最大判(決)	最高裁判所大法廷判決(決定)
最判(決)	最高裁判所判決(決定)
高判(決)	高等裁判所判決(決定)
地判(決)	地方裁判所判決(決定)
支判(決)	支部判決(決定)

民集	最高裁判所民事判例集	東高時報	東京高等裁判所判決時報
行集	行政事件裁判例集	家月	家庭裁判月報
高民集	高等裁判所民事判例集	訟月	訟務月報
労民集	労働関係民事裁判例集		

金判	金融・商事判例	判タ	判例タイムズ
賃社	賃金と社会保障	労経速	労働経済判例速報
判時	判例時報	労判	労働判例
判自	判例地方自治		

本書のコピー，スキャン，デジタル化等の無断複製は著作権法上での例外を除き禁じられています。本書を代行業者等の第三者に依頼してスキャンやデジタル化することは，たとえ個人や家庭内での利用でも著作権法違反です。

登場人物

香里
大学で社会保障法を教える准教授。時には熱く，時には優しく4人を指導する。
2歳の男の子を育てる母親でもある。

田辺
博士課程に通う大学院生。香里のゼミに所属しながらTA（Teaching Assistant）も務めている。将来は研究者になることを目標とする，真面目な学生。

新町
修士課程の1年生。将来は家業を継ぐ予定で学生生活を続けている。お調子者で明るい性格。

千里
経済学部の3年生。同じテニスサークルに所属している新町を通じて社会保障法に興味をもち，香里のゼミに参加するように。勝ち気でハキハキした性格。

小倉
法学部の3年生。千里とは幼なじみで，千里に巻き込まれる形で香里や田辺・新町と親しくなった。いつも千里には押されっぱなし。

第1章　社会保障の世界へ

1-1　社会保障の意義と沿革

1-1-1　社会保障の概念

> 桜の花びらが舞う新学期のキャンパス。通りがかった法学部生の小倉君を引き連れてセミナー室に現れた香里先生。今日から新年度の大学院ゼミがスタートだ。

香里：皆さん，社会保障の世界へようこそ！　これからこのゼミで社会保障法について一緒に考えていきましょう！　えっと，今日は初回だし，大学院生2人だけでは何となくさびしいので，特別に学部生の小倉君にもゼミに来てもらいました。興味があったら，毎回来てくれていいのよっ！　さて，皆さんは社会保障というと，どのようなものを連想するのかしら？　小倉君，どう？

小倉：よ，よろしくお願いします（緊張するなあ…）。そうですね。何といっても年金と医療です。少子高齢化がますます進む中で，増え続ける費用を支えられるのか，と以前からたびたび話題になっていますし。

田辺：1年間で100兆円以上に及ぶ社会保障給付の費用の8割以上を，この2つが占めているからね。1万円札を積み重ねると，100兆円ってどれくらいの高さになるか，わかるかな。

小倉：う〜ん…富士山くらいですか？

田辺：いやいや，100万円が1 cmといわれているから，100兆円だと1,000 kmだね。富士山で例えると…（とすばやく計算）約265倍になるよ。

小倉：ひぇぇ〜‼　宇宙レベルの話ですね。

新町：高齢化といえば，お年寄りの介護の問題も深刻だよ。最近では孤独死とか，老老介護の果ての虐待とか，悲しい事件が後を絶ちませんし，介護離職なんて話も聞きます。核家族化，独居化が進んだ現代では，親戚や地域の支えがなければ，家族だけだとなかなかやっていけませんよ。

小倉：家族以外の手助けが必要だという点では，障害のある人や子育て中のお母さん，お父さんもそうですよね。こうした人たちへの福祉の制度も大切だと思います。

田辺：僕の姉も，子どもの保育所探しに苦労していたよ。

小倉：そうそう，福祉といえば，生活保護を受ける人の数が増え続けていましたけど，本当に困っている人の役に立っているのでしょうか。収入がないのに保護を受けられずに亡くなってしまったり，逆に必要のない人が保護を受けていたり，なんて話ばかり聞きますけど。

田辺：最近は若い人で生活保護を受ける人も増えているね。リーマン・ショック以後は仕事を見つけるのが大変だったし，仕事があっても非正規ばかりだったりしたわけだし。

新町：でも，就職できても，それで安心というわけでもないですよ。会社が倒産したり，突然クビになったりするかもしれないですし，会社に残れたとしても，働きすぎて過労死したり，うつ病になったりすることも少なくない…。

田辺：そういうときは，雇用保険や労災保険といった労働保険の出番だね。

香里：いろいろな社会保障の制度が挙がったわね。でも，それぞれのしくみについては，どの程度「わかって」いるのかしら？

新町：う～ん，心許ないです…。

香里：ゼミをやっていく中で「わかる」ようになっていきましょう！　さて，さっきみんなにいろいろと挙げてもらったけど，それらに共通する要素は何でしょうか？　言い換えると，何をもって社会保障と捉えるのかしら？

田辺：社会保障の定義の問題ですね。イギリスでは1942（昭和17）年にベヴァリジという人が有名な報告書を出しましたが，そこでは，①児童手当の支給，②包括的な保健およびリハビリテーション・サービスの提供，③雇用の維持の3つを前提として，社会保障を「失業，疾病もしくは災害によって収入が中断された場合にこれに代わるための，また老齢による退職や本人以外の者の死亡による扶養の喪失に備えるための，さらにまた出生，死亡および結婚な

新町：どに関連する特別の支出をまかなうための、所得の保障」であると捉えていました。

新町：「所得の保障」だけでは狭くないですか？ サービスが必要なときには、お金だけもらっても、実際に使えるサービスがなかったら意味がないのでは…。

田辺：イギリスでは、先ほどの**ベヴァリジ報告**に基づいて、社会保障＝所得保障とは別の制度として、国民保健サービス（NHS）という租税方式による医療保障制度を確立させたんだよ（→2-1-1）。

香里：では、日本では社会保障はどのように捉えられているのかしら？

田辺：例えば、よく引用される社会保障制度審議会の1950（昭和25）年勧告は、社会保障を「疾病、負傷、分娩、廃疾、死亡、老齢、失業、多子その他困窮の原因に対し、保険的方法又は直接公の負担において経済保障の途を講じ、生活困窮に陥った者に対しては、国家扶助によって最低限度の生活を保障するとともに、公衆衛生及び社会福祉の向上を図り、もってすべての国民が文化的社会の成員たるに値する生活を営むことができるようにすること」と定義しています。

新町：「廃疾」とは障害のことですね。こちらは公衆衛生も含んでいて、かなり広い定義ですね。憲法25条の条文を意識しているのかな。

田辺：最近では、1993（平成5）年の社会保障制度審議会社会保障将来像委員会第一次報告が、社会保障を「国民の生活の安定が損なわれた場合に、国民にすこやかで安心できる生活を保障することを目的として、公的責任で生活を支える給付を行うものである」と述べていて、2017（平成29）年の厚生労働白書でも引用されているんだ。

小倉：こうして見ただけでも、社会保障の定義は国によっても時代によっても違うんですね。

香里：社会保障はもともと国内的な存在でしたので、社会保障の周縁部分については、国によっても違いがあります。けれども、核（コア）の部分についてはほぼ共通の理解があるようです。最近の欧米では、社会保障（social security）に代えて**社会的保護**（social protection）という言葉も使われていますよ。

田辺：ILO（国際労働機関）は、社会保障に関する国際比較をするために、①制度の目的が、高齢・遺族・障害・労働災害・保健医療・家族・失業・住宅・生活保護その他の、いずれかのリスクやニーズに対する給付を提供するものであること、②制度が法律によって定められ、それによって特定の権利が付与され、あるいは公的、準公的、もしくは独立の機関に責任が課せられるもので

あること，③制度が法律によって定められた公的，準公的，もしくは独立の機関によって管理されていること（あるいは法的に定められた責務の実行を委任された民間の機関であること），という3つの基準を定め，それらを満たす制度を社会保障制度と定義しています。

新町：共通の基準がないと比べられませんからね。

田辺：日本では，国立社会保障・人口問題研究所が，ILOの基準に基づいて，毎年，**社会保障給付費**の計算をしてきました。先ほどの100兆円というのは，この数字のことですね。

香里：そうですね。ちなみに，2012（平成24）年からは**社会保障費用統計**として，ILO基準に基づく社会保障の収支のほか，OECD（経済協力開発機構）の基準に基づく**社会支出**も集計・発表されています。もっぱら個人が受け取る給付に着目するILO基準と比べると，OECD基準では施設整備の費用等も考慮される点などに違いがあります。

1-1-2　社会保障制度の形成・展開

香里：では次に，社会保障っていつ頃から登場したのかしら？

小倉：（西村健一郎『社会保障法入門〔第3版〕』〔有斐閣，2017年〕をめくりながら）え〜っと…あ，ここだ！　社会保障制度は，特に第二次大戦末期から戦後にかけて急速に世界の国々に普及したそうです。1929年に始まった大恐慌による大規模な失業と，第二次大戦による国民生活の極度の疲弊と国土の荒廃が直接のきっかけとなったようですね。

香里：では，社会保障が登場する前は，生活に困ったときはどうしていたのでしょうか。

新町：まずは，血縁関係の中での支え合い。今と違って，昔は家族の人数も多かったし，親戚付き合いも盛んだったでしょうからね。それから，隣近所の助け合い。中世の封建的な社会では，地域の共同体の縁（地縁関係）も強かったといえます。

田辺：近代社会の発展は，個人を血縁関係や地縁関係から切り離し，国と国民が直接に相対する国民国家の形成を促しました。個人の解放という名目の下，封建制社会において個人と国家との間に重層的に存在していたさまざまな「社会」が解体されていったのです。

新町：貧窮者に対する救済は古代からあって，日本でも奈良時代に光明皇后が貧民

に薬草を与える施薬院や孤児を保護する悲田院を設けています。西洋では，教会が慈善活動として貧民救済を行ってきましたが，近代になって国家の力が強まると，貧民救済の主体は教会から国家に移っていきました。

小倉：（今度は加藤智章ほか『社会保障法〔第7版〕』〔有斐閣，2019年〕を片手に）イギリスでは1601（慶長6）年のエリザベス救貧法や1834（天保5）年の新救貧法といった公的救貧制度があったようですね。

新町：新救貧法は，資本主義社会が発展する中，より寛大なスピーナムランド制（物価に連動して定められた基本生活費に満たない収入のとき，差額分を支給する制度。実際には賃金の引き下げが起こり，救貧税の負担が重くなる一方，貧民の労働意欲を削ぐ結果となった）の失敗の後に，マルサス主義の考え方（抑制されない人口の増加は食料の増加を上回るが，貧困と悪徳によって過剰人口が抑圧されるとするもの）などを背景に制定されたもので，貧困は本人に原因があるとして，労働能力のある貧民は労役場に収容して強制的に労働させ，労働能力のない貧民には，自立生活を送っている最下層の者の生活水準以下で処遇するという原則（劣等処遇の原則）の下，恩恵的に救済を行いました。こうした救貧制度は，社会保障のルーツの1つとなりました。

小倉：なんか，労働能力の有無でずいぶん扱いが違いますね…。

新町：その後の救貧制度は，貧困は必ずしも個人の責任に帰せられるべきものではなく社会的な性格があるのだという貧困観の転換を経て，劣等処遇の原則の克服や権利性の承認がなされ，現代的な公的扶助制度へと発展していきます。

田辺：社会保障のもう1つのルーツは，19世紀末以降に発展した**労働者保険**の制度です。資本主義の発展に伴って都市部に大量に生まれた工場労働者は，自らの労働力を唯一の資本として，日給または週給制で働いていたので，病気やけがで働けなくなると賃金を得られず，すぐに生活に困ることになりました。そこで，1880年代のドイツでは，宰相ビスマルクの下，一定範囲のブルーカラー労働者を強制的に保険に加入させる疾病，労災，老齢・廃疾（障害）の3つの労働者保険制度ができたのです。その後，対象者はホワイトカラー労働者などに拡大され，労働者保険から社会保険へと発展していきます。

香里：イギリスではどうですか？

田辺：イギリスでも1911（明治44）年に国民保険法ができました。もっとも，ドイツの社会保険が従前生活水準の保障を目的として，保険料と保険給付は原則として賃金に比例したのに対し，イギリスの国民保険は最低生活水準の保障を目的として，均一拠出・均一給付で行われました。

小倉：（再び教科書を見つつ）20世紀になると，新たに失業もリスクとして捉えられるようになったんですね。

新町：そうだね。そして，最初にsocial securityという名前のついた法律が作られたのは，意外にも，社会保障後進国と思われがちなアメリカなんだ。大恐慌後のニュー・ディール政策の一環として，1935（昭和10）年に制定されたんだよ。

田辺：第二次大戦前に発展していたこれらの制度を，新たに国民の生活保障という観点から，統一的・包括的に捉え直したものが社会保障だよ。先ほどのベヴァリジ報告は，国による国民生活の最低水準の統一的・包括的な保障を目指し，従来の公的扶助や社会保険を超えて，個人の生活を脅かす生活上の事故を網羅的に捉えて対応しようとしたんだ。また，ILO事務局は1942（昭和17）年に『社会保障への途』を出版して，社会保険と公的扶助の統合・融合としての社会保障を提示しました。

香里：そして，ケインズ主義の経済政策とも相まって，第二次大戦後に福祉国家として発展していくのね。それでは，日本ではどうだったかしら？ 今日はよく調べてきてる新町くん！

新町：ええ，まあ…今日は最初の回ですんで…。えっと，日本でも戦前にはすでに救護法による公的扶助制度がありましたし，健康保険もありました。戦時期には，国民健康保険や労働者年金保険（後の厚生年金保険）なども作られました。

田辺：さらに，戦後日本国憲法が制定され，25条で生存権の保障が明記されたことは，社会保障の発展にとって大きな意味を持ちました。社会保障の憲法上の基礎付けが明確にされたのです。

香里：そのとおりね！ でも，25条を具体化するには社会保障立法が重要です。社会保険を中心とする方向性は社会保障制度審議会の1950年勧告でも明確に打ち出されていましたが，日本の特徴は，1961（昭和36）年という比較的早い段階で，原則としてすべての国民が何らかの公的医療保険と公的年金制度に加入するという**国民皆保険・皆年金**を実現したことです。

田辺：終戦直後は貧窮者が多かったので，救貧的な福祉立法の整備が進められたり，敗戦で継続が難しくなった社会保険の再建が行われました。1961（昭和36）年の国民皆保険・皆年金の達成後は，高度経済成長の下，給付水準の改善が進められていきます。

小倉：今と大違いですね。いい時代だ～。

田辺：それだけ水準が低かった，ってことなんだけどね。でも，オイルショックを経て高度経済成長が終わりを迎えると，1980年代には社会保障制度の再編が課題となりました。例えば，健康保険の被保険者本人に定率の一部負担が導入されたり，年金の制度体系が縦割りの制度の並列から基礎年金と報酬比例年金の二階建てに変更されたりしたのはこの時期です。

新町：1980年代末からは，福祉分野を中心に地方公共団体への分権化も進められたんですよね。

田辺：1990年代後半以降は，少子高齢化と経済の低成長という状況を踏まえた社会保障の構造改革が課題となってきました。社会福祉分野では，社会福祉基礎構造改革として，従来の行政決定に基づく「措置」の制度から，サービスの提供者と利用者との間の契約関係を基礎とする制度への転換が図られました（→7-1-3）。また，サービス提供の分野への民間参入も進められました。そのほか，さまざまな分野で「抜本的」改革の必要性が提唱されています。

新町：少子高齢化の傾向が持続・進行する中で，持続可能な社会保障制度のあり方が模索されているのですね。

小倉：正直いって，僕たちは問題を抱えた社会保障制度しか知らない世代ですよ。もっと昔から，先のことを考えてうまくやってくれてたらよかったのに〜。

香里：その気持ちもわかるわ（笑）。でもその反省を踏まえて，私たちは未来に不安を残さないようにしていかなきゃ。といっても特効薬はないから，地道な制度改正の積み重ねが求められるわね。

1-1-3 社会保障の理念

香里：さて，第二次大戦後に福祉国家という形で発展した社会保障制度ですが，転換期にある現在，社会保障を支える理念をどう考えるかが，改めて重要になっています。

新町：理念を考える意味はどこにあるのですか？

田辺：まず，社会保障を一定のまとまりをもった理論的体系として考えるならば，そこにはそのような理論的体系を基礎付ける共通項，つまり，個別の社会保障制度に共通する何かがあるだろうということです。

新町：共通する何かがなければ，それは単なる制度の寄せ集めにすぎないってことですね。

田辺：また，現実の社会保障立法はそのときどきの政治的・社会的・経済的状況

を前提に行われるので，財政的な都合が優先されたりして，体系的な整合性を欠くこともあります。そこで，理念を明確にすることで，現実の社会保障立法を一定の方向へ導くという政策的な意味もあります。

新町：政策を立てるときの指針として「どういう社会保障を目指すか」の考えを持っておくということですか。

香里：そういうこと。さて，社会保障を基礎付ける法理念として伝統的に考えられてきたのは**生存権**でした。つまり，国家は国民の生存を確保するために積極的な配慮を行わなければならない，という考え方です。社会保障制度は，もともと近代市民社会において資本主義の発展に伴って生じたさまざまな弊害に対処するために設けられてきたもので，その背景には労働者や人々の生存，生活を守るという考えがありました。これが例えば，ドイツのワイマール憲法では「人たるに値する生存」の保障として，日本国憲法では「健康で文化的な最低限度の生活」の保障として，憲法上表現されたのです。憲法25条に条文上の基礎を置く生存権は，今でも最も重要な社会保障の理念といっていいでしょう。

田辺：社会保障についての伝統的な理解は，このような生存権保障を出発点として，社会保障を権利主体としての国民と義務主体としての国家との関係と捉えてきました。しかし，最近では，社会保障の理念として，生存権以外のものも挙げられるようになっています。その1つは「**社会連帯**」です。

香里：社会保障制度審議会の1950年勧告は，社会保障の定義（→1-1-1）に続けて，「このような生活保障の責任は国家にある」と明言していますが，単に国家の生活保障責任を強調するだけでなく，「国家がこういう責任を取る以上は，他方国民もまたこれに応じ，社会連帯の精神に立って，それぞれその能力に応じてこの制度の維持と運用に必要な社会的義務を果たさなければならない」とも述べています。

新町：え～っと，最近よく「自助・共助・公助」という分類を聞きますよね。まずは自分でなんとかする「自助」を原則としつつ，それでは対処できない部分を互いに助け合う，という考え方はしっくりくると思います。

香里：その3分類は，生活保障のあり方を区別したもので，もともとは，「自助＝就労等による自活，共助＝企業福祉・地域社会での相互扶助，公助＝社会保障」という意味だったのだけど，最近では，2013（平成25）年の社会保障制度改革国民会議報告書などで「共助＝自助の共同化（社会保険など），公助＝公的扶助等」という理解も見られるので，注意が必要だわ。

田辺：ヨーロッパの歴史などを見ると，確かに，社会保障には，社会を構成するメンバー間の助け合いという関係性が基礎にあり，そのような互恵的関係を国家が制度化したものという面があります。しかし，日本の場合には，必ずしも「個」が確立されていない状況で「社会」連帯を強調すると，社会全体の中に個人を埋没しかねないのではないかという危惧も示されています。

新町：六法を見ていると，介護保険法や高齢者医療確保法のように，目的規定などで「国民の共同連帯」を掲げるものがありますが，「連帯」が単に費用負担を正当化する論拠として使われているのであれば，問題ですね。

田辺：とはいえ，「社会連帯」論には，社会保障には国家と国民のほかにも多様な法主体が関わっており，国家と国民の間に「社会」があることを認識させたという意味もあります（→1-3-3）。ただ，憲法に明文上の根拠を持たない「社会連帯」の理念が，実定法上どのような規範的意味を持ち得るのかという点については，慎重に考える必要があります。

香里：「連帯」というのは，一定の集団を前提とした概念です。その集団は，地域であったり，職場であったり，職種であったり，国民全体であったり，さまざまな構成単位が考えられます。社会保障が相互の助け合いだとしても，それがどのような範囲での助け合いなのか，という点を意識する必要がありますね。同時に，「連帯」には，集団内での拘束の論理とともに，集団外の者に対する排除の論理を含むことにも留意しておくべきでしょうね。

新町：先生のおっしゃること，抽象的にはわかるんですけど，具体的にはどういうことですか？

香里：例えば，「国民の連帯」といったときに外国人はどうなのか。あるいは，高齢者の医療費について，各保険者内で負担し合うのか，各医療保険制度の枠内で負担し合うのか，保険制度の枠を超えてすべての国民の間で負担し合うのか，といったようなことです。

新町：なるほど。でも，これは「どこまでなら納得できるか」という感覚に左右される気もしますね。

香里：もう1つ，より根源的に考えて，社会保障の究極的な規範的根拠を憲法13条の「**自由**」の理念に求める見解が，菊池馨実教授によって有力に提唱されています。この説は，生存権を中心とした従来の理論の問題点として，①社会保障を国家から国民への一方的な給付関係として捉える傾向にあり，それが個人を受動的な受給者すなわち「保護されるべき客体」として捉える見方につながったこと，②財の配分による静的または帰結主義的な意味での平等

を志向するものであったことを挙げ，個人を能動的主体として位置づけるべきこと，および，個人の主体的な生の構築のサポートという動態的またはプロセス的な視点も重視する必要があることを主張します。そして，「個人が人格的に自律した存在として主体的に自らの生き方を追求できること」を「個人的自由」と呼び，この「自由」の理念を社会保障の規範的な指導理念として位置づけます。

新町：えっと，『社会保障法制の将来構想』(有斐閣，2010年) という本の最初の方に書いてありますね。なるほど，老齢や疾病といった社会的事故に対する生活保障という捉え方は財の配分による静的ないし帰結主義的な意味での平等を指向するものだけれども，個人の主体的な生の構築に対するサポートという，より動態的・プロセス的な視点も重視する必要がある，という問題意識なんですね。社会保障は消極的・事後的な単なる受け皿（セーフティーネット）ではなく，積極的・事前的なばね板（スプリングボード）でもあるべきだ，と。それに，この説によれば，仮に憲法25条の生存権保障規定がなかったとしても，社会保障の必要性を憲法上基礎付けることになりますね。

田辺：この説では憲法13条を基盤として社会保障の法的基礎付けを再構成した上で，尊重されるべき規範的原理または規範的価値を，①「個人」基底性（個人を基本に据えること），②「自律」指向性（個人の自己決定を尊重すること），③「生き方の選択の幅」ないし「実質的機会平等」の3つと考えます。さらにこれらの諸原理の下で，個別具体的な社会保障の制度設計にあたって考慮すべき下位原則として，参加，選択，情報アクセス，貢献などの原則が提唱されています。

新町：憲法学でも，憲法13条の人格的自律権論を理論的基礎として，個人の自律を軸に憲法25条や社会保障を論じる傾向が見られるようですね。

田辺：このような見解に対しては，特にその「自律」的個人像や「貢献」原則などに対して，現実の具体的人間像から出発すべきだとか，自律できない者を排除することになりかねないといった批判もあります。ただ，菊池教授も，社会保障の基礎理論レベルでの根拠付けとして想定される個人像と，個別制度の適用場面における現実具体的な人間のありようが異なることは認めています。

香里：わが国の場合には，憲法25条があるおかげで，たとえ立法裁量や行政裁量が広く認められているとしても，それを手がかりに実体的な権利保障の問題を論じることができます。その反面，憲法25条があるために，社会保障の

理念について理論的に深化させる必要がなかったともいえます。けれども，社会保障の理念は，私たちがどのような社会を目指すのか，という社会の基本的なあり方に関わるものでもあるのですね。

1-2　社会保障の目的と方法

1-2-1　社会保障の目的・機能

> 次のゼミの日。桜の散ったキャンパス内の桜並木の下を，偶然出会った3人が議論しながらセミナー室に向かっている。

香里：前回の理念の話とも関係するけれど，社会保障の目的は何かしら？

新町：過去の歴史を踏まえると，元々の目的は所得の保障にあったわけですが，現在では，金銭の支給だけでなく，医療や福祉などのサービスの保障も重要です。お金があってもサービスの供給がなければどうしようもありませんからね。これらをひっくるめて，社会保障の直接的な目的は国民の生活保障である，というのが一般的な理解でしょうね。

香里：以前は生存権保障といわれていましたが，これは生存権の内容とも関わる話ですね。

田辺：最近では，「生活保障」という概念を，雇用と社会保障を結びつける概念として捉える考え方が広がっています。この考えは，近年の厚生労働白書でも取り入れられました。

新町：社会保障と税制，社会サービスに雇用政策や労働市場の規制を含めて，生活保障システムという用語を用いる論者もいるみたいですね。

田辺：他方で，菊池教授の説のように，社会保障の目的を，国民の「生活保障」にとどまらず，より根源的には「個人の自律の支援」である，つまり「個人が人格的に自律した存在として主体的に自らの生き方を追求していくことを可能にするための条件整備」にあると捉える見解も注目されます。

新町：「個人の自律の支援」となると，社会保障だけの話ではなくなるように思いますけど…。

田辺：菊池教授も，「個人の自律の支援」のための制度は，広い意味では，雇用・教育・住宅・通信など，従来考えられてきた社会保障の範囲に収まりきらない広がりがあることを認めています。とはいえ，憲法25条の生存権規定が

「無媒介的に」直接の根拠となる一群の法制度を，社会保障法学が分析対象とする狭義の社会保障と捉えることにも意味があるとしています。

新町：自分のことは自分で決める「自律」とは別に，「自立」支援ということもいわれますね。

田辺：その場合，注意を要するのは，「自立」とは単に経済的自立だけを意味するのではないということです。もちろん，経済的に自立するに越したことはありませんが，経済的自立が困難な場合もあります。社会保障の給付を受けながら，日常生活や社会生活における人格的な自立を図るようにすることも，社会保障の目的に沿うものです。

香里：では次に，社会保障の機能はどうでしょうか。

田辺：**所得再分配**機能，**リスク分散**機能，経済・社会安定機能といったことがいわれています。まず，「所得再分配機能」ですが，これは人々の生産活動等によってもたらされる一次的な所得分配が，租税や社会保険料の賦課徴収と社会保障給付の付与というプロセスを通じて，一定の範囲で分配され直すことをいいます。これは社会保障制度全般を通じて見られる機能です。

新町：「リスク分散機能」は，典型的には社会保険に見られる機能ですね。社会保険はいろいろな社会的リスクに対して集団的に備える仕組みです。社会集団の中の誰かに起こり得るリスクに備えて財源を貯めておき，リスクが現実化したときにここから給付を行うことによって，リスクが集団内のメンバー間に分散されるわけです。

田辺：社会保障制度の存在は，経済や社会の安定にもつながります。例えば，社会保障制度には景気の変動を微調整する機能があるといわれます。好景気のときは社会保険料等の徴収が増えて景気の過熱が抑えられ，また，所得保障の給付には需要を支える効果があるためです。また，社会保障の存在によって最低生活が保障されれば，国民の不満が抑えられ，革命が起きて社会が不安定化する可能性も低くなります。万が一への備えがあれば，失敗を恐れず，意欲的な挑戦も可能になるでしょう。これが「経済・社会安定機能」ですね。

新町：ところで，目的と機能はどう違うんですか？

田辺：目的は，直接的にその達成・実現が意図されているもの，機能は，目的を実現する過程で結果的に生じるもの，といったところでしょうか。所得再分配についていえば，社会保障は所得再分配を行うこと自体を目指すものではなくて，応能保険料や応能負担などといった具体的な社会保障制度のありようから，結果として所得再分配が生じる，というわけです。

香里：社会保障を憲法25条の生存権保障や13条の個人の自律の支援を具体化する制度として捉える立場からすると，所得再分配を社会保障の目的とするのは，社会保障を所得再分配政策の一手段とのみ捉えるもののように思われて，ちょっと躊躇されますね。

1-2-2　社会保障の方法(1)―― 社会保険

> セミナー室に到着した3人。一服入れてから，議論を再開する。

香里：朝の散歩の後のコーヒーはおいしいわね。…では，そのような社会保障の目的を達成するために，どのような方法が用いられているのでしょうか。社会保障は具体的にはどのような仕組みとして設計され，運営されているのかしら。

田辺：方法はいろいろあると思うのですが，歴史の話のところでも出てきたように，保険の仕組みを使うかどうかが，重要な分かれ道になると思います。

香里：公的な介護保障の仕組みを作るときにも，社会保険にするかどうかで議論になったわね（→3-1-2）。そもそも，保険とは，どういう仕組みですか？

新町：あるリスクがあって，その発生する確率があらかじめ何らかの方法で計算できる場合に，そのようなリスクの発生に対して集団的に備えるために，リスクの発生する可能性のある人たちが事前に保険料を出し合って，それで，その集団の中のある人に実際にリスクが発生した場合に，その人に対して，事前に決めておいた給付を支払うことによって，リスクの発生による損失をカバーしようというものです。

香里：そうね，とりあえずはそんなふうに理解しておいていいでしょう。それでは，どんな保険があるかしら？

新町：車を運転するときには必ず自動車損害賠償責任保険に入らないといけませんよね。通常はこれに加えて任意の自動車保険に入ります。それから，海外旅行に行くときに旅行会社や空港で入る海外旅行傷害保険ですね。あとは火災保険とか，テレビでよくCMをやっているがん保険とか。

田辺：地震保険や，医師や介護施設の賠償責任保険などもありますね。

新町：これらの民間保険の場合には，保険料と保険金の額が選べますよね。保険料が多いほど，万が一のときの保険金の額も大きいというふうに。

香里：それに民間保険の場合には，リスクに見合った保険料になるのが原則です。

つまり，保険契約者の支払う保険料は保険事故発生時に受け取る保険金の数学的期待値に等しい（保険料額＝保険金額×事故発生の確率）ということで，これを**給付反対給付均等原則**といいます。これによって保険的公平が達成され，水平的再分配が働くのね。そうでないと，誰も保険に入らず，保険の事業が成り立ちませんから。

新町：そうすると，例えば，病気やけがに備える医療保険についていえば，高齢者や体の弱い人は，病気になるリスクが高いわけだから，保険料も高くなって，逆に，若くて健康な人は，保険料も安いってことになりますよね。

田辺：そう。だから，これでは，実際に給付を必要とする可能性の高い人，つまり，リスクの発生する可能性の高い人が保険に入りにくくなってしまうわけで，これでは社会保険の目的は達せられません。そこで，社会保険の場合には，強制加入を原則とした上で，保険料の設定を個々人のリスクから切り離し，一般に収入に応じて負担してもらうこととしています。したがって，社会保険では，給付反対給付均等原則は成り立ちません。

香里：リスクに応じた保険料ではなくて，負担能力に応じた保険料というわけですね。でも，強制加入とされるのはなぜですか？

田辺：昔の最高裁判例には，国民健康保険への**強制加入**に関して，国民健康保険は「相扶共済の精神に則り，国民の疾病，負傷，分娩又は死亡に関し保険給付をすることを目的とするもの」なので，「保険給付を受ける被保険者は，なるべく保険事故を生ずべき者の全部とすべきことむしろ当然であり，また，相扶共済の保険の性質上保険事故により生ずる個人の経済的損害を加入者相互において分担すべきものであることも論を待たない」（最大判昭33・2・12民集12巻2号190頁）と述べたものがありますが…。

新町：「当然」とか「論を待たない」とかいって，正面から答えてない感じで，積極的な正当化には程遠い言い回しですね。

田辺：確かにそうだね。強制加入の理由としてよく挙げられるのは，逆選択の防止です。逆選択とは，リスクの高い人が積極的に保険に加入し，リスクの低い人が保険に加入しないことをいいます。保険料を個々人のリスクではなく負担能力に応じたものとしながら加入は任意とすると，結果的にこうした逆選択が生じかねません。もちろん，逆選択が起きると，保険は運営できないので，強制加入にするわけです。

香里：あと，保険者の規模がいわれることもあるわね。リスクの分散を図る上では，被保険者の数が多いほど保険料収入も増えるので，より安定して保険給付

行うことができるわ。
田辺：保険の原則には，もう1つ，**収支相等の原則**というものもあります。保険料収入と保険給付支出が全体として見合っていなければならないというものです。
新町：こちらは社会保険でも成り立ち得るものですよね。事業である以上は，収支の釣り合いが取れなくてはなりませんから。
田辺：しかし，わが国の社会保険は，純粋に保険料収入のみで運営されているものはほとんどなく，さまざまな理屈と形式で公費が投入されています。公費が給付費の部分に投入されている場合には，厳密には収支相等も成り立っていないということにならないのでしょうか？
香里：厳密にいえばそうね。また，社会保険は，保険集団を構成する基準によって，職業を基準として組織される保険と，地域，つまり居住を基準として組織される保険とがあります。
新町：前者の代表が健康保険や厚生年金保険（→第2章，第4章），後者の代表が国民健康保険や高齢者の介護保険（→第2章，第3章）でしょうか。
香里：そうね。さらに，この区分と重なる部分が多いのですが，**被用者保険**と非用者保険という区別もありますね。
田辺：被用者保険と非被用者保険の区別は重要です。それぞれに特徴がありますから。被用者保険では，被用者であることを基準として保険集団が構成されます。この場合，保険料を事業主と被保険者である被用者とで折半し，事業主がまとめて納付するのが一般的です。また，被用者に扶養されている家族も給付の対象とされることがあります（→2-1-2）。これに対して，非被用者保険では，事業主がいませんので，被保険者が保険料の全額を負担します。また，扶養家族という概念がないので，家族一人一人が被保険者になります。

1-2-3　社会保障の方法(2)── 社会扶助

香里：社会保険の方法を用いない場合には，税を中心とする公費によって給付を行うことになります。そのような仕組みを社会扶助ということがありますが，どのようなものがあるでしょうか。
新町：制度の分類でいうと，公的扶助，社会福祉，社会手当がこれに含まれます。
田辺：社会保険と好対照をなすのは**公的扶助**ですね。現行制度では，生活保護がこれに当たります。つまり，自力で最低限度の生活を維持できない生活困窮者

に対して，国が，その責任において，事前の拠出を要件とすることなく，公費を財源として，最低水準に満たない程度に応じた給付を行うものをいいます。不足分を給付するので，どの程度の給付が必要かを把握するため，一般に資力調査（ミーンズテスト）が行われます。また，社会保険が貧困に陥るのを防ぐ（防貧）機能を持つのに対して，公的扶助は貧困に陥った者を事後的に救済する（救貧）という違いもありますね。

新町：**社会福祉**には，対象者の属性に応じて，高齢者福祉，障害者福祉，児童福祉などがあります。当初は公的扶助を含む低所得者対策という色彩が強かったのですが，その後の福祉立法の発展に伴って，所得の如何にかかわらず，生活上のハンディキャップを有する人々にサービス給付を行う仕組みという理解に変わっていきました。なお，サービスの提供に際して，負担能力に応じた費用の徴収が行われることがあります。

田辺：**社会手当**は，社会保険と公的扶助の中間的な存在とでもいいましょうか。児童手当，児童扶養手当，特別児童扶養手当や，各種の福祉年金などがこれに当たると考えられています。給付の面では，特定の事由に該当する場合に，受給者の個別のニーズの程度に関係なく定型的な給付が行われるので，資力調査の必要もないのですが，保険の仕組みを使うわけではないため，負担の面では，公費が主な財源となります。そのため，所得制限が行われることがあります。

香里：こうして見ると，社会扶助に共通の要素としては，保険の仕組みを使わず，公費を主な財源とすること以上のものはないようですね。

1-3　社会保障と法

1-3-1　社会保障の法源

次のゼミの日。

香里：今日は社会保障と法の関係について考えていきましょう。社会保障の制度も，法によって作られ，法に基づいて運営されているわ。法の存在形式を**法源**というけれど，社会保障の法源にはどのようなものがあるかしら？

田辺：他の法分野と同じく，憲法，条約，法律，政省令，条例・規則などです。ただ，社会保障の場合には，現実の必要に合わせて機動的な対応をしていかな

ければならない場面が少なくないと思いますので、法律では基本的な事項を定めて、具体的で詳細な内容は政省令以下の下位規範で規定する、という印象が強いですね。法律を見ていても、「厚生労働省令で定める…」とか「厚生労働大臣の定めるところにより…」といった委任規定が随所に見られますし。

香里：そうですね。法律は国会の衆参両院で過半数の賛成がないと成立しませんし、そもそも国会が開かれていない期間もあります。命令は各行政庁で定めることができるので、現実に見合った対応をするには効果的といえます。ただし、命令で定める場合には、法律の委任の趣旨を踏まえる必要があります。法律の委任の範囲を逸脱すると、違法として無効とされることもありますよ（最判平14・1・31民集56巻1号246頁）。

田辺：さらに具体的な適用の基準等を通達等で定めていることも多いですよね。過労死や過労自殺などに関する労災の認定基準とか、遺族年金や被扶養者などの生計維持要件に関する認定基準とか。今は法律上に明示されましたけど、パートタイム労働者への健康保険・厚生年金の適用基準も長い間、「内簡」という行政の内部文書の形で示されていました。

新町：（おそるおそる）でも、通達は法源といえるんです…か??

香里：新町君、いい質問だわ！法源とは法的拘束力を有する規範をいいます。通達は、行政内部的な拘束力はあっても、対外的な拘束力はないので、法源ではありません。ただ、実際には通達等の形で定められた基準に従って決定等が行われますし、合理的な理由もなく基準から外れる決定を行えば、平等原則違反となるでしょうね。

新町：そうですよね！（…ホッ）

田辺：平等原則や比例原則は、条理として、不文法源の1つに数えられます。条理には、信義則も含まれます。例えば、まだ国籍要件があり外国人が国民年金法の適用対象ではなかった当時、外国人が行政職員の勧誘により国民年金加入の手続をとり、必要な保険料拠出期間を得て老齢年金の受給を開始しているような場合に、信頼保護の観点を優先させた裁判例があります（東京高判昭58・10・20判時1092号31頁）。法治主義の原則からすれば違法な行政決定は取り消されなければならないので、年金支給裁定処分を取り消して既払いの年金額の返還を求めるとともに、払込済みの保険料相当額を返還することになるはずですが、そのような処理を認めなかったのですね。

香里：法律については、附則が多いのも特徴的といえるかな。年金保険のように拠

出から受給まで長い期間にわたる制度の場合には，法令改正のたびに経過規定が必要になるので，どうしても多くなっちゃうの。

田辺：諸外国には，ドイツやフランスのように社会保障に関する諸法令を統一的な法典の形にまとめている国もあるようですが，日本にはそのような法典はありませんね。

新町：どっちがいいのかなぁ…1つの法律でも十分長いですからね。別々にしてもらった方がわかりやすいかも。

田辺：個別の社会保障立法に定められていないことについては，民法などの一般法が適用されます。例えば，損害賠償の場合には，民法の不法行為や債務不履行などが問題とされます。それから，ドイツのように社会保障に関する事件を専門に扱う裁判所や特別な訴訟手続を設けている国もありますが，これらも日本にはありませんね。

香里：ですから，社会保障に関する事件は，主に民事訴訟または行政訴訟という形で，民事訴訟法や行政事件訴訟法などの定める手続に従って争われることになります。ただ，不服申立てに関しては，行政不服審査法による一般的な不服申立制度とは別に，特別な審理機関や審理手続が設けられている場合も少なくないですけどね。

田辺：社会保険に関する紛争を審理する社会保険審査会や労働保険に関する紛争を審理する労働保険審査会などですね。

1-3-2 条　　約

香里：条約については調べてきましたか？

田辺：はい。社会保障に関する条約には，多国間条約と二国間条約があります。多国間条約としては，国連やILOの関係のものが典型的です。世界人権宣言や社会権規約，それからILOの102号条約（社会保障の最低基準に関する条約）などは，外国人の社会保障に関する訴訟などでよく援用されています。1982（昭和57）年に批准された難民条約は，多くの社会保障立法から，適用対象を日本国民に限定する国籍要件が撤廃される契機になりました。

新町：ここは僕もちょっと調べてきました。でも，裁判所では，非自動執行的（条約を国内実施するには国内法の整備が必要）であるとか漸進的な努力義務にすぎないとかいう理由で，条約違反の主張はほとんど採用されていませんよね。

田辺：最近は日本企業の海外進出や海外企業の日本進出が進み，労働者の国際的な

図表 1-1 社会保障協定の締結状況（2018年10月1日現在）

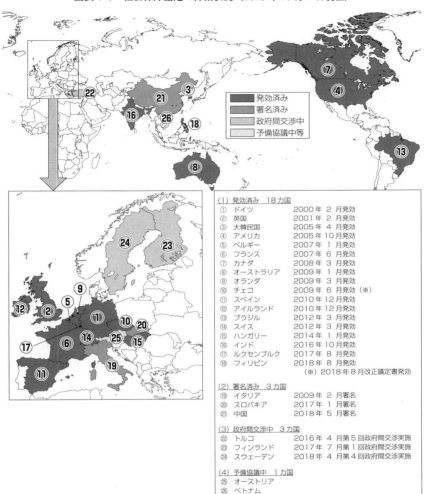

資料出典：厚生労働省ウェブサイト「社会保障協定の締約状況」
https://www.mhlw.go.jp/content/12500000/shakaihoshou-gaiyou02.pdf

移動が盛んになってきたので，そのような労働者について，本国と進出先国での社会保険の適用を調整するために，日本と相手国との間で**社会保障協定**を結ぶ例が増えています。

新町：社会保険料を二重に負担したり，年金受給権の取得に必要な保険料納付期間

を満たせなくなるといった事態を防ぐためのものですね。これは日本人が海外で働く場合だけじゃなくて，相手国の国民が日本に来て働くときにも関係するものです。

田辺：日本が結んだ社会保障協定としては，1998（平成10）年にドイツとの間で締結したものが最初のものです。2018（平成30）年8月の時点で，発効済みが18カ国（アメリカ，韓国など），署名済みが3カ国（イタリア，中国など），政府間交渉中が3カ国（スウェーデン，トルコなど），予備協議中が2カ国（オーストリア，ベトナム）となっています。国によって社会保障制度にも違いがあるので，協定の内容も，単に社会保険料の二重負担を避けるためのものから年金の通算を含むものまで，さまざまです。当初は協定の国内実施のための立法を個別に行っていましたが，2007（平成19）年に包括実施特例法ができたので，今は特に個別の立法手続は必要ありません。

新町：日本で働く外国人といえば，フィリピンやインドネシアから看護師や介護福祉士になるために日本に来ている人たちがいますよね（→3-5-3）。

田辺：経済連携協定（EPA）の話ですね。特定の国や地域の間で物品の関税やサービス貿易の障壁等の削減・撤廃を目的とする協定を自由貿易協定（FTA）といい，さらに投資や人の移動，知的財産の保護や競争政策におけるルール作りなども対象とするのがEPAです（2018年8月時点で15の協定が発効済み）。これらはいずれも幅広い経済関係の強化を目指して貿易や投資の自由化を進める協定ですが，医療機関等の経営への参入や医療従事者の資格，医薬品や医療機器の規制など，社会保障分野にも関係するところがありますね。

新町：TPP（環太平洋パートナーシップ）の交渉でも，その辺りがどうなるのか，注目されましたよね。結局，社会保障は対象外とされましたが。

田辺：医療機器・医療材料や医薬品については，現在は薬価制度や特定保険医療材料制度などによって公定価格とされていますが，これが撤廃されると価格が高騰し，国民の間に医療格差を生むおそれがあるといわれています。そうなると国民皆保険も空洞化しかねません。まあ，トランプ大統領の誕生で，TPP自体の先行きが不透明になりましたけどね。

1-3-3　社会保障の法主体

香里：社会保障は，国家が国民の生活保障の給付を行うもの，といえますが，社会保障の法関係に現れる登場人物は，保障者としての国家と給付を受ける主体

としての国民の二者だけではありません。社会保障の法関係には，さまざまな人や組織（法主体）が登場します。

田辺：どのような法主体が関係するかは，社会保険か社会扶助か，現物給付か金銭給付か，などによって変わってきます。一般に，基本的な関係が金銭を集めて再分配することにある金銭給付と比べると，現物給付をめぐる法関係の方が，財やサービスの提供に関わる側面を伴う分，より多くの法主体が関係する，といえるでしょう。

新町：関係する法主体の数が多いってことは，その分当事者間の法律関係も複雑になってきますよね。

香里：社会保険の場合には，保険者と被保険者が基本的な法主体となります。これに加えて，被用者保険では，事業主が，社会保険料の負担者として，また，被保険者資格の取得・喪失の事由や保険料と保険給付の算定基礎となる報酬額などを保険者に届け出る義務を負う主体として，重要な役割を与えられています。

新町：事業主が社会保険の負担を免れるため，社会保険料の支払をしていなかった，なんてニュースが報道されたりしますよね。こんな場合はどうなっちゃうんでしょうか？

香里：事業主がこれらの義務を果たさないと，被保険者（となったはずの人）には，傷病手当金や厚生年金等の給付が得られなかったり額が減ってしまったりといった不利益が生じます。そのような場合には，事業主の損害賠償責任が問題となってきますね（→4-2-6）。

田辺：先ほどのように，サービス給付を行う場合には，サービスの提供者が法主体に加わります。サービスは，公立の病院や介護施設，保育所のように保険者や行政機関が直接提供することもありますが，実際には，民間団体が設立・運営する施設を利用する場合も少なくありません。

香里：一口に民間施設といっても，その法的地位はさまざま。医療や介護，社会福祉の分野では，社会福祉法人や医療法人，NPO法人といった非営利目的の法人が重要なサービス提供の担い手となっていますね。社会福祉法人や医療法人は，民法上の公益法人とは別個の法人類型として設けられたものです。

田辺：注目されるのは，株式会社のような営利法人の取扱いです。医療機関の開設や保育所の設置などについては，法律上は営利法人も都道府県知事の許認可等を受ければできることにはなっているのですが，実際には必ずしも積極的に認められてきたわけではありませんでした。特に医療機関については，医

療法で営利を目的として病院等を開設しようとする者に対しては「許可を与えないことができる」（医療7条6項）と定められていて，今でも医療法施行前に設立されたもの（福岡の飯塚病院など）や国営企業の民営化に伴って株式会社立になったもの（JR病院，NTT病院など）以外には，構造改革特区（構造改革特別区域法に基づき，地域を限定して国の規制を緩めるもの）で認められた診療所（セルポートクリニック横浜）が一例あるのみです。営利法人は営利の追求にその本来的な存在意義があるわけですが，そのような営利の追求とサービスの安定的・継続的な提供の確保の必要性とが両立し得るのかが問題とされているようです。

新町：それでも最近は医療分野でも規制緩和で株式会社の参入を認めろ，という声も強いみたいですね。

田辺：介護保険の分野では，在宅サービス分野に株式会社の参入が認められました。それによって，在宅サービスの供給量が飛躍的に増えた反面，採算の取れない地域からは早々に撤退する動きが見られたり，介護報酬の不正請求が行われたりといった弊害も見られました。

新町：確かに，採算の取れない地域で運営し続けることは，株主の利益という観点からは難しいでしょうね。

田辺：近年は待機児童の解消のために保育所への参入を積極的に拡大しようという動きもあります。横浜市や世田谷区などの事例が注目されました。

香里：社会保障における地方公共団体の位置づけはどうでしょうか？

田辺：憲法25条は国の生存権保障を謳っていますが，学説では，地方公共団体も住民福祉という観点から，責務を負っているという理解が一般的です。生活保護費の地方負担もこのような理由で行われています（→8-5）。

香里：地方分権の時代において，住民に最も身近な基礎自治体としての市町村の役割や，広域行政を担う主体としての都道府県の役割は，福祉分野を中心にさらに高まっていくことでしょうね。

田辺：ただ，地域保険の保険者としての地位を地方公共団体に兼ねさせるかについては，別の考え方もありそうですね。

新町：どういうことですか？

田辺：例えば，国民健康保険の保険料などは市町村の条例で決めているけれど，条例を決めている市町村議会はその市町村の全住民を代表する機関だよね。でも，すべての住民が国民健康保険の被保険者というわけではないから，そこに範囲のズレがあるわけ。本来なら，被保険者の代表機関みたいなものを組

織して，そこで決定をするほうが良いんだけど，今は地方議会がその代わりをしているってことだね。まあ，実際には国民健康保険の財政に市町村からの公費も多く投入されているからね。

香里：そのほか，医療保険や介護保険などでは，事業者や施設等の指定，指導監督を行う主体としての行政主体や，診療報酬・介護報酬の審査支払業務を担当する専門の機関なども登場します。いろいろな法主体が関係しているのね。さて，お昼ごはんを食べに行きましょうか。

1-3-4　社会保障の法体系

昼食後のコーヒーブレイク中。

新町：これまでの話で，社会保障についてだいたいの輪郭はつかめてきたんですけど，それでも何だか個別の社会保障制度の集合体というような印象なんですよね。

田辺：日本には社会保障に関する法令を集めた法典がないからね。そこで，社会保障法の範囲の問題とも密接に関連するんだけど，それとは区別される問題として，社会保障の法体系，つまり，「社会保障法」という1つの法分野を構成するさまざまな法令を，どのような観点から理論的に体系化できるか，どのような理論的体系として捉えるか，という課題が認識され，法体系論として議論されてきたんだ。

新町：ホータイケー？

田辺：社会保障法が行政法や労働法などと並んで1つの独立した法分野をなすというならば，そこに体系があるはずだと。法体系論は，労働法の石井照久教授からの痛烈な批判に対する荒木誠之教授の応答から本格的に始まったといっても過言ではない…。

香里先生が戻ってくる。

香里：あら，食事の後も熱心ね！　えらーい！！

田辺：ちょっと法体系について話してたんですよ。…で，当初の考え方は，社会保障に関する法令を社会保険とか社会福祉とかいったように個々の制度に即して並列的に理解するもので，**制度別体系**と呼ばれたんだ。

香里：でも，そのような捉え方には厳しい批判が向けられたのよね。「社会保障法」

などというけれど，所詮個別法の寄せ集めでしかなく，社会保険から社会福祉，公的扶助までを貫く統一的な法原理などないではないか，と。

新町：さっき田辺さんが言いかけていた話ですね。

田辺：うん。で，そのような批判に対して，独自の法原理や法体系をもった法学上の概念としての社会保障法を打ち立てようとする立場から主張されたのが，**給付別体系**あるいは要保障事由別体系と呼ばれる理論でした。この考え方を提唱した荒木誠之教授は，まず，社会保障法を「国民の生活保障を目的とする国家と国民の間の給付関係」と理解した上で，給付の必要を生じさせる理由，すなわち要保障事由に着目し，これを所得保障給付と生活障害給付に大別し，前者をさらに生活危険給付と生活不能給付に区別しました。

香里：もうちょっと詳しく説明してもらえるかしら？

田辺：所得保障給付は，所得の喪失に対して行われる給付で，経済的な側面の生活保障を行うものです。このうち，生活を脅かす各種の所得喪失事由に備えて一定の所得保障を行うものが生活危険給付とされ，社会保険の年金給付や児童扶養手当などがこれに当たります。これに対して，現実に貧窮状態に陥った者に対し最低生活水準を営むのに必要な限度で所得を与えるのが生活不能給付で，生活保護の金銭給付がこれに当たります。生活障害給付とは，障害を除去・軽減するための非金銭的な給付，サービス給付を内容とするもので，社会福祉各法のサービス給付や医療の現物給付などがこれに当たります。

所得保障給付	生活危険給付	年金・社会手当など
	生活不能給付	生活保護など
生活障害給付		医療・介護・福祉サービスなど

香里：つまり実際の法令からは離れて物事を見るわけですね？　例えば，健康保険法では，病気やけがで働けない被用者に対して医療サービスの給付と傷病手当金の支給を行っていますが（→2-2），要保障事由という点では，前者は生活障害給付，後者は生活危険給付に分類されることになる，と。

田辺：そうです。法体系が個別法の変更に左右されないという意味では，給付別体系に利点があるといえます。例えば，要介護ニーズに対応する介護給付は，制度的な視点からすると，介護保険法の制定に伴い，以前の老人福祉法等に基づく「福祉の措置」（→7-1-3）という社会福祉の給付から介護保険という社会保険の給付に変わったわけですが（→3-1-2），給付別体系では，生活障

害給付ということでその性格は変わらないわけです。

香里：他方で，実際の制度は個別法によりそれぞれに一応まとまった論理と構造を持ったものとして作られているので，実際の制度を理解するという観点からは，給付別体系はなかなか使いづらい。そのときどきの社会・政治状況の中で必要に応じて作られてきた既存の社会保障制度を統一的な視点で捉え直し，制度の不備や制度間の格差などの存在を認識し得るという意味では有用なんだけどね。

田辺：だから，社会保障を構成する制度や部門をベースに法体系を考えるべきであるという見解も，依然として有力なんですね。ただ，今日の制度別体系論が以前のものと違うのは，制度の意義を積極的に評価している点だと思います。つまり，給付別体系論が提起した課題を認識した上で，社会保険や公的扶助といった制度は，それぞれ給付の設計や提供の方法，財政方式などに関して一定の完結性を持っているのであり，そのことを重視しようというわけです。

社会保険法	医療保険法，介護保険法，年金保険法，労災保険法，雇用保険法
公的扶助法	生活保護法
児童手当関係法	児童手当法，児童扶養手当法等
社会福祉サービス法	社会福祉法，老人福祉法，児童福祉法，身体障害者福祉法等

資料出典：岩村正彦『社会保障法Ⅰ』（弘文堂，2001年）

社会保険法	年金保険法，医療保険法，介護保険法，失業保険法，労災保険法
社会扶助法	公的扶助法，社会福祉法，家族手当法，公費負担医療法等

資料出典：堀勝洋『社会保障法総論〔第2版〕』（東京大学出版会，2004年）

香里：給付別体系論を評価する論者も，生活障害給付の中で医療と福祉を区別する傾向がありますね。医療保険制度や福祉サービス給付の制度は，それぞれが1つのまとまりをなしていますから。そのほか，最近では目的に着目した法体系も提唱されています。河野正輝教授は，所得保障法，健康保障法，自立支援保障法という目的別の体系区分を提案しています。

所得保障法	最低所得保障法	生活扶助
	所得維持保障法	代替所得の保障，特別出費の保障
健康保障法		健康増進，疾病の予防・治療，リハビリテーション
自立支援保障法	生活自立支援保障法	福祉サービス，住宅，教育，犯罪被害者支援等
	職業自立支援保障法	職業リハビリテーション，福祉的就労等

資料出典：河野正輝「社会保障法の目的理念と法体系」日本社会保障法学会編『講座社会保障法第1巻 21世紀の社会保障法』(法律文化社，2001年)

田辺：そのほか，社会保障組織法，社会保障給付法，社会保障財政法，社会保障権利擁護・救済法に分類する法体系なども登場していますね。

新町：あんまり多くて頭が混乱してきたかも…。それにしても，どうしてこのようにいろいろな体系論が提唱され，論じられているのでしょうか？

香里：なぜ法体系を論じるのかという，法体系論の意義に関わる問題ね。かつて法体系論が盛んに論じられたのは，社会保障立法が一応出揃い，国民皆保険・皆年金も達成され，各立法間の連関が意識され始めた頃でした。その後，社会保障は制度として定着し，社会保障法学も複雑化する個別実定法の解釈に追われる中で，法体系をめぐる議論は下火になっていったの。でも，最近では，法令や制度がめまぐるしく変化する中で，社会保障制度を一定の方向へ導き，社会保障立法の指針となるような規範を導き出すことの必要性が強調されるようになり，社会保障の理念や社会保障が前提とする人間像などをめぐる議論とともに，再び社会保障法の基礎理論への関心が高まってきているのね。ここでの議論は，これから社会保障法の各論の勉強を一通り終えてから，もう一度振り返ってみたいわね。

新町：はぁ～，今日のゼミは長かった～（疲）。

第2章　公的医療保険・高齢者医療

2-1　社会保障における「医療」

2-1-1　わが国の医療保障の特徴

> セミナー室では，新町が眠そうな顔をしている。

田辺：あれ，新町君，もしかして五月病が早く来たの？

新町：そんなそんな！　この時期，うちの店は大忙しで。なんせ京都は春の観光シーズンですからね。僕もかり出されて店の手伝いを…腰が痛い。

田辺：さすが，京都の老舗和菓子屋だね。僕みたいなサラリーマン家庭とは違うな。

香里：(ドアが開いて) は〜い，2人ともお待たせ。早速ゼミを始めるわ。今日からいよいよ社会保障の具体的な内容に入っていきましょう。

> ノートを開いて，ゼミ開始。

香里：風邪をひいたりしたときに，保険証を持って医者に行った経験のない人はいないと思います。その意味で，「医療」は最も身近な社会保障の課題といえるわね。これを国民全体で見ると，2016 (平成28) 年度の**国民医療費**は42兆1,381億円，国民1人当たりでは33万2,000円にもなるの (厚生労働省「平成28年度 国民医療費の概況」)。

国民に良質で適切な医療を保障することは，社会保障の基礎的な役割だけど，問題は，それをどのような形で確保していくかでしょうね。では，新町君，日本の医療保障制度について説明してもらえる？

新町：ええと，学部時代に講義で聞いた話では…健康保険法や国民健康保険法という法律に基づいて医療が行われていて，3割の自己負担があるんですよね。僕の家は**健康保険**なのですが，僕の叔父は，家族で小さな呉服屋を営んでいるので，**国民健康保険** (国保) に入っているみたいです。

田辺：日本では，国民皆保険制度が採用されているんだ。例外もあるけど (例えば，生活保護世帯は国保に加入せず，通常は医療扶助を受けることになっている)，基本的には，すべての国民が何らかの医療保険制度でカバーされているよ。だから，病気になればこの公的医療保険によって療養の給付を受けることができ

るんだね。僕の父は会社に勤めていて、そこにある健康保険組合の被保険者です。僕はその被扶養者です。

香里：田辺さんの話に出た「国民皆保険」というのがキーワードね。アメリカのオバマ大統領が導入に取り組んだ医療保険制度改革法、いわゆるオバマケア法が、連邦最高裁判所で2012（平成24）年6月28日に合憲とされたというニュース、知ってるかしら？

新町：知っていますが、このオバマケアの廃止を公約に掲げたトランプさんが新大統領に当選しました（2016年）。しかし、廃止法案は、議会の賛同を得られなかったようです。

香里：つまり、これまでアメリカにはメディケア（Medicare）と呼ばれる高齢者医療保険制度を別にすれば、医療を社会保険で行う制度はなかったってことなの。これに対して、アメリカ以外の多くの先進国では、医療を社会保険で提供する制度を採ってきたんだけど…。

田辺：あの、先生、イギリスは社会保険ではなく公費で医療が提供されますよ。

香里：あ、そうね。イギリスは国民保健サービス（NHS）として公費で医療が提供されているので、社会保険方式ではないですね（→1-1-1）。ありがとう、田辺さん。

2-1-2 「国民皆保険」── 被用者保険と国民健康保険

香里：さて、医療を国民に保障するシステムとしては、公的扶助を基本とする方式もあります。アメリカはまさにそういう国だったのよ。

新町：アメリカは公的医療保険がないって聞いたことがありましたけど、生活困窮者への公的扶助としての医療サービスはあったんですね。

田辺：これまでアメリカに公的医療保険制度が設けられていなかった理由は、医療も自己責任だという考え方や、医師会が医療への国家介入に強く抵抗してきたという背景があるんだと思うよ。

香里：それからイギリスのように、公的な保健サービスとして医療を提供する国もありますね。イギリスは、ベヴァリジ報告に基づいて「国民保健サービス法」（National Health Service Act）を制定し、すべての国民にその制度による医療提供を行っているわ（→1-1-1）。

でも、どちらかというと社会保険方式で医療を保障している国が多いように思うわ。ドイツ、フランス、それに日本もそうね。日本では、さらに「国民

皆保険」で国民全員に医療保険のネットを掛けているわけ。

新町：でも，「国民皆保険」といっても，国民全員が同じ保険に入っているわけではないんですね。

田辺：うん。日本の医療保険は何らかの事業所で雇用されている労働者，被用者を適用対象としている，いわゆる被用者保険（健康保険，各種共済制度など）が基本にあるんだ。被用者保険では，被保険者（組合員）と扶養家族がその制度でカバーされているよ。そして，被用者保険でカバーされていない残りの国民を，国民健康保険がカバーする仕組みだね。

香里：国民健康保険は，各市町村が保険者となって地域住民の医療保障をしているから，住民保険とも呼ばれるわ。ここには零細な個人事業所で雇用されている，被用者保険の適用されない被用者（労働者）も加入しているの。

それぞれの制度の加入者をごく大まかに見ると，**全国健康保険協会**約 3,800 万人，**組合管掌健康保険**約 2,900 万人，国民健康保険約 3,300 万人，それに各種の共済（国家公務員共済，地方公務員共済，私学共済）に約 900 万人となっています。75 歳以上の高齢者（いわゆる後期高齢者）は，現在，別制度になっていて約 1,600 万人がそれに属しています（週刊社会保障 2985 号〔2018 年夏季特別号〕25 頁）。

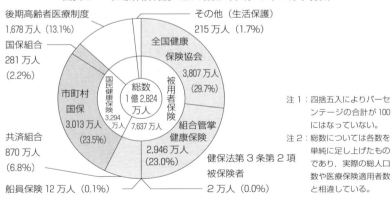

図表 2-1　医療保険制度の加入者数（平成 28 年 3 月末現在）

資料出典：厚生労働省「医療保険に関する基礎資料——平成 28 年度の医療費等の状況」を基に作成

香里：こうした国民皆保険の意義はどこにあると思いますか？

田辺：一言でいえば，国民を医療にアクセスしやすくし，国民の受診機会を均等保

2-2　健康保険法

2-2-1　保険者

香里：健康保険法は，医療保険の中で最も身近な法律といえるわ。まず，健康保険法に基づいて行われている健康保険を見ていきましょう。健康保険を実施・管掌している保険者は誰かしら？

田辺：先ほどのとおり，組合管掌健康保険（**健保組合**）と全国健康保険協会（**協会けんぽ**）の2つが保険者です。健保組合は，適用事業所の事業主，その事業に使用される被保険者および任意継続被保険者（健保3条4項）によって組織される公法人（公法上の法人）です（健保8条）。

香里：**任意継続被保険者**は，退職，解雇等で被保険者資格を喪失した者に，一定の条件で一定期間だけ暫定的に被保険者資格を認める制度よ。健保組合の設立方法はどうなっているかしら。

田辺：法律には任意設立（健保12条）と強制設立（健保14条）の2種類が定められていますが，今では強制設立はほとんどないようですね。

香里：そうね。強制設立は，健康保険法が施行された1926（大正15）年当時にいくつかあったくらいよ。
　　　任意設立とは，事業主およびその事業所に使用される被保険者の希望に基づいて設立されるものをいうんだけど，さらに「単独設立」と「共同設立」に分けられるの。

> 単独設立：1または2以上の適用事業所において，常時政令で定める数（700人。健保令1条の2第1項）以上の被保険者を使用する事業主が，組合員となる資格を有する被保険者の2分の1以上の同意を得て規約（健保16条）を作成し，厚生労働大臣の認可を受けて設立する（健保11条1項）。
>
> 共同設立：被保険者の数が合算して常時政令で定める数（3,000人。健保令1条の2第2項）以上である場合に，適用事業所の事業主が共同で設立する（健保11条2項）。厚生労働大臣の許可の条件は上と同じ。

新町：つまり，大企業が単独で組合を作る場合が「単独設立」に当たるわけですね。田辺さんのお父さんの健保組合は単独ですか，それとも共同ですか？

田辺：ええと，確か単独設立の健保組合だったかな。
香里：この間研究室に来た有斐閣編集部の奥山さんは，「出版健康保険組合」（共同設立）に入っているといってたわ。出版社は従業員が少ないところが多いから，単独設立は難しいんでしょうね。
新町：へえ〜。出版社って，思っていたより少人数なんですね。
田辺：そうだね。次に，健保組合は設立の認可を受けたときに成立し（健保15条），組合が設立されると適用事業所の事業主およびその事業所に使用される被保険者は，全員（認可申請に同意していなかった者も含めて）組合員となります（健保17条1項）。

また，健保組合には意思決定機関として組合会（健保18条1項），意思執行機関として理事（健保21条1項）や理事会が置かれます。さらに理事長は，対外的に健保組合を代表して業務を執行することになっています（健保22条1項）。
香里：よく調べてきてくれたわ。協会けんぽについては？
田辺：従来，政府が保険者として政府管掌健康保険（政管健保）を実施していたのですが，2006（平成18）年の法改正で政管健保の公法人化が図られ，全国健康保険協会が設立されました。

2-2-2　適用事業所

香里：では，健康保険の適用事業所の特徴を報告してもらおうかしら。
田辺：労働基準法と比較すると，特徴がわかりやすいと思います。労働基準法は，1人でも労働者を雇っているすべての事業・事業所に適用されますが，健康保険法は，強制的に健康保険が適用される事業所（**強制適用事業所**）が限定されています。強制適用事業所は次のとおりです。また，そこで使用される者を強制被保険者としています（→2-2-3）。

　(1) 健保法3条3項1号に列挙された事業の事業所で常時5人以上の従業員を使用する事業所
　(2) それ以外の国，地方公共団体または法人の事業所で常時従業員を使用する事業所（同2号）

香里：(1)の「健保法3条3項1号に列挙された事業」は，次のとおりよ。

①製造業，②土木建築業，③鉱業，④電気ガス業，⑤運送業，⑥貨物荷役業，⑦焼却・清掃・と殺業，⑧物品販売業，⑨金融保険業，⑩保管賃貸業，⑪媒介周旋業，⑫集金・案内・広告業，⑬教育・研究・調査業，⑭医療事業，⑮通信報道事業，⑯社会福祉事業，更生保護事業

新町：うちは①や⑧にあてはまるし，従業員も5人以上いるから健康保険ですね。

香里：そうね。でも，ここに含まれない事業もあるわ。

新町：う〜ん…思いつかないなぁ…。

香里：例えば，農林業，水産業，飲食業，ホテル・旅館業，美容業，レジャー等のサービス業，弁護士・社労士・税理士等の事務所など個人経営の事業所は，従業員の数に関係なく，強制適用されないの。

新町：じゃあ，そういう事業所の従業員は健康保険に入れないんですね？

田辺：いや，事業主がその事業所で使用されている者で被保険者となるべき者の2分の1以上の同意を得て厚生労働大臣に申請し，認可されれば，被保険者になることができるよ（**任意包括被保険者**。健保31条1項・2項）。

香里：これに対して，(2)のとおり国，地方公共団体または法人の事業所で常時従業員として使用されている者は，事業所の従業員数に関係なく（常時1人でも使用されていれば），**強制被保険者**となります。

それから，(1)(2)の「事業所」とは，工場，事業場，店舗，その他一定の目的のために従業員を使用し，継続的に事業を行う一定の場所をいうの。

田辺：法人の種類（公法人・公益法人，営利法人，健保組合，社会福祉法人，医療法人，宗教法人等）は問題にならないんですよね（昭18・4・5保発905号）。

	従業員5人以上	従業員5人未満
① 健保法3条3項1号に列挙された事業の事業所	強制加入	任意加入
② 国・地方公共団体，法人の事業所	強制加入	強制加入
①②以外	任意加入	任意加入

田辺：最近，弁護士さんや税理士さんがそれぞれ弁護士法人，税理士法人を作ったりしていますけど，こういった法人も健康保険法が強制適用されるのですね。

香里：ええ。健康保険だけでなく，厚生年金も強制適用になるわ（→4-2-3）。これらの業種で働いている人も，厚生年金に加入できれば老齢厚生年金の受給権が出てくるから，その点に法人化する意義もあるのでしょうね。

2-2-3 被保険者

香里：健康保険の被保険者について，健康保険法はどう規定しているかしら？

新町：「**被保険者**」とは，適用事業所に使用される者および任意継続被保険者をいうとあります（健保3条1項本文）。「適用事業所に使用される者」は，本人の意思や事業主が加入のために所定の手続をとったかどうかにかかわらず被保険者になるので，強制被保険者ともいいます。事業所に「使用される者」は，労基法の使用関係とほぼ同じと考えていいようです（→5-2-2）。

香里：労働者の使用関係については，その通りね。それ以外にも被保険者とされる人がいるんだけど，調べてきたかしら？

新町：はい，一応は…。実務では，法人の理事，監事，取締役，代表社員，無限責任社員等で，「法人の代表者又は業務執行者であつても，法人から，労務の対償として報酬を受けている者は，法人に使用される者として被保険者」とするとされているし（昭24・7・28保発74号），裁判例には株式会社の代表取締役も健保法においては労使間の実勢上の差異を考慮すべき必要がないとして，「事業所に使用せられる者」に当たるとするものがあります（広島高岡山支判昭38・9・23行集14巻9号1684頁。このほか取締役につき使用関係が存在したとして健保法の被保険者資格を認めるものに，大阪高判昭55・11・21労判357号52頁）。

田辺：株式会社の代表取締役などが健康保険法の被保険者になるということは，当然，療養の給付等の給付を受けることができるだけでなく，保険料納付義務があるということですね。なるべく多くの者を健康保険法の中に取り込んで財政を強化するという面が重視されているということでしょうか。

香里：確かにその点があると思うわ。株式会社の代表取締役を労基法の使用関係で理解することは難しいので，若干平仄が合わないような気もしますが…。では，**被保険者資格**はいつなくなりますか？

新町：被保険者の死亡や，解雇，退職，事業廃止等によって当該適用事業所に使用されなくなったときはその翌日に，それぞれ被保険者資格がなくなります（健保36条1号・2号）。

香里：使用関係の消滅にも，実務上の取扱いについて通達がありますね。

新町：（資料をバサバサ探しながら）えーとですね…あった！　休職中に雇用契約関係が存続するとされていても，給料がまったく支給されず，名義は休職でも実質的に使用関係の消滅と見る方が妥当な場合は，被保険者資格の喪失の取

扱いが妥当とされます（昭25・11・2保発75号）。
　もっとも休職中で無給でも使用関係が存続していると見られる場合には，被保険者資格は存続します（昭6・2・4保発59号）。例えば，就業規則の規定に基づく病気休職，育児介護休業法に基づく育児休業や介護休業の場合などですね（平7・3・29保発52号・庁保険発16号）。

香里：労働者が不当に解雇されたとして，解雇無効を裁判所で争っているような場合はどうなりますか？

新町：これも通達がありました。解雇の効力を労働委員会や裁判所等で係争中の被保険者については，解雇が労働法規または労働協約に違反することが明らかな場合を除いて，事業主から被保険者資格喪失届が提出されたときは，一応資格を喪失したものとしてこれを受理し，被保険者証の回収等の手続をすべきとされています（昭25・10・9保発68号）。解雇無効が確定すれば，遡及的に資格喪失を取り消すということになります。

香里：争議行為（ストライキ）で長期間労務提供が行われない場合に被保険者資格の喪失が問題になったケースがありましたが，田辺さん，知ってますか？

田辺：ええ。雇用契約が存続しても，使用関係はなくなるとする判例がありました（仙台高判平4・12・22判タ809号195頁）。争議行為は労働者の権利ですから，もちろん慎重に判断しなければならないけれど，使用関係がなくなったというためには，雇用契約関係の喪失まで必要となるわけではないということですね。

香里：異論もあるけどね。さて次に，健康保険法には**被保険者資格の「確認」**の手続が規定されています。

新町：ここ，よくわからなかったんですが…被保険者資格は，適用事業所に使用された日に本人の意思に関わりなく取得するものなのに，どうしてわざわざ「確認」の手続があるのでしょうか？

田辺：被保険者資格の法的効力は，事業主が提出する資格取得届等に基づいて行われる保険者の「確認」によって生じるものとされているんだ（健保39条1項）。これは，被保険者資格の得喪に関して「確認」を行うことで法的な確定力を付与して，被保険者の権利について争いが生じたときにはいちいち過去の事実関係に遡ることなく，この確認を受けた事実を基礎として審査を行うことにしているんだ。これによって被保険者の権利が適正に保護されることになるということかな。被保険者はこの確認が行われるまでは，資格の取得を有効に主張できないんだよ。ただし，確認が行われれば，資格取得の日に遡っ

てその効力を主張できるようになるよ（最判昭40・6・18判時418号35頁）。

新町：資格の取得と効力発生にズレがあるんですね。もし「確認」より前にお医者さんに行ったら，治療費は全額負担しなきゃならないんですか？

田辺：そうだね。でも後で療養費として返してもらうことができるよ（→2-2-6）。

2-2-4 被扶養者

香里：田辺さんはお父さんの**被扶養者**ということですが，健康保険法上の被扶養者について説明してもらえるかしら。

田辺：はい。健康保険法では，次の①～④を被扶養者としています（健保3条7項1号～4号）。

① 被保険者の直系尊属，配偶者（事実婚を含む），子，孫および弟妹であって，主として被保険者により生計を維持している者
② 被保険者の3親等内の親族で，被保険者と同一の世帯に属し，主として被保険者により生計を維持している者
③ 被保険者の事実婚上の配偶者の父母および子であって，被保険者と同一の世帯に属し，主として被保険者により生計を維持している者
④ ③の配偶者の死亡後のその父母および子であって，被保険者と同一の世帯に属し，主として被保険者により生計を維持している者

香里：じゃ，まず②～④の特徴から。

田辺：②～④は，**生計維持関係**に加え同一世帯への帰属も必要とされています。生計維持関係があるとは，生計の基礎（大部分）を被保険者の収入におくという意味ですが，夫婦が共同で扶養している場合の被扶養者の認定は，(a)被扶養者とすべき者の員数にかかわらず，年間収入（前年度の収入）の多い方の被扶養者とする，(b)夫婦双方の年間収入が同程度であれば，被扶養者の地位の安定を図るために，届出により主として生計を維持する者の被扶養者とする取扱いがなされています（昭60・6・13保険発66号・庁保険発22号）。
①は，②～④と違い同一世帯に属することが必要とされていないので，別世帯でも被扶養者になります。

香里：田辺さんは，まさに①の被保険者ね。保険証はどうしているの？

田辺：学部に入った頃は「遠隔地被扶養者証」でしたけど，今はカード式保険証になりました。

新町：その「遠隔地…」って何ですか？？

田辺：保険証は1世帯1通が原則だけど，僕みたいに実家を離れて一人暮らしをしていると，保険証を持ち歩けない。そこで，「遠隔地被扶養者証」っていう特別の保険証をもらっていたんだ。でも最近は，カード式保険証を1人1枚発行する健保組合が多いみたい。わざわざ「遠隔地被扶養者証」の発行を申請しなくていいから助かるよ。

新町：なるほど～。保険証も世帯単位から個人単位の時代ですね。

田辺：それから，現在の実務の取扱いでは，生計維持関係が認められるには，被扶養者としての認定を求める者の収入が130万円（60歳以上の高齢者または障害厚生年金の受給要件に該当する程度の障害者の場合は180万円）未満でなければいけません。それ以上だと被扶養者の枠を超えるので，被保険者として，自分で国保に加入する必要が出てきます。国保の保険料は結構高いんですよね…。

香里：この上限を気にしながらアルバイトしてる学生さんもいるでしょうね。

田辺：僕も1回くらい，気にしてみたいですけどね…（笑）。

2-2-5　保険給付・概説

> 1週間後，あっという間にゼミがやってきた。

香里：今日からは，保険給付の内容に入っていきましょう。新町君，まず，健康保険法1条の目的規定を報告してください。

新町：はい。健康保険は，労働者またはその被扶養者の業務災害以外の疾病，負傷もしくは死亡または出産に関して保険給付を行うことを目的としています。「業務上」の傷病や死亡については労災保険の給付がありますから，健康保険と労災保険でそれぞれ役割分担を行っているということです。通勤災害（労災7条1項2号）は業務上の災害ではありませんが，労災保険からの給付があるので（労災21条），重複を避けるために健康保険を不支給にして調整しています（健保55条1項）。

田辺：健康保険法1条は2013（平成25）年に改正されて，それまでは「労働者の業務外の事由による」疾病，負傷，死亡…と規定されていたのが，「労働者又はその被扶養者の業務災害以外の」疾病，負傷，死亡…に改められました。

香里：そうね。これがどういう意味を持つか，新町君わかるかしら？

新町：う～ん…改正前後の文言を見比べると，「被扶養者の業務災害以外も健保を適用します」ってことがポイントなのかなと思いますが…。

香里：そう，これは「保険の谷間」への対応策なのよ。シルバー人材センターなどで請負形式で仕事をしていた人が，その仕事中にけがをした場合に，労働者ではないから労災では補償されないし，その人自身は健康保険の被扶養者なのに，仕事中の事故だから健康保険でも給付が受けられないといった問題があったの。

2013（平成25）年の改正で，健康保険法の被保険者または被扶養者の仕事中の負傷等が労災保険の給付対象にならない場合は，原則として健康保険の給付対象とすることになって，この問題は解決したわ。

次に，健康保険にはどのような保険給付があるかしら？

新町：健康保険法で被保険者にかかる給付として規定されているのは，①療養の給付，②入院時食事療養費，③入院時生活療養費，④保険外併用療養費，⑤療養費，⑥訪問看護療養費，⑦移送費，⑧傷病手当金，⑨埋葬料（埋葬費），⑩出産育児一時金，⑪出産手当金，⑫家族療養費，⑬家族訪問看護療養費，⑭家族移送費，⑮家族埋葬料，⑯家族出産育児一時金，⑰高額療養費，⑱高額介護合算療養費です（健保52条1～9号）。

保険事故の種類に対応させると，以下の通りです。

　　傷病給付：①～⑧，⑫～⑭，⑰，⑱
　　出産給付：⑩，⑪，⑯
　　死亡給付：⑨，⑮

新町：また，①～⑪は被保険者本人にかかわる給付，⑫～⑯は被扶養者にかかわる給付です（⑰⑱は，被保険者・被扶養者双方にかかわる給付）。給付を現物給付か金銭給付かで区分すると，①は現物給付，それ以外は金銭給付です。ただし，②，③，④，⑥，⑫および⑬は，実際上は現物給付の扱いになっています。また⑰も現在は，現物給付の扱いです。

田辺：このほか，健保組合は，規約の定めで上記の給付に併せて付加給付を行うことができます（健保53条）。付加給付は，各企業にとって企業福祉として重要な役割を果たしているようですね。

2-2-6 療養の給付・療養費・家族療養費

香里：わが国の**療養の給付**は，**一部負担金**（受診時に患者本人が窓口で支払うお金）を除けば，「**現物給付**」という形で受けられます。被扶養者が病院等で受ける

療養も法律では家族療養費（健保52条6号・110条）となっていますが，実際には現物給付として受けられます。給付の方式としては，かかった費用を全額医療機関に払った上で，後で保険からその費用を返してもらう「償還制」もありますが，日本はこの方式ではありません。

新町：現物給付制は，自己負担分を除けば医療費の心配をしなくてよいという大きなメリットがありますね。償還制は，医療にかかる費用の全額を用意しておかないと診療を受けられないので，医療へのアクセスを大きく制限して問題だと思います。

香里：そのとおりね。でも，償還制にもメリットがないわけではないのよ。償還制では何を保険の対象にするのか，その割合をどの程度にするかは，保険者と被保険者の二当事者間で決めればいいから，保険者と診療側との間で難しい調整をする必要がないのよ。

それに，償還制では診療側は医療者として必要な医療を行えばよく，保険の枠にしばられないけれど，現物給付制をとっているわが国の現行制度の場合，医療者は保険診療の枠，もっと具体的にいえば**療養担当規則**（→2-4-5）に従って療養を行わなければいけないし，支払側（保険者）と診療側との間に生じる利害の調整が不可避な問題として登場することになるわ。この点は，あとで診療報酬を勉強するときにもう一度見ることにしましょう（→2-4-5）。さて，療養の給付の中味についてはどうでしょうか。新町君。

新町：療養の給付として，法律上，①診察，②薬剤または治療材料の支給，③処置，手術その他の治療，④居宅における療養上の管理およびその療養に伴う世話その他の看護，⑤病院・診療所への入院およびその療養に伴う世話その他の看護，が保険医療機関（→2-4-4）で「現物給付」として行われることになっています（健保63条1項）。療養給付請求権は，被保険者に傷病等の保険事故が生じて要治療の状態になることによって発生し，その治療のために，通常は保険証を提示して保険医療機関あるいは保険医等に対して診療を求めることによって具体化します（東京地判昭48・5・16判時708号22頁参照）。

香里：なんだか難しい言い方ですね。

新町：簡単にいえば，保険証を提示すれば，保険診療を申し込んだことになるということですが…。医療機関の側から見れば，保険診療の申込みを受けて保険診療を行い，診療報酬については，（一部負担金は別として）その費用を被保険者に直接請求せず，後で保険者（保険者から委託を受けた社会保険診療報酬支払基金等。→2-4-6）から払ってもらうということですね。

香里：一部負担金は，どのような性質のものと考えられているでしょうか？

田辺：療養の給付を受ける際に一部負担金を支払わせることによって，医療費の抑制を図るのがその目的の1つだろうと思います。ただ，負担額があまりに多いと受診自体の抑制になりかねないので注意が必要ですね。現在，一部負担金は原則として療養に要した費用の3割です（健保74条1項）。また，未就学の乳幼児については，少子化対策の観点から2割とされています（健保110条2項1号ロ）。

新町：市町村によっては，就学前まで，あるいは15歳の年度末までの子どもの医療費が無料という話も聞きますけど…??

田辺：そうだね。かかった医療費は地方自治体が肩代わりするようだよ。財政が裕福な自治体とそうでない自治体でかなり差があるみたいだけど。

香里：受診したいのに保険医療機関が存在しないとか，緊急の事情があってやむなく保険医療機関以外の医療機関で受診しなくてはいけない場合は，どのように対処しているのかしら？

田辺：被保険者がいったん自腹で診療を受けて，その後保険者から後払いしてもらう制度があります（**療養費**の支給。健保87条1項）。被保険者の「確認」（→2-2-3）が遅れた場合は，療養費で対応するしかありません。また，海外の医療機関で治療を受けた場合も，受けた治療の内容を領収書に書いてもらっておけば，それをわが国の診療報酬に換算して療養費として支給してもらうことができます。

2-2-7 高額療養費

新町：カゼや花粉症で医者に行ったときの自己負担額は，せいぜい数千円ですよね。でも手術や長期入院をすれば，3割の自己負担も相当の金額になっちゃいそうだなぁ。

田辺：そのために「**高額療養費**」という制度があるよ。一部負担金等の額が著しく高額になった場合には，高額療養費が支給されるんだ（健保115条1項）。

新町：1カ月当たりの自己負担額には上限があるんですね。よかった～。

田辺：支給要件や支給額などは政令で定められていて（同条2項），上位所得者，一般所得者，低所得者（市町村民税非課税世帯）の3つの区分で，それぞれ自己負担限度額が違うんだ。人工透析治療，血友病治療など，費用が著しく高額な治療を著しく長期間にわたって継続しなければならない場合の自己負担額

は，原則1万円（高額所得者は2万円）とされているよ（健保令41条6項・42条6項）。

香里：ちなみに，高額療養費が支給される場合も，私たちは一旦は「著しく高額」な自己負担をしないといけないのかしら？

田辺：以前は一部負担金を支払った後，自己負担の上限を基準に返還してもらっていたのですが，2007（平成19）年4月以降，70歳未満の被保険者については，事前に健保組合あるいは協会けんぽの都道府県支部の認定を受けて，入院等の前に自己負担の上限を示す認定証を提示すると，自己負担額だけ支払えばよいことになりました。その意味で現物給付化されたということになりますね。70歳以上の高齢者については，高齢受給者証を提示することで，すでに現物給付として給付されています。

香里：高額療養費の制度は，医療について個人や家族の負担額の上限を設けるというきわめて重要な意義のある制度だけど，低所得者にとってはその上限額がなお厳しいということで，その見直しが問題になっているようね。

2-2-8 傷病手当金

香里：では次に，**傷病手当金**を見ていきましょう。

新町：はい。労働者が負傷，疾病などで仕事ができなくなってしまった場合，たいていはノーワーク・ノーペイで賃金が支払われません。それを填補・保障するのが，傷病手当金の制度です。

香里：傷病手当金は，健康保険のもう1つの重要な役割＝被保険者が病気になった場合の所得保障の機能を果たすものとして重要ね。支給要件は？

新町：被保険者が療養のために労務に服することができないときに，その日から起算して3日を経過した日（つまり労務不能から4日目）から支給されます（健保99条1項本文）。

香里：不支給の期間は，「**待期期間**」ともいわれるわね。この待期期間の3日にはどんな意味があるのかしら？

新町：待期期間がなくて欠勤の1日目から傷病手当金が支給されると，病気でないのに病気だという人が出てくる。こうした「詐病」を防止するのが目的だとされています。

香里：そうね。さらに，労務に服することができるかどうかというのも，難しい判断になるけれど，この点はどうでしょう。

田辺：通達は，その被保険者が従事している業務の種別を考慮して，その本来の業務を行い得るかどうかで判断するとしています（昭 31・1・19 保文発 340 号）。

新町：医学的に見て何かしらの仕事ができるかどうかじゃなく，その人がいつもやっている仕事をできるかどうか，という視点で判断するんですね。

支給額は 1 日当たり標準報酬日額の 3 分の 2 の額か（健保 99 条 2 項）。確か，標準報酬日額には賞与（ボーナス）が入っていないんですよね。1 週間くらいの欠勤ならいいけど，長期間休まなくちゃいけなくなると，ちょっとキツイかも。

香里：日本の一般的なサラリーマンは，1 週間程度の欠勤なら有休を使うでしょうし，傷病手当金の支給はむしろ長期休業のときに問題になるからね。

田辺：その点でいうと，国保には傷病手当金という制度がないのも問題だと思います。零細な個人事業で働く労働者の場合，病気になって休むと賃金保障がゼロになるわけですから。

香里：確かにそうね。最後に，傷病手当金は労務不能期間中支給されることになっているけど，限度があります。同一の疾病または負傷およびそれから発症した疾病については，支給開始日から起算して 1 年 6 カ月が限度とされているのよね（健保 99 条 4 項）。これとの兼ね合いで「社会的治癒」という問題があるんだけど，調べてきたかしら？

田辺：ある病気が治った後，相当期間就業していて，その後また同じ病気を再発した場合，**社会的治癒**として再発後の病気を別個の病気とみて，新たに 1 年 6 カ月の傷病手当金の受給を認める取扱いがあります（平 13・3・30 社会保険審査会裁決集平成 13 年版 47 頁等）。

香里：「社会的治癒」と認められるかどうかで，ずいぶん扱いが違ってしまうわね。

2-2-9　出産手当金等，女性の出産に関する給付

新町：健康保険では，出産に関する給付として，被保険者の出産に関する出産育児一時金（健保 101 条），**出産手当金**（健保 102 条）があり，被扶養者たる配偶者等の出産に関する家族出産育児一時金（健保 114 条）があります。

ILO 102 号条約（社会保障の最低基準に関する条約）8 条では，傷病だけでなく妊娠や分娩も「医療」として保障していますが，わが国では出産は病気やケガの治療とは性質が違うことから，別の給付が用意されているんですね。

香里：そうよ。従来，被扶養者たる配偶者の出産については配偶者出産育児一時金

が支給されていましたが，2002（平成14）年の健康保険法の改正で配偶者に限られないことになったの。では，支給額は？

新町：支給額は政令に定められていて，出産育児一時金，家族出産育児一時金とも40万4,000円です（健保令36条）。一時金は出産児の数に応じて支給されるので，双子を出産した場合は，倍額になります。

香里：2009（平成21）年に創設された産科医療補償制度に加入している病院等で出産したときは，1万6,000円が上乗せされて，1人当たり42万円が支給されます。この制度は，本来は出産に関連して発症した重度の脳性小児麻痺児に対する補償等を行うために創られた制度よ。
次に「出産」とは，単に赤ちゃんを産むことと考えていいですか？

新町：え？　違うんですか??

田辺：じゃあ僕から。「分娩（出産）」とは妊娠85日以上の分娩（出産）をいい（昭3・3・16保発11号），早産，流産，死産は問われないとされているよ。労働基準法では産前産後の休業を定めていますが（労基65条），その場合の出産も同じように考えられています（昭23・12・23基発1885号）。

新町：あ，なるほど。流産なども含むっていう意味ですね。

香里：被保険者については，出産手当金もありますね。

新町：被保険者が出産した場合，産前・産後の休業期間中は賃金が支払われません。それを補填するために支給するのが出産手当金です。労働基準法65条では休業（就労免除）だけが保障されていて，その間の所得保障は健康保険法で，ということですね。支給期間は，出産の日以前42日（多胎妊娠の場合は98日）から出産の日後56日までの間で労務に服することができなかった日。支給額は1日当たり標準報酬日額の3分の2の額です（健保102条）。

田辺：健康保険法102条の条文を見ると，「出産の日」の後に「出産の日が出産の予定日後であるときは，出産の予定日」という括弧書がついています。出産が予定日より遅れても，休業した分の手当はちゃんと支給されるので安心ですね。

香里：ちなみに，**不妊治療**は保険給付の対象ではありませんが，一定の範囲で公費助成の対象とされています。妊婦検診も，公費助成の対象ですね。

2-2-10　その他の給付

香里：最後に，健康保険のその他の給付について見ることにしましょうか。

新町：被保険者が死亡した場合に，葬儀・埋葬に関する費用を補塡する目的で支給されるのが，**埋葬料・埋葬費**です（健保100条）。通常は死亡した被保険者によって生計を維持していた者に埋葬料が支給されますが，埋葬料を受けるべき人がいない場合には，埋葬を行った者に埋葬費が支給されます。被扶養者が死亡した場合には，被保険者に家族埋葬料が支給されます（健保113条）。

2-2-11　健康保険の財源

香里：これまで健康保険の給付を見てきましたが，こうした給付をどのように賄っているのか，その財源について検討してみましょう。

田辺：健康保険の財源として重要なのは，保険料と国庫負担・国庫補助です。このうち健康保険の保険料の額は，被保険者の**標準報酬月額**（1級・5万8,000円から50級・139万円まで50級に区分されている。健保40条）および**標準賞与額**（上限額は年度で573万円。健保45条1項）に保険料率を掛けたものです。なお，協会けんぽの医療に係る**一般保険料率**は，3%から13%までの範囲内で，各都道府県ごとに決定することができることになっています（健保160条1項）。健保組合の場合も，3%から13%までの範囲内で決定するという点は同じです（同条13項）。

つぎに，国庫負担・国庫補助は，健康保険事業が国の行うべき事業でもあるという観点から認められているものです（健保151条～154条の2）。現在，健康保険の事務費について国庫負担が行われ（健保151条），協会けんぽの給付費の16.4%および後で説明する**後期高齢者支援金**（→2-5-2）の16.4%に国庫補助が行われています（健保153条1項）。その制度自体には給付費等の約50%の公費負担があります。

香里：保険料の負担や徴収方法はどうなっていますか？

田辺：健康保険事業は労使の社会的な相互扶助の精神に基づくものなので，事業に必要な費用は，大部分が労使当事者（被保険者と事業主）が折半で負担する保険料で賄われることになっています。保険者は，各種の拠出金を含めて，健康保険事業に要する費用を保険料として徴収します（健保155条）。

香里：保険料の算出方法は，介護保険のゼミでやることにしましょう（→3-3-1）。では次に，保険料の納付義務を負っているのは誰かしら？

新町：え〜と，事業主ですね（健保161条2項）。事業主は，被保険者が負担すべき前月分の保険料を差し引いて，賃金を支払うことができるようになっていま

す（健保167条1項）。

田辺：退職などで被保険者がその事業所に使用されなくなった場合は、前月分＋当月分の保険料が差し引かれるよ。これは、労基法24条の賃金全額払原則の例外として認められているんだ（健保167条1項）。賃金と同じように、賞与からも保険料が差し引かれるよ（同条2項）。

香里：育児・介護休業中は賃金が支払われないけど、この期間の保険料はどうなるのかしら？

新町：保険料徴収の特例ですよね…（条文を探しながら）あった！ 育児休業中の保険料は、労使双方とも免除されます（健保159条）。産前・産後の休業中も、労使双方免除ですね（健保159条の3）。でも、介護休業中の特例規定は見当たらないようなんですけど…。

田辺：そう、介護休業中は賃金が支払われなくても保険料は免除されないんだ。でも、支払う賃金がないからそこからは差し引けない。そこで、事業主は保険料をいったん全額納付して、被保険者の負担分は、被保険者が復職した後にまとめて精算しているようだよ。

新町：なるほど～。でも、復職後の一括精算はキビシイですね。

香里：ストライキの場合はどうなりますか？ 田辺さん。

田辺：この場合も、いったんは事業主が保険料を全額、保険者に支払うことになります。でもストライキが長引くと、被保険者負担分の保険料を立て替えている事業主の負担が大きくなりすぎるという問題がありますね。

香里：そうね。今はこんな問題が起きるほど長くストライキをやることはほとんどないですけどね。

2-3　国民健康保険法

2-3-1　沿革・目的

> セミナー室で、新町と田辺が香里の到着を待っている。

田辺：そういえば、腰の状態は良くなったの??

新町：いや、あんまり…。当分は家の仕事から解放してもらえなさそうで（泣）。とりあえず、近所の医者でシップをもらってきましたよ。

田辺：そうなんだ（笑）。

香里が到着し,ゼミがスタート。

香里:さて,わが国の国民皆保険制度を支える重要な柱として,国民健康保険法があります。次にこれを見ることにしましょうか。

田辺:はい。国民健康保険は,「被保険者の疾病,負傷,出産又は死亡に関して必要な保険給付を行う」こと(国保2条)を主な目的としています。でも,国民健康保険は健保と比べると,高齢の加入者が多い,無所得世帯・低所得世帯の比重が大きいなど構造的な問題がありますし,高齢化による医療費の上昇は,国民健康保険の財政を圧迫しているようですね。

新町:国民健康保険は被用者保険でカバーされない人のためのものだから,年金生活者や零細な個人事業で働く労働者,無職の人の割合が高いんですね(→2-1-2)。財政基盤が弱いのも当然かな。

田辺:市町村等が公費を相当つぎこんで支えているようだよ。保険料未納者の問題もあるし…。

2-3-2 保険者

新町:国民健康保険の保険者は,①市町村および特別区(**市町村国保**。以下両者をあわせて「市町村」とする)と②**国民健康保険組合**(国保組合)の2つでしたが,現在では都道府県も保険者になっています。これは2015(平成27)年に成立した「持続可能な医療保険制度を構築するための国民健康保険法等の一部を改正する法律」によって2018(平成30)年度から都道府県が国民健康保険の財政主体になることが決まったからです(国保4条2項)。これによって都道府県が国民健康保険の安定的な財政運営を担うことになります。これを受けて都道府県は,都道府県および当該都道府県内の市町村の国保事業の運営に

関する方針(都道府県国民健康保険運営方針)を定めることになっています(国保82条の2)。そこでは保険料の標準的な算定方法に関する事項等が規定されることになっています。もっとも,市町村は,被保険者資格の管理(被保険者証の発行,一定事項の届出の受領等),保険料の決定・賦課・徴収,保険給付,保健事業等を行っていますので,相変わらず重要な保険者機能を担っています。

香里:なぜ市町村が国民健康保険の保険者とされたのかしら?

田辺:市町村は,普通地方公共団体の中でも住民に最も身近で基礎的な地方公共団体だからです。介護保険も,同じ考え方に基づいて市町村が保険者とされていますね。

国保組合は,その組合の地区内に住所を持つ同種の事業・業務に従事する者を組合員として組織するものです(国保13条1項)。世帯主が国保組合の組合員になれば,その世帯に属する者全員がその国保組合の被保険者になります(国保19条1項。ただし書に例外あり)。

新町:どんな国保組合があるか調べてみたんですけど,現在,医師,歯科医師,薬剤師,食品販売業,土木建築業,理容・美容業,弁護士,税理士などが国保組合を設立しています。東京には東京芸能人国保組合というのがありました。どんな人が加入してるか気になりますね。

香里:新町君,ミーハーねぇ〜。

新町:だって,ホントに気になりますもん! それから,京都には祇園のお茶屋さん,芸妓さん,舞妓さんなどが加入している京都花街国保組合がありました。

香里:それは知らなかったわ。やっぱり老舗和菓子屋の息子さんね。

2-3-3 被保険者

香里:国民健康保険の被保険者について,健康保険と比べながら見ていきましょう。

田辺:都道府県の区域内に住所を有する者は,その都道府県内の市町村とともに行う国民健康保険の被保険者になります(国保5条)。国民健康保険には,健康保険の被扶養者に当たるものがないので,配偶者や子どもも,それぞれが国民健康保険の被保険者です。ただ,他の制度で医療が保障されている人は,国民健康保険の適用を除外されます(国保6条)。

新町:へえぇ,生活保護を受けている世帯の人も除かれるんですね。

香里:そうね。外国人はどのように取り扱われていますか?

田辺：外国人（日本国籍を有しない人）も，上記の適用除外に該当しなければ国民健康保険の被保険者になります（短期滞在者を除く。国保則1条参照）。在留資格のない，いわゆる不法滞在者は，住所が定まっていないことが多いので「住所を有する」という要件を満たさないとして，被保険者資格が否定されるようです。

新町：国民健康保険では，どこの都道府県に住んでいるか，また，どの市町村に住所を持っているかが重要なんですね。

田辺：そうだね。国民健康保険では，適用除外に該当しない限り，その者が居住する都道府県が保険者になるとともに，その者が住所を有する市町村が保険者として保険料を徴収し，保険事故（→2-2-5）が発生した場合には保険給付の提供義務を負うことになるからね。国保の被保険者がある都道府県の区域内に住所を有しなくなった日に他の都道府県の区域内に住所を有するに至ったときは，その日からその資格を失うんだよ（国保8条1項ただし書）。

2-3-4 保険給付

香里：国民健康保険の保険給付の特徴は，どこにあるでしょうか。

新町：健康保険法の条文と見比べたんですけど…健康保険の保険給付とあまり違いはないように思いました（→2-2-5）。傷病給付として療養の給付，入院時食事療養費，入院時生活療養費，保険外併用療養費，療養費，訪問看護療養費，**特別療養費**，移送費，高額療養費，高額介護合算療養費がありますし，出産給付として出産育児一時金，死亡給付として葬祭費もしくは葬祭の給付があります（国保36条・52条以下）。

香里：でも，出産育児一時金と葬祭費は必ず支給されるわけではないでしょう？

新町：はい，条例か国保組合の規約に定めがあれば支給する，となってました（国保58条1項）。

香里：そう，法律で給付が義務づけられているもの（法定給付）と，条例や規約に定めがあるときだけ給付されるものがあるの。しかも，条例や規約の定めがあっても，特別の理由があれば支給されないこともあるのよ。

田辺：このほか，保険者は条例や規約の定めに基づいて傷病手当金等を支給することができますが（任意給付），この規定を設けるところはほぼないようです。しかし，建設連合国民健康保険組合には傷病手当金の制度があるようです。

新町：通常の国保の場合，もともと財政が厳しいから，難しいんでしょうね。

香里：では，被保険者が受診したときの一部負担金についても，健康保険の場合とほぼ同じと考えていいでしょうか？

新町：国民健康保険法42条で，療養の給付を受ける場合の一部負担金は原則3割とありますから，健康保険と同じですね。

香里：そうね。このように，給付の内容や自己負担額は健康保険とほぼ同じわけだけど，国民健康保険にしかない制度もあるわ。新町君，どうかしら？

新町：えーっと，スミマセン，そこまでは調べ切れてません…。

香里：では田辺さん。健康保険にも保険料の滞納処分の規定はありますが（健保180条），被保険者は事業主が保険料を滞納しても，給付に影響を受けないのですね。それに対して国民健康保険の場合は？

田辺：災害などの特別な事情がないのに保険料（国税〔→2-3-5〕を含む）を滞納している場合，被保険者は被保険者証を返還して**被保険者資格証明書**の交付を受けることになります（国保9条3項～6項）。被保険者資格証明書を交付されている間は，療養の給付や入院時食事療養費などは現物給付されず（国保36条1項ただし書・52条1項ただし書・53条1項ただし書），かかった費用は，世帯主または組合員に特別療養費として後から金銭で支給されるんですね（国保54条の3）。

香里：つまり，償還制（→2-2-6）をとっているわけね。では次に，健康保険は労災保険と役割分担をしていましたが（→2-2-5），国民健康保険の場合はどうですか？

田辺：国民健康保険法では，被保険者が労働基準法の規定による療養補償，労災保険法の規定による療養補償給付もしくは療養給付，国家公務員災害補償法・地方公務員災害補償法等による療養補償やその他の医療に関する給付等を受ける場合には，国民健康保険の保険給付は行わないとしています（国保56条1項）。

つまり，健康保険の被保険者である「社長」が業務上の事故で被災したとき，労災保険では社長は労働者ではないから補償が受けられないし，健康保険では業務上の事故なので療養の給付を受けられないことになりますが（前橋地判平18・12・20労判929号80頁），国民健康保険ならこの場合も療養の給付が受けられるんですね。

2-3-5 費用負担

香里：さて，次に政策的な観点からも大きな課題となっている国民健康保険における費用負担の問題について見ていきましょう。まず，現行制度がどうなっているか，新町君，報告をお願いします。

新町：国民健康保険事業のための財源は，大まかに見れば以下の4つで，そのうち大きな割合を占めているのは①と②です。

① 被保険者の納付する保険料（国保税）
② 国庫負担・国庫補助
③ 都道府県の特別会計への繰入金（国保72条の2）
④ 市町村の特別会計への繰入金等（国保72条の3）

新町：国民健康保険には，被用者保険である健康保険と違い保険料を折半する事業主がいないので，被保険者のみが保険料（国保税）を負担します。でも，国民健康保険は所得の低い被保険者が多いし，保険料収入は厳しいのが現状です。そこで，国民健康保険では健康保険よりも国庫負担・国庫補助が重要になってきます。

田辺：それに，国民健康保険は構造的に高齢被保険者の割合が高いので，高齢化が進み，医療技術が進歩して医療費が増えると，市町村国保の財政はさらに厳しくなります。国民健康保険法には，財政基盤を強化するための措置も定められていますが，それも十分ではないということで，現在では，市町村国保を都道府県単位で再編することが検討課題とされていますね。

香里：市町村の中には，財政基盤が強く，低い保険料負担で済んでいたところもあるので，都道府県単位にすると負担が増える市町村も出てきます。そういう市町村からは，反対の声も上がっているようね。では次に，保険料（国保）の徴収方法を報告してもらいましょうか。

新町：はい。保険者は，市町村国保の場合は世帯主から保険料を徴収することになっています（国保76条1項本文。国保組合の場合は組合員から徴収する）。市町村国保は世帯に属す一人一人が被保険者ですけど（→2-3-3），保険料は世帯主がまとめて支払うわけですね。ただ，世帯主自身が被保険者である必要はないようです（山口地判昭44・3・31行集20巻2＝3号323頁）。こういった，市町村国保の被保険者ではないのに保険料の納付義務を負う世帯主のことを「**擬制世帯主**」といいます。

田辺：国民健康保険の被保険者が介護保険法の第2号被保険者（→3-2-1）でもある場合は，介護保険の保険料も同時に徴収されるよ（国保76条2項）。これは健康保険と同じ仕組みだね（→2-2-11）。

新町：あの，さっきから「国保税」っていう言葉が出てきますよね。調べようとしたんですけど，どうしても規定が見つからなくって…。

香里：国民健康保険法ばっかり見てたんじゃない？　地方税法で，国民健康保険は保険料ではなく，**国民健康保険税**（国保税）という形で賦課することもできることになってるの（地税703条の4）。

新町：地方税法に規定があったんですね…（汗）。

香里：そうよ。国民健康保険法にも「地方税法の規定による国民健康保険税」って書いてあるんだけどね。ま，いいわ。国保税は，市町村の目的税（特定の経費に充てる目的で課される租税）の1つで（地税5条6項5号），賦課・徴収は条例に基づいて行われるの（地税3条1項）。ちなみに，国民健康保険の保険料・国保税には最高賦課限度額が定められているわ。

新町：低所得者などには，**保険料の減免**もあるみたいですね（国保77条。→3-3-3）。

香里：そうね。それから，国保税に**租税法律（条例）主義**（憲84条）が適用されるのは当然だけど，保険料にも同じように租税法律主義が適用されるかは問題でね。最高裁の大法廷判決も出ているわ（最大判平18・3・1民集60巻2号587頁）。今後，詳しくやる予定だから，それまでに調べておいてね（→9-4-4）。

新町：あっ，ハ，ハイ…。

香里：次に田辺さん，保険料・国保税の算定と賦課方法を，報告してください。

田辺：保険料の賦課方法は国保令29条の7に示されていて，保険者が政令で定める基準に従って，条例または規約の定めるところにより行われます。保険料は，以下の4つを組み合わせて算定します。

　① 所得割（その世帯の所得に応じて算定）
　② 資産割（その世帯の資産に応じて算定）
　③ 均等割（加入者一人当たりいくらとして算定）
　④ 平等割（一世帯当たりいくらとして算定）

田辺：ただ，①〜④を自由に組み合わせられるわけではなく，大まかにいって，
　(1) 所得・資産による部分を所得割40％，資産割10％に分けるとともに，均等割部分を被保険者均等割部分35％と世帯別平等割15％とに分ける方式，
　(2) 資産割をとらずに所得割50％と被保険者均等割部分35％，世帯別平等割

15％とに分ける方式，(3)所得による部分50％と被保険者均等割部分50％に分ける方式があります。国保税の場合もほぼ同様です。

香里：では最後に，国民健康保険の国庫負担と国庫補助について見てみましょう。

田辺：はい。これまでにも何度か話してきたように，国民健康保険は被用者医療保険と違って事業主の保険料負担がない，所得が低い（＝保険料の負担能力が低い）被保険者が多い，その上，高齢化が進み医療費も膨らんでいるといった事情があり，保険料だけで国民健康保険の事業費を賄うことが難しい状況です。そのため，国や都道府県が国庫負担・国庫補助という形で財政支援をしているわけです。事務費（国保69条）や療養給付等についての負担金（国保70条），調整交付金（国保72条），療養給付費等交付金（国保72条の2）などがその例ですね。そのほか，市町村の一般会計から特別会計への繰入もあります（国保72条の3・72条の4）。

香里：国保は国民皆保険を支える重要な柱ですが，構造的な問題にどう対処していくかが大きな課題といえそうですね。じゃあ，今日はここまで。続きはまた来週にしましょう。

2-4　医療供給体制

2-4-1　序

> セミナー室に新町の大きなクシャミの音がこだまする。

田辺：花粉症がひどそうだね，大丈夫？

新町：スミマセン…。昨日医者に行って薬はもらってきたんですけど。クシャミ・鼻水が止まらないからゼミの報告もできなさそう…。

田辺：おい！　それはないだろ！

（香里先生，ゼミ室に入って来られて…）

香里：さて，今日からは，国民への医療提供に関する仕組みを見ることにしましょう。医療供給体制には，医師法と医療法が重要な役割を果たしていますね。

田辺：はい。**医師法**は，医師だけが医業を行うことができると規定しています（医師17条）。良質で適正な医療を提供するためには，幅広い知識・技能を備えた医師が必要ですが，現在の公的医療保険制度の下では，医師の数が増えると医療費の増大に結びつく可能性もあるので，医師数の適正化が求められる

ことになります(「医療計画」の課題。→2-4-3)。
　また，医療の多様化が進む現代では，医師だけで医療が行えるわけではなく，さまざまな医療関係従事者（看護師，薬剤師，診療放射線技師，臨床検査技師，理学療法士等）との連携・協力が不可欠になってきています。

2-4-2　医療機関

香里：医療供給体制のもう1つの柱が，医療機関などについて定めた**医療法**ね。医療法では「**病院**」と「**診療所**」が区別されているんだけど，新町君，違いはわかる？

新町：え～と…医療法の1条の5ですね。1項が「病院」，2項が「診療所」を定めています。

> ① 病　院：20人以上の患者を入院させることができ，傷病者に科学的かつ適正な診療を与えることができる施設
> ② 診療所：入院施設がないか，19人以下の患者を入院させることができる施設

田辺：ちゃんとわかってる？　新町君が昨日，薬をもらいに行ったのは？

新町：え～と，入院施設がないクリニックだから「診療所」です。

香里：そういうこと。病院と診療所を区別しているのは，この2つを役割分担させたいからなの。つまり，診療所の医師が患者の「かかりつけ医」として**プライマリーケア**（初期診療）を担当し，必要があれば十分な設備と器材を備えた病院を紹介して，そこで専門的な治療・処置を行うってことなんだけど…。実際には医療機関の役割分担は十分には進んでいないわ。

新町：大学病院の外来は，いつも混んでいて待ち時間も長いですからね。

香里：誰だって，設備や機材が整っている病院で診てもらいたいのは同じだから，仕方ないかもしれないけど。次に，病院，診療所の開設についての規定はどうなっていますか？

田辺：これも病院と診療所で違いがあります。診療所の開設は，開設者が医師である場合は，開設後10日以内に都道府県知事に届出をすればよく（医療8条），開設者が医師でない場合のみ，知事の許可が必要です（医療7条）。これに対して，病院の開設は，必ず知事の許可が必要で，病床数や病床の種別を変更する場合も知事の許可が要ります（医療7条1項・2項）。

2-4-3 医療計画

香里：わが国の医療制度は，医師の自由開業制を基本とし，患者に医療機関への自由なアクセス（患者による医療機関の自由選択）を認める点に大きな特徴があります。

だから，その前提として地域住民に適切な医療サービスを提供できるように，医療機関を整備する必要があるのよ。医療法では，地域によって医療機関の分布に偏りが出たりしないように，**医療計画**を作成して，地域医療の整備を行っているわ。

田辺：医療計画では，都道府県ごとに**医療圏**（医療計画の単位となる区域）を設定して，それぞれの医療圏ごとに，病床数などの整備目標を定めているんだ。大きく分けて，以下の2つの医療圏に区分されているよ。

> 2次医療圏：主として一般の病床の整備を図るべき医療圏。複数の市町村を1つの単位として設定される。
>
> 3次医療圏：主として一般の病床で特殊医療に係るものの整備を図るべき医療圏。原則，都道府県を1つの単位として設定される。

新町：「2次医療圏」については，『目で見る社会保障法教材〔第5版〕』（有斐閣，2013年）42頁に福岡県の例が載っていますね。

香里：国・地方公共団体は，医療計画の達成を推進するために，病院・診療所が不足している地域では病院等の整備その他必要な措置を講ずるように努めるとされていますが（医療30条の10第1項），一方で，知事は，私立病院について必要がある場合には，病院等の開設者・管理者に対して，病院の開設，病床数の増加，病床の種別の変更を**勧告**する権限を持っています（医療30条の11）。これは，必要以上に病床数が増えることによる医療費の増大を避けるための政策的な措置と考えられていますね。

公的医療機関が基準病床数を超える場合には，公的病床規制の対象（医療7条の2）として許可を制限することができるので，勧告の必要性がないのです（医療令3条）。

2-4-4 保険医療機関の指定

香里：医療保険の保険者が病院を設立することもありますが（社会保険病院，国保病

院等)，基本的に，健保組合や協会けんぽなどの健康保険の保険者は，療養の給付を行うための医療施設を持っていません。だから，療養の給付を行うためには，医師や病院，薬局等を医療保険制度に組み入れる必要があります。医師や病院，薬局等を医療保険制度に組み入れるためにどのような工夫をしているか，田辺さん，報告してもらえるかしら？

田辺：はい。保険診療の枠内で医療を引き受けることを望む場合，医療機関は，厚生労働大臣（地方厚生局長）の「**指定**」を受けなければなりません。また，医師は，厚生労働大臣（地方厚生局長）から「**登録**」を受けなければ，病院，診療所等で健康保険の保険診療に従事できないことになっています。指定を受けた医療機関を「**保険医療機関**」，登録を受けた医師を「**保険医**」といいます。

新町：僕ら被保険者から見ると，保険医療機関で保険医の診察を受けないと，健康保険が適用されないってことですね。

香里：そうよ。**保険医療機関の「指定」**と**保険医の「登録」**という二重のハードルを課しているから，**二重指定方式**ともいわれます。では，この指定の法的性質についてどのように議論されているか，見てみましょう。まず，学説について。

田辺：学説は，この指定は，厚生労働大臣（従来は都道府県知事）が数多くの健康保険の保険者に代わって，多数の医療機関と健康保険の保険診療についての公法上の契約（第三者である被保険者のためにする契約）を締結するものであり，医療機関は，この指定に基づいて，健保法が予定した任務（保険医療の提供）を引き受け，医療行為を行った場合にその対価として診療報酬を受け取ることができる，としています。

新町：難しい言い回しですねぇ（ため息）。健康保険の保険者や医療機関は全国にたくさんあるけど，自分達でいちいち保険診療契約を結ぶのは煩雑だし，現実的に無理だから，厚生労働大臣が両者の仲介役になっている，って感じかな。

田辺：まぁざっくりいえばそういうことだね。判例も学説と同じように考えているよ（大阪地判昭56・3・23判時998号11頁等）。

> 「申請及び指定の法的性質は，国の機関としての知事が第三者である被保険者のために保険者に代わって療養の給付，診療方針，診療報酬など健保法に規定されている各条項を契約内容として医療機関との間で締結する公法上の双務的付従的契約であり，右契約により，保険医療機関は被保険者に対して前記療養の給付の担当方針に従って療養の給付を行う債務を負い，保険者は保険医療機関が行った療養の給付について診療報酬を支払う債務を負うもの」である。

香里：異論はありませんか？

田辺：そうですね…保険医療機関の**指定の取消し**（健保80条）は，行政処分（不利益処分。行手3章）と解されています（平6・9・30老健280号・保険発131号）。指定自体は契約の締結なのに，指定の取消しは行政処分だというのは，入口と出口の説明のつじつまが合わないという批判があります。

新町：なるほど，確かにそうですね。

田辺：それに，公法上の契約といっても，当事者間で合意すべき事項は法令で規定されているし，厚生労働大臣は，著しく不適当と認める場合など，限られた一定の場合にしか，保険医療機関の指定，保険医の登録を拒否することはできないんだ（健保65条3項・71条2項）。

新町：ってことは，契約というのは形だけで，ほとんど意味はないんですね。

香里：国民皆保険体制では，保険医療機関の指定，保険医の登録を拒否されると，医療機関の経営がなりたたなくなるでしょう？　だから，指定・登録を拒否できる場合を限定しているの。指定の申請等が拒否された場合に，これを契約締結義務の不履行と考えるよりも，行政処分として争えるようにする方が合理的であるともいえそうね。裁判例には，県知事による保険医療機関の指定拒否を行政処分に当たるとするものもあるわ（鹿児島地判平11・6・14判時1717号78頁）。この点は，行政法を勉強するときに，もう一度きっちり確認してね。

新町：は，はい…。（行政法はホントに苦手なんだよな…）

香里：最後に，薬局，薬剤師についてはどうかしら。

新町：医療機関や医師と同じ仕組みですね。薬局，薬剤師は厚生労働大臣の指定・登録を受けてそれぞれ保険薬局，保険薬剤師になり，医療保険の薬剤の処方ができるようになります。指定・登録の拒否や取消しも，同じように扱われています。

香里：（終業のベルが鳴り）あらっ，もうお昼休みね。じゃあ，続きは休憩を取ってからにしましょう。

2-4-5　診療報酬の支払と出来高払制

> 昼食を終えた3人が，セミナー室へ戻ってきた。眠そうな新町を，香里・田辺が横目で見ながら，ゼミを再開。

香里：さあ，いよいよ**診療報酬**の支払の問題に入っていきましょう。
　　　診療報酬とは，公的医療保険による療養にかかった費用として医療機関が請求できる報酬のことです。一部負担金は被保険者が医療機関に直接支払うので，この一部負担金を差し引いた額を保険者に請求することになります（なお，一部負担金を差し引いた後の請求額も「診療報酬」と呼ばれます）。

田辺：保険医療機関や保険医は「保険医療機関及び保険医療養担当規則」（いわゆる療養担当規則。昭32厚15）に従って診療を行うことを義務づけられていて，保険医療機関が被保険者・被扶養者に対して療養担当規則に従って療養を行うと，その対価（報酬）として保険者が保険医療機関に診療報酬を支払うことになるわけですね。

香里：医療機関に支払う報酬を算出するための基準も，「診療報酬」とか「**診療報酬点数表**」といいますが，では，診療報酬はどのように計算されるのでしょうか？

新町：はい，日本では「**出来高払方式**」が基本です。計算式は以下のようになります。

診療報酬点数 × 1点単価（現在は10円）＝診療報酬

新町：保険医療機関で行う医療行為の1つ1つに，全国一律の診療報酬点数が設定されていて，それを合計して計算する方法です。あっ，そういえば昨日花粉症で医者に行ったときの医療費の請求書，ボク持ってますよ！（ゴソゴソとカバンをあさって取り出す）

```
              請求書 兼 領収証                    18.4.23
                                          イチムラクリニック
                                          〒606-8225
         シンマチ リョウ                        京都市左京区田中門前町44番地
         新町 良     様                      電話 075-791-4193

                          診察日 平成30年 4月23日      領 収 金 額
   患者番号   氏     名    保 険 種 別   負担率
   015155   新町 良 様    社保単独家族    30%         890 円

   初・再診料 医学管理等  在宅医療   検   査  画像診断   投  薬   注  射
    73点     0点      0点      0点     0点     70点     0点
   リハビリテーション 精神科専門療法 処 置    手   術   麻   酔   放射線治療   病理診断
    0点      0点    153点     0点     0点      0点     0点
                                   診療総点数 保険一部負担 公費一部負担
                                    296点    89点      0円

                           自費合計  内 消費税        領 収 印
                            0円     0円
                                                 イチムラ
   今回請求額 前回未収金 合計請求額 入 金 額 調 整 額 繰越請求額  クリニック
   890円    0円    890円    890円    0点    0点
```

香里：見本があるとわかりやすいわね，ありがとう（笑）。診療報酬は，保険医療機関が**療養担当規則**に基づいて被保険者や被扶養者に療養の給付を行うたびに，その請求権が発生し，報酬額も決定されると解されています。

田辺：先生，最近は「**包括払方式**」も増えてきているみたいですが…。

香里：「包括払方式」とは，例えば長期入院の患者さんなどについて，どれだけ検査，投薬，注射等を行っても，その回数，量にかかわりなく支払われる医療費の額が1日あるいは1カ月で変わらない，定額で支払われるものをいうのね。「包括払方式」が増えていけば，これによって無駄な医療費を抑制する効果も期待されるということね。さて，診療報酬はどのような機能を担っているでしょうか？

新町：一番大事なのは，医療行為の価格を決める機能ですよね。これがあるから，全国どこでも同じ価格で医療を受けられるわけですし。

田辺：そのほかに，政策誘導機能を持っている，ともいわれます。例えば，入院を減らして在宅医療を推進するという政策を実現するために，訪問看護等の診療報酬を引き上げたりしているようですね。高度医療を担う大病院の混雑緩和のために，大病院の初診料を高くして症状の軽い患者の受診を控えさせる，という狙いもあるようです。

香里：病気やケガの治療にはさまざまな薬が使われていますから，次は薬剤費につ

いて見ていきましょう。

> 薬価基準：保険医療機関・保険薬局が保険者に対して医療保険の診療報酬・調剤報酬を請求する場合の，薬剤費算定の基礎となる医薬品の基準価格。
> 「薬価基準」（通達あり）の中で定められている薬の価格が「薬価」。

新町：つまり，**薬価基準**は保険診療で使える医薬品の一覧表ってことですね。保険医療機関・保険薬局は，この薬価基準に基づいて患者の自己負担分を除いた額を保険者に請求するわけか。

香里：ええ。でも，薬価基準自体は保険医療機関等が製薬メーカーから購入する薬剤の価格を規制するものではなくて，実際の購入価格はその医療機関と製薬メーカーとの間で自由に決められるの。だから，薬価よりも実際の購入価格が安いと，その差額が医療機関の利益になるわけ（薬価差益）。以前は薬価と実際の購入価格にずいぶん開きがあったみたいよ。

新町：でも，それじゃあ医療費を抑えられないですね。

田辺：そこで，薬価を実勢価格に合わせるために，購入価格の調査が行われるようになったんだ（**薬価調査**）。薬価が引き下げられて，今では薬価差益はずいぶん少ないみたいだよ。

新町：なるほど～。そうだ，**ジェネリック医薬品**（後発医薬品。先発医薬品の特許が切れた後に，他の製薬メーカーが同じ有効成分で製造販売する。先発医薬品に比べ開発コスト等を抑えられるので低価格）も医療費抑制に効果があるんじゃないですか？

田辺：確かに，薬の効用が変わらなければ，できるだけジェネリックを使った方が，患者は薬代を節約できるし，医療費の抑制にもつながるからね。過去10年ほど，かなりシェアが伸びているようです。でも，日本人のブランド信仰もあって，ジェネリックがすべて先発医薬品におきかわるのはなかなか難しいかもしれないよ。

2-4-6　社会保険診療報酬支払基金および国民健康保険団体連合会

香里：ここまで，保険者は保険医療機関等に診療報酬を支払う，という話をしてきたけど，どのように支払うのでしょうか？

田辺：保険者は，保険医療機関からの請求が療養担当規則に適合するかを審査した上で，診療報酬を支払います。この審査・支払の事務は，健康保険の場合は

　　　　社会保険診療報酬支払基金（支払基金）に，国民健康保険の場合は都道府県を
　　　　区域とする国民健康保険団体連合会（国保連合会）や支払基金に委託すること
　　　　ができるので，保険者自身が事務を行うことは少ないみたいです（健保76条
　　　　5項，国保45条5項）。
香里：最近では，保険者自身がレセプト（医療費の明細書）の審査を行うケースも増
　　　えてきているし，厚生労働省も補助金を交付してそれを支援しているけれど，
　　　やっぱり支払基金や国保連合会が業務を行うことが多いわね。支払基金の法
　　　的意義や支払基金による減点行為等については，判例法ともいうべきルール
　　　が形成されています。それを報告してもらいましょうか。
田辺：まず，支払基金の法的意義について，判例は以下のように述べています（最
　　　判昭48・12・20民集27巻11号1594頁）。

> 支払基金が保険者から診療報酬の支払委託を受ける関係は「公法上の契約関
> 係」であり，支払基金が保険者から支払委託を受けたときは，「診療担当者
> に対し，その請求にかかる診療報酬につき，自ら審査したところに従い，自
> 己の名において支払をする法律上の義務を負う。」

香里：つまり，支払基金は，保険者が診療報酬を支払う場合の単なる窓口ではない
　　　ということね。さらに，支払基金は計算ミスなどの形式的な審査だけをすれ
　　　ばいいのか，それとも保険医療機関の診療行為やそれに基づく請求が，医学
　　　的・専門的に見て療養担当規則に適合するかといった実質的な審査もすべき
　　　かという問題もあります。
田辺：判例は，支払基金は実質的な審査権限を持っているとしていますね（最判昭
　　　61・10・17判時1219号58頁）。
香里：では，実質的審査を行った結果，療養担当規則に適合しない（＝過剰な）診
　　　療行為だと判断されて，診療報酬の減点が行われたとします。すると，被保
　　　険者は本来支払う必要のない一部負担金を支払ってしまったことになりませ
　　　んか？
田辺：判例は以下の立場をとっています（前掲・最判昭61・10・17）。

> 診療行為が療養担当規則に適合しない場合は，法所定の療養の給付には該当せず，「被保険者が一部負担金の名目でその費用の一部を療養取扱機関に支払っているとしても，これについて」法所定の給付を受け得る余地はない。

田辺：被保険者が支払いすぎてしまった一部負担金は，医療機関への不当利得の返還請求が認められることになると思われます。

香里：でも，医療機関としては，必要だと思ってした診療行為が認められず，しかも減点されて診療報酬がもらえない，っていうのは納得できないわよね。医療機関はどのように対応すればいいかしら？

田辺：まずはレセプトの再審査を求めて，それでも認められなければ，最終的には訴訟を起こすしかないですね…。判例は「支払基金が保険医療機関からの診療報酬請求に対して行ういわゆる減点の措置は，法律上，保険医療機関の診療報酬請求権その他の権利義務になんら不利益な効果を及ぼすものではないから，抗告訴訟の対象となる行政処分には当たらない」としています（最判昭53・4・4判時887号58頁）。なので，**抗告訴訟**（→9-3-3）ではなく，通常の民事訴訟で争うことになります。

香里：診療行為を行ったのに報酬をもらえないんだから，医療機関から見れば「不利益な効果」があるともいえそうだけど，この点は？

田辺：支払基金の行う**減点査定**は，いわば債務者（保険者）がどれだけの債務を負っているかを確認する内部的な行為にすぎないもので，「原告の右請求権（診療報酬請求権）の発生，消長（増減）等に何らの変動を及ぼすものではないから，これが行政事件訴訟法3条の規定にいう行政庁の処分その他公権力の行使に当たる行為とはいえない」（岐阜地判昭50・6・9行集26巻6号789頁）というのが裁判所の考え方です。診療報酬請求権自体は，支払基金の何らかの行為によって初めて発生するものではなく，「診療担当者が，個々の診療行為を行なう都度法規の基準に従い当然に発生するもの」なので，診療行為を行った医療機関は，必要があれば民事の請求訴訟を起こせばよいということですね。

香里：最後は行政法の話だったから，新町君にはちょっと難しかったかな？

新町：（…。寝息を立てている）

香里：あらっ，田辺さんと夢中で話してたわ。新町くーん！ 起きてー！

新町：（ハッと目を覚まし）す，すみません。花粉症の薬がよく効いて…。

2-4-7 自由診療

香里：それでは次に，自由診療と混合診療について検討していきましょう。新町君，眠気覚ましに自由診療について報告してくれる？（笑）

新町：はい。「**自由診療**」とは，公的医療保険を使わずに行う診療のことで，保険が適用されない新薬や最先端の医療を受けられますが，全額自己負担になります。交通事故で運転手が歩行者にケガさせたようなとき，自由診療が使われるみたいです。運転手（加害者）の自賠責保険や私保険から治療費が支払われるので，実際は高い医療費を支払うことはないわけですけど。…でも，こういうケースでも公的医療保険も使えると思うんですよね。なんで自由診療にするんだろう？

香里：もちろん公的医療保険を使ってもいいのよ。でも，交通事故に社会保険がからむと，加害者，民間の保険会社への求償など，複雑な法律問題が出てくるから，できるだけそうした問題を避けたいという意図が働くのかもしれないわ。

田辺：判例などでは，単価が保険診療の場合（1点10円）に比べものすごく高くて問題になったケースがありますね（東京地判平元・3・14判時1301号21頁等）。

香里：実務では日本医師会と損保業界との間で，1点単価12円，技術料はその2割増を上限とする取扱いがなされているようですね。

2-4-8 混合診療

香里：最後に混合診療です。といっても，「**混合診療**」には明確な定義がありません。今日は，「保険診療と保険外診療（自由診療）の併用」を混合診療と考えて進めていきましょう。混合診療については，社会的に大きな関心を集めた裁判がありますね。

田辺：はい。わが国の公的医療保険法では，明文規定はありませんが，混合診療は禁止されていると考えられてきました。

新町：明文がないのに？ どうしてですか??

田辺：ちょっとややこしいんだけどね…。健保法86条1項では，保険診療に加えて，厚生労働大臣が定める高度な医療技術を用いた療養（**評価療養**）や，被保険者が選んだ特別の病室の提供（**選定療養**）を受けた場合，保険診療部分については，**保険外併用療養費**が支給されることになっているんだ。評価療

養は，未承認の抗がん剤などを使う場合で，将来は保険が適用されることが見込まれているものだし，選定療養は，差額ベッドのようなアメニティ (amenity)，快適さ・利便性に関わるもので，これは，つまり，混合診療の禁止を前提としているからこそ，評価療養と選定療養の2つだけは例外的に保険診療と**保険外診療**の併用が認められているって考えられていたんだよ。

新町：なるほど。例外の裏返しってことですね。

田辺：だから，混合診療を受けた場合には，保険診療部分も含めてすべて患者の自己負担になるというのが，従来の国の取扱いだったんだ。でも，その国の取扱いを違法とする裁判例が出てきた。つまり，混合診療の場合も，保険診療部分については療養の給付が受けられるとしたんだ（東京地判平 19・11・7 判時 1996 号 3 頁）。

新町：（スマホで判例を調べながら）この地裁判決は高裁（東京高判平 21・9・29 判タ 1310 号 66 頁）でくつがえされて，最高裁（最判平 23・10・25 民集 65 巻 7 号 2923 頁）も高裁判決を支持しているようですね。

田辺：うん。高裁判決は，混合診療の原則禁止は医療の質の確保の観点からやむを得ないと述べているよ。最高裁も補足意見があるね。法が混合診療を禁止しているのか明確でないという問題は，まだ残っていると思うけど。

香里：保険外併用療養費制度については，医療に対する国民のニーズの多様化，医療技術の進歩に伴う医療サービスの高度化を踏まえて，これからどのように対応・発展させていくか，今後も重要な課題だと思うわ。一方で，混合診療を一般的に認めると，現在は広く認められている保険診療を基礎的なものだけに絞りこんで，後は自分の費用負担で診療を受けなさいというようになりかねないといった危惧も指摘されていますね。

2-5　高齢者医療

2-5-1　老人保健制度から高齢者医療保険制度へ

香里：高齢化が進むにつれて大きくなる医療のニーズにどう向き合うかは，かなり以前から課題になっていたわ。高齢者を対象にした医療制度を作るために，1982（昭和 57）年に老人保健法が制定されて（老人保健制度），さまざまな対応をしてきたけれど，本格的な見直しは行われてきませんでした。そこで，

2006（平成18）年の医療制度改革で，老人保健制度から高齢者医療保険制度に移ることになったんだけど…。

2-5-2　高齢者医療保険制度

香里：高齢者医療保険制度は成立当初から批判があってね。民主党政権は廃止する方向だったんだけど，自民・公明党政権は手直しはするものの，制度自体は維持していますね。それはさておき，制度の概要を田辺さんに紹介してもらいましょうか。

田辺：はい。2006（平成18）年の医療制度改革で老人保健法が改正され，「高齢者の医療の確保に関する法律」という名前の法律になりました。この法律の要点は以下のとおりです。

- ・75歳以上の高齢者（いわゆる後期高齢者）には，その心身の特性や生活実態等を踏まえて，独立した医療保険制度を創設する。
- ・65歳以上75歳未満の高齢者（いわゆる前期高齢者）は，これまでの医療保険制度の枠内で，医療費の不均衡を是正する制度的仕組みを考える。
- ・都道府県の区域ごとに，その区域内のすべての市町村が加入する広域連合（後期高齢者医療広域連合）を設け，その広域連合が高齢者医療保険を実施する。

新町：つまり，**後期高齢者**はそれまで入っていた医療保険制度とは切り離すんですね。息子が加入している健康保険の被扶養者だった親や，夫婦のどちらかが75歳になると，その人だけが**高齢者医療保険**の被保険者になるわけか。

香里：そういうことね。では，高齢者医療保険の費用負担はどうなっていますか？

新町：まず，患者自身の一部負担金は原則1割（現役世代並みの所得がある場合は3割）です。残りの9割は，公費50％，現役世代が支払う保険料（後期高齢者支援金）約40％，高齢者自身が支払う保険料約10％の割合で賄います。後期高齢者支援金は，各医療保険者がそれぞれの加入者数に応じて負担するもので，「現役」が後期高齢者を支援するという意味があります。

香里：2014（平成26）～2015（平成27）年度の1人当たりの保険料（見込み）は，全国平均で月額5,668円だから，年金暮らしの人たちには痛い出費ね。それから，この制度を支えている**後期高齢者支援金**（現役世代からの保険料）の分担方法が，2017（平成29）年度から変わったこと，知ってるかしら？

田辺：はい，2016（平成28）年度までは加入者割（各医療保険者の加入者数に応じて算

定する方式）と総報酬割（各医療保険者の給与総額を基準にして算定する方式）の組合せで分担額が決まっていたのですが，2017（平成29）年度以降は総報酬割一本で算定されるということですよね。

新町：ということは，所得額の多い保険者の負担が大きくなるわけか。

香里：健保組合に比べて財政基盤が弱い協会けんぽの負担軽減が狙いなんだけど，保険者の利害が絡むから，算定方式の変更もなかなか大変みたいよ。
さっき「高齢者医療保険制度にはいろいろな批判があった」っていう話をしたけれど，どういう点が批判されたのかを最後に考えてみましょう。

田辺：医療制度改革が行われた頃，「後期」高齢者という呼び名がいかにも社会的な役割を終えて余生を送っているイメージだと批判されていたと思います。

新町：うーん，名前にこだわる必要はない気もするけど…。でも，75歳になったとたんに，それまでの医療保険制度から切り離されるのは違和感があるかもなぁ。

田辺：それに，自分の息子が加入している健康保険の被扶養者になっていた親で保険料負担がなかった人に，75歳になったから保険料を支払えっていえば，そりゃあ反発されるよね。

香里：社会保障制度は，若い世代からは高齢者優遇って見られがちだけど，全体としては高齢者の負担増，若年層の負担減の流れにあるってことも忘れないようにね。

2-5-3　前期高齢者に係る財政調整

香里：次に，**前期高齢者**（65歳以上75歳未満の高齢者）の医療保険制度を簡単に見てみましょう。

新町：はい。企業を退職した人たちは，その後国民健康保険に加入することが多いので，国民健康保険と被用者保険（→2-1-2）の間で，前期高齢者の加入者数に偏りができてしまいます。国民健康保険だけで前期高齢者の医療費を賄おうとすると国民健康保険が破綻してしまう，ということで，若い世代の加入者数が多い被用者保険が国民健康保険に「前期高齢者納付金」を納めて，医療費負担のバランスをとっています。

香里：保険者間の**財政調整**は，医療費負担のバランスをとるためには必要だけど，負担が大きくなる保険者には不公平感が募ってしまうから，つり合いを取るのが難しいわね。

2-6　医療制度改革の課題

香里：今後の「超高齢社会」(→3-1-1) では，高齢者の医療費増にどう対処するかは避けて通れない課題よね。2人はどう考えるかしら？

田辺：そうですね…。健康保険（協会けんぽ）・国民健康保険（国保）財政の構造的赤字，医療供給体制の改革，医療保険の診療報酬制度・薬価制度の見直し，高齢者医療制度の改革など，待ったなしの課題が山積みだと思います（ため息）。

新町：ホントそのとおりだと思います！　でも，利害関係が複雑に絡み合ってて，どれもすんなり解決しそうにないなぁ…（ため息）。

香里：あら！　若い2人がため息なんかついて。僕らが何とかしてやる！　って思ってくれなくっちゃ。

田辺・新町：メンタルは，先生の方が僕たちよりもずっとお若いですね（笑）。

第3章　介護保険

3-1　介護の社会化と介護保険導入

3-1-1　介護の社会問題化

> ここは，京都市内のとある定食屋。サークルの会合の後，小倉と千里の2人が昼食を食べにやってきた。千里は，窓際の席に座り，外を行き交う車を眺めながらポツリといった。

千里：ねぇ，最近「社会福祉法人○○会」とか「デイサービスセンター○○」とかいう車，よく見かけると思わない？

小倉：あぁ，あれはお年寄りたちが介護を受ける所に通ってるんだよ。介護保険って聞いたことあるでしょ？

千里：それぐらい私だって知ってるわよ！　私がいいたいのは，なんでこんなにたくさん増えてるのかなぁってこと！

小倉：もう，すぐ怒るんだから〜（困）。介護保険がよく知られるようになって，みんなが使い始めたんじゃない？　でもさ，介護保険制度って知ってるようで知らないような。

千里：まぁ，そうね。介護保険ってお年寄りのための制度って感じよね。

> お店へやってきた香里先生が千里と小倉に気づき，声をかけてきた。

香里：あら，あなたたちもお昼？　ご一緒してもいいかな？（といいながら答えも聞かずに座る）2人で何の話をしてたの？

小倉：いや，介護保険って話は聞くけどよく知らないなぁって話をしてたんです。

香里：ふ〜ん，じゃあ，どうしてお年寄りの介護をみんなで支えようって話になったか知ってる？　日本では少子高齢化が急激に進行しているって事は知ってるよね。2017（平成29）年10月1日現在で，総人口に占める65歳以上の高齢者の割合は27.7％で，国民3.6人に1人が高齢者なのよ。今後，2030年には31.2％，2060年には38.1％にまでなって，2025年には，1.9人，2060年には1.4人の現役世代で1人の高齢者を支えなきゃならなくなっちゃうの

よ。高齢社会って言葉は聞いたことあるでしょ？ 国連の定義だと，65歳以上の人が総人口に占める割合が14％を超えると「高齢社会」，21％を超えると「超高齢社会」と呼ぶのよ。日本はまさに超高齢社会なの。

千里：えぇぇぇー！ 少子高齢化が進んでるのは知ってたけど，そんなにヒドイんですか？ 2030年で31.2％…その頃私たち30代前半くらいです。結婚して子どももいるかもしれないし，自分の子どもにそんなに負担がかかってくるとしたら，気軽に産めなくなっちゃいますよ～。

小倉：それに高齢者だけの世帯も増えてますよね。最近よく「認認介護（認知症の家族を介護している人もまた認知症を患っている状態）」とか「介護殺人」とか，介護をめぐるいろんなニュースも飛び交ってますし。

香里：そうね。介護が必要になっても家族の支援を受けながらそれまで通りの生活を送っていけるのが理想なんだろうけど，介護を担う家族にはかなりの負担がかかってしまうからね。肉体的・精神的負担だけじゃなく，場合によっては仕事も辞めなければならなくなってしまう事だってあるのよ。

千里：だから，介護を家族任せにしないで社会的な問題として捉えていくために，介護保険ができたということなんですね。

3-1-2　社会保険としての介護保険

千里：先生，高齢者の介護って，介護保険ができるまではどうだったんですか？

小倉：まぁ，基本的には家族頼みって面が強かったんじゃない？ あ，でも，なんか公的な仕組みもあったんだよな。確か…ええっと，老人保健だか福祉だかいう制度だったような…。

香里：小倉君，よく知ってるわね。そう，以前は老人福祉制度と老人保健制度の2つがあったのよ。老人福祉制度というのは，**老人福祉法**に基づいた仕組みで，今の特別養護老人ホーム（→3-2-2）に入所して介護を受けたり，数は少なかったけど，在宅の訪問介護を受けたりしたの。このことを，老人福祉法に基づく市町村の「福祉の措置」っていうの（→7-4-1）。

小倉：へぇ～。でも「措置」って何だかお堅い感じですね。

香里：ふふっ。そうね。それから，老人保健制度というのは，**老人保健法**によって提供されていた，高齢者を対象にした医療制度のことをいうのよ（→2-5-1）。ほら，医療と介護って明確に分かれていそうで，実は境界線がわかりにくいところがあるでしょ？ 例えば，病院に入院したまま，今でいう介護を受け

ているような場合は，このケースに当たるの。つまり，同じような介護が必要な人でも，制度が違えば別々のサービスを受けることになったり，利用手続も利用者負担についても２つの制度の間では随分と違いがあったの。両者の連携がうまく取れていなくて無駄も多かったといわれてるわ。それに，高齢者の場合，医療行為が必要なくなっても，帰る家がなかったり，入所施設が空いていなかったりで，引き続き病院に入院し続けることも少なくなかったの（**社会的入院**）。介護に必要な費用を医療保険から賄うことになっちゃうから，医療費増大の大きな要因になっていて，これを解消する必要もあったのよ。だから，介護を医療保険から切り離して，高齢者の介護を対象とした別の制度を作ることになったの。

千里：じゃあ，それまでの制度と介護保険制度の違いってどこなんですか？

香里：そうね，いろいろあるんだけど…。まず，財源が違うことかしら。これまでの老人福祉制度ではおもに公費，つまり，国民が納める税金を元手にしていたんだけど，税金には限りがあるでしょ？　十分に財源が確保されなくて，必要な人に必要なサービスが行き届かなかったの。そこで，介護保険は公費投入だけでなく，国民から保険料を集めてそれを主な財源として利用する仕組み（社会保険方式。→1-2-2）にしたのよ。

小倉：でも，保険料だって税金と同じように集めるのに限界があるんじゃないですか？　だったら，これまでの制度を見直して充実させるというやり方もあったんじゃないかなあ。

香里：あらっ，食いつくのねぇ。

小倉：だって，やっぱり負担が増えるのはイヤですからね。

香里：社会保険方式にしたのにも理由があるのよ。まず，税金よりも保険料として徴収する方が国民の抵抗感が少ないといわれていて，財源の確保がしやすいということ，保険料を払って制度を支えているんだから，介護サービスを利用するときにも抵抗感が少なくなるし，何より「介護という誰でもいつか必要になるもの」に対して，社会全体で担い支えていくという意識が芽生えやすいというのが一番大きなメリットね。

小倉：そっか。同じ介護の提供でも，税金からその費用が賄われていると，自分たちのお金が使われてると感じるのは難しいかも。でも，介護保険料として徴収されていれば，自分たちが制度を支えていると実感できるし，自分が将来介護が必要になったときには，当然介護を受けられるはずだという権利意識も芽生えますね。

千里：なるほどねぇ。でも，社会保険ってことは，保険料を払わなかった人はサービスを受けられないってことになりますよね。意図的に払わない人ならまだしも，経済的な理由とかで払いたくても払えなかったりするケースだと，介護保険を使えないってことになるんですか？

香里：千里さん，いいところに気付いたわね！　あらっ，もうこんな時間？　あんまりここに長居しすぎちゃ悪いわ。研究室で話しましょ！

> 3人は定食屋を出て香里先生の研究室に向かった。
> すると，研究室の前に新町がスマホをイジリながら立っている。

香里：あら，新町君。どうしたの？

新町：あ，論文の資料をお借りしようと思って。

香里：ちょうど良かった！　今，小倉君たちと介護保険の話をしてたのよ。あなたも話に加わって！
ところでさっきの，保険料が払えないと，いざってときに介護保険を使えないのかって話。新町君，前に国民健康保険の保険料を滞納するとどうなるかっていう話，したよね？　覚えてる？

新町：いきなりそれですか～。えーっと，確か，正規の被保険者証を返納させられて，治療費全額自己負担になっちゃうんじゃなかったですかね？（→2-3-4）

香里：そう。良く覚えてるじゃない。介護保険の場合も医療保険と同じで，保険料が滞納になると，給付の制限が行われたりするのよ（→3-3-3）。

千里：へぇ～，そうなんですね。でも，高齢者って，介護もそうだけど，医療費も結構かかるじゃないですか？　医療保険の保険料を払って，病院に行ってまた自己負担があって，さらに介護保険の保険料を払うなんて，そんな余裕のある高齢者ばかりじゃないですよね。払いたくても払えない人ってたくさんいるんじゃないかと思うんですけど。

香里：そうね。払わなきゃならないのは介護保険だけじゃないし…。じゃあ，そもそも介護保険の保険料ってどれくらいか知ってる？　どうやって徴収されるのかは？　結構知らないでしょ？　知りたくな～い？

小倉・千里：（香里先生の迫力に負けて）は，は，はい，まぁ…。

香里：じゃあ，まずは，介護保険の仕組みをちゃんと知っておかないとね！

3-2　介護保険の加入関係

3-2-1　保険者と被保険者

香里：さっきもいったように，介護保険は社会保険として創設されたものだから，保険を運営する主体である「**保険者**」と保険に加入する「**被保険者**」という概念が出てくるよね？　まずは，それぞれどうなってるか，介護保険法を見てみましょうか。

千里：介護保険法3条に保険者についての規定があります。この規定によると，市町村および特別区（以下「市町村」とする）が，保険者になるんですね。

香里：介護サービスって地域で提供されるものでしょ？　だから地域性という点を考慮して，給付主体としては市町村がふさわしいと考えられたのね。それに，地域ごとにサービスの水準も異なる可能性があるから，保険料の設定や徴収などに関しても，これを反映させる仕組みが望ましいというのもあるわ。さらに，地方分権化の推進という観点から，国民に最も身近で基礎的な行政単位である市町村が担うべきという意見も強かったのよ。

新町：そうなんですね。地方自治体が保険者という点で，国民健康保険に似ていますね。ということは，被保険者も市町村の区域内に住所がある人ってことになるのかなぁ？

香里：さあ，どうかしら？　小倉君，条文見つかった？

小倉：あ，ありました！　介護保険法9条ですね。被保険者が2つの類型に分かれるみたいだ。ん？　えっと，ちょっと待って！　紙に書くから。

・第1号被保険者：市町村の区域内に住所を有する65歳以上の者
・第2号被保険者：市町村の区域内に住所を有する40歳以上65歳未満の医療保険加入者

千里：あ〜，新町さん，正解！　でも，年齢で2つに分けているのには何か意味があるんですか？　それに，40歳未満だったら関係ないってことですよね。どうして40歳なんですか？

香里：そうね。被保険者を40歳以上に限定したのは…やっぱり「介護」って高齢になってからのことでしょ？　例えば年金みたいに20歳から被保険者に入れるという案もあったんだけど，保険料を納めても介護が必要な状態になる可

能性は低いとなると，若者の理解を得られないだろうという点が一番の原因ね。40歳以上になってくれば，自分の健康状態にも変化が起きてくる頃だし，ちょうど自分の親の世代が介護が必要な年齢になってくるから，まだ理解が得られると考えられたんだと思うわ。

千里：だったら，区域内に住所がある40歳以上の者という1つの被保険者類型でいいような気もしますけど…。

香里：2つに分けた理由の1つは，保険料の徴収の仕方と関係があるの。保険料の話は，ちょっと後回しにするわね（→3-3-1・3-3-2）。それと，もう1つ，年齢によって2つの類型に区分したのは，実は，介護保険を使って受けられるサービスと関連があるのよ。

小倉・千里：どういうことですか？

香里：そうね，ヒント。介護保険法7条の定義規定をよ～く見てみて。

小倉：7条，7条…。あっ，3項の「**要介護者**」の定義ですね。65歳以上の者は，**要介護状態**＝要介護者だけど，40歳以上65歳未満の者は，単に要介護状態になっているということだけじゃダメで，「要介護状態の原因である身体上又は精神上の障害が加齢に伴って生ずる心身の変化に起因する疾病であって政令で定めるものによって生じたもの」っていう要件がついてる！

千里：4項の「**要支援者**」の定義にも同じことが書いてあるわ。

香里：そうなの。40歳以上65歳未満の年齢層の人たちは，介護が必要な状態になった原因が「加齢に伴って生ずる心身の変化に起因する疾病」でなければ介護保険を利用できないの。この疾病のことを「**特定疾病**」と呼ぶのよ。

小倉：それは例えばどんなものですか？

香里：そうね，初老期の認知症とか脳血管疾患なんかが典型的ね。詳しく知りたかったら何を調べればいい？　介護保険法に関する政令だから？

新町：（勢いよく手を上げ）ハイハイ！　それは僕が！　介護保険法施行令ですね。

香里：その通り！

千里：ところで，さっき，第2号被保険者は，40歳以上65歳未満の医療保険加入者とありましたけど，医療保険に加入していない人はどうなるんですか？

香里：ちなみに，医療保険に加入していない人ってどんな人？

新町：例えば，生活保護受給者とかですよね（→2-1-1）。

香里：そうね。40歳以上65歳未満で医療保険に加入できない被保護者は，介護保険法の規定に基づけば，第2号被保険者にはなれないことになるよね。だから，この人たちが「特定疾病」を原因とした要介護状態になっても，介護保

険を利用してサービスを受けることはできないことになるわけだけど，だからといって放っておくわけにはいかないでしょ？ 彼らには，生活保護の中の介護扶助という形で必要な介護を提供してもらうことになるのよ。

図表 3-1　介護保険の加入関係と給付の可否（年齢層別）

	加入	給付	
		加齢が原因	それ以外が原因
① 40歳未満	×	×	×
② 40歳以上65歳未満の医療保険加入者	○	○	×
③ 40歳以上65歳未満の医療保険未加入者	×	× （生活保護受給者は介護扶助で対応）	×
④ 65歳以上	○	○	○

3-2-2　住所地特例と保険者の広域化

香里：実は，被保険者については，もう1つおもしろい特例があるの。例えば，特別養護老人ホームなどの入所施設って，この辺で見たことある？

小倉：そういえば，あまり見かけませんね。どちらかというと，デイサービスとか訪問介護っぽいものはよく見かけますけど…。

千里：あ，でも最近は，結構街中でも介護付き有料老人ホームとかいう建物が建っているのを見たことあります。あれは入居費用とかも結構かかるって聞いたことがありますし，まだ元気だけど近いうちに介護が必要になるかもしれないから，将来に備えてお金持ちの高齢者が終の棲家として入居するところというイメージですけど…。昔ながらの特別養護老人ホームなどの入所施設は，何となく田舎の方とか山奥とかにある印象です。

香里：そうね，介護付きの有料老人ホームとか介護型ケアホームというのは民間企業が経営しているものが多いわね。以前は，千里さんがいうように，入居時に高額の入居一時金を支払う形態が多かったけど，介護保険制度の**特定施設**になる道が開かれたこともあって，月払いの利用料を払って部屋を借りるという，一般の賃貸マンションの延長線上にあるような形態も増えてきているのよ。

あ，特定施設ってわかる？ まず，介護保険の施設サービスを受けられる**介**

護保険施設には，介護老人福祉施設（特別養護老人ホーム），介護老人保健施設（老健），介護療養型医療施設（介護療養病床），介護医療院の４つがあるの（図表 3-2 参照）。

図表 3-2　介護保険施設の種類

介護老人福祉施設（特別養護老人ホーム）	身体上または精神上著しい障害があるために常時介護を必要とする高齢者を入所させて養護する施設。特養・特養ホームなどと呼ばれる。介護保険法上の名称は，介護老人福祉施設。
介護老人保健施設	介護を必要とする高齢者の自律を支援し，家庭への復帰を目指すために，医師による医学的管理の下，看護・介護といったケア，作業療法士や理学療法士等によるリハビリテーション，栄養管理・食事・入浴などの日常サービスまで併せて提供する施設。老健・老健施設などと呼ばれる。
介護療養型医療施設（介護療養病床） ※2024年3月までに廃止	急性期の治療が終わり病状が安定したものの，長期間の治療が必要な要介護者が主な対象で医療や看護などを受けられ，介護の体制が整った医療施設。
介護医療院	長期にわたり療養が必要である者に対し，療養上の管理，看護，医学的管理の下における介護および機能訓練などを行う長期療養・生活施設。

でも，これらの介護保険施設以外にも，介護保険を使える介護施設があって，それが特定施設ね。養護老人ホームやサービス付き高齢者向け住宅などのうち，都道府県知事の指定を受けたところでは，介護保険を利用できるの。最近この手の施設が増えてきてるんだけど，やっぱり民間の経営だから，経営がうまくいかなくなったりすると，事業から撤退したり廃止したりしちゃって，問題になっているケースもあるわね。

でも，特別養護老人ホームの経営は国や地方公共団体か社会福祉法人でないとできないし（社福60条），老人福祉法の規制も受けるから，同じ「老人ホーム」っていっても全然違うものなのよ。

それで，話を元に戻すと，入所のための施設を建設する場合，どうしてもある程度の敷地が必要でしょ。だから，都心部などの比較的地価の高いところ

には、なかなか建てられないのが現実。それで、街中から少し離れたところにある場合が多いわけ。でもそうすると、入所者はあちこちからその施設に引っ越してくるって感じになるわよね。そうなると…。

千里：あっ！ 元々住んでいた住所から、施設の所在地に住所が変わっちゃうんですね！ そうすると、入所施設がある市町村は、介護保険を使う人が増えて、保険からの支出が増えることになって…。それは大変ですね。

香里：そうなのよ。だから、介護保険施設の入所者は、入所するときに住所変更をした場合、入所前の市町村が運営する介護保険の被保険者になるの。これを「**住所地特例**」と呼んだりするわ（介保13条1項）。この「住所地特例」は従来から国民健康保険でも採用されていて、同じ地域保険でもある介護保険にも同じ仕組みが採用されたのよ。

小倉：ところで、保険者は市町村ということですけど、市町村といっても政令指定都市みたいに大きな都市もあれば、村レベルの小さな所もありますよね。小さな町や村が保険を運営していくのって、大変なんじゃないですか？

新町：そうだよね。保険者である市町村は、被保険者から保険料を徴収して、それを財源に事業運営をしていくわけだけど、介護保険事業は、市町村の他の収入支出と区別して運営しなければならないから、各保険者は「介護保険特別会計」というものを設けることになっているんだ（介保3条2項）。さらに、介護保険の運営に関して独自に決めるべきことについては、市町村議会による「条例」の制定が必要になるよ。

香里：小倉君がいってくれたように、小さな市町村だと、保険料収入や給付総額などの変動が大きくなってしまうから、保険財政を健全に安定的に運営していくのはなかなか難しいよね。だから、近隣の市町村同士で「広域連合」とか「一部事務組合」といったものを結成して広域的に運営できる仕組みになってるのよ。

千里：でも、そんな風に広域で運営できるんだったら、最初から都道府県レベルで保険者を構成した方がスッキリするような気がするんですけど。

新町：それはさ、やっぱり時代に逆行するってことなんじゃない？ 世の中、地方分権とか地方主権とかがトレンドだし。都道府県とか国は、市町村を補助したり支える側に回るってことなんだろうね。

香里：そうね。介護保険導入当初も、財政基盤の弱い市町村を保険者にすることについては、かなり根強い反対もあったのよ。でも、そもそも介護保険制度を創設する意義の1つは、給付の申請や利用料・自己負担の額が違っていた

「老人福祉制度」と「老人保健制度」を一本化することにあったといえるわけだから，それまでこれらの制度を担ってきた市町村が統一的に行うのが望ましかったんだと思うわ。だから，国や都道府県は，財政・事務実施の支援や基盤整備等についての協力をしたり（介保5条・121〜123条など），医療保険者や年金保険者にも一定の協力を要請しているの（介保125条・126条・134条など）。とはいっても，やっぱり小さな市町村には荷が重いわよね。国民健康保険を見てもわかるように，保険者単位の広域化は避けられない状況なのかもしれないわね（→2-3-5）。

3-3 介護保険の財源

3-3-1 保険料(1)——第1号被保険者の場合

香里：さて，ここまで理解できたら，ようやく最初の話に戻れるわ。
千里：最初の話？
香里：もう忘れちゃったかな？ 保険料の話よ？
千里：あ，そうでした。さっきの話だと，被保険者が2つの類型に分けられていましたけど，ということは，保険料も2つのタイプで違うということですか？
新町：そういえば，市町村によって保険料額がずいぶん違っていて不公平感が広がってるというニュース，聞いたことがあります。
小倉：えっ，そんなに違うんですか？
香里：介護保険の保険料は，被保険者の類型によって，その算定方法も徴収方法も違うのよ。まずは介護保険法129条を引いてみて！
小倉：えーと，2項によると，第1号被保険者の保険料額は，政令の定める基準に従って条例で定められた保険料率によって算定されることになっているようです。
香里：この「政令で定める基準」というのが，世帯や本人の市町村民税の課税状況や年金収入額によって段階制になっているの。**図表3-3**が，その保険料算定の基準表よ。この表の右欄に「基準額」というのがあるでしょ？ この基準額は，当該市町村で必要と見込まれる総サービス量のうち，第1号被保険者から集める保険料で賄うべきとされる23％分を，当該市町村に住む第1号被保険者の数で割った数になるの。だから，この基準額自体が，各市町村に

よって異なることになるのね。さらに，低所得者の負担軽減を考慮して，9段階をより細分化して負担能力に応じた段階設定をしている市町村もあるのよ。

図表 3-3　保険料の算定に関する基準

段階	対象	保険料率
第1段階	・世帯全員が市町村民税非課税の老齢福祉年金受給者 ・世帯全員が市町村民税非課税かつ本人の年金収入等が年額80万円未満	基準額×0.45
第2段階	・世帯全員が市町村民税非課税かつ本人の年金収入等が年額80万円以上120万円以下等	基準額×0.75
第3段階	・世帯全員が市町村民税非課税かつ本人の年金収入等が年額120万円超	基準額×0.75
第4段階	・世帯に市町村民税課税者がいるが，本人が市町村民税非課税で年金収入等が年額80万円以下	基準額×0.9
第5段階	・世帯に市町村民税課税者がいるが，本人が市町村民税非課税で年金収入等が年額80万円超	基準額×1.0
第6段階	・本人が市町村民税課税かつ合計所得額が年額120万円未満	基準額×1.2
第7段階	・本人が市町村民税課税かつ合計所得額が年額120万円以上190万円未満	基準額×1.3
第8段階	・本人が市町村民税課税かつ合計所得額が年額190万円以上290万円未満	基準額×1.5
第9段階	・本人が市町村民税課税かつ合計所得額が年額290万円超	基準額×1.7

小倉：なるほど。だから，市町村によって保険料額が全然違うって批判が出るんですね。そもそも，全国の保険料額の平均はどのくらいで，どのように徴収されるのですか？

香里：第1号被保険者の保険料額の平均は，第7期（平成30〜32年度）で，月額5,869円よ。第6期（平成27〜29年度）の平均が5,514円だったから，355円上がったってことね。

徴収の方法には「普通徴収」と「特別徴収」の2通りがあるわ。本人の受給する年金額が政令で定める額（介保134条1項1号，18万円）以上であれば，「特別徴収」として，その年金から天引きされるの。一方，年額18万円未満であれば，「普通徴収」となって，市町村が被保険者から直接個別徴収する

ことになるのよ（介保131条）。この場合，本人が属する世帯の世帯主も本人である第1号被保険者の配偶者も，保険料の連帯納付義務を負うことになっているのよ（介保132条2項・3項）。

千里：でも，年額18万円ということは，月当たり1万5,000円ですよね。それくらいの年金だったら，それ以上もらっている人の方が多いんじゃないですか？　だとしたら，そういう人たちから徴収する場合を「特別徴収」と呼ぶのは，なんだかヘンな感じがします。

新町：そうだね。でも「普通徴収」の仕組みは，国民健康保険とよく似てるんだ。国民健康保険の保険税や保険料も納付書を使って世帯主に納付義務を負わせるんだ（→2-3-5）。こんなふうに，他の制度でも用いられている方法だから，こっちの方が「普通」だという位置づけなんじゃないかな？　ただ，「特別徴収」になる基準額が低いから，「特別徴収」の方が普通になってしまったんだと思うんだけど…。

香里：新町君，ずいぶん「社会保障法専攻の院生」っぽくなってきたじゃない！

小倉：新町さん，すごいです！　でも，高齢者の中には大した額の年金をもらってない人も多いんですよね？　なのに，月額5,000円以上も天引きされてしまったら，手元に残るお金で生活なんてできるんでしょうか…。

香里：そうね。特にまだ介護が必要ではない被保険者からは不満も大きくて，いくつか訴訟が提起されているわ。例えば，**旭川市介護保険料違憲訴訟**では，財産権の侵害や憲法13条・25条違反を訴えたけれど，裁判所は，いずれの請求も棄却しているわ（最判平18・3・28判時1930号80頁）。

「（介護保険法及び旭川市介護保険条例には〔筆者注〕）低所得者に対して配慮した規定が置かれているのであり，また，介護保険制度が国民の共同連帯の理念に基づき設けられたものであることにかんがみると，本件条例が，介護保険の第1号被保険者のうち，生活保護法6条2項に規定する要保護者で地方税法295条により市町村民税が非課税とされる者について，一律に保険料を賦課しないものとする旨の規定又は保険料を全額免除する旨の規定を設けていないとしても，それが著しく合理性を欠くということはできないし，また，経済的弱者について合理的な理由のない差別をしたものということはできない。」

「老齢基礎年金等の公的年金制度は，老後の所得保障の柱としてその日常生活の基礎的な部分を補うことを主な目的とするところ，介護保険の第1号被保険者の保険料は，高齢期の要介護リスクに備えるために高齢者に課され

> るものであり，その日常生活の基礎的な経費に相当する」。

※現に保護を受けているか否かに関わらず，保護を必要とする状態にある者

3-3-2　保険料(2)――第2号被保険者の場合

香里：じゃあ，第2号被保険者の保険料はどうやって決まって，どのように徴収されているか，考えてみようか。

千里：え〜と，第2号被保険者は，医療保険加入者という要件がついてましたよね。だったら，医療保険の保険料みたいに保険料率を設定して，医療保険の保険料と同時に徴収しちゃうとか（→2-3-5）？

香里：うん，なかなかいいセンスしてるじゃない！まずは，どのようにして保険料が決定されるか確認しましょ。介護保険法150条を見てみて。ほら，医療保険者は，介護保険の費用に充てるための介護給付費・地域支援事業支援納付金を納付しなければならないと規定されているでしょ。この納付金を各保険者に所属する第2号被保険者の総報酬額の総額の見込額で割った数を基準にして，介護保険料率が決定されるの（健保160条16項参照）。各医療保険者ごとに，「うちの今年度の介護保険料率は〇％です」って感じ。こうして決まった介護保険料率を各被保険者の標準報酬月額に乗じた額が介護保険料額になるのよ。

新町：ってことは，健康保険などの場合，医療保険の保険料と一緒で介護保険料も労使折半なんですか？（→2-2-11）

香里：そうよ。2号被保険者を「40歳以上65歳未満の医療保険加入者」として1号被保険者から切り離せば，医療保険の保険料と一緒に介護保険の保険料も源泉徴収で簡単・確実に徴収できちゃうでしょ？被保険者類型を分けた理由の1つがここにあるのよ。あ，そうそう，被用者保険加入者の場合は，保険料は労使折半だけど，国民健康保険の被保険者の場合は，事業主負担がないから（→2-3-5），その分公費で賄われることになっているわ。

3-3-3　保険料の減免措置と給付制限

香里：それから，保険料を払えない人はどうなるのかっていう話ね。介護保険も社会保険だから，能力に応じた保険料を負担するっていうのが原則だけど（→1-2-2），どうしても払えない人のために，一定の要件の下で，各市町村

が減免措置を認めているのよ。介護保険法の142条ね。市町村は，条例を定めて，特別な理由がある者に減免や猶予をすることができるって書いてあるでしょ。これに基づいて，各市町村が条例で減免等について基準を設けているの。災害にあったとか，主たる生計維持者の死亡で著しい所得減少が起こったとかいうケースが典型例ね。

新町：でも，介護保険の場合，第1号被保険者の多くは年金受給者で，それ以外の収入があまりない人がほとんどですよね？　低収入なのに各種保険料を払うと，生活できなくなってしまう場合も少なくないと思うのですが…。

香里：そうね。だから，保険料を支払ったり，利用者負担を支払うと生活保護を受給しなければならない人を対象にした減免基準を設けている市町村も多いわ。

新町：そうすると，減免等には該当しないけど生活が苦しくて保険料を滞納してしまった場合には，国民健康保険と同じような給付制限がされるということなんですね（→2-3-4）。

千里：具体的には，どんな風に制限されるんですか？

香里：まず，保険料を滞納した場合，一定の期間を設けて督促するの。それでも納付が期待できない場合，最終的には強制的に徴収権限を行使して差し押さえることができるようになっているのよ。ただし，納期限から2年経つと時効によって消滅してしまうけどね。

それとは別に，給付自体も制限されるのよ。例えば，既にサービスを受けている場合，滞納月の1年後分からは，サービスを受けたときに全額を自己負担しなければならないの。それで，後に滞納が解消したら，本来保険で賄われるべきであった額が払い戻されるのよ。償還払いっていうわ。さらに滞納が続くと，給付そのものが一時差し止めされてしまうの。

新町：やっぱり国民健康保険と同じなんですね。

3-3-4　公費負担

千里：ところで，介護保険の財政って，結構公費が投入されているって聞いたことがあるんですけど，実のところどうなんですか？

香里：介護保険を運用するための費用は，まず，①保険給付に必要な費用，これが一番中心ね。それと，②事業の管理運営の事務遂行に必要な事務的経費，あとは，③市町村独自で行う保健福祉事業などに充てる経費に分けられるわ。一番大事な①給付費については，公費と保険料が2分の1ずつを負担するこ

とになっているの。公費負担部分は，国・都道府県・市町村の三者で負担割合が決まっているのよ。施設系サービスにかかる費用（施設等給付費）に関しては，国20％，都道府県17.5％，市町村12.5％，居住系サービスにかかる費用（居宅給付費）に関しては，国25％，都道府県12.5％，市町村12.5％で，それぞれ計50％！（介保121条・123条1項・124条1項）

新町：そこも何だか国民健康保険みたいですね。国民健康保険がガタ崩れしてるみたいに（→2-3-5）介護保険までボロボロにならなきゃいいけど…。

時計を見てハッとする小倉。千里を肘で小突いて自分の腕時計を指さして合図する。

小倉：あのぉ〜，先生。僕たちこれから授業なんで，そろそろ失礼してもいいですか？
香里：あら，ごめんなさい。長い間つきあわせてしまったわね。続きはまた今度会ったときにでもしましょ。
小倉・千里：はい。じゃあ，失礼しまーす。

3-4　サービスの利用手続と保険給付

1週間ほど経ったある日，小倉と千里の2人は，学内の売店で何か目新しいお菓子でもないかと物色していた。すると，香里と田辺の2人とバッタリ出くわした。彼らも，同じく甘いものでも食べようとお菓子を買いにきていたのだ。

香里：あら，小倉君に千里さん！　久しぶりね。あなたたちもおやつ？
千里：こんにちは。って，先生！　なんですか？　そのおやつの量！　どれだけ食べるんですか！
香里：あら，私1人で食べようっていうわけじゃないのよ。今日は，論文のことで田辺さんといろいろ相談してたから，ちょっと一緒にお茶でもと思って…。そうだわ，あなたたちもどう？　ほら，食べたいものがあったらカゴに入れていいわよ。
小倉：えっ！　本当にいいんですか？　僕，この抹茶カプチーノのサブレ，試してみたかったんだよねぇ。ありがとうございま〜す！（といいながら香里のカゴ

にバンバンお菓子を入れる)

3-4-1　要介護認定

4人は，香里の研究室に戻ってきた。コーヒーを淹れて，買ったばかりの大量のお菓子をテーブルの上に広げて，午後のコーヒータイムスタート。

香里：そういえば，この間は介護保険の話をしたのよね？ 給付の話ってしたかしら？ 医療保険にしても年金にしても，給付って知ってるとタメになることが多いんだけど，給付の名称も受給要件も結構難しいから学生にとっては面倒なところよね。まして，介護保険の給付って複雑でわかりにくいのよね。名称もわかりにくいし，困るのよねぇ…ブツブツ…。

田辺：せ，先生？ 大丈夫ですか？

香里：あ，ごめんなさい。つい愚痴が…。介護保険の被保険者が，介護が必要な状況になった場合，どうやって給付を受けることになると思う？

小倉：**要介護認定**を受けるって聞いたことがあります。どれくらい介護が必要な状態になっているのか，客観的に評価するんですよね？

田辺：そうだね。希望のサービスを好きなだけ受けられるといいけど，そうもいかないからね。被保険者は，まず，保険者である市町村に要支援・要介護認定の申請をして，要介護状態か要支援状態にあると認めてもらわないとサービスを利用することができないんだ（介保27条1項・32条1項）。申請は，基本的には本人がすることになっているんだけど，一定の条件を満たしたサービ

ス事業者が代行することもできるんだよ（同項後段）。
千里：要介護認定って具体的にはどんな風にやるんですか？
香里：申請を受けた市町村は，訪問調査員を被保険者のもとに送り，心身の状況や置かれている環境などの調査を行って（介保27条2項・32条2項），主治医の意見を聞いた上で，コンピューターによる1次審査にかけるの。そして，その結果を受けて，さらに主治医の意見を聞いて，今度は，介護認定審査会による2次審査を経て，最終的に市町村が要介護認定をするの。利用できるサービスの量は，このとき認定された要介護認定区分に応じて決まることになるのよ（→3-4-5）。
千里：要介護認定区分？
香里：法律上はこの用語が使われているんだけど，一般的には要介護度って呼ばれてるわね。
小倉：じゃあ，その要介護度ってどのくらいに分けられているんですか？
香里：大きく分けると，「要支援状態」と「要介護状態」の2つよ。実際は，もっと細かくて，要介護度の軽いほうから，「要支援1」「要支援2」「要介護1〜5」の7段階。申請に対する結果は，申請から30日以内に本人に通知しなければならなくて（介保27条11項・32条9項），その効力は，申請があった日に遡って発生するの（介保27条8項・32条7項）。要支援・要介護認定は，一度受ければずっと有効っていうわけじゃなくて，新規認定の場合は原則として6カ月，更新認定の場合は12カ月，有効なの。ただ，更新認定の場合，要介護度が不変のケースが多いことから，有効期間を最長36カ月まで延長できるようになっているのよ。
田辺：で，要介護度が決まれば，どの事業者からどのようなサービスをいつどれくらい受けるのかについて計画を立てることになる。これをケアプランと呼ぶんだ。もちろん，自分でケアプランを立てることもできるけど，介護が必要な状態にある人がたくさんの事業者の複雑なサービスを理解して，自分に適したプランを立てることは実際には難しいから，ほとんどの場合，居宅介護支援事業者に作成を依頼することになるようだよ。そこで実際に作成業務を行うのが，**介護支援専門員**，通称，ケアマネージャー。
小倉：その名前，聞いたことあります。（千里の方を向いて）この間さ，実家に電話したとき，母ちゃんが，ばあちゃんのケアマネージャーさんが来るからって…。結局こっちの話聞かないで一方的に切られちゃったんだよね。せっかく息子が久しぶりに電話してあげたっていうのにさ。ヒドイよな。

千里：アハハ。きっとお金をせびられるって思ったんじゃない？
香里：(笑)。それで、ケアプランが決まれば、そのサービス事業者から、例えば訪問介護やデイサービス、リハビリなんかのサービスを受けることができるようになるのよ（→3-4-5、**図表3-4**参照）。小倉君のおばあさん、どんなケアプランを立ててもらったんでしょうね？

3-4-2　介護事業者とのサービス利用契約の締結

田辺：君たちは、「措置から契約へ（→7-1-3）」という言葉を聞いたことある？ 介護保険になって一番変わった点が、サービスを利用するには、サービスを提供してくれる事業者と利用者本人が利用契約を締結しなければならなくなった、という点なんだ。以前は、「措置」という仕組みで介護を受けていたけど、そのときは、行政から「どこどこの事業者からこういうサービスを受けなさい」という風に、いつどこでどういうサービスを受けるのかを行政が一方的に決定して、利用者はそれに従うしかなかった。でも、介護保険制度の下では、利用者が自らの希望する事業者を選んでサービスを受けることができるようになったんだ。それを実現するための仕組みが、サービス利用契約の締結ってわけ。

千里：なるほど。でも、介護が必要な人に契約締結なんて…ちょっと違和感があります。

香里：でも、私たちが病院で受診するときも、法的には診療契約を締結していることになっているのよ。まして、入院するときなんかは、入院申込書とか入院時の注意事項説明とか今後の診療方針とか、いろいろな書類を記入することになるわ。まさに入院診療契約よね。介護の場合も、入院に似ているかもしれないわね。介護は一度きりの利用ってあまり考えられないじゃない？ 長期間、継続的に提供されることが前提よね。だから、ちゃんと契約を結んでそれに従ってサービスを受けるようにしようというわけ。

小倉：何だか不安だなぁ。認知症とかで判断能力が衰えている人もいるわけだし、ちゃんと契約を結べるのかな？ 契約の仕組みを利用して、事業者が悪だくみすることもできそうですけど。

田辺：そうだね。判断能力が衰えている人たちを支援するための仕組みとして、成年後見制度などが用意されているよね（→7-1-6）。それ以外にも、契約をめぐっては、いろんなトラブルが起きているよ。契約締結段階でのトラブルの

多くは，民法の錯誤や詐欺などの規定を使って解決できるものも少なくないけど，サービスを利用しているときに起きた事故なんかだと，損害賠償とか，場合によっては，刑事責任追及とか，そういう問題に発展することが多いよ。

香里：つまり，サービスの利用関係が私法上の契約関係ということは，あくまで対等な私人間同士の争いってことになるわけね。

千里：病院と患者との間でも，医療事故とかでよく争われてますけど，それと同じことが介護の世界でも起こるってことですね。相手が入所施設とかだと，人の目に触れる機会も少ないし，介護事故とかいじめとかいろいろあるんだろうけど，表沙汰にならないことも多そう…。あぁ～，怖い怖い…。

香里：介護事故だと，多いのが移動中の転倒・骨折や食事介助中の誤嚥ね（転倒事故の例として，福岡地大牟田支判平24・4・24賃社1591=1592号101頁，大阪地判平29・2・2判時2346号92頁，誤嚥事故の例として，水戸地判平23・6・16判時2122号109頁，大阪高判平25・5・22判タ1395号160頁を参照）。こういった事故では，債務不履行や不法行為に当たる場合には，事業者や施設の損害賠償責任が問われることが多いのよ。それに，居宅サービスの場合だと，着服なんかの刑法絡みの事件も多いわ。

田辺：いくら対等な私人間の契約といったって，一方は介護が必要な人で他方はその世話をする人なわけだから，やっぱり利用者側は弱い立場に立たされやすいからね。それに彼らは，要支援・要介護状態にある人なわけだから，そもそも契約当事者としての正常な判断能力が備わっているかどうかも怪しいことだってあるだろうし。契約のときに，不利な条件を付けられても文句をいえないケースも少なくないし，サービスを利用する段階でも，何かを頼むのにも遠慮したり，要望や不満をいえない利用者は多いみたいだよ。残念なことに，そこに付け込んで，虐待をしたり，質の悪いサービスを提供し続けたりする悪徳業者もいるんだ。

小倉：うちのばあちゃんは，いつもよくしてくれるっていってますよ。ちゃんと誠心誠意真心こめて介護をしてくれている事業者もたくさんいるのに，全体から見れば少数のタチの悪い業者のせいで業界全体のイメージが悪くなったり，サービスの質が落ちたりするのは残念ですね。介護に携わる人たちの待遇をもっと良くして，介護職が医療職と同じように，尊敬される憧れの職業になるといいんだろうけど…。

香里：そうね。一方で，最近，特に居宅サービスの利用者が，事業者に対して無理を押し付けるケースも多いらしいわよ。例えば，一人暮らしの高齢者宅に訪

問介護に行っているヘルパーさんに，契約にはない仕事，そうね，「銀行でこれ振り込んどいて」とか「来る途中で○○買って来てくれる？」とか，契約外の余計な仕事をお願いされることもあるんですって。断ると「じゃあ，お宅を止めて，よそのヘルパーさんに来てもらうわ」とか「○○さんはやってくれたわよ」なんていわれるらしいの。

千里：えぇぇーっ！　それも怖〜い。

田辺：居宅サービスを提供する事業者は，事業規模も大きくないところが多いし，同業他社との競争も激しいから，お客さんを取られないためにも，仕方なく契約外のこともやらざるを得ないっていう事情もあるみたいなんだよ。

香里：介護サービスの利用契約は，普通の契約とは違って，提供されるサービスの内容が利用者の状況によって時間とともに変わっていくという特徴を持っているの。だから，契約を締結するときには想定していなかったケアが途中から必要になったり，逆に必要だったケアが要らなくなったり，「どういうことをどこまでやらなければならないのか」を事前に決定するのは難しいわね。

田辺：いずれにしても，要支援者・要介護者が，適切なサービスを継続的に受けられることが一番大事だから，介護職員さんの待遇を向上させて，技術を磨いてもらうことも必要だね。それに，利用者にとっては，より質の良い，より適したサービスを受けることができるのがいいわけだし，ケアプランをいかに上手く作成するかというのも大事なポイントになるよ。そういう意味では，介護支援専門員，つまりケアマネさんの専門性を上げて地位の向上を図ることも求められているんだ。そこで，2005（平成17）年の介護保険法改正で，介護支援専門員の登録制度が導入されて，登録のための試験や研修の実施などが盛り込まれたんだよ（介保69条の2以下）。

香里：そうね。ケアマネージャーの資質向上を図ることは，制度創設時からの大きな課題とされてるわ。その観点から，2017（平成29）年改正に向けた議論の場では，「ケアマネジメントの標準化」が指摘されたのよ。結局導入は見送られたんだけど，ここでいう「標準化」というのは，「ばらつきをなくすこと」とか「ルールを作り，それに合わせること」といった意味よ。特定の原因疾病や状態に対して想定される支援内容をパターン化して，同じ専門職の誰もが同じ判断を下せるようにするということかな。その結果，サービスの妥当性や信頼性を確保し，社会的にも価値ある仕事として評価されることを目指そうという取り組みが進められているのよ。

3-4-3　介護サービス提供事業者・施設の指定・監督

千里：ところで，サービス利用者は，利用契約さえ結べば，本当にどの事業者からでもサービスの提供を受けられるんですか？

香里：医療保険のときはどうだった？　私たちが保険を使って診療を受けるためには，2つの条件をクリアした医療機関で受診しなければいけなかったよね（→2-4-4）。

小倉：えっと，以前のゼミで聞いたとこですよね…。確か1つはその医療機関が「保険医療機関」の指定を受けていることで…もう1つ何だっけ？

田辺：そこで診療に携わる医師が「保険医の登録」をすることだよ。

香里：そう。介護保険も基本的には同じ構造よ。サービス提供事業者が，提供するサービスの種類や事業所ごとに「指定」を受ける必要があるの（ただし，介護老人保健施設は許可制）。この指定を受けた事業者からでないと，介護保険を利用することはできないのよ。介護保険を使ったサービスを提供するのにふさわしくない場合，例えば，必要な基準を満たさなくなったり，適正な事業運営ができなくなったりした場合には，都道府県知事から是正勧告や是正命令が出されることもあるわ（介保76条の2）。さらに，是正が望めない場合や，虚偽の報告をしたり不正請求をしたりした場合には，これらの許可・指定は取り消されてしまうのよ（介保77条・78条の10・84条・92条など）。実際，指定を取り消されたケースは，2015（平成27）年度で119件，2016（平成28）年度で141件，介護保険制度が出来た2000（平成12）年度からの17年間の合計は，1,488件にも上っているの。保険医療機関の指定取消より断然多いのよ。

小倉：すごい数！　でも，それまで利用していた人にとっては，利用先を変更するのに契約を結び直したりしなきゃいけないし，何より介護を受ける環境が変わるっていうのは，利用者にとっては面倒なことも嫌なこともあるでしょうね。

香里：小倉君は，やっぱりおばあさんが近くにいるから察しがいいわね。おばあさん，いいお孫さんを持ってるわ。

小倉：いや，そんなことないですよ！（照）…あのぉ～，それより，さっきから介護保険法を見てると，「指定居宅サービス事業者の指定」「指定地域密着型サービス事業者の指定」「指定居宅介護支援事業者の指定」「指定介護老人福祉施設の指定」とか，とにかくたくさんの名前が出てくるんですけど，これっ

て一体何なんですか？　何が何だかさっぱりわかりません。
田辺：そうなんだよ。僕も，このあたりは理解しづらくて苦労したんだ。例えば病院だったら，内科・外科・小児科・皮膚科とかいろんな診療科があるけど，病院としては「保険医療機関」の指定を受ければいいわけ。でも，介護保険の場合，施設は同じでも，そこで提供しているサービスの「種類」ごとに「指定」を受ける必要がある…。僕はそういう風に理解して自分を納得させてるんだけど…。例えば，ケアマネさんがいるデイサービスセンターだと，ケアプラン作成サービスと通所介護サービス（デイサービス）の2種類のサービスを提供したいので，「居宅介護支援事業者」の指定と「居宅介護サービス事業者」の指定を受けなきゃいけないとか…。
千里：ということは，1つの事業所が，「指定○○事業者」であり，「指定△△事業者」でもあるって感じですか？　確かにややこしいわね。もっとシンプルにすればいいのに…。
香里：そうね。それが介護保険を複雑にしている要因でもあるわね。それに，一般的にはデイサービスとかデイケアとかいうカタカナ名称の方が知られてるでしょ？　なのに，法律では無理やり日本語に置き換えているから，なおさらわかりにくくなってるのよ。しかも，各事業者や施設の指定権者が違ってたりもして，さらに面倒なことに…。「居宅サービス事業者（介保70条）」「介護老人福祉施設（介保86条）」「介護老人保健施設（許可・介保94条）」「介護予防サービス事業者（介保115条の2）」は，都道府県知事が指定・監督を行うことになってるの。一方，市町村長が指定・監督を行うのは，「地域密着型サービス事業者（介保78条の2）」「居宅介護支援事業者（介保79条）」「地域密着型介護予防サービス事業者（介保115条の12）」「介護予防支援事業者（介保115条の22）」の4つ。これに具体的サービスや給付の名称まで加わると，ホント，複雑すぎて説明しづらいのよねぇ…。

3-4-4　給付の種類・内容

田辺：僕もこの複雑さには正直うんざりしてます。少しでもわかりやすいようにと，表にまとめてみたんですけど，それでもまだまだ…えっと，どこだったかなぁ。（カバンの中をあさり始める田辺）あ，あった，これこれ。
香里：すごいわね，さすが田辺さん！　ちょっとこの**図表3-4**を見て！　保険給付は，要介護状態の人に対する「**介護給付**」と要支援状態の人に対する「**予防給**

図表 3-4　保険給付と事業者・施設の指定

	市町村が指定・監督	都道府県・政令指定都市・中核市が指定・監督	
介護給付（要介護1〜5）	**地域密着型サービス** ① 地域密着型介護サービス費（指定地域密着型サービス事業者） ・定期巡回・随時対応型訪問介護看護 ・夜間対応型訪問介護 ・認知症対応型通所介護 ・小規模多機能型居宅介護 ・看護小規模多機能型居宅介護 ・認知症対応型共同生活介護（グループホーム） ・地域密着型特定施設入居者生活介護 ・地域密着型介護老人福祉施設入所者生活介護 ・地域密着型通所介護 **居宅介護支援（指定居宅介護支援事業者）** ② 居宅介護サービス計画費（ケアプラン作成費）	**居宅サービス** ③ 居宅介護サービス費（指定居宅サービス事業者） ・訪問介護（ホームヘルプ） ・訪問入浴介護 ・訪問看護 ・訪問リハビリテーション ・居宅療養管理指導 ・通所介護（デイサービス） ・通所リハビリテーション（デイケア） ・短期入所生活介護（ショートステイ） ・短期入所療養介護（医療型ショートステイ） ・特定施設入居者生活介護 ・福祉用具貸与 ④ 居宅介護福祉用具購入費（特定福祉用具販売事業者） ・特定福祉用具販売 ⑤ 居宅介護住宅改修費 ⑥ 特定入所者介護サービス費 **施設サービス** ⑦ 施設介護サービス費 ・介護老人福祉施設（指定介護老人福祉施設）（特別養護老人ホーム） ・介護老人保健施設（都道府県知事の開設許可）（老健） ・介護療養型医療施設（指定介護療養型医療施設） ・介護医療院（都道府県知事の開設許可）	⑧ 高額介護サービス費　⑨ 高額医療合算介護サービス費
予防給付（要支援1・2）	**地域密着型介護予防サービス** ⑩ 地域密着型介護予防サービス費（指定地域密着型介護予防サービス事業者） ・介護予防認知症対応型通所介護 ・介護予防小規模多機能型居宅介護 ・介護予防認知症対応型共同生活介護 **介護予防支援（指定介護予防支援事業者）** ⑪ 介護予防サービス計画費（介護予防ケアプラン作成費）	**介護予防サービス** ⑫ 介護予防サービス費（指定介護予防サービス事業者） ・介護予防訪問入浴介護 ・介護予防訪問看護 ・介護予防訪問リハビリテーション ・介護予防居宅療養管理指導 ・介護予防通所リハビリテーション ・介護予防短期入所生活介護 ・介護予防短期入所療養介護 ・介護予防特定施設入居者生活介護 ・介護予防福祉用具貸与 ⑬ 居宅介護予防福祉用具購入費（特定介護予防福祉用具販売事業者） ・特定介護予防福祉用具販売 ⑭ 特定入所者介護予防サービス費	

付」の大きく2つに分かれているの（介保18条）。それと，各市町村が独自に行う「市町村特別給付」（要介護状態の軽減等のために市町村独自のニーズに応じて行う。1人暮らしの要介護被保険者に対する配食サービスなど）もあるのよ。「介護給付」と「予防給付」の大きな違いは，「予防給付」には，施設に関する給付がないという点と地域密着型サービスの一部が利用できない点ね。それと，要支援者への訪問介護と通所介護は，保険給付としてじゃなく，地域支援事業（介護予防・生活支援サービス事業）で実施されるの。「介護給付」の中で最も中心的なものが，在宅介護の場合は，図表3-4の③「居宅介護サービス費」，最近では，①「地域密着型介護サービス費」っていうのも設けられたから，これも増えてきているわ。入所介護の場合は⑦「施設介護サービス費」かな。居宅サービスについては，要介護認定で決定された要介護度・要支援度の区分ごとに設定された支給限度基準額の範囲内だったら，介護保険で対応してもらえるの（→3-4-5，図表3-5参照）。でも，この限度額を超えてしまうと，その分は全部自己負担になってしまうのよ。

千里：田辺さん！ この表すっごくわかりやすいです。普段私たちが目にするのは，例えば，ホームヘルプとかデイサービスとかショートステイとか，そういうサービスの種類だけで，それが介護保険の給付とどう繋がっているのかなんて，考えたことなかったです。でもこの表は，その対応関係がわかるようになってて，結構イメージが湧きますよ！

田辺：ありがとう。でも，まだまだ工夫の余地はありそうなんだけどね。

小倉：ところで，表に「地域密着型」ってありますけど，介護サービスって基本的に地域に密着してますよね？ これ，どういう意味ですか？

香里：これは，2005（平成17）年の介護保険法改正で新しく加わったものなんだけど，この類型のサービスは，認知症の高齢者や寝たきりなどの中・重度の要介護状態にある高齢者を対象としたものなの。こういう人たちは，介護療養型の医療施設に入院したり，特別養護老人ホームに入所したりするのが普通で，住み慣れた自宅を離れて暮らすことが当たり前だとされてきたでしょ？（小倉・千里うなずく）

　でも，彼らだって，必要な介護を必要なときに昼夜を問わず提供してもらえれば，自宅や自宅近辺で暮らし続けることだってできるハズだし，そういう社会を目指すべきだという考え方が出てきたのね。それで，施設等に入所して自宅から遠くに離れて介護を受けるんじゃなくて，「地域密着型」で介護を受けるために創られたって意味なんだと思うわ。

千里：ってことは，地域密着型サービス事業者は，その地域に住んでいる人たちだけを利用者として受け入れることができるということになりますよね。経営的には結構キビシそうだけど…。

香里：まぁ，必ずしもそうとは限らないけれど，このサービス類型は，原則としてその市町村内に住む住民だけが利用できるということになってるから，十分な需要がその市町村内で見込めるかどうかがカギになりそうね。それに，例えば，「夜間対応型訪問介護」は，夜間の定期巡回だけじゃなくて，利用者からのケアコールがあった場合，必要に応じて訪問介護をしなければならないの。ということは，夜間の急な呼び出しにも対応できるようにスタッフを常駐させておかなきゃならないでしょ？ スタッフの夜間手当なんかも必要になるだろうし，経営者としては，十分な収入が見込める場合でなければ手を出せないんじゃないかしら。他にも，「小規模多機能型居宅介護」っていうのがあるんだけど，これは，在宅の要介護者が，そのときどきの状態や希望に応じて，自宅への訪問，施設への通所または宿泊のサービスを選べるの。だから，いつもはデイサービスとして通所しているけれど，調子が悪くなったときは自宅に訪問介護に来てもらって，家族が旅行に出掛けるなどで１人になる日は施設に宿泊するといった使い方ができるんですって。

小倉：違うサービスをいつもの顔なじみの人にお願いできるという意味では，利用者も安心できますね。特に，高齢者には，急な環境の変化に馴染むのは難しい面がありますしね。

田辺：そうだね。理念としてはすばらしいと思うけど，現在の介護報酬の低さとか介護職の人たちの待遇の悪さとかを考えると（→3-5-3），これがどこまで広がっていくかは未知数だけどね。まずは，財源をしっかり確保して，介護業界のレベルアップと地位向上を図ることの方が先決だと僕は思うね。

香里：何だかいろいろ複雑よね。頭がこんがらがっちゃったんじゃない？ ちょっと休憩しましょ。

千里：あああ〜〜!! 先生，コーヒーのお替りいただいてもいいですか？ なんか頭使いすぎちゃって血糖値下がり気味みたいで…。（小倉君の方を見て）ちょっと，コーヒー４つ，お願いね。

小倉：ええっ。俺かよ。

香里：(笑)。どうぞどうぞ。勝手に淹れていいわよ。

〜〜〜〜〜〜〜〜〜　しばし休憩…ホッ…♨♨♨　〜〜〜〜〜〜〜

3-4-5 サービス利用の流れと利用者の費用負担

千里：そうそう，そういえば，小倉君！ おばあさんの要介護認定どうなったの？

小倉：いやぁ，あのとき，あんまり一方的に切られちゃったもんだから，頭にきて…。それから電話してないんだよね。うちのばあちゃん，今75歳だけど，結構元気なんだよね。そりゃ，年相応にあちこち痛いとかいっては病院に行くこともあるけど，特にボケてもいないし。あ，でも，さすがに75歳だから足腰が弱ってきていて，ちょっとした段差でもつまずくようになってきたらしいよ。前に，母さんが，そろそろ家を改修しなきゃいけないかしらね，なんていってたから。

千里：小倉君のおばあちゃんくらいの年齢で，それくらいの状態だと，どれくらいの要介護度になるんでしょうか？

田辺：さぁ。こればっかりは実際にどういう状態か見てみないと何とも…。せいぜい要介護1くらいかなぁ。

香里：そうね。小倉君はおばあさんが実家で同居しているからイメージしやすいかもしれないわね。千里さんも彼のおばあさんのこと知ってるの？

千里：はい。私たち，幼稚園からの幼なじみなので…。

香里：じゃあ，ちょうどいいわ。小倉君のおばあさんを例に，介護保険を使ったサービスの利用手続の流れをおさらいしましょ！

小倉：えっと，ばあちゃんは75歳だから第1号被保険者（→3-2-1）として介護保険料を納めているハズだよね。いくら払ってるんだろ？ 今度帰ったとき聞いてみようっと。で，ちょっと足腰が弱ってきたから介護サービスを利用したいと考えた。そこで，まず，①市に要支援・要介護認定をしてもらうために申請をする。そうすると，②市から調査員がやってきて，本人の心身の状況や家族の状況など置かれている環境や本人・家族の意向なんかを調査するんでしたよね。その調査が終わると，③コンピューターによる1次審査，認定審査会による2次審査を経て，市が要支援・要介護認定を行うと（→3-4-1）。

田辺：そうだね。④要支援と認定されたら「予防給付」，要介護と認定されたら「介護給付」（→3-4-4，**図表 3-4** 参照）を受けられるようになるんだ。ちなみに，もし，要支援状態にも要介護状態にも該当しなかった場合には，介護保険からの予防給付も介護給付も受けることはできないけど，要介護状態に陥るのを予防するための市町村による地域支援事業（介護予防・日常生活支援総

合事業，包括的支援事業，任意事業）が受けられるんだよ。それで，おばあさんが要介護認定の結果，仮に，要介護1と認定されたとしようか。**図表3-5**を見ると，要介護1だと区分支給限度基準額は1カ月当たり16,692単位だね。この単位は，医療保険の診療報酬点数みたいなもので，いくつかの地域区分によって単価がわかれているんだけど，原則1単位10円ということで話をしようね。

図表3-5　区分支給限度基準額表（居宅サービス）

要介護度	区分支給限度基準額	含まれるサービスの種類（介護給付の場合）
要支援1	5,003単位	【訪問系サービス】訪問介護（ホームヘルプ），訪問入浴介護，訪問看護，訪問リハビリテーション，福祉用具貸与
要支援2	10,473単位	
要介護1	16,692単位	【通所系サービス】通所介護（デイサービス），通所リハビリテーション（デイケア），短期入所生活介護（＝福祉系短期入所，ショートステイ），短期入所療養介護（＝医療系短期入所）
要介護2	19,616単位	
要介護3	26,931単位	【地域密着型サービス】定期巡回・随時対応型訪問介護看護，夜間対応型訪問介護，認知症対応型通所介護，小規模多機能型居宅介護，看護小規模多機能型居宅介護，認知症対応型共同生活介護（グループホーム・短期利用型），地域密着型通所介護
要介護4	30,806単位	
要介護5	36,065単位	
上記区分に含まれないサービス		居宅療養管理指導，特定施設入居者生活介護（有料老人ホーム・ケアハウス入居者等），住宅改修費，認知症対応型共同生活介護（グループホーム），地域密着型特定施設入居者生活介護（定員29人以下の有料老人ホーム・ケアハウス入居者等），地域密着型介護老人福祉施設入所者生活介護（定員29人以下の地域密着型特別養護老人ホーム入所者），特定福祉用具販売

小倉：それじゃあ，この16,692単位の範囲内で，ばあちゃんが受けたいサービスを組み合わせて利用できるってことですね。その組み合わせを考えるために，⑤介護支援専門員（ケアマネ）さんにケアプランの作成を依頼することになるんだな（→3-4-1）。この単位の中から，ケアプラン作成のための費用も出るんですか？

香里：ううん，ケアプラン作成費（居宅介護サービス計画費，特例居宅介護サービス計画費，居宅介護予防サービス計画費，特例居宅介護予防サービス計画費）は，この単位の外に置かれているの。全額介護保険から賄われることになっているか

ら，利用者は自己負担をしなくていいのよ。ケアプランを作ってもらったら，そのあとはどうするんだったっけ？

千里：⑥そのサービスを提供してくれる事業者とサービス利用契約を締結して，実際のサービスを受けるんですね（→3-4-2）。そのときの費用の支払はどういう風になるんですか？ 医療保険と同じように，事業者に一部負担金みたいなやつを支払うだけで済むんですか？

香里：介護保険法上は，保険給付として，「居宅介護サービス費」を支給することになっているの。その額は，居宅サービスの区分（訪問通所型か短期入所型か）によって厚生労働大臣が定めた基準に基いて算定された費用の9割～7割相当額となっているわ（介保41条4項・49条の2）。平たくいうと，通常は，そのとき受けたサービスにかかった費用の9割～7割相当額ね。理屈上は，利用者がサービスを利用したときは，事業者に一旦全額を支払って，後で介護保険から9割～7割相当額分を返してもらうということになるんだけど（償還払方式，→2-2-6），それって手続も面倒だし，何より利用者は一旦ある程度のまとまったお金を用意しなければいけないことになっちゃうでしょ？だから，保険者である市町村は，被保険者本人に支給すべき額の限度で，その費用を事業者に支払うことができることになっているの（介保41条6項）。

田辺：実際は，医療保険の場合と同じように，利用者は自分が負担すべき1割～3割相当額だけを支払えば，残りは市町村と事業者との間で処理してくれるんだ（＝保険給付の現物給付化）。本来は，被保険者が保険者に対して給付を請求し受領するべきだけど，事業者が本人に代わって費用を請求して受領するという仕組みってことさ。これを「**代理請求・代理受領**」と呼ぶんだ。

千里：あの，さっきから，給付にも利用者の負担にも幅があるような言い方されてますけど，どういう違いなんですか？

田辺：利用者の負担割合は，原則1割なんだけど，医療保険と同じように，前年の所得が一定額以上の場合は，2割か3割負担になるんだ。

香里：この仕組みと同時に理解しておかないといけないのが，介護保険法の下では，市町村は，保険給付として，○○サービス費のような金銭給付を行う義務を負うけれど，被保険者に対して，介護サービス提供義務を負っているわけではないという点ね。この点も，介護保険の重要なポイントよ。

小倉：そうなんですね。ということは，ばあちゃんの場合，16,692単位の範囲内でサービスを組み合わせて利用して，その費用の1割～3割を自己負担することになるわけですね。ということは，介護保険だけを使ってサービスを受

けた場合には、最大で1万6,692円（1割）から5万76円（3割）の自己負担になるわけか…。

田辺：要介護者の中には介護保険のサービスだけでは十分な介護が受けられないこともあるよね。そういう場合、介護保険で認められる単位数を超えるサービスを全額自己負担で受けることができるんだよ。医療保険の場合だと、いわゆる混合診療の禁止にあたってしまうけど（→2-4-8）、介護保険だと自己負担さえすれば単位数を超えるサービスや介護保険で認められていないサービスも受けられるんだ。

小倉：へぇ〜、お金のある人はよりたくさんのサービスが受けられるってことか…。

千里：ところで、在宅のサービスの場合は、何となく理解できたんですが、施設入所の場合はどうなんですか？

香里：施設サービスに関する給付のメインは、施設介護サービス費よ。これは、要介護状態の被保険者が介護保険施設（介護老人福祉施設、介護老人保健施設、介護療養型医療施設、介護医療院）でサービスを受けたときに、保険者である市町村が被保険者に支給するものなの（介保48条1項）。額は、施設サービスの種類ごとに、要介護状態区分などを考慮して算定された平均的費用を元にして厚生労働大臣が定めた基準によって算定された費用の9割〜7割相当額（介保48条2項）よ。居宅サービスの場合と基本的な考え方は同じね。ただ、食費や居住費などのホテルコストや日常生活費などについては、別途自己負担だけどね。

千里：ん〜、利用者負担1割って聞くと、大したことないようにも思えますけど、3割となると負担になる気がするなぁ。

小倉：そうだよね。高齢者夫婦世帯だと、2人とも要介護者ってこともあるだろうし、そもそも所得が低い世帯では、たとえ1割でも払えないっていう人だっているんじゃないですか？

香里：定率負担があまりに高額になった場合には、その負担を軽くするために、「高額介護サービス費」（要介護者の場合）と「高額介護予防サービス費」（要支援者の場合）が用意されているわ。定率負担の合計が、世帯の納税額や収入などに応じて設定された負担上限額を超えると、その超えた分が払い戻されるという制度よ。医療保険の高額療養費みたいな感じね（→2-2-7）。

田辺：それに、介護が必要な人の多くは、医療も必要な場合が多いから、1年間にかかった医療保険と介護保険の自己負担合計額があまりに高額になった場合にも、自己負担限度額を超えた部分について払い戻される制度があるんだよ。

「高額医療合算介護サービス費」（介護給付の場合），「高額医療合算介護予防サービス費」（予防給付の場合）っていうんだ。それ以外にも，利用者負担を払うと生活保護が必要になる人に対する軽減措置とか，施設介護サービスを受けている場合の居住費や食費などのホテルコストについて軽減したりとか，いろんな負担軽減措置があるようだよ。

小倉：それで，残りの9割～7割相当額については，事業者や施設が保険者である市町村に「代理請求」して，「代理受領」するということですね。

香里：そうよ。ただ，「代理請求」された額については，医療保険の場合と同じように，ちゃんと適正な請求であるかどうかを審査されるけどね（→2-4-6）。ちなみに，審査機関は，どこだと思う？

小倉：医療保険の場合と同じなんじゃないですか？ どこでしたっけ？ えっと…医療保険の審査機関は～。ちょっと待ってください。審査，審査…あった，社会保険診療報酬支払基金と国民健康保険団体連合会（健保76条5項，国保45条5項）。

香里：保険者にしても被保険者にしてもそうだったけど，介護保険は基本的に国保の仕組みによく似た構造を持っているわよね？

小倉：じゃあ，介護保険の介護報酬の審査は，国保連合会がやるってことですか？

香里：そう！ 介護保険法41条10項に規定されているから見ておいてね。
さて，結構難しい話もしたし，疲れちゃったでしょ。今日はこれくらいにしましょうか。小倉君と千里さんは，この時間帯はいつも授業入ってないの？

小倉・千里：はい。

香里：じゃあ，来週のこの時間に，またここでコーヒーでも飲みながらお話しましょ！ あ，田辺さんもね。

田辺・小倉・千里：はい，じゃあ，来週またよろしくお願いします。

3-5　どこへ行くんだ？ 介護保険（介護保険の将来と課題）

3-5-1　介護保険の財政問題

翌週，田辺・小倉・千里の3人が香里の研究室にやってきた。コーヒーの準備も完了し，前回までの話を思い出しながら，今日の話題へ。

香里：介護保険制度の大まかな内容は，前回で終わったのよね。前回も話題になっ

たけど，介護保険は考えなきゃいけない問題をたくさん抱えているの。
千里：先生！　この前，財源の話をしていたときに，給付費に必要なお金の半分を公費負担，残り半分を保険料で賄っているって聞いたと思うんですけど（→3-3-4）。介護保険は社会保険制度なのに，公費が半分も投入されているってどうなんですか？
香里：介護保険ができる前は，老人福祉制度と老人保健制度の2つの制度だったっていう話はしたよね（→3-1-2）。元々，特別養護老人ホームへの入所とかデイサービスなんかの福祉系のサービスは，老人福祉法による公費負担のサービスだったのよ。だから，同じ特別養護老人ホームに入っているのに，制度が社会保険制度で運用されることになったからって，もう公費は投入しませんというわけにはいかないわよね。それに，もう1つの老人保健法でも，老人保健施設への入所や訪問看護などの医療系サービスについては，公費半分という仕組みで行われていたことも大きな影響を与えているといえそうね。
田辺：それに，介護は医療と違って，治ることが想定しにくい，つまり，不可逆性（再び元の状態には戻れないこと）が強いんだ。社会保険制度で運営するには，国民に保険料を負担してもらわなければいけないけど，それを国民に納得してもらうためには，せめて半分くらいは公費で支えないと難しいと考えられたっていうのもあるんじゃないかな。
小倉：そうですね…。でも，今後のことを考えると不安に思うことがあります。
香里：なぁに？
小倉：今後も日本は高齢化がどんどん進むでしょうけど，高齢化が進めば，当然，要介護状態になる高齢者も増えることになりますよね。ただでさえ日本の財政状況は良くないのに，給付費が増えれば，公費負担も増えることになるけれど，これで大丈夫なんでしょうか？
香里：う～ん，難しい問題ね。高齢化の進行は，公費負担の問題だけじゃなくて，被保険者が負担する保険料の額にも影響を与えるし，こういった財政上の問題は，結果的に，私たちが受ける給付の内容にも影響を与えることになってしまうしね。
田辺：だからこそ，消費税を福祉目的税化して財源を確保しようなんていう議論が出てくるんだろうし，現在の「高齢者のための」介護保険ではなくて，若年障害者も含めた，「全国民のための」介護保険にしてはどうかという議論も出てくるんだと思うよ。
千里：でもそれって，若いうちから保険料を取って制度を支えようってことですよ

ね？ やっぱりあたしたち，ソンな時代に生まれちゃったのかしら。

香里：前に話したように，第1号被保険者の保険料額の平均は，約5,900円（→3-3-1）。費用の性格から考えると，この第1号被保険者の保険料を引き上げることは，かなり難しそうよね。

小倉：毎月5,900円の年金天引きでも，多くの高齢者にとってはかなり負担だと思います。もしこれが月8,000円とか1万円に跳ね上がったら…もう生活していけないですよね。

田辺：第1号被保険者の保険料額は，第2号被保険者と違って，実額で示されるから，額の増減・多寡がリアルにわかっちゃうんだ。その分，話題にも上りやすいし，近隣の市町村と比べては「A市の方が安い」とか額の高低で論じてしまいがちだね。

千里：それが市町村議会選挙にも影響を与えたりすることもあるかも。いかに保険料額を抑えるかが，政治の上でも争点になっちゃうんじゃないかしら。

香里：まさにそうね。それに，第1号被保険者の保険料は，多くの場合，受給する老齢基礎年金からの天引きという形で徴収される仕組みになっているから（→3-3-1），保険料を引き上げるといっても，老齢基礎年金の満額の月6万5,000円程度という金額が基準となって，引き上げの是非や程度を検討することになりやすいの。ただ，老齢厚生年金を受給している高齢者の中には，月額20万円以上を受給している場合も少なくないから，高所得の第1号被保険者の負担を引き上げる案や資産（貯蓄や有価証券，不動産など）に応じた負担の導入も検討されてはいるんだけどね…。

小倉：じゃあ，第2号被保険者の保険料を引き上げるということも考えられるのですか？

香里：その前に，第2号被保険者の保険料額ってどうやって決まるか覚えてる？

小倉：えーと，確か…各被保険者の標準報酬月額に介護保険料率を乗じた額ですよね（→3-3-2）。

香里：じゃあ，その介護保険料率がどうやって決まるかは？

小倉：えっ，前に説明されたのは覚えているんですが，ちょっと難しくて…（→3-3-2）。

香里：田辺さん，説明してあげて。

田辺：介護給付費に必要な額の，半分が公費負担っていうところまでは理解できているよね？（→3-3-4）。残りの半分を被保険者からの保険料で賄うことになっているんだ。その50％の内訳は，第2号被保険者全体からの保険料が27

　　　　%，第1号被保険者の保険料が残り23%だよ（平成30～32年度）。だから，給付費全体の27%相当額を，全国の第2号被保険者から集める必要があるということだね。そうすると，第2号被保険者1人当たりの額が出てくるよね。この額を基準にして，各医療保険者が，自分の医療保険に加入している第2号被保険者に適用される保険料率を決定してるんだ。

香里：どう，わかった？　第1号被保険者と第2号被保険者のそれぞれから集めるべき保険料の割合は，3年ごとに政令で定められるんだけど，これは，第1号被保険者と第2号被保険者の人数比で決まる仕組みなの。だから，介護保険ができてからこれまで，ずっと第2号被保険者の分の割合が減ってきているの。そりゃそうよね，だって，どんどん高齢化が進んでいるんだから，第1号被保険者の負担すべき割合が増えるのは当然の成り行きだもの。この傾向が続くとすると，第2号被保険者の人数にもよるけれど，彼らが負担すべき保険料率は，そう簡単には増やせないんじゃないかしら。

千里：でも，だからって，第1号被保険者の保険料額を上げるのもなかなか難しいんですよね。八方ふさがりじゃないですか！

田辺：う～ん，今の仕組みを原則的に変更しないことを前提にすると，今後介護費用が増加することは間違いないだろうし，公費負担率を上げるのにも限界があるだろうし，だからといって保険料を増やすことも難しいとなれば，もう給付費をカットするしかないよね。そのために各要介護度の支給限度額を下げるとか，思い切って要支援区分をなくすとか，さっき表にまとめた給付の内容（**図表3-4**参照）をもっと精査して厳選するとか，そういう方向になるんじゃないかなぁ。実際，予防給付のうち，訪問介護と通所介護が地域支援事業に移行されたり，特別養護老人ホームの新規入所を，原則として要介護3以上に限定したりして，給付の重点化が進んでるよ。

3-5-2　障害者福祉領域との統合問題

　　ドアをノックする音が聞こえ，ガッチャっとドアが開いた。

新町：あ，授業中でしたか。じゃあ，また後で来ます。

香里：いいのよ，新町君！　前に介護保険の話にあなたにも参加してもらったじゃない？　あのときの続きをしてるだけよ。良かったら，また参加しない？

新町：あ，ハイ。

小倉：それで，さっきの話の続きなんですけど，今の制度の大枠を変えないとなると，財政問題に見通しが立たないから，介護保険を「高齢者介護保険」から「国民介護保険」にしようっていう議論が出てくるんですか？

千里：でも，それは介護保険を創るときに，適用対象者を40歳以上にした時点で放棄された方向性なんじゃないの？（→3-2-1）

田辺：その当時はね。でも，その後，障害者福祉分野で介護保険と同じような仕組みを導入した「障害者自立支援制度（→7-3-2）」っていうのができたことが引き金となって，統合問題が再燃したんだ。ところが，その後さらに制度が二転三転して，今は障害者総合支援法（障害者の日常生活及び社会生活を総合的に支援するための法律）による支援制度で対応しているんだ。

香里：そうね。障害者総合支援法の構築に当たっては，「現行の介護保険制度との統合を前提とはせず」に，介護保険とは異なる法体系が目指されたこともあって，統合の話も最近は少しトーンダウンしてる感じがするわね。

小倉：それじゃあ，もう今後は介護保険と障害者福祉制度の統合問題は起こらないってことになるんですね？

香里：うーん，どうかしら。当面は統合問題は表面に出てこないかもしれないわね。ただ，2017（平成29）年の改正によって，介護保険と障害者総合支援の両方の制度に「共生型サービス」が新設されたのよ。同じ事業所で要介護高齢者も障害者・障害児も同様のサービスを受けられるように，指定要件を緩和するの。

新町：出た！ トレンドワード「共生」！

田辺：今後の社会福祉政策の重要な方向性の1つだね。「共生社会の実現」ってやつ。

香里：共生型サービスの対象は，現在，一部の居宅系サービスに限られているけど，そのうち，入所系やケアマネジメントなどにも拡大するでしょうね。そして，さらにこの方向性が進めば，両制度を並存させる意味について議論せざるを得なくなるんじゃないかしら。今後の成り行きに注目しなきゃね。

3-5-3 介護を担う人材の育成

新町：今後ますます要介護者の数が増えることを考えると，介護を担う人材の育成という点も重要になってきますよね。

香里：そうね。人間誰しも高齢になれば，何らかの形で介護を受ける機会はあるも

のね。今の私たちにとっては，介護ってまだまだ先のことで，何となく他人事のように考えてしまいがちだけど。介護職の人たちが，十分な報酬をもらって，気持ちよく長い期間働いてくれれば，質のいい介護を提供してもらえる可能性も高くなるわけだから，介護を受ける側にとってもメリットだわ。

千里：ところで先生，介護職と一口にいっても，いろいろな職種というか，資格みたいなものがありますよね。ケアマネとかヘルパーとか…。私，実はそういう介護職の人たちの区別がいまいちついてないんです。

香里：なるほど。ケアマネージャーについては，以前話をしたから大丈夫よね（→3-4-1）。じゃあ小倉君，ヘルパー以外にどういうものを知ってるかな？

小倉：そうですねぇ…**介護福祉士**とか**社会福祉士**とかなら聞いたことがあります。ただ，その2つの違いはちょっとわからないです。あ，でも，ホームヘルパーだったら，何となくイメージできます。在宅の高齢者を訪問して，食事や入浴といった介護サービスを提供したり，一人暮らしの高齢者には調理や洗濯といった日常の家事の代行をしてくれる人ですよね。

新町：でも，単にヘルパーと呼んだり，ホームヘルパーと呼んだりしていて，これが同じものなのか，それとも違うものなのか，よくわからなくなるよね。

田辺：確かに最近，カタカナ用語が増えてきているのに，統一的に使われていない感じがするね。最近の使い方として，僕の印象だと，「ヘルパー」は，介護施設・在宅に関わりなく，介護に携わる人，それも資格の有無を問わず，ケアワーカー全体を指して使っていることが多い気がするよ。中でも，「ホームヘルパー」は，小倉君のイメージ通り，在宅の訪問介護員を指す感じだね。この名称がよく知られているのは，以前，ホームヘルパー1・2級という資格があったからだと思うよ。

千里：えっ，ホームヘルパー資格って今はないんですか？

田辺：いや，2013（平成25）年度からホームヘルパー2級が「介護職員初任者研修修了者」に変更されたんだ。

香里：資格という点では，認定介護福祉士を到達点とするわかりやすい制度に変更されて，「介護職員初任者研修→介護福祉士養成のための実務者研修→介護福祉士→認定介護福祉士」というステップを踏むらしいわ。

小倉：そっか。僕たちが普段「ヘルパー」とか「ホームヘルパー」と呼んでいる人たちの中には，初任者研修修了段階のヘルパーさんも，介護福祉士資格を持っているヘルパーさんも両方いるってことですね。

田辺：厚労省は，限られた人材の有効活用という観点から，介護福祉士などの専門

性の高い人材は重度の身体介護や認知症高齢者に集中的に関わって，軽度者や家事支援などは幅広い層で担う方向性を考えているらしいよ。

香里：そうなのよ。訪問介護の中でも生活援助については，訪問介護員の要件が緩和されて，「生活援助従事者研修（59時間）」の修了者でも可能になったのよ。

千里：先生，根本的な問題として，今後生産年齢人口は減少する一方ですよね。人材確保には限界があるように思います。

香里：千里さん，鋭いわね。新しい人材を増やすことができないなら，限られた人材の中で生産性を上げていくしかないわね。そのために考えられているのが，介護ロボットやICTの活用よ。

小倉：えぇ～‼ ロボットに介護してもらうんですかぁ？ なんか嫌だなぁ。

3-5-4 介護職の早期離職問題と外国人介護職の受入れ

田辺：介護職の人たちの数を増やすことも1つの課題だけど，他方で，介護職の人たちが早期に離職してしまい定着しないという問題もあるよね。

香里：この問題の背景には，利用者の暴言・暴行・セクハラといった問題や，事業者の使用者としての意識が低いこと（過重な業務を押し付ける，コスト削減のため少ない人手で業務を遂行しようとするなど），業務内容のハードさの割に特に給与面における待遇が低い，といったことなどが挙げられるでしょうね。

千里：私も介護職員の離職率が，他の職種に比べてものすごく高いって聞いたことがあります。だからなのか，最近，介護分野に外国人労働者を受け入れているという話をニュースで見ました。

香里：外国人介護労働者の受け入れ制度は，現在，①在留資格「介護」，②EPA（経済連携協定），③在留資格「技能実習」，の3つがあるの。一番早くできたのが②のEPAに基づく受け入れよ（2008年7月～）。インドネシア，フィリピン，ベトナム各国との経済上の連携を強化する目的で作られた制度で，看護師候補者と介護士候補者が，事業所で実習をしながら，3年後または4年後に日本の試験を受けて合格すれば，看護師・介護福祉士として引き続き滞在・就労ができるようになっているの。③の技能実習制度は，日本の技能，技術，知識等を開発途上地域等に移転を図る国際貢献の仕組みよ（2017年11月～）。あくまで技能移転が目的で，最長5年の滞在しか認められないから，日本で働き続けることを前提としていないの。だから，技能実習生は，介護福祉士の資格を取得する必要はないのよ。

新町：でも，最長5年の滞在じゃ，人材不足解消にはつながらない気がします。
香里：そうね。人材確保の観点から期待されているのが，①の在留資格「介護」による受け入れよ。これは，2017年9月に入管法改正によって創設されたもので，社会福祉系の専門学校等を卒業して介護福祉士試験に合格すれば，「介護」の在留資格が適用され，引き続き滞在・就労できるようになるのよ。
小倉：②のEPAとよく似ていますね。何が違うのですか？
香里：EPAは協定締結国だけに限定されるし，経済連携強化が本来の目的で，人材確保を目的としたものじゃないのよね。それに対して，「介護」の在留資格は，専門的技術や知識を活用した日本における就労を目的としたもので，在留期間の更新も可能だし，送り出し国に制限がないから，広くいろんな国から受け入れることが可能なの。

3-5-5 介護報酬の引上げ

小倉：さっきの，介護職の人の給与が安いっていう話はよく耳にしますね。
田辺：職員の給与は介護保険から支給される介護報酬の額に左右される側面が強いと思うのですが，今後，介護報酬の引き上げというのは，どこまで行われるんでしょうか？
香里：そうねぇ。理屈の上では要介護度の高い人がたくさん介護サービスを利用してくれた方が，事業者が受け取る報酬は高くなるわけだけど。展開している事業によっては，要介護度の高い人が利用しないようなサービスもあるし，他の事業者との競争の中で要介護度の高い人ばかり集めるというのは難しいわよね。
田辺：介護保険が始まってから最初の2回の介護報酬改定では，いずれも介護報酬が引き下げられましたよね。その後数度にわたってプラス改定だったのに，2015（平成27）年改定では厳しいマイナス改定だったと記憶してます。小規模な事業者では経営が行き詰まって撤退するところも増えましたし，こんな余裕のない経営では，人材の育成なども含めた長期的な経営戦略の立てようがないですよね。事業者としては，どうすれば，安定した収益を確保することができるでしょうか？
香里：2017（平成29）年と2018年は続けてプラス改定だったけど，プラス幅は小幅だったわ。難しい問題だけど，1つの方法としては，介護事業者には収益事業が限定されていないから，多角的な経営を推し進めることで介護保険以

外からの収入を増やすことも検討されていいんじゃないかと思うわ。
小倉：ん〜，でも，介護の世界って，営利活動と相容れないようなイメージがあります。慈善的なイメージっていうか。「儲からなければ撤退すればいい」なんてもってのほかって感じだし，「介護は商売じゃない！」みたいな反感ってあるような気がします。
田辺：そうだよね。だから，社会福祉事業の経営者としては，他の収益事業に手を伸ばすことに対して二の足を踏むし，既存の営利事業経営者が介護事業に進出することにも躊躇があるのかもしれないね。ただ，福祉事業から利潤を得ようとするのではなくて，他の事業からの利潤を介護事業に有効に使おうとする方向性ならば，もう少し寛容になってもいいような気もするけどな。
香里：そうね。介護保険創設からこれまでの約20年というのは，高齢者の介護という，これまで各家庭の中で隠れていた「私的な事柄」が「社会的な事柄」に変わって，介護に対する人々の意識を劇的に変化させた年月だったといえるわね。でも同時に，さまざまな課題が噴出して，「やはり介護は公費でやるべきだ」という議論も再燃してきているようだし…。
新町：介護を社会保険（介護保険）として制度化している国は，実はとても少ないと聞いたことがあります。
田辺：そうだよ。日本以外だと，ドイツ・オランダ・韓国くらいじゃないかな。やっぱり，介護は公費で賄うべきだという考え方が根強くあるんだろうね。
香里：だとしても，介護をすべて公費で賄うのが無理なんだから，介護保険制度を導入したのよね。だとしたら，このこと自体は決して失敗とはいえないんじゃないかしら。介護保険が何故社会保険として設計されたのか，その意味をもう一度考えてみることが必要だし，「介護にはお金も人手もかかる」ということに対して，誰がどのように負担するのか，どこまで負担するのか，どこまでのサービスを期待するのか，そして，それをどうシステム化するのか，国民一人一人が真剣に考えなきゃ。国（厚生労働省）としても，小手先の改革ばかり考えないで，国民の理解を得られるように，情報をキチンと公開して，負担についてもわかりやすく説明を尽くすべきでしょうね。

第4章 年金保険

4-1 年金保険の全体像

4-1-1 年金保険の意義と体系

> 梅雨の季節。雨がしとしと降る中，学食で千里と小倉がだべっている。
> そこに，田辺と新町が通りかかった。

小倉：今日も雨だね。洗濯物が乾かないよ…。
千里：(気だるそうに) へぇー，家事もやってるんだぁ。えらーい！
小倉：バカにしてるだろっ‼ いっそ，かわいい子がやってくれないかなぁ…。
千里：(無視して) ジメジメっとした話だけど，年金が破綻するって本当？
小倉：わかんないけど，ばあちゃんは年金のおかげで助かっているらしいよ。
千里：年金ってそもそも何？ ナウシカに出てくるネンキンとどう違うの？
新町：お金と生き物の区別ぐらいついてくれよ。
千里：ちょうどいいとこに新町さん！ ボケボケの私に年金の説明を！
新町：えっ，僕？ 田辺さんの方がいいんじゃないかな。ねぇ？ (と田辺を見る)
田辺：しょうがないな，まったく！ (気を取り直して) 僕たちは大学を卒業すると，働いて所得を稼ぐことで自分とその家族の生計を立てることを求められる。でも，年を取ったり，障害を持ったりすると，働き続けることができなくなり，所得を失うよね。それに，一家の稼ぎ手が亡くなると，残された家族は収入を失うよね。こうした生活の変化による所得の喪失を補うために，年金制度が創られたんだ。つまり，**年金**というのは，老齢，障害，生計維持者の死亡といった所得を失わせる出来事が生じた場合に，金銭給付を長期にわたり定期的に支給することで所得を保障する制度だよ。
千里：でも，自分の人生なんだし，老後の備えはそれぞれの努力に任せるべきだと思うわ。
田辺：自分任せにすると，イソップ物語に出てくるキリギリスのように，老後の備えを怠る人が出てくるよね。でも，国は，怠け者だからといって放っておけないので (憲25条)，生活保護で生活費を保障せざるをえない (→第**8**章)。そうならないように，国が備えを強制したのが，**公的年金**だよ。日本の公的

年金は，働けるうちに自分で備えるべきとの考え方から，保険料拠出に基づく社会保険方式を採っている（→1-2-2）。だから，保険料を納めていないと，老後に年金がもらえなくなるか，少なくなるよ。

千里：ウソ!?

小倉：ばあちゃんも若い頃に保険料を納めていなかったから年金が少ないっていってたよ（→4-3-1）。日本では，確か国民皆年金が採られているから，僕らも加入するんですよね？

田辺：そう。年金保険のはじまりは雇われている人を対象とする**被用者年金**だったから，戦後復興期までは公務員と民間労働者以外の人は年金保険に加入できなかった。でも，高度経済成長期にすべての国民に老後の所得保障を求める世論が高まって，1959（昭和34）年に国民年金が創られ，20歳以上のすべての国民が何らかの年金保険に加入する**国民皆年金**が実現したよ。この当時，民間労働者は厚生年金，公務員などは共済年金，自営業者などは国民年金に加入していたけど，制度ごとに給付と負担が違っていた。だから，1985（昭和60）年改正はこの職業別の縦割りの体系を改めて，国民年金を全国民共通の基礎年金にしたんだ。さらに，2012（平成24）年改正は，厚生年金と共済年金に分かれていた被用者年金を厚生年金に統一したよ（被用者年金の一元化）。

新町：後は僕も説明できますよ。現在の年金保険は，20歳になると1階部分の国民年金に加入し，企業に就職したり公務員や私学の教員になったりすると2階部分の厚生年金にも加入する**2階建て**の体系になっているんだ（**図表4-1**参照）。

図表 4-1　年金保険の体系

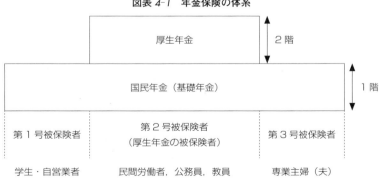

千里：私は民間志望だけど，公務員志望の子も就職したらみんな厚生年金のお世話になるのね。

小倉：（法律を見ながら）国民年金と厚生年金は，どちらも老齢，障害，死亡時の生活保障を目的としていますね（国年1条，厚年1条）。でも，なぜ国民年金とは別に厚生年金があるんですか？

田辺：**国民年金**は，基礎年金というすべての国民の基礎的生活費を保障する年金を支給する。これは定額年金だよ。これに対して，**厚生年金**は，基礎年金に上乗せして，報酬比例年金という労働者の現役時代の賃金に比例した年金を支給する。だから，国民年金が国民の最低生活保障を担い，それを補うものとして，厚生年金が労働者の従前生活保障を担っているんだ。

4-1-2　年金保険の財政方式

千里：なんか，キチンとした仕組みに見えますけど。どうして年金が破綻するっていわれてるのですか？

田辺：年金保険の給付費を賄う財源は基本的に保険料なんだけど，保険料収入をどのように集めてくるのかという財政方式が関係しているんだ。

新町：年金保険の財政方式には，積立方式と賦課方式があるんだ。えーっと…（手元にある本を開いて）**積立方式**は，拠出した保険料を積み立てていき，その積立金と運用益で将来の給付費を賄う方式だよ。**賦課方式**は，ある期間内に支出する給付費を，同一期間内の保険料収入によって賄う方式だよ。

千里：っていわれても，さっぱりわかりません…。

田辺：じゃ，高齢世代と現役世代の関係で説明する方がわかりやすいかな。積立方式では，高齢世代が受け取る年金は，自分たちが現役時代に支払った保険料で賄われている。だけど，賦課方式では，ある時代の高齢世代が受け取る年金は，同じ時代の現役世代が支払っている保険料で賄われているんだ。だから，賦課方式は，現役世代が高齢世代を養い，自分たちが高齢になったら今度は次世代から養われる**世代間扶養**の仕組みといえるね。

千里：自分で払ったお金が戻ってくる積立方式の方が，スッキリしてますよね。日本はどっちの方式なんですか？

新町：それはね，（本をチラ見しながら）導入時は積立方式を採っていたんだ。でも，戦後の急激な物価上昇による積立金の目減りを補ったり，国民の生活水準の向上に伴い年金額の実質価値を維持したりするため，次第に賦課方式へ

と移行してきて…今では,「積立金を保有しながら賦課方式を基本とする財政方式」が採られているみたいだよ。

田辺:そうだね。賦課方式は同じ時代に生きている高齢世代を現役世代が支えるから,物価変動の影響を受けないし,年金額の実質価値も維持できるんだ。

小倉:でも,日本はこれからますます少子高齢化が進んでお年寄りが増えて若い世代が減るっていわれてますよね。賦課方式だと若い世代の保険料負担がどんどん重くなります。保険料を負担していけるか不安だなぁ…。

田辺:年金保険の給付と負担のバランスは,長期的に確保していく必要があるね(国年4条の2,厚年2条の3)。以前は,現役世代の賃金水準の6割程度を給付水準としてあらかじめ約束して,その給付水準を維持するため,5年ごとに財政再計算を行って保険料水準を調整する**給付水準維持方式**が採られてきた。でもそうすると,財政再計算のたびに保険料水準が際限なく引き上げられるかもしれない。だから,2004(平成16)年改正で,保険料水準を毎年少しずつ引き上げるけど,引き上げる保険料水準に上限を設けて,2017(平成29)年に上限に達した後はその範囲内で給付水準を調整する**保険料水準固定方式**が導入されたんだ。

千里:うう…難しい用語の連続でチンプンカンプンだわ…。

新町:ほら,僕らのテニス合宿でもさ,いいホテル泊まりたいから3万円出す,じゃなくて,1万円しか出せないから安宿でもいいや,っていうのと同じじゃない? 保険料を出せる範囲で給付もガマンしてもらう。

小倉:ずいぶんレベルが違いますけど…。それじゃ,年金保険の財政が破綻するのを防ぐため,ばあちゃんがもらっている年金額も減るんですね(→4-3-2)。

田辺:保険料水準が固定されると,今度は十分な給付水準が確保されないおそれがあるよね。もともと年金保険は,給付費の5年分に相当する**積立金**を保有してきたんだけど,2004(平成16)年改正で積立金を少しずつ取り崩し,約100年後に給付費の1年分まで減らすことにしたんだ。給付水準の下限は,現役世代の賃金水準の5割とされているよ(2004年改正法〔法104〕附則2条)。

千里:あ,年金制度は100年安心とかいうニュース,見た気がする。そういう意味だったんですね。

田辺:うん。2004(平成16)年改正は,積立金を活用することで,保険料水準の固定と給付水準の確保を両立させようとしたんだ。

4-2 年金保険への加入

4-2-1 国民年金の加入資格（被保険者）

数日後，香里の研究室に千里が新町と一緒にやってきた。

千里：先生，こんにちは！ 今日は年金について質問していいですか？

香里：もちろん！ 興味を持ってくれて嬉しいわ。で，新町君も答えられるわね。

新町：マジですか!? 頑張ります…。（カバンの中からノートを出す）

千里：先生，私，20歳の誕生日を迎える前に，日本年金機構ってとこから国民年金への加入の案内が送られてきて…。日本年金機構って何ですか？

香里：えーっと，国民年金と厚生年金があるってことは知っているかしら？

千里：あ，それはこの間，田辺さんとしゃべったんです（→4-1-1）。

香里：じゃ，そこは飛ばしてオーケーね。国民年金と厚生年金を運営する**保険者**は政府だけど（国年3条1項，厚年2条），国民年金と厚生年金の事務は，保険者から権限の委任・委託を受けた**日本年金機構**という非公務員型の公法人が行っているの（国年109条の4・109条の10，厚年100条の4・100条の10）。相談や手続の窓口は，その下部組織である全国各地の年金事務所になるわ。国民年金の手続については，市町村も窓口よ（国年3条3項）。

千里：20歳になると，国民年金に加入しないといけないのですか？

新町：うん。日本国内に住所を有する20歳以上の者は，本人の意思と関係なく国民年金に加入するんだ（強制加入。国年7条1項）。**国民年金の被保険者**は，第1号から第3号に分かれているよ。

> 第1号被保険者：20歳以上60歳未満の者であって第2号被保険者および第3号被保険者のいずれにも該当しない者（国年7条1項1号）
> 第2号被保険者：厚生年金の被保険者（国年7条1項2号）
> 第3号被保険者：第2号被保険者の配偶者であって主として第2号被保険者の収入により生計を維持する者（被扶養配偶者）のうち20歳以上60歳未満の者（国年7条1項3号）

千里：うわぁ…わけがわからないわ…。私はどれに当てはまるのですか？

香里：第1号被保険者の例は自営業者，第2号被保険者の例は労働者，第3号被保険者の例は専業主婦よ（**図表4-1**参照）。第2号被保険者から見ていくのがわ

かりやすいわ。**第2号被保険者**は厚生年金の被保険者だから，民間企業で働く労働者，公務員，私学の教員ね。これらの人は，厚生年金に加入すると同時に，実は国民年金にも加入することになるのよ。

新町：厚生年金に加入していないと，第3号被保険者か第1号被保険者になるんだ。**第3号被保険者**は，第2号被保険者の収入で生計を維持している配偶者だね。

香里：この生計維持関係は，行政解釈によると，年収が130万円未満であり，第2号被保険者の年収の2分の1を超えない場合に認められるわ。

新町：つまり，第3号被保険者に当てはまるのは，おもに専業主婦だね。

千里：新町さん！ そういう決めつけはやめてください！

新町：あ，ごめん。もちろん主夫も含まれるよ。そして，第2号被保険者と第3号被保険者を除く20歳以上の者が，**第1号被保険者**になるんだ。

千里：私は厚生年金に未加入で未婚だから，第1号被保険者に当てはまるってことね。国民年金の加入資格が20歳以上とされたのは，なぜですか？

香里：判例では，国民年金が社会保険を制度の基本とするものだから，被保険者の範囲を，就労し保険料負担能力があると一般に考えられる年齢によって定めることにしたと説明されているの（最判平19・9・28民集61巻6号2345頁）。つまり，20歳になったら普通は働いているだろうということかな。

千里：でも，私はまだ就職していないから，保険料を負担できません。

香里：だから，学生の保険料負担が問題になるのよ（→4-5-2）。

4-2-2　国民年金の加入資格と学生

香里：20歳以上の学生は，今では当然に国民年金の加入資格を得るけど，1989（平成元）年改正前までは，学生の国民年金への加入は任意だったのよ。

千里：私も自分で選びたいのに。そっちの方が良かったです。

香里：でも，国民年金に任意加入していなかった学生は，在学中に事故に遭って障害を持っても，障害年金を受給できなかったわ。障害年金の受給要件として，加入資格が必要だからね（→4-3-6）。万が一の障害に備えて，1989（平成元）年改正で学生も強制加入の対象になったけど，任意加入の時代に無年金障害者となった学生に救済措置は講じられなかったの。そこで，当時の国民年金法が憲法25条（生存権）・14条（法の下の平等）に違反するとして，国に対して訴訟が各地で提起されたわ。これが**学生無年金障害者訴訟**よ。

新町：東京地裁判決（東京地判平16・3・24民集61巻6号2389頁）をはじめとして，

地裁で違憲判決が3件出されたんだ。でも，最高裁は，立法府に広い裁量が認められる以上，当時の国民年金法が国民年金への加入を学生の意思に委ねたことと任意加入していなかった学生に救済措置を講じなかったことは著しく合理性を欠くとはいえず，違憲ではないと判断したんだ（最判平19・9・28民集61巻6号2345頁。→9-4-1）。

香里：結局，裁判を通じた救済は実現しなかったけど，東京地裁判決がきっかけとなって，2004（平成16）年に任意加入の時代の無年金障害者に対する**特別障害給付金**が設けられたわ。これは全額国庫負担（税財源）で賄われているので，その額は障害基礎年金の額の6割にとどまっているけどね。

4-2-3　厚生年金の加入資格（被保険者）

千里：私が民間企業で働き始めると，厚生年金に加入するんですよね。

新町：そうだね。ちょっと待って…。（ノートを見ながら）適用事業所に使用される70歳未満の者は，本人や事業主の意思と関係なく**厚生年金の被保険者**になるんだ（強制加入。厚年9条）。当然に適用事業所となるのは，①農林漁業とサービス業の一部を除く事業の個人事業所で常時5人以上の従業員を使用するもの，②法人事業所で常時従業員を使用するもの，③船舶だよ（厚年6条1項）。

香里：船舶以外は健康保険と同じよ（→2-2-2）。問題は，使用される者をどのように理解するかだけど，これは健康保険のところでやったわね（→2-2-3）。

千里：バイトを始めるとき，店長から年金の話なんてされなかったけど…。

香里：使用される者というのは，「常用で」使用される者を指すの。だから，1週間の労働時間が通常の労働者の4分の3未満，つまり週30時間未満の短時間労働者は厚生年金から除外されるのよ。この基準は，「内簡」という行政内部のルールで示されてきたけど（→1-3-1），2012（平成24）年改正で法律に明示されることになったわ（厚年12条1項5号）。

千里：私はバイト時間が週12時間だから，厚生年金に加入できないのですね。

香里：そうね。その意味で，厚生年金が念頭に置いてきた被保険者は，フルタイムの正社員といえるわ。

新町：厚生年金は，労働の対価として得た賃金を基盤として生計を支えるといえる程度の労働時間を有する労働者を被保険者として想定しているから，そのような労働者といえない短時間の労働者は使用される者に含まれないという裁

判例があります（東京地判平 28・6・17 判時 2346 号 20 頁）。でも，今は非正規労働が増えて，パートやバイトで生計を立てる人も増えていますよね。そんな中，この基準は厳しすぎるように思います。

香里：その通りね。2012（平成 24）年改正で，厚生年金の加入資格は，週 30 時間未満の短時間労働者のうち，①労働時間が週 20 時間以上であり，②雇用期間が 1 年以上であり，③賃金月額が 8 万 8,000 円以上であり，④学生でなく，⑤従業員が 501 人以上の事業所に使用される短時間労働者に拡大されているわ（厚年 12 条 1 項 5 号，2012 年改正法〔法 62〕附則 17 条 1 項）。拡大の範囲は，保険料負担の増加を嫌う企業の反発で，限定的なのよ。だから，2016（平成 28）年改正で，①から④までの要件を満たすけど，従業員が 500 人以下の事業所で使用される週 30 時間未満の短時間労働者について，労使合意が得られれば厚生年金の適用拡大が可能になったわ（同条 5 項）。

4-2-4　年金保険の加入手続

香里：年金保険は強制加入だから，加入資格の取得と喪失（得喪）は，法律で定める事実が生じると当然に発生するわ（国年 8 条・9 条，厚年 13 条・14 条）。例えば，第 2 号被保険者でも第 3 号被保険者でもない学生は，20 歳に達した日に当然国民年金の被保険者になるのよ（国年 8 条 1 号）。

千里：でも，近くの市役所に加入手続をしに行きましたよ？

香里：確かに不思議だと思うかもね。20 歳になる人は毎年約 100 万人いるわけで，保険者の側で加入資格の取得を職権で把握することが困難だからよ。

千里：加入資格はあっても加入手続をしないと，年金はもらえないんですか？

新町：うん。年金保険の**加入手続**は被保険者の種類ごとに違っていて，ややこしいんだ…。（法律を見ながら）第 1 号被保険者は，加入資格の得喪や種別変更を届け出なければならないんだ（国年 12 条 1 項）。でも，厚生年金の被保険者である第 2 号被保険者は，その事業主が厚生年金の加入資格の得喪を届け出る義務を負うんだよ（厚年 27 条，国年附則 7 条の 4 第 1 項）。あと，第 3 号被保険者は，加入資格の得喪や種別変更を届け出なければならないけど（国年 12 条 5 項），この届出は，第 3 号の配偶者である第 2 号を使用する事業主を通じて行われるんだ（同条 6 項）。ふぅ，疲れた。

香里：だから，第 1 号被保険者が就職や結婚をして第 2 号被保険者や第 3 号被保険者になる場合には，届出は事業主を通じて行われるけど，脱サラ・開業で第

　　　　2号被保険者と第3号被保険者が第1号被保険者になる場合には，自分で届出をしなければならないの。
千里：強制加入なのに手続が必要って，なんだか理不尽だなぁ。

4-2-5　標準報酬（厚生年金）

香里：新町君，よく勉強しているじゃない。それじゃ，次は標準報酬について千里さんに説明してあげてよ。

新町：(照)。まぁ，僕も将来は家業を継ぐ身なんで，たまにはマジメに勉強しようかなと思いまして。説明に戻りますね。（ノートを見ながら）事業主は，厚生年金の被保険者の報酬を届け出なければならないんだ（厚年27条）。これは，第1級から第31級までの等級ごとに定められた**標準報酬月額**に分けられ，厚生年金の保険料額と給付額を算定するための基礎になるよ。

千里：あ～もうっ，わかんな～～い（泣）。

香里：これは，法律の条文を見た方がわかりやすいわ。（六法を開いて）厚生年金保険法20条1項を見てみて。ほらっ，ながーい等級表があるでしょう？ 例えば，私の初任給は月額34万1,600円だったんだけど，これを等級表に当てはめると，報酬月額が33万円以上35万円未満だから，標準報酬月額は第21級の34万円と評価されるの。つまり，私は月額34万円の報酬を受け取っているとみなされて，保険料を支払い始めたのね。

千里：私学の先生って，けっこうもらっているのですね…。

香里：そうかな。大学教員の場合，最初の就職が遅いからよ，きっと。標準報酬月額はどうやって決定されるのかな？

新町：（香里の初任給への驚きを落ち着かせて）…はい。えーっと，標準報酬月額は，4月1日に資格を得た際には4月の報酬に基づき決定されます（厚年22条）。その後は毎年7月1日に4月から6月までの報酬の総額÷3で決定されます（定時決定。厚年21条1項）。この額が，その年の9月から翌年の8月までの標準報酬月額となりますね（同条2項）。

香里：**報酬**は，その名称に関係なく労働の対価として受けるすべてのものを指すから（厚年3条1項3号），基本給だけでなく諸手当も含まれるのよ。

千里：じゃ，4月から6月までの給料が低いと得をしそう。その期間はゼッタイ残業しないとか。

新町：でも，4月から6月までの残業が少なくて時間外手当が減ると，その分保険

料額は減るけど,将来もらえる年金額も減るよ。
千里:あ,そうか。じゃ,**賞与**（ボーナス）も報酬に含まれるんですか?
新町:3カ月を超える期間ごとに受ける賞与は,報酬から除かれているよ(厚年3条1項3号)。この点で,報酬は労働基準法上の賃金(労基11条)より狭いね。
香里:だから,保険料負担を抑えるため,毎月の報酬を少なくしてその分賞与を多くしていた企業があったのよ。それで,2000(平成12)年改正で賞与が保険料の対象になるとともに,給付にも反映されることになったの(**総報酬制**)。賞与は,3カ月を超える期間ごとに受ける労働の対価であり(厚年3条1項4号),賞与額から1,000円未満を切り捨てた額(150万円が上限)が,**標準賞与額**とされるわ(厚年24条の4)。

4-2-6 事業主の届出義務の性格(厚生年金)

香里:厚生年金の加入資格の得喪と報酬は,事業主の届出によって把握されているけど,事業主が保険料負担を避けるために,資格取得の届出をしなかったり,脱退の届出を出したりすることがあるわ。
千里:いとこも,厚生年金に加入させてもらえないといってました。ひどいですよね。
新町:経営が苦しいからなんだろうけど,もちろん届出を怠ることや虚偽の届出をすることは違法だよ(厚年102条1号)。そういう事態に備えて,被保険者は保険者に対して資格得喪の確認を請求できるんだ(厚年31条1項)。
香里:でも,保険料を徴収する権利の消滅時効が2年となっているから(厚年92条1項),原則として2年を超える期間については年金記録が訂正されないのよ(厚年75条)。労働者が採り得る対応策としては,事業主の届出義務違反を理由に事業主に対して損害賠償を求める途があるわ。
新町:確か,裁判でよく争われていますよね。(ノートをめくり始める)
香里:そうね。事業主の損害賠償責任の成否に関して,事業主の届出義務の性格をどのように考えるかが争われてきたわ。
新町:多くの裁判例では,**事業主の届出義務**は強制加入を実現するためのものだが,強制加入は財政基盤の強化だけでなく,労働者に老齢,障害,死亡に際して受給権を保障することも目的としているので,事業主の届出義務違反は労働者との関係でも違法とされています。ただ,その構成は,不法行為法上の注意義務違反とするもの(京都地判平11・9・30判時1715号51頁),労働契約に

付随する信義則上の配慮義務違反による債務不履行または不法行為とするもの（大阪地判平18・1・26労判912号51頁），労働契約上の債務不履行とするもの（奈良地判平18・9・5労判925号53頁）に分かれていますね。

香里：新町君，やればできるじゃない。あと，加入していれば受給できたはずの年金額が損害として認められるかだけど，労働者がすでに老齢年金の受給要件を満たしていれば認められているわ（京都地判平11・9・30判時1715号51頁，奈良地判平18・9・5労判925号53頁）。でも，労働者がまだ老齢年金の受給要件を満たしていない場合には，老齢年金を受給できるかどうか，年金額がいくらになるかは明らかでないとして，労働者の損害賠償請求が認められていないのよ（大阪地判平18・1・26労判912号51頁）。

千里：それじゃ，老齢年金はどのような場合にもらえるのですか？

香里：それはこの後のゼミで取り上げるわ。千里さんも来る？

千里：その時間はパン屋のバイトが入っているので，後で顔を出します！

4-3　年金保険の給付

4-3-1　老齢年金

> 香里と新町がセミナー室に行くと，田辺がコーヒーを飲みながら待っていた。

香里：田辺さん，待たせてごめんなさい。じゃ，ゼミを始めるわ。今日は年金保険の給付についてね。年金保険の給付には，定期的に支給される年金給付と，1回限りで支給される一時金給付があるわ（国年15条，厚年32条）。でも，年金保険の保険事故である老齢，障害，死亡は，どれも長期にわたり所得を失わせる出来事なので，給付の中心は年金給付ね。特に，一定の年齢に達したときに支給される老齢年金が重要よ。その受給要件と額は？

新町：えーっと…まず1階部分の**老齢基礎年金**を受給するためには，①国民年金の加入期間を有する者が65歳に達すること，②保険料納付済期間と保険料免除期間が合計して10年あることが必要です（国年26条）。

田辺：①の年齢は支給開始年齢，②の期間は受給資格期間と呼ばれています。**受給資格期間**というのは，年金給付を受給するために必要な加入期間です。

新町：老齢基礎年金の額は，20歳から60歳までの40年加入して保険料を納めた

場合には，年額78万900円×改定率です（国年27条）。この率は毎年改められ（→4-3-2），2019（平成31）年4月の額は78万100円です。月額だと6万5,008円。これは，生活をかなり切り詰めないとやりくりできない額です。っていうか，僕は無理です…。

田辺：基礎年金は，老後の生活費の基礎的部分を賄う定型的な給付であり，最低生活のすべてを保障するものではないと説明されていますね。

香里：その意味で，1人の場合だと足りない部分があるのは確かね。不足分は，厚生年金とか企業年金とか資産収入とかで補うことが想定されているわ。

新町：でも，40年払い続けて，満額支給で約6万5,000円ですよ！　それに，保険料を納めていない期間があると，それに応じて老齢基礎年金も減額されちゃうし…（国年27条）。

香里：だからといって加入手続をしないでいると，その期間は受給資格期間に反映されないわ。でも，保険料が免除されれば，少なくとも国庫負担分に当たる2分の1の年金額が保障されるの。惨めな老後を迎えたくなかったら，加入手続をしておくことが大事よ。

田辺：受給資格期間はもともと，老後の生活費に相応しい年金額を保障するために25年必要でした。けれど，受給資格期間が1カ月でも足りないと老齢基礎年金が支給されないのは厳しすぎるとして，無年金者の発生を防ぐため，2012（平成24）年改正で，受給資格期間が10年に短縮されました。

新町：でも，受給資格期間が短縮されると，無年金者は減るけど，低額の老齢基礎年金で生活する人が増えますよね。

香里：そうね。低額の基礎年金を補うため，同じく2012年改正で低年金者に対する税財源の**年金生活者支援給付金**が年金保険の枠外で支給されることになったの。その給付基準額は，月額5,000円よ（年金支援給付4条1項）。その財

源は消費税率10%への引き上げによる増税分を充てるので、実施は2019年10月からよ。それじゃ、次に2階部分の**老齢厚生年金**の受給要件と額は？
新町：老齢厚生年金を受給するためには、①厚生年金の加入期間を有する者が65歳以上であること、②老齢基礎年金の受給資格期間を満たしていることが必要です（厚年42条）。もちろん厚生年金の加入期間が必要ですが、それ以外の受給要件は老齢基礎年金と同じですね。これは、老齢厚生年金が老齢基礎年金の上乗せ給付だからです。
田辺：老齢厚生年金の額は、平均標準報酬額の一定率×厚生年金の加入期間月数で決められます。だから、現役時代の賃金が高くて加入期間が長ければ、その分年金額も高くなります。平均標準報酬額は、加入期間中の標準報酬月額と標準賞与額の総額÷加入期間月数です。でも、仮に40年前と今とで同じ賃金額だとすると、40年前と現在では物価はずいぶん上がっているので、その実質価値は異なります。そこで、賃金水準の変動を年金額に反映させるため、過去の標準報酬月額と標準賞与額を現在価値に再評価してから平均することになっています（厚年43条1項）。あと、受給権者に65歳未満の配偶者や18歳到達年度末までの子（障害のある子は20歳未満）がいる場合には、加給年金額が加算されます（厚年44条）。
香里：基礎年金ありの厚生年金受給者の平均月額は、2016（平成28）年で約15万5,000円よ。ただ、これは、今の高齢者がもらっている額であって、私たちが実際にもらえる額は、将来の賃金水準などに左右されるわ。
新町：（小声で）そうか、老齢厚生年金は老齢基礎年金に約9万円上乗せするものなのか…。これなら何とかやっていける、気がする…。

4-3-2　年金額の改定（スライド）

香里：年金額は、年金の受給が始まった後に改定されるよね？
新町：はい。年金額は基本的に、受給開始後3年間は賃金変動率に基づいて、受給開始から3年経過後は物価変動率に基づいて毎年4月に改定されます（国年27条の2・27条の3，厚年43条の2・43条の3）。
田辺：受給し始めた際の改定は、現役世代の賃金水準の変動を年金額に反映させるため、賃金変動に応じて年金額を自動改定する**賃金スライド**です。受給中の改定は、年金額の実質価値を維持するため、物価変動に応じて年金額を自動改定する**物価スライド**です。

香里：物価スライドは，物価が上昇すれば相対的にお金の価値は下がるので，その分，年金額を増やすことで年金額が目減りするのを防いでいるわけね。

新町：あれっ？ でも，現役世代の保険料負担を抑えるため，2004（平成16）年改正で保険料水準の上限が設けられたんですよね（→4-1-2）。そう簡単に増額できないんじゃ？

田辺：うん。固定された保険料収入の範囲内でやりくりするため，おおむね100年間にわたる財政均衡期間（国年4条の3，厚年2条の4）に年金額を自動的に引き下げる仕組みが一緒に導入されたんだ。この調整期間（国年16条の2，厚年34条）においては，年金額は賃金変動率または物価変動率×調整率に基づいて改定されます（国年27条の4・27条の5，厚年43条の4・43条の5）。

新町：条文を見ても，調整率についての規定が複雑すぎて，減額の仕方がさっぱりわかりません…。

田辺：スライドに関する規定は，どれも読みにくいよね…。要するに，調整率を乗じることで，賃金や物価の伸び分から年金保険加入者の減少分と平均寿命の伸び分が差し引かれるんだ。これは，現役世代の減少による保険料負担能力の低下や，受給期間の延長による給付費の増加を年金額に反映させるための仕組みで，**マクロ経済スライド**といいます。「マクロ経済」となっているから紛らわしいけど，経済変動ではなく，人口変動に応じてスライドするんだ。

新町：何となく，イメージはつかめました。

香里：マクロ経済スライドは，高齢化が進むと現役世代の保険料負担が重くなるから，高齢世代の年金減額で世代間公平を実現するものね。ただ，賃金や物価の伸びが小さい年には，年金の名目額が維持されるので，完全調整は行われないわ。また，賃金や物価が下落する年には，マクロ経済スライドは発動しないわ。前年度の未調整分は，特別調整率を乗じることで賃金や物価の伸びが大きい年に調整されるのよ（キャリーオーバー制度）。

4-3-3　老齢年金の繰上げ・繰下げ支給

香里：老齢年金は，受給権者の希望に応じて，受給開始時期を早めること（**繰上げ支給**）や，遅らせること（**繰下げ支給**）ができるよね？

田辺：ええ。老齢基礎年金の繰上げ支給を請求できるのは，①60歳以上65歳未満の者で，②請求日の前日に受給資格期間を満たしている者です（国年附則9条の2第1項）。繰上げ支給の年金額は，0.5％×繰り上げた月数分だけ減額

されます（同条4項，国年令12条）。老齢厚生年金にも，繰上げ支給の仕組みがあります（厚年附則7条の3・13条の4）。

新町：60歳からもらい始めると，早くもらえる分，減額されるから，思いがけず長生きしてしまった場合に損しそう。

田辺：逆に，老齢基礎年金の繰下げ支給の申出ができるのは，①老齢基礎年金の受給権を有する者で，②66歳に達する前に老齢基礎年金を請求していなかった者です（国年28条1項）。繰下げ支給の年金額は，0.7％×繰り下げた月数分だけ増額されます（同条4項，国年令4条の5）。老齢厚生年金も，繰下げ支給が可能です（厚年44条の3）。

新町：長生きする自信のある人は，繰下げ支給を選んだ方が得ですね。まぁ，どちらもタラレバの話ですけど。

4-3-4　特別支給の老齢厚生年金

田辺：厚生年金の被保険者だった人で，1961（昭和36）年4月1日までに生まれた男性と，1966（昭和41）年4月1日までに生まれた女性は，1年以上の厚生年金の加入期間を有し，老齢基礎年金の受給資格期間を満たせば，65歳以前に**特別支給の老齢厚生年金**を受給できます（厚年附則8条・8条の2）。

新町：えっ!?　老齢厚生年金の支給開始年齢は65歳ですよ？

田辺：よく見ると，法律上の根拠は附則にあるだろ。これは，1985（昭和60）年改正で，老齢厚生年金は本則上老齢基礎年金の上乗せ給付とされたけど，60歳から64歳までの間については，経過措置で従来の定額部分と報酬比例部分からなる老齢厚生年金が特別に支給されることになったからなんだ。でもその後，高齢化が進む中で年金給付費の増加を抑えるため，定額部分は1994（平成6）年改正，報酬比例部分は2000（平成12）年改正で支給開始年齢が段階的に65歳に引き上げられることになったんだ。その結果，現在，男性の定額部分の支給開始年齢の引き上げは完了していて，報酬比例部分の支給開始年齢が引き上げられている最中だよ（**図表4-2参照**）。

新町：女性の支給開始年齢の引き上げが5年遅れなのは，どうしてですか？

香里：それは，1985（昭和60）年改正で，男性60歳，女性55歳だった老齢厚生年金の支給開始年齢を男女平等にするため，女性の支給開始年齢が60歳に引き上げられていたからよ。

田辺：僕の父親は，64歳から年金を受給し始めます。でも，父親の会社では60歳

図表 4-2　老齢厚生年金の支給開始年齢の引き上げ

	60歳		64歳	65歳
男性：2010〜2012年度 女性：2015〜2017年度	報酬比例部分相当の老齢厚生年金			老齢厚生年金
			定額部分	老齢基礎年金

	61歳			65歳
男性：2013〜2015年度 女性：2018〜2020年度	報酬比例部分			老齢厚生年金
				老齢基礎年金

	62歳			65歳
男性：2016〜2018年度 女性：2021〜2023年度	報酬比例部分			老齢厚生年金
				老齢基礎年金

	63歳	65歳
男性：2019〜2021年度 女性：2024〜2026年度	報酬比例部分	老齢厚生年金
		老齢基礎年金

	64歳	65歳
男性：2022〜2024年度 女性：2027〜2029年度	報酬比例部分	老齢厚生年金
		老齢基礎年金

	65歳
男性：2025年度〜 女性：2030年度〜	老齢厚生年金
	老齢基礎年金

　　　定年制が採られているので，定年後，年金受給が始まる64歳までの生計を
　　どうやって維持すればいいのかが気がかりです。
香里：65歳までの雇用確保のため，事業主は，①定年の引き上げ，②定年後も引
　　き続いて雇用する**継続雇用制度**（再雇用など）の導入，③定年の定めの廃止の
　　いずれかの措置を講じることを義務づけられているわ（高年9条）。多くの事
　　業主は②を選択しているけど，労使協定で対象者を選ぶことができて，退職
　　者のうち希望者全員を継続雇用していたわけではなかったの。そのままだと，
　　年金の支給開始年齢が61歳以降になったときに収入のない状態が生じるか
　　ら，2012（平成24）年改正で希望者全員が継続雇用されることになったのよ。
新町：労働者にとってはいいことですね。事業主は大変だけど…。

4-3-5 在職老齢年金

香里：それじゃ，新町君に質問。老齢厚生年金の受給資格を有する人が働いている場合に，老齢厚生年金は支給されるかな？

新町：うーん…老齢厚生年金は働けなくなったときの所得保障だから，働いている人に老齢厚生年金を支給する必要はないように思います。

香里：その通りね。老齢厚生年金は，受給権者が支給開始年齢後に適用事業所で働いている場合には，賃金額に応じて支給停止されるのよ。

田辺：**在職老齢年金**の仕組みは，① 65歳未満の老齢厚生年金の受給権者（厚年附則11条）と，② 65歳以降の老齢厚生年金の受給権者（厚年46条）で異なります。①は，賃金と年金の合計額が月28万円を超えると，その超えた分の2分の1の年金が支給停止されます。②は，賃金と年金の合計額が月47万円を超えると，その超えた分の2分の1の年金が支給停止されます。

新町：28万円と47万円か…。支給停止になる基準が，65歳未満とそれ以降でずいぶん違うんですね。

香里：老齢厚生年金の支給開始年齢は原則として65歳だから，60歳代前半層は働くことが求められているってことだと思うわ。

田辺：でも，僕の父親の会社では，支給停止開始額を超えないように**就労調整**が行われているみたいですよ。

新町：就労調整って，どういうことですか？

田辺：つまり，再雇用後もそれまでと同じようにフルタイムで働くと，28万円を超えてしまうから，年金が支給停止されないように，働く量を減らして，28万円以内に収めているみたいなんだ。60歳代前半層の就労を促進するのであれば，支給停止開始額を引き上げるべきではないでしょうか？

香里：老齢厚生年金は保険料拠出の対価でもあるから，老齢厚生年金の支給停止にも限度があるわね。それから，在職老齢年金の対象は厚生年金の標準報酬なので，自営業や資産運用による収入は対象外よ。あと，老齢厚生年金の受給権者が適用事業所で働いている場合には，厚生年金の加入期間が更新されるけど，老齢厚生年金の額はどうなるかな？

田辺：在職中の老齢厚生年金の額は，固定されます（厚年43条2項）。ただ，老齢厚生年金の受給権者が適用事業所を退職してから1ヵ月を経過した場合には，受給権取得後の加入期間が年金額に反映されます（退職改定。同条3項）。退職改定は，1ヵ月を経過した時点で老齢厚生年金の受給権者であることを要

件としているので，特別支給の老齢厚生年金の受給権者が64歳11カ月で退職して，1カ月を経過する前に65歳に達してその受給権が消滅する場合には，退職改定は行われません（最判平29・4・21民集71巻4号726頁）。

新町：支給開始年齢後に拠出した分が，1カ月分の年金額に反映されないんですね。

香里：65歳以降の本来支給の老齢厚生年金の額には反映されるわ。（時計を見て）そうね，今はちょうどいい時間かな。今日はこれで終わりにしましょう。

4-3-6　障害年金

ゼミの後，千里が小倉を連れてきて，夕方から香里の研究室で年金の話が続くことになった。今は夕暮れ時。新町が不満そうな顔をしている。

新町：まだ続くなんて，聞いてないよぉ〜。この後，予定があったのにぃ…。

田辺：（鋭い目で）新町君，この後飲みに行くつもりだろ？　わかっているよ。

新町：マズイ，バレてる…。名探偵コナン，じゃなくて，タナベ？

千里：チョイ似てる…。だったら続けた方が節約と勉強になって一石二鳥ですよ。で，さっき障害を持ったら年金をもらえるって聞きましたよね。

新町：（あきらめ顔で）えーっと…**障害年金**を受給するためには，①初診日に年金保険に加入していたこと，②障害認定日に障害等級に当てはまること，③あらかじめ保険料を納めていたことが必要なんだ（**図表4-3**参照）。**障害等級**は重い順に1級から3級に分かれていて（国年30条2項，厚年47条2項），1級と2級は国民年金と厚生年金共通で，3級は厚生年金限定で，それぞれ施行令別表（障害等級表）に定められているよ（国年令4条の6，厚年令3条の8）。

田辺：あと，3級より軽い障害が残った厚生年金の被保険者は，一時金として**障害手当金**（障害厚生年金額の2年分）を受給できるんだ（厚年55条・57条）。

香里：新町君，もう少し付き合ってね。障害等級の認定は，行政の定める認定基準（昭61・3・31庁保発15号）に基づいて行われているのよ。認定基準は障害等級表の解釈適用基準で，障害等級の認定が個別の事案ごとにばらつかないようにしているものね（東京地判平19・8・31判時1999号68頁）。

小倉：（障害等級表を見ながら）へぇー，視力や聴力の障害とか，腕や手足の障害とかに着目した障害等級表になってるんですね。

田辺：1級は他人の助けがないと日常生活ができない程度を，2級は必ずしも他人の助けは要らないが日常生活がかなり制限されている程度を，3級は労働が

図表 4-3　障害年金の受給要件と額

	受給要件	額
障害基礎年金	① 初診日において国民年金の被保険者であったこと ② 初診日から1年6カ月を経過した日またはその期間内に傷病が治った日（障害認定日）において傷病により障害等級1級または2級の障害の状態にあること ③ 初診日の前日において保険料納付済期間と保険料免除期間の合算期間が国民年金の加入期間の3分の2以上であること（国年30条）	障害等級2級の場合，2019（平成31）年4月で年額78万100円 障害等級1級の場合，上記の額の1.25倍（国年33条） ※子の加算がある（国年33条の2）
障害厚生年金	① 初診日において厚生年金の被保険者であったこと ② 障害認定日において傷病により障害等級1級，2級または3級の障害の状態にあること ③ 障害基礎年金の③の受給要件を満たしていること（厚年47条）	障害等級2級および3級の場合，加入期間の平均標準報酬に比例する額 障害等級1級の場合，上記の額の1.25倍 障害等級3級の場合，最低保障額がある（厚年50条） ※配偶者および子の加算がある（厚年50条の2）

かなり制限されている程度を想定しているよ。その上で，障害等級表は身体の外部の障害を具体的に定めて，そこではっきりしない身体の内部の障害や精神の障害は認定基準で一部の例を示しているんだ。

香里：実際の認定は，医師の作成する診断書に基づいているといわれているわ。その意味で，障害等級の認定は，障害等級表や認定基準に当てはまる心身機能の障害があれば，日常生活能力や労働能力の制限があるとみなしているの。日常生活能力や労働能力の制限を具体的に認定するのは難しいし，障害等級の認定がばらつくおそれもあるから。

新町：ちなみに，障害認定日に障害等級に当てはまらなくても，症状が悪化して65歳に達する前に障害等級に当てはまれば，障害年金を請求することができるんだ（**事後重症制度**。国年30条の2，厚年47条の2）。

4-3-7 障害年金における初診日とは

新町：忘れちゃいけないのが，**20歳前障害基礎年金**だね。これは，20歳になる前の病気やけがで障害を持った者も，20歳に達した日か障害認定日に障害等級1級または2級に当てはまる場合には，障害基礎年金を受給できるものだよ（国年30条の4第1項）。

千里：保険料を支払っていないのに，年金をもらえるの？

田辺：20歳前障害基礎年金は無拠出制の年金で，障害福祉年金の流れを汲むものなんだ。これは，20歳前の傷病で重い障害の状態にある者は，稼得能力の回復がほとんど期待できず，所得保障の必要性が高いけど，20歳前には国民年金に加入できない地位にあるから，このような人にも国民年金の給付を受給させるため，拠出制の年金を補う趣旨で設けられたんだ（最判平19・9・28民集61巻6号2345頁）。

香里：でも，20歳前障害基礎年金を受給するためには，初診日に20歳未満だったことが必要よ。**初診日**というのは，傷病についてはじめて医師の診療を受けた日を指すから（国年30条），受診した日が20歳以降だと，20歳前障害基礎年金を受給できないわ。これが問題になったのが，統合失調症よ。

千里：どうしてですか？

香里：統合失調症は，本人も周囲も発症を気づきにくいから，受診するまで長期化しがちなのよ。だから，20歳になった後，医師の事後的な診断で統合失調症を発症した日に20歳未満だったことが認められる場合に，初診日要件を満たすと解すべきかどうかが争われたの。

田辺：最高裁は，保険者が発症日を認定するのに十分な資料を持っていないことから，その認定判断が医学的に見て客観的で画一公平なものとなるように初診日要件が定められたとして，統合失調症の特質から初診日を柔軟に解釈できないと結論づけたんだ（最判平20・10・10判時2027号3頁）。

千里：うーん…受診が発症から遅れてしまう病気だったら，初診日を緩やかに認めてもよいように思います。若くして障害を持ったために所得を稼げない人こそ，所得保障をもっとも必要としているわけですから。

小倉：でもさぁ，法律の言い回しからは，20歳前に受診の事実がないのに「診療を受けた日」に当てはまるとはいえないよ。

千里：まったく，小倉はアタマかたいんだから！

香里：（笑）。法律を改正して発症日を基準にすることは考えられるわ。

4-3-8 遺族年金

千里：一家の稼ぎ手が亡くなると，残された家族は年金をもらえるんですよね。

新町：年金保険に加入していた生計維持者が死亡した場合にその遺族に支給される年金は，**遺族年金**と呼ばれているよ。遺族年金を受給できる遺族の範囲は，遺族基礎年金と遺族厚生年金で違うんだ（**図表4-4**参照）。遺族基礎年金は以前，母子家庭と遺児が受給資格を有していたんだ。

小倉：へぇー，父子家庭は遺族基礎年金をもらえなかったのか。

田辺：遺族基礎年金は，1985（昭和60）年改正時に母子年金と遺児年金を再編したものだからだよ。そうすると，遺族基礎年金は，子が独り立ちするまでの扶養を補うものといえるね。これに対して，遺族厚生年金は，①配偶者と子，②父母，③孫，④祖父母に対して，この順番で支給されるんだ（厚年59条）。

千里：遺族厚生年金は，かなり広い範囲の親族を対象としているのね。

田辺：これは，1954（昭和29）年改正で，遺族の範囲を配偶者と子に限定するのは狭すぎるとされたからだよ。また，妻に先立たれた夫も遺族厚生年金の受給資格を有するけど，夫を亡くした妻と比べると55歳以上という年齢制限が課されているね。男性はその歳まで働けると考えられているんだ。

香里：妻以外の年齢制限からすると，遺族厚生年金は，自らの力で生計を維持することが難しい一定範囲の親族を対象としているのよ。

千里：あ，**図表4-4**を見ると，受給要件の欄に「死亡した者によって生計を維持していた」って書いてある！　働く女性はもらえないってことになるのかな？

田辺：いいことに気づいたね。この生計維持関係は，①死亡した者とその当時生計を同じくしていて，②厚生労働大臣の定める金額以上の収入を将来にわたって有しないときに認められる（国年令6条の4，厚年令3条の10）。②の金額は，年収850万円とされているよ（平6・11・9庁保発36号）。

香里：年収850万円って，結構な額よね。そうすると，ほとんどの妻は遺族年金を受給できるのよ。つまり，遺族年金の受給者として想定されているのは妻といえるわ。その理由としては，男性より女性の方が低賃金で安定した仕事を見つけにくいことが挙げられるの。

千里：女性にとってはありがたいですけど…。でも，働く女性が増えている一方で，家庭を選択する男性もいますから，働く女性が亡くなったのに，その夫が遺族年金をもらえないのは不合理じゃないかしら。

香里：千里さんのいうとおりね。男女差を解消するため，2012（平成24）年改正で

図表 4-4　遺族年金の受給要件と額

	受給要件	額
遺族基礎年金	① 国民年金の被保険者または老齢基礎年金の受給権者が死亡すること ② 死亡した者によって生計を維持していた子のある配偶者または18歳到達年度末までの子（障害のある子は20歳未満）がいること ③ 国民年金の被保険者が死亡した場合，死亡日の前日において保険料納付済期間と保険料免除期間の合算期間が国民年金の加入期間の3分の2以上であること（国年37条・37条の2）	2019（平成31）年4月で年額78万100円（国年38条） ※子の加算がある（国年39条）
遺族厚生年金	① 厚生年金の被保険者，老齢厚生年金の受給権者または障害等級1級・2級の障害厚生年金の受給権者が死亡すること ② 死亡した者によって生計を維持していた配偶者（夫は55歳以上），18歳到達年度末までの子（障害のある子は20歳未満），55歳以上の父母，18歳到達年度末までの孫（障害のある孫は20歳未満）または55歳以上の祖父母がいること ③ 厚生年金の被保険者が死亡した場合，遺族基礎年金の③の受給要件を満たしていること（厚年58条・59条）	死亡した者の老齢厚生年金の4分の3の額 遺族が老齢厚生年金の受給権を有する配偶者の場合，上記の額または死亡した者の老齢厚生年金の2分の1と自身の老齢厚生年金の2分の1の合算額のうち，いずれか多い額（厚年60条） ※40歳以上の妻の加算がある（厚年62条）

　遺族基礎年金は父子家庭にも支給されることになったわ（国年37条の2）。けれど，遺族厚生年金の年齢制限はまだ夫だけにあるのよ（→5-7-6）。

4-3-9　遺族年金における配偶者とは

新町：遺族年金における**配偶者**には，婚姻届を出していないけど，事実上婚姻関係と同じ事情にある者を含むらしいよ（国年5条7項，厚年3条2項）。つまり，内縁関係でも配偶者に当たるんだ。

小倉：でも，民法の授業で，婚姻届を出さないと婚姻は成立しないって聞きましたよ（民739条）。なんで内縁の妻や夫に遺族年金が支給されるんだろう？

香里：判例は，死亡した者との関係において，互いに協力して社会通念上夫婦としての共同生活を現実に営んでいた者に遺族年金を支給することが，遺族の生活保障という遺族年金の目的に適うからと説明しているわ（最判平19・3・8民集61巻2号518頁）。形式より実体の方を重視するってことになると，法律上の妻がいるのに，他の女性と事実上夫婦と同じ共同生活を営んでいる**重婚的内縁関係**がある場合には，法律上の妻と内縁の妻との間で遺族年金の受給資格を巡って争いが生じるのよ。

千里：なんだか激しい争いになりそうだわ。どちらが勝つのですか？

田辺：最高裁は，法律上の配偶者であっても，事実上の離婚状態にある場合には，遺族年金を受けるべき配偶者に当たらないとしているよ（最判昭58・4・14民集37巻3号270頁）。行政解釈によると，このような状態となっているのは，①夫婦が合意により共同生活をやめているが，離婚届を出していない場合や，②夫婦が別居し，経済的依存関係がなく，音信や訪問もない状態がおおむね10年程度以上継続し，夫婦双方の生活関係がそのまま固定している場合とされているんだ。だから，法律上の妻の婚姻関係が実体を失って修復の余地がないまでに形がい化していると，内縁の妻が遺族年金を受けるべき配偶者に当たるね（最判平17・4・21判時1895号50頁）。

千里：へぇー，法律の世界も，意外な柔軟性を見せることがあるんですね。

香里：でも，内縁の配偶者も遺族年金を受給できない場合があるのよ。行政解釈によると，反倫理的な内縁関係，つまり民法上の近親婚の禁止（民734条〜736条）に違反する内縁関係にある者は，事実上婚姻関係と同じ事情にある者には当てはまらないとされているの。例えば，おじと姪の間で内縁関係にあると，遺族年金の受給資格は認められないことになるわ。

千里：その関係は…いくら法律でも見逃してくれないんじゃ…？？

香里：現在の日本ではそうだけど，その関係が社会で受け入れられていたとしたらどうかしら？ こうした社会的・時代的背景の下で形成されたおじと姪の内縁について，特段の事情がある場合に遺族年金の受給資格を認めた判例があるのよ（最判平19・3・8民集61巻2号518頁）。この判例を受けて，行政解釈も3親等の傍系血族間の内縁について遺族年金の受給資格を認める可能性を示しているわ（平23・3・23年発0323第1号）。ここで小倉君と千里さんに質問。同性間のカップルは遺族年金を受給できるかな？

小倉：うーん…今の日本法は夫婦という男女間のカップルを前提としている以上，同性パートナーが亡くなっても，残されたパートナーに遺族年金の受給資格

は認められないように思います。

千里：だから，アタマかたいっていってるの！ 遺族年金はカップルの共同生活を保障するものだから，同性カップルが実際に共同生活をしていたなら，同性パートナーにも遺族年金の受給資格を認めてもよいのではないでしょうか？

香里：ドイツでは，夫婦と同性カップルの平等化のため，2004年改正で登録した同性パートナーに遺族年金の受給資格が認められているわ。あとドイツでも，夫は妻より遺族年金の受給要件が厳しかったけど，1985年改正で男女平等になっているの。社会状況の変化に伴い，遺族年金の受給要件を男女間やカップル間の平等という観点から見直すことが必要ね。

4-3-10　離婚時の年金分割

千里：夫婦が離婚したら，夫婦の年金が分割されるって聞いたんですけど。

新町：厚生年金の被保険者とその配偶者が離婚した場合には，夫婦の一方は他方に対して厚生年金の分割を請求できるよ。

香里：**離婚時の年金分割**は，2004（平成16）年改正で導入されたんだけど，その理由は，夫婦が離婚すると夫の年金額より妻の年金額の方が低くなることにあるわ。妻が専業主婦の場合，国民年金の第3号被保険者だから基礎年金しか受給できないし，夫婦共働きの場合でも，男性より女性の方が低賃金なことが多いから，妻自身の厚生年金の額は低くなるのよ。だから，離婚した労働者の妻に十分な年金水準を確保することが目的よ。

小倉：ってことは，自営業の夫婦は関係ないんですか？

田辺：うん。年金分割は，年金給付そのものを分割するわけじゃなく，保険料納付記録に当たる標準報酬を分割することによって行われるんだ。これは，①夫婦が共働きをしていた婚姻期間についての**合意分割**と，②夫婦の一方が第3号被保険者であった婚姻期間についての**3号分割**に分かれているよ（図表4-5参照）。合意分割の割合は，夫婦の合意で決められるけど，合意に至らない場合には，家裁の決定で定められる（厚年78条の2）。ただ，上限は，夫婦双方の標準報酬合計額の2分の1だよ（厚年78条の3）。

香里：合意分割は，民法上の財産分与（民768条）の延長線上にあるわ。だから，離婚時の年金分割には，夫婦の財産を清算する機能があるのよ。

田辺：逆に，3号分割の割合は，厚生年金の被保険者の標準報酬の2分の1と法定されているんだ（厚年78条の14）。夫婦の合意や家裁の決定は不要だよ。だ

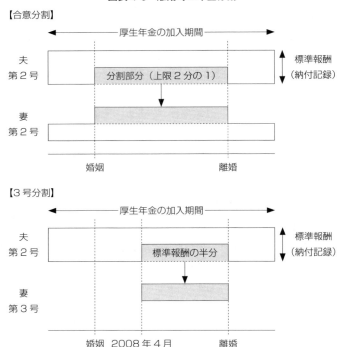

図表 4-5　離婚時の年金分割

から，第3号被保険者のいる厚生年金の被保険者が負担した保険料は，夫婦が共同で負担したものだと法律で定められているんだね（厚年78条の13）。3号分割の対象期間は，2008（平成20）年4月以降に限られるよ。

千里：3号分割は，専業主婦の家事が夫の稼ぎを支えてきたと考えて，夫の標準報酬を夫婦で2等分するのね。でも，共働きの妻だって家事をしているし…。合意分割とのバランスがとれないように思うわ。

香里：1つの考え方として，専業主婦は夫の標準報酬に対して潜在的な持分を有していて，その持分を離婚時に顕在化させるのが3号分割だというものがあるわ。そうすると，3号分割と合意分割を区別する理由がないから，合意分割の割合も，特段の事情がない限り2分の1ということになりそうね（名古屋高決平20・2・1家月61巻3号57頁）。さぁ，今日はずいぶん頑張ったわね。議論はこの辺でやめにして，ご飯でも食べに行きましょう。

新町：やっと終わったぁ～～ビール飲むぞぉ（嬉）!!

4-4　年金受給権とその性格

4-4-1　年金受給権の構造

　　ある雨の日のセミナー室。田辺と新町が香里のゼミに参加している。

香里：さぁ，雨が降って，絶好の勉強日和よ！　今日は年金受給権についてね。新町君，今日もきちんと調べてきてくれたかしら？

新町：はい。キチンとしているかはわかりませんが，報告を始めます（汗）。田辺さん，いつものサポート！　しっかりお願いします。

田辺：はいはい。

新町：まず，年金受給権を得るためには，法律で定める受給要件を満たすことが必要です。でも，それだけでは年金給付を受給できません。老齢年金だと，加入期間がたいてい数十年もありますし，転職すれば加入資格や標準報酬が変わるので，受給要件を満たしているかどうか，老齢年金をいくらもらえるかを保険者が確認する必要があります。だから，年金受給権は，受給権者の請求に基づいて**裁定**されます（国年16条，厚年33条）。

田辺：裁定の手続は，画一公平な処理により無用の紛争を防止し，給付の法的確実性を担保するため，保険者が公権的に確認するのが相当であるとの見地から設けられたとされています（最判平7・11・7民集49巻9号2829頁）。

香里：そうですね。年金受給権は，受給要件を満たすだけでは抽象的なものにとどまり，裁定によってはじめて具体化するわ。でも，定期金として支給される年金給付の場合，基本権と支分権の区別がされているわね。

新町：えーっと…**基本権**というのは，裁定によって確認される包括的な年金受給権のことです。**支分権**は，各月が来るたびに発生する個々の支給請求権のことですね。年金給付は，支給事由が生じた月の翌月から支給が始まり，権利が消滅した月で支給が終わります。例えば老齢年金は，受給権者が65歳に達した月の翌月から（国年26条，厚年42条。→4-3-1）亡くなる月まで（国年29条，厚年45条）支給されます。その間，毎年2月，4月，6月，8月，10月，12月に分けて支払われます（国年18条，厚年36条）。だから…支分権は，1年に12個発生して，6回行使できるってことですね。

田辺：そういうイメージかな。**年金受給権**は，受給権者がその受給要件を満たして基本権を得て，保険者に対して基本権の確認としての裁定の請求をし，これ

に対して保険者が裁定を行い，基本権の確定を待ってはじめて，各支払月に一定の年金給付の支払を受けられる行使可能な支分権として成立するんだ（東京地判平3・1・23判タ777号121頁）。

香里：基本権と支分権の区別は，**年金受給権の消滅時効**において重要なの。年金受給権は，その支給事由が生じた日から5年を経過すると時効により消滅するわ（国年102条1項，厚年92条1項）。この年金受給権は基本権を指すので，基本権を5年間行使しないと，消滅時効にかかってしまうわ。

新町：えっ!? そうすると，老齢年金の受給権者が65歳の誕生日から5年間裁定請求をしないままでいると，老齢年金を受給できなくなるのですか？

香里：本来であれば，そうなるはずね。でも，基本権については，金銭給付を目的とする国に対する権利は自動的に時効消滅するという会計法の規定（会計31条）が適用されないから（国年102条3項，厚年92条4項），民法の規定により保険者は時効の利益を受ける意思を表明（援用）する必要があるわ（民145条）。保険者は，基本権に消滅時効を援用すると受給権者に酷な結果になるとして，行政実務上，基本権に関する消滅時効を援用しない取扱いをしているのよ（東京地判平22・11・12訟月57巻10号2353頁）。

新町：じゃ，今のところセーフですね。「権利の上に眠る者は保護に値しない」っていうけど，年金給付の場合は何十年も保険料を支払っているんだから，5年間権利を行使しないとアウトなんて，ちょっとヒドすぎますよ。

香里：そうね。新町君のいってくれたことに加えて，年金給付が高齢者，障害者，遺族の長期にわたる所得保障である以上，基本権は時効消滅すべきではないわ。それじゃ，支分権の消滅時効はどうなっているかしら？

田辺：支分権は以前，会計法の適用を受け，5年の時効消滅期間を経過すると順次自動的に消滅しました（会計30条・31条）。支分権の消滅時効は，裁定を受ける前であっても，支払月が到来した時から進行します（最判平29・10・17民集71巻8号1501頁）。だから，65歳から老齢年金を受給していた者に75歳で年金支給漏れが見つかっても，過去5年間の増額分しか遡って支給されませんでした。けれど，2007（平成19）年の年金時効特例法で，時効消滅した5年より前の増額分も支給されることになりました。今では，支分権の消滅時効も国民年金法と厚生年金保険法で定められ（国年102条1項，厚年92条1項），会計法の規定が適用されないので（国年102条3項，厚年92条4項），保険者は時効の利益を放棄できます。

4-4-2　未支給年金

香里：年金給付は，毎年偶数月にそれぞれの前月分まで支払われるから（国年18条3項，厚年36条3項），例えば4月分と5月分は，6月に支払われるわ。だから，受給権者が4月に亡くなると，その者に支給すべきだった4月分の年金給付が未支給のまま残ってしまうのよ。この**未支給年金**を請求できる範囲はどうなっているのかな？

新町：えーっと…未支給年金を請求できるのは，死亡した受給権者の①配偶者，②子，③父母，④孫，⑤祖父母，⑥兄弟姉妹，⑦それ以外の3親等内の親族であって，その者と死亡当時生計を同じくしていた者ですね。未支給年金は，①から⑦の順番で支給されます（国年19条，厚年37条）。

田辺：これは，民法の相続人の範囲や順番と異なっていて，相続とは別の立場から一定の遺族に対して未支給年金の支給を認めたものといえます。遺族が未支給年金の請求権を確定的に得るためには，保険者による支給決定を受けることが必要です（最判平7・11・7民集49巻9号2829頁）。

4-4-3　年金給付の併給調整

香里：障害基礎年金を受給している人が老齢基礎年金の受給権を得た場合のように，同じ人が複数の年金受給権を得たときには，両方支給されるのかな？

新町：これは，いわゆる併給の問題ですよね…。僕，このヘイキュウが苦手で。頭がこんがらがっちゃうんですよ。

田辺：じゃ，助け船を出そうか。この場合，原則として受給権者の選択でどちらか一方の年金給付の支給が停止されます（**併給調整**。国年20条，厚年38条）。併給調整の理由は，複数の保険事故が発生して同じ人に複数の年金受給権が成立する場合には，それぞれの事故は支給原因である稼得能力の喪失をもたらすものであっても，事故が複数重なったからといって稼得能力の喪失の程度が必ずしも事故の数に比例して増加するとはいえないからと説明されています（最大判昭57・7・7民集36巻7号1235頁）。

新町：受給資格が2つに増えても，稼得能力喪失の程度は2倍にならないってことか…。1.5倍ぐらいにはなるかもしれませんけど。

香里：年金給付の併給が認められている場合もあるよね？

田辺：はい。老齢基礎年金と老齢厚生年金のように，同一の支給事由に基づく基礎

年金と厚生年金は，一体の年金給付として併給が認められています（国年20条1項，厚年38条1項）。

新町：その併給は，年金保険の体系上当然に予定されているものですよね。

田辺：まあね。これ以外にも，老齢基礎年金と遺族厚生年金の併給が可能だよ。遺族厚生年金は，遺族の老後の所得保障という機能もあるからね。さらに，障害者本人または死亡した配偶者が納めた保険料を年金給付に反映させるため，障害基礎年金と老齢厚生年金・遺族厚生年金の併給も可能だよ（国年20条1項後段，厚年38条1項後段）。

香里：ただ，基礎年金については1人1年金の原則が貫かれているから，注意してね。併給調整は，年金給付以外の社会保障給付とも行われるわ（→5-7-10，7-2-6，9-1-8）。

4-4-4 年金給付の逸失利益性

香里：老齢年金の受給権者が交通事故で亡くなった場合，年金受給権もなくなるけど（国年29条，厚年45条），その相続人は，加害者に対して，事故がなければ被害者が得られたであろう**逸失利益**として，老齢年金の喪失分を損害賠償請求できるのかという問題があるわ。判例を紹介してくれる？

新町：はい。判例はこの場合，相続人が，加害者に対して，老齢年金の受給権者が生きていればその平均余命期間に受給できたはずの老齢年金の現在額を損害賠償請求できるとしています（最大判平5・3・24民集47巻4号3039頁）。この立場は，被害者が実際に受けていた老齢年金がその死亡により失われれば，これは被害者に生じた現実の損害に当たるので，それが相続により相続人に受け継がれると理解しているんですね。

香里：その立場に立つと，すべての年金給付について逸失利益性が肯定されることになりそうだけど，判例はこのような理解をしていないわね？

田辺：ええ。最高裁は，障害年金（加算部分を除く）については，障害年金が保険料の拠出に基づく給付であることを理由に，逸失利益性を肯定しています（最判平11・10・22民集53巻7号1211頁）。でも，遺族年金については，①受給権者が死亡した者によって生計を維持していた者に限られていることなどから，遺族年金はもっぱら受給権者自身の生計の維持を目的とした給付であること，②受給権者自身が保険料を拠出しておらず，給付と保険料とのけん連性が間接的であること，③受給権者の婚姻など本人の意思で決定できる事由により

受給権が消滅し，存続が不確実であることを理由に，逸失利益性を否定しています（最判平 12・11・14 民集 54 巻 9 号 2683 頁）。

新町：つまり，判例は，受給権者自身が保険料を拠出している老齢年金と障害年金については逸失利益性を肯定しているけど，そうでない遺族年金については逸失利益性を否定しているってことですね。

田辺：判例はそうだけど，年金保険では，老齢年金の受給権者によって生計を維持していた遺族がいれば，受給権者が死亡した後も，その遺族に遺族年金が支給されます。それに，遺族年金を受給できる遺族の範囲は，遺族の生活保障の観点から一定の親族に限定されていて，相続人と一致しません（→4-3-8）。遺族の生活保障は遺族年金で行われていますから，相続人に老齢年金に相当する逸失利益を得させる必要はないようにも思えますが。

新町：田辺さん，いってることがレベル高すぎ…。先生，助けてください！

香里：(笑)。遺族と相続人が一致する場合には，遺族年金と逸失利益の二重取りが生じるし，一致しない場合には，受給権者に養われていなかった相続人に損害賠償という形で年金給付相当の利益が生じてしまうという指摘ね。田辺さんのように，年金受給権が相続人に受け継がれるものでない点を強調すれば，判例と違って，すべての年金給付の逸失利益性を否定すべきことになるわね。これは難問だわ。ここでお昼休みにしましょう。

4-5 年金保険の財源

4-5-1 年金保険の財源構造

ゼミの後，田辺と新町が学食に行くと，千里と小倉がご飯を食べていた。

千里：あっ，田辺さん，新町さん，小倉クンが質問したいみたいですよぉ～。

小倉：ちょっと，千里，やめろよっ。

田辺・新町：どうしたの，小倉君？

千里：なんかね，いきなり僕の夢はぁ，かわいい奥さんをもらってぇ，亭主関白になるんだぁ，とか言い出して～（と腹を抱えて笑っている）。

小倉：(照)。いいじゃないかよっ。九州男児はそういう考えを持つもんなんだっ！

千里：それでね，今から第 3 号被保険者は…とか気にしているの～（大笑）。

田辺：…まぁ，興味を持つことはいいことだよね。ところで，質問って？

小倉：あ，じゃ…第3号被保険者は保険料を負担してるんですか？

田辺：そもそも，年金保険の財源にはどのようなものがあるか，わかる？

小倉：確か，保険料，国庫負担，積立金が年金保険の財源なんですよね。

田辺：**保険料**が国民年金と厚生年金の財源なのは，どちらも社会保険を制度の基本とするからだよ。保険料が年金給付の支給のために拠出されたものなので，年金保険の財政は国の一般会計から独立して運営されているんだ。その上で，一般会計から税金を財源とする**国庫負担**が入っているよ。

新町：1階部分の基礎年金の給付費は，国庫がその2分の1を負担するんだ（国年85条1項，厚年80条1項）。だから，基礎年金の費用負担割合は，国庫負担が50％，保険料その他が50％となるね。2階部分の報酬比例年金の給付費には国庫負担が入っていないから，厚生年金は保険料だけで賄われているよ。保険料負担の仕方は，被保険者によって違うんですよね？

田辺：第1号被保険者は，国民年金の保険者に対して保険料を納めているけど（国年88条1項），第2号被保険者と第3号被保険者は，国民年金の保険者に対して保険料を納める必要はないんだ（国年94条の6）。その代わり，厚生年金の保険者が，基礎年金の給付費に充てるため，毎年度，**基礎年金拠出金**を負担しているよ（国年94条の2）。

千里：なんか難しくなってきたわ。じゃ，基礎年金拠出金の額は，どうやって算定されるんですか？

新町：条文には…基礎年金拠出金の額は，基礎年金の給付費×国民年金の被保険者総数に対する厚生年金の被保険者である第2号被保険者とその被扶養配偶者である第3号被保険者の合計数の比率，と書いてあるみたいだけど（国年94条の3第1項）。これじゃ，文系の僕らにはさっぱりわかんないよなぁ…。

田辺：あきらめるのが早いって。**第2号被保険者の保険料**は，事業主によって厚生年金の保険料として賃金から天引きされ（厚年84条），厚生年金の保険者に支払われているんだ（厚年82条2項）。厚生年金の保険料は，被保険者本人と事業主が半分ずつ負担して（労使折半。同条1項），1階部分の基礎年金と2階部分の報酬比例年金の給付費に充てられている。このうち，基礎年金分が厚生年金の保険者を通じて，国民年金の保険者に拠出されているんだ（**図表4-6**参照）。で，**第3号被保険者の保険料**だけど，これは第2号被保険者全体で負担しているんだ。さっきの算定式を見ると，基礎年金拠出金は頭割りで課されていて，その頭数には第3号被保険者も含まれているだろ？

図表 4-6　年金保険の財源構造

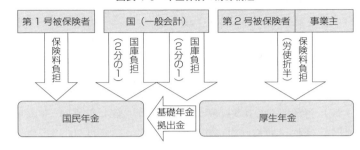

小倉：ってことは，第3号は保険料を負担していないのですか？

田辺：うん。保険料納付済期間には，第2号被保険者としての加入期間だけでなく第3号被保険者としての加入期間も含まれるので（国年5条1項），第3号被保険者は自分で保険料を負担しなくても基礎年金を受給できるよ。

新町：なるほど～さすが田辺さん！　これならいつでもセンセイになれますね！

田辺：**第3号被保険者**は，小倉君の夢見るかわいい奥さん，つまり専業主婦だけど，専業主婦は所得がないから，1985（昭和60）年改正で，夫が納めた保険料で基礎年金を受給できるようにしたんだよ。それまでは，専業主婦の国民年金への加入は任意だったから，任意加入していない専業主婦が離婚した場合には無年金だった。だから，第3号被保険者制度は，専業主婦を国民年金に加入させることで，専業主婦に独自の年金受給権を認めたんだ。

小倉：もう，奥さんの話はやめてください～（泣）。でも，第3号の保険料は，第2号がまとめて払ってるんですよね。ってことは，専業主婦の夫だけじゃなく，共働きの夫婦も負担してるんだ。それはどうなんだろう？

千里：第2号全体で，第3号の分も肩代わりしてるんだもんね。友達に専業主婦になりたいって子がいるけど，第3号被保険者制度はそういう女性に有利で，働きたい女性には不利だわ。あっ，その子紹介しようか？（笑）

小倉：いいかげんにしろよっ‼

田辺：夫婦で見ると，片働きか共働きかに関係なく合計収入が同じであれば，保険料負担は同額で，老齢年金も同額になるから，第3号被保険者制度は公平だといえるよ。でも，個人で見ると，専業主婦は保険料を負担せずに年金を受給できるのに，働く女性は保険料を負担しないと年金を受給できないから，第3号被保険者制度は不公平だということになるね。千里さんはこっちかな。この立場から，第3号被保険者制度は働く女性と比べて専業主婦を優遇して

いると批判されているんだ（**第3号被保険者問題**）。

4-5-2　国民年金の保険料

千里：学生も，国民年金の保険料を払わないといけないのですか？

田辺：いや，そうじゃないよ。まず，第1号被保険者の保険料額はいくらかな？

新町：**第1号被保険者の保険料額**は定額ですね。2004（平成16）年改正で毎年280円ずつ引き上げられて，2017（平成29）年に1万6,900円になった時点で固定されたんだ（国年87条3項。→4-1-2）。

千里：え～っ！　高すぎっ！　バイト代がすぐ吹っ飛んじゃうわ。

田辺：第1号被保険者の保険料が定額なのは，自営業者の所得を把握するのが難しいからだよ。でも，国民年金は所得のない人や低所得者も対象としているから，保険料免除と学生納付特例の仕組みが設けられているんだ。

新町：第1号被保険者に負担能力がなければ，保険料は免除されるんですよね。

田辺：ああ。**国民年金の保険料免除**には，法定免除と申請免除の2つがあるよ。法定免除は，障害年金の受給権者または生活保護の受給者の場合に法律上当然に認められるんだ（国年89条）。申請免除は，前年の所得が一定額以下であるなど保険料納付が困難と認められる場合に，第1号被保険者からの申請で認められるよ（国年90条・90条の2）。

千里：私たちに関係するのは，きっと**学生納付特例**ですね？

田辺：そうだね。学生である第1号被保険者は，本人の前年所得が一定額（118万円。国年令6条の9）以下であれば，本人からの申請で保険料の納付を猶予されるんだ（国年90条の3）。以前は保険料免除しかなかったんだけど，保険料免除は世帯主の所得も見るから，親が一定の所得を得ていると学生は保険料を免除されなくて，結局親が負担していたんだ。それで，2000（平成12）年改正で学生納付特例が導入されたんだよ。あと，30歳未満の若年者にも同様の納付猶予の仕組みがあるよ（2004年改正法〔法104〕附則19条）。

小倉：でも，「猶予」なんですね。「免除」じゃないのかぁ…。

田辺：まあね。ただ，納付猶予期間は，保険料免除期間に算入されるから（国年5条3項），在学中に障害を持っても，障害基礎年金を受給できるよ。

千里：この仕組みを使えば，学生の間は，保険料を払わなくても基礎年金を受給できるのね。ヨカッタ！

田辺：うん。保険料を払えないから加入手続をしない，じゃなくて，加入手続をし

た上で学生納付特例の手続をしておけば，将来基礎年金の受給資格を得られるよ。でも，納付猶予期間は老齢基礎年金の額に反映されないので（国年27条8号），その間の老齢基礎年金はゼロになるんだ。
小倉：え～～っ，結局，老後の備えになっていないような…（困）。
田辺：老齢基礎年金の額を増やしたいなら，保険料を後から納められるよ。法律には，保険料を免除，または納付を猶予された者は，10年以内であれば，一定額を加算された保険料を**追納**できるとある（国年94条1項・3項）。つまり，「出世払い」だね。保険料を追納すれば，納付猶予期間が保険料納付済期間になって（同条4項），老齢基礎年金の年金額に反映されるんだ。

4-5-3　厚生年金の保険料

千里：私たちが就職して厚生年金に加入すると，保険料負担はどうなるのかしら？
新町：**厚生年金の保険料**額は，標準報酬月額および標準賞与額×保険料率だから（厚年81条3項），被保険者の賃金に応じて異なるんだ。保険料率は，国民年金と同じように，2004（平成16）年改正で毎年0.354％ずつ引き上げられて，2017（平成29）年に18.30％になった時点で固定されたよ（同条4項。→4-1-2）。でも，保険料は労使折半で負担するから（厚年82条1項），被保険者自身が負担するのはその半分だね。
千里：保険料率は，賃金が高くなればなるほど上がらないの？
新町：それは税金の話じゃない？　累進税率と違って，保険料率は一定だよ。厚生年金の保険料は標準報酬に比例した応能負担だから（→9-2-2），免除の必要はないはずだけど，育児休業中の**厚生年金の保険料免除**の仕組みがあるんですよね。
田辺：うん。厚生年金の被保険者が育児休業等（育児・介護休業法上の育児休業および育児休業に準じる措置による休業。厚年23条の2第1項）を取っている場合には，事業主の申出で，育児休業等の期間（子が3歳になるまで）について保険料（被保険者負担分と事業主負担分）が免除されるんだ（厚年81条の2）。免除期間中は休業前の標準報酬月額に基づいて年金額の算定が行われるから（厚年26条），その分の基礎年金と厚生年金が将来支給されるんだ。その費用は，国庫負担ではなく保険料で賄われているよ。
千里：そっか，育児をしていない被保険者が育児中の被保険者を助けてるのね。
田辺：育児休業と違って，介護休業中は厚生年金の保険料免除が認められていない

　　　　ことからも，この仕組みは，将来年金保険を支える次世代の育成を年金保険の枠内で支援するものといえるね。厚生年金の保険料免除は，2012（平成24）年改正で産前産後休業中にも認められているよ（厚年81条の2の2）。
千里：でも，育児休業ってどんな場合に取れるんだろう？　関心あるなあ…（→6-2-6）。あと，廃止するって話題になった厚生年金基金についても知りたいです。
新町：そういや，僕も詳しくは知らないなぁ。
田辺：それじゃ，みんなで香里先生に聞きに行こうか？
千里・小倉：賛成！

4-6　企業年金

4-6-1　企業年金の意義

　　　香里の研究室で，田辺，新町，千里，小倉がしゃべっている。

千里：えっ!?　今月のバイト代，もう使い切ったんですか？
新町：この前の日曜，競馬で負けたんだよ…。日払いのバイトをしないと。
千里：まったく！　競馬なんかに行って！（と非難する目を向ける）
新町：馬はキレイだし，悪いところじゃないよ。千里さんも1回行ってみれば？
田辺：競馬をやめたら，無駄な出費が減って老後の備えができるよ。
新町：競馬という趣味があると，老後の生活が豊かになりますし，僕は老後，公的年金だけで生活するつもりなんで，公的年金以外は要らないんです！
香里：でも，これから公的年金が減額していくから（→4-3-2），公的年金を補う老後の備えがあった方が安心よ。その1つが企業年金ね。
小倉：企業年金は，公的年金と違うんですか？
香里：**企業年金**は，事業主が独自に実施する年金制度で，私的年金の一種よ。労働者が働いてきたことへの見返りという性格とともに，労働者が年を取って働けなくなったときの所得保障という機能があるから，企業年金は，公的年金を補完する3階部分の年金制度ということになるわ。
田辺：企業年金の財政方式は公的年金と違って積立方式だから（厚年旧136条の2，確定給付59条，確定拠出2条12項），積立金の運用が重要なんだ。
香里：企業年金は，給付建て年金と拠出建て年金に分けられるわ。**給付建て年金**は，

厚生年金基金や確定給付企業年金のように，給付額があらかじめ約束されている制度よ。だから，その額を支払えるように積立金を運用する必要があって，実際の利回りが約束した給付を支払うのに必要な利回りを下回ると，積立不足が発生してしまうわ。これに対して，**拠出建て年金**は，拠出額が決まっているけど，給付額は決まっていない制度で，確定拠出年金がそうね。この制度では，労働者が将来受けとる給付額は，事業主と労働者が拠出した掛金とその運用益に左右されるわ。

千里：出すお金ともらうお金，どちらを決めるかの違いってことね。

香里：そうね。資産運用のリスクは，給付建て年金では事業主が負うので，積立不足が発生した場合には事業主が追加負担する必要があるわ。これに対して，拠出建て年金では，運用リスクは労働者が負うことになるのよ。

4-6-2 厚生年金基金

新町：企業年金の運用といえば，AIJ投資顧問に預けた年金資産が消えた事件がありました。それで被害を受けたのが，厚生年金基金ですよね？

田辺：そう。**厚生年金基金**は，事業主が基金を設立し，国が行う老齢厚生年金の一部を代行するとともに，独自の上乗せ給付を支給することで，労働者の手厚い所得保障を図る制度だよ。その費用は，事業主が国に納めるべき厚生年金保険料の一部を基金に納めることで賄われている。公的年金を代行している基金は，公的性格を併せ持っているんだ。

香里：高度経済成長期には，厚生年金基金は厚生年金本体の資産を運用して収益を上げられたけど，バブル経済崩壊後，運用環境が悪化して積立不足が発生するようになったのよ。そうなると，厚生年金の代行は事業主にとって重荷でしかないから，大企業を中心に解散したり代行返上したりする基金が増加したわ。今では，複数の中小企業が共同で設立する総合型基金が大半よ。

小倉：厚生年金基金の資産運用に規制はなかったのですか？ AIJの事件も，ルールがあれば防げたんじゃないかなぁ。

田辺：以前は，資産配分に枠があって，国債など安全性の高い資産に5割以上，リスクの高い株式や外貨建て資産に3割以下，不動産などに2割以下とされていたけど，規制緩和の流れの中で1997（平成9）年に廃止されたんだ。だから，財政難の基金ほど，積立不足を取り戻そうとして，高い運用利回りを謳うAIJに資産運用を集中させてしまったんだね。

新町：だました AIJ が悪質だったとしても，だまされた厚生年金基金も問題ですよね。資産運用の責任は，誰が負っていたんですか？

田辺：厚生年金基金の理事は，基金のため忠実かつ慎重に資産運用する義務を負っていたから（**受託者責任**。厚年旧 120 条の 2 第 1 項，民 644 条），理事がこの受託者責任に違反した場合には，基金に対して損害賠償責任を負っていたよ（厚年旧 120 条の 2 第 2 項）。でも，基金が身内の理事に対して損害賠償を求めることはちょっと期待できないよね。それじゃ，基金を構成する事業主が損害賠償を求められるかっていうと，理事と直接委任または委任類似の関係にないから，理事に対して損害賠償を請求できないとされていたんだ（大阪地堺支判平 10・6・17 労判 751 号 55 頁）。

新町：ということは，理事は落ち度があると損失分を穴埋めする責任を負うことになっていたけど，その責任がキチンと追及されなかったってことか。

千里：でも，追加負担を求められる企業は納得できなかったと思います。私が事業主なら，沈みゆく厚生年金基金に見切りをつけたわ。

田辺：そういう考えを持つ事業主もいただろうね。でも，すぐに厚生年金基金から脱退できたわけじゃなくて，基金に置かれた代議員会の承認が必要だったんだ。やむを得ない事由がある場合には事業主は代議員会の承認がなくても脱退できるとした裁判例があるけど（長野地判平 24・8・24 判時 2167 号 62 頁），脱退するには積立不足分を基金に一括納付することが必要だったから（厚年旧 138 条 5 項），脱退できる事業主は限られたと思うな。

千里：それじゃ，にっちもさっちもいかないわ！

香里：代行部分を支給するのに必要な積立金を持たない代行割れ基金は全体の約 4 割にも達していたのよ。代行部分は結局厚生年金本体が責任を負うから，厚生年金の財政にしわ寄せが来るのを防ぐため，2013（平成 25）年改正で代行割れ基金を早く解散させるための措置が導入される一方，厚生年金基金の新設は認められず，健全な基金だけ存続が認められることになったの。

4-6-3　確定給付企業年金と企業型確定拠出年金

香里：これからの企業年金の中心は，2001（平成 13）年に導入された確定給付企業年金と確定拠出年金ね。確定給付企業年金はどういった制度かな？

田辺：**確定給付企業年金**は，規約型と基金型に分かれます。規約型は，事業主が労使で合意した規約に基づいて，金融機関と資産管理運用契約を締結して掛金

を拠出し，金融機関が資産の管理運用と給付の支給を行う制度です。基金型は，事業主が規約に基づいて企業から独立した企業年金基金を設立して掛金を拠出し，この基金が資産の管理運用と給付の支給を行う制度です。どちらも，厚生年金の代行を行いません。

香里：確定給付企業年金法では，厚生年金基金の代行部分の返上が可能になり，上乗せ給付の確定給付企業年金への移行が認められたのよ。その結果，大企業を中心に厚生年金基金の代行返上が相次いだわ。でも，確定給付企業年金も給付建て年金である以上，事業主が運用リスクを負うことになるわ（→4-6-1）。運用リスクを避けたい事業主のために，拠出建て年金として確定拠出年金が導入されたのよ。

田辺：**企業型確定拠出年金**は，事業主が労使で合意した規約に基づいて，原則60歳未満の労働者を加入者として実施する制度です。事業主は金融機関と資産管理契約を締結して掛金を拠出し，資産は加入者ごとに管理されます。加入者も追加で拠出できます。加入者が転職したときには，転職先の企業型年金に資産を持ち運べます。資産の運用については，金融機関や事業主が複数の運用商品を提示し（確定拠出23条），その中から加入者自身が選択します（確定拠出25条）。

千里：確定拠出年金では，労働者自身が運用できるのね。それじゃ，高金利の外国債券に投資すれば，将来の給付額を大きく増やすこともできますね。

新町：でも，円高が進むと元本割れするリスクもあるよ。

小倉：そのツケは，労働者本人に回ってくるのか。老後の備えがマイナスになっちゃうのは，ちょっとこわいですね…。

新町：老後の生活費が資産運用の結果に左右されるのは，競馬で負けるより影響がずっと大きいよ。でも，投資経験のない労働者はどのように資産運用すればいいかわからないですよね。

香里：だから，事業主は労働者に対して継続的に投資教育を行わなければならないのよ（確定拠出22条）。

田辺：それでも，資産運用の結果，高い運用利回りのある労働者もいれば，元本割れの労働者もいることになります。老後の所得保障という観点からは，確定拠出年金より確定給付企業年金の方が安定していると思うな。

千里：企業任せの時代はもう終わり。年金資産の運用は，企業ではなく，労働者自身で考えるべきです。

田辺：キビシイなぁ（苦笑）。

香里：あと，企業型確定拠出年金に加入できない労働者，公務員，自営業者，専業主婦は，個人型確定拠出年金，愛称iDeCo（イデコ）に任意で加入できるわ。iDeCoは，企業年金ではなく，個人が老後に備えて自らの意思で加入し，自分で掛金を拠出して資産を運用する年金制度で，私的年金の一種よ。

4-6-4　企業年金の受給者減額

香里：給付建ての企業年金では，企業の経営悪化で約束していた給付を支払うのが難しくなると，事業主や基金が企業年金を減額することがあるわ。特に問題となるのが，退職後に企業年金を受給している元労働者の減額（受給者減額）よ。

千里：会社が倒産しちゃったら元も子もないし，経営再建のためには高額の企業年金を減額することも必要だと思います。

小倉：でも，受給者にとって企業年金は老後の生活費の一部なんだから，受給者減額を簡単に認めるのは難しいんじゃない？

香里：受給者減額が争われた裁判例では，どんな判断が示されているかしら？

田辺：厚生年金基金が受給者減額を行った事例では，厚生労働大臣による認可だけでは足りず，受給者減額が合理的であることが必要とされています（東京高判平21・3・25労判985号58頁）。また，年金資産を企業の外部で積み立てていない**自社年金**の場合，法令上の規制はないですが，事業主が自由に受給者減額を行えるわけではありません。裁判例では，①受給者減額に契約上の根拠があること，②受給者減額が制度の破綻を回避するために必要であること，③受給者減額が内容と手続の両面で相当なものであることが必要とされています（東京高判平21・10・29労判995号5頁）。

香里：別の自社年金の事例では，①年金規程に制度の見直しを認める条項があり，②企業の業績が悪く，受給者と現役労働者の間で不公平が生じている一方，③減額が受給者の生活に深刻な影響を与えず，事業主が受給者の説明や意見聴取を行っている場合に，受給者減額が認められているわ（大阪高判平18・11・28判時1973号75頁）。

4-7　年金保険の課題

香里：年金保険は，老後の所得保障として重要な役割を果たしているわ。このことは，高齢者世帯の所得に占める年金の割合が約6割，年金だけで生活している世帯の割合が約5割であることからも明らかよ。

小倉：でも，世代ごとに生涯負担と生涯給付の比較をすると，ばあちゃんの世代より僕らの世代の方が損だと聞くと，やっぱり不安になります。

千里：若い世代ほど保険料負担が大きくなるのなら，年金保険は賦課方式をやめて，積立方式に移行した方がいいのかなぁ…（→4-1-2）。

田辺：経済学者の中には，2階部分の厚生年金について，賦課方式による世代間の所得移転は人口が少ない世代にとって不公平であるとして，拠出した保険料が市場で運用されて老後に年金として支給される**積立方式**に移行すべきと主張する見解があるよ。この立場は，国が何百兆円もの資産を運用する必要はないので，2階部分は民間の金融機関に委ねればよいということになるね。法学者の中にも，「自由」の理念を社会保障の指導理念とする立場から（→1-1-3），老後の所得保障について，憲法25条（生存権）は国に最低生活保障を超えた従前生活保障まで要請していないし，国が個人の生活に過度に介入することは望ましくないとして，2階部分の強制加入は正当化できず，企業年金に委ねるべきと主張する学説があるよ。

新町：ただ，資産運用に失敗して，老後に2階部分の年金がもらえなくなる可能性もありますよね。さすがに基礎年金だけだと，ちょっと心細いなぁ…。

香里：積立方式に移行すると，移行期の現役世代は，自分たちのための資産形成とともに，その時期の高齢世代のための年金給付という**二重の負担**を背負うことになり，むしろみんなの負担が重くなってしまうわ。結局，今の年金は今の保険料で，将来の年金は将来の保険料で賄わざるをえないのよ。

千里：年金の支給開始年齢を引き上げればいいんじゃないかしら。高齢者にもっと働いてもらわないと，私たちが負担に耐えられなくなるわ。

新町：確か，ドイツは段階的に65歳から67歳に引き上げているみたいだけど…。

田辺：年金と雇用が接続していないと，生活に困る高齢者が出てくるよ。でも，60歳代前半層の高齢者の雇用確保が進んでいけば（→4-3-4），年金支給開始年齢の引き上げを検討することも可能になるだろうね。

香里：あと，**第3号被保険者問題**があるわ（→4-5-1）。これについてはどう思う？

千里：基礎年金をもらいたいなら，専業主婦も保険料を負担すべきだと思います！

新町：でも，専業主婦には所得がないよ。専業主婦自身に保険料負担を求めるのは難しいように思います。例えば，夫の標準報酬を分割して専業主婦にも定率の保険料負担を求めたらどうだろう。夫の標準報酬は妻の家事で支えられていると考えれば（→4-3-10），これもいい案じゃないかな。

田辺：千里さんの立場は，個人単位化を徹底する考え方だね。これに対して，新町君の立場では，負担の面で世帯単位が維持されているよ。第3号被保険者問題が生じているのは，年金保険が前提とする「男性が外で働き女性が家を守る」片働き世帯モデルが現実とズレ始めているからなんだ。

千里：じゃ，逆に先生に質問！ これから年金保険はどうしたらいいのですか？

香里：難しい問題だけど，1つの考え方を示しておくわ。賦課方式の年金保険を世代間の契約と考えるなら，私たち現役世代が高齢世代のために年金の財源を賄わなければならないのは，自分たちが高齢になったら同じように次世代から年金の財源を賄ってもらえる期待があるからといえるね。

小倉：でも，少子高齢化が進むと，後の世代ほどその期待が損なわれますよ？

香里：だから，世代間の連帯としての年金保険が今後も機能し続けるためには，現役世代と高齢世代の間で負担を公平に配分することが必要ね（→4-3-2）。それに，現役世代が次世代を育成することを，保険料を負担することに準じて年金保険への貢献と評価することも必要よ。

田辺：そう考えると，第1号被保険者が育児で働けない場合にも，厚生年金の被保険者と同じように（→4-5-3），保険料負担の面で配慮されるべきことになりますね。そうすれば，第3号被保険者とのバランスもとれますし。

香里：だから，2016（平成28）年改正で，2019（平成31）年4月から第1号被保険者の産前産後期間（出産予定月の前月から4カ月間）の国民年金保険料が免除されることになり（国年88条の2），その財源として国民年金保険料が100円上乗せされて，1万7,000円になるわ（国年87条3項）。私たちやみんなの世代が老後に年金をもらえるかどうかは，次世代の育成にかかっているのよ。

第5章 労災保険

5-1 労災補償とは

5-1-1 労災補償制度の意義と沿革

　セミナー室に香里先生ほか，新町，田辺がそろっている。

香里：さあ，今日は労災保険についてね。田辺さん，新町君，**「労災補償」**というと何を思い浮かべるかしら。

新町：最近，過労死とか過重な業務でうつ病にかかって自殺するケースが社会的に大きな問題になっていますよね。それに対応して労働者や遺族に補償を行う制度っていうイメージです。
　　　学部時代，「労働法」の講義は聞いたんですけど，労災補償は「社会保障法」で取り上げるってことで，あまり詳しくは教えてくれなかったな。

香里：そうなのね。でも，労働基準法の第8章は「災害補償」だし，たいていの労働法のテキストには取り上げられているから，労働法のテーマでもあるのよ。

田辺：「労働判例」とか「労働経済判例速報」とかの雑誌を見ても，過労死とか，メンタルヘルスにかかわる「業務上」認定の問題が数多く載せられていますし，それに関連して使用者の安全配慮義務違反が問われているケースも少なくありません。

香里：労災補償は，特に労働法と社会保障法の中間領域といえるわね。では労災補償制度がどのような考え方に基づいて，どのように運営されているのか，まずはこの点から入っていきましょうか。

田辺：労働災害は，19世紀の産業革命，工業化の進行・展開の中で質，量ともに飛躍的に増大し，重大な社会問題となりました。けれど，その法的な救済を不法行為に基づく損害賠償請求という形で行うには，被災労働者やその遺族が使用者の故意過失，使用者の行為と損害との因果関係を立証しなければならないなど，難しい問題がありました。このような労働災害から労働者を保護するために，イギリス，フランス，ドイツをはじめとするヨーロッパ諸国で設けられたのが，使用者の無過失責任に基づく労災補償の制度です。1897（明治30）年のイギリスの労働者補償法，1898（明治31）年のフランスの労災

補償法などがそれですね。
香里：沿革的にはそのとおりね。第2次大戦後には世界の各国で社会保障制度が発展して、この時期以降、労災補償は使用者の直接補償ではなく社会保険方式（→1-2-2）が一般化したのよ。多かれ少なかれ、労災補償は社会保障の制度的枠組みの中に組み込まれることになったということね。ILO（国際労働機関）の条約や勧告も、1952（昭和27）年の社会保障最低基準条約（102号条約）に見られるように、労災補償を社会保障の1部門としてその中に含めているわ。

5-1-2　わが国の労災補償制度の特徴

香里：わが国の労災補償制度の特徴は、労働基準法の災害補償と労災保険の2本立てになっていることですが、これがどういう意味を持つか、田辺さん、説明してくれる？
田辺：はい。労働基準法の**災害補償**は、使用者の無過失責任に基づく補償を行うもので、労災保険は、その使用者の災害補償責任についての責任保険として設けられたということだと思います。
新町：う〜ん…ちょっとよくわからないなぁ。労働基準法は、労働災害が起きたとき、使用者は無過失責任で補償を行わなければならないことを定めている。**労災保険法**は、その補償を行うのにかかる費用を保険という形で蓄える仕組みを定めているってことですか？
田辺：そうだね。労災保険は、労働災害が起きたとき使用者による補償を確実に行わせるための仕組みだよ。いざってときに、使用者に支払能力や資力がないと困るからね。
香里：ところで新町君、労働基準法と労災保険法の公布年月日を見て、何か気が付かない？
新町：ええと…（法律を見比べて）労働基準法が1947（昭和22）年4月7日公布で法律49号、労災保険法が同日公布で法律50号…ってことは、この2つの法律はペアなんですか？
香里：正解！　この2つは、いわゆる姉妹法なの。その後の経過は、どうかしら？
田辺：一般的に、1965（昭和40）年ころから、労災保険法が障害補償給付や遺族補償給付の年金化とか、通勤災害に関する保護制度（→5-6）などによって、新たな展開をとげて、労働基準法の災害補償からかなり離れていったといわ

れています（いわゆる「労災保険のひとり歩き」現象）。労働基準法にない「介護補償給付」も 1995（平成 7）年の改正で設けられました。

香里：それでは，労働基準法の災害補償を廃止して，労災保険法に一本化したらよさそうなのに，そうなっていないのはなぜかしら。

田辺：労働基準法の災害補償は，労働災害についての使用者自身の責任（補償責任）の根拠を明らかにしているので，それはそれで重要です。他方，労災保険法はその使用者の補償責任に基づく給付を実際的な観点から展開しているので，それも大事だということでしょうか。まあわからないでもないですが…。

新町：これまで勉強してきたとおり，今ではずいぶん社会保障制度が充実してきて，医療には健康保険（→第 2 章），年金には厚生年金保険（→第 4 章）がありますよね。被災労働者やその家族の生活保障を図るために，わざわざ健康保険や年金保険とは別に労災保険が必要なのかなぁ。

香里：大事なポイントね。田辺さんはどう思いますか？

田辺：労災保険をなくして一般の社会保険に統合することも，たぶん政策的な判断としては可能だろうと思います。でも，労働災害という労働関係上の危険に対する補償責任を明らかにし，通常の社会保険の給付よりも手厚い給付を行うという，労災保険の独自で重要な意義は依然として大きいのではないでしょうか。

香里：そうね。歴史的・沿革的な理由も大きいとは思うけど，職業病などのことを考えると，やっぱり効率だけでは問題は解決しないということかな。

新町：2003（平成 15）年頃，労災保険の民営化という議論がありましたけど，ほとんど賛同が得られませんでしたね。

5-2　労災保険制度

5-2-1　労災保険の制度的仕組み

香里：それでは，次に現在の労災保険の制度的仕組みを見てみましょうか。

田辺：まず，わが国の労災保険では，保険者は政府で保険加入者は事業主です。事業主が保険者である政府に対して保険料を支払い，業務災害などの保険事故が発生した場合に，政府が，いわば被保険者である労働者やその遺族に一定の保険給付を行うことになっています。

適用事業の事業主は，労働者を1人でも使用している場合，新たに事業を開始した日に自動的に労災保険（労働保険）の保険関係が成立することになっていますから，加入の意思がなくても，加入の手続をとらなければなりません（強制加入，労保徴3条）。
香里：使用者が加入の手続をとっていなかった場合に労働者が労働災害をこうむった場合は，どうなりますか？
田辺：その場合でも，労働者は政府に保険給付を請求できると思いますが…。
香里：そのとおり！ 使用者が加入の手続をとっていたか否かに関係なく，保険給付の請求権が発生するわ。でも，費用徴収の対象になるから，注意してね（→5-3-1）。

5-2-2　労災保険の適用される労働者

香里：労災保険の適用される労働者については，どうかしら。老舗和菓子屋の御曹司としては，気になるところじゃない？
新町：そういうプレッシャーは，やめてくださいよ～（困）。
香里：ごめんごめん，報告を続けて（笑）。
新町：はい…（気を取り直して）労災保険は，**適用事業**で使用されている労働者全員が対象です。正社員，パート・アルバイトなど働き方は問いません。
田辺：判例は労働基準法と労災保険法の関連性から，労災保険法の「労働者」＝労働基準法の「労働者」（労基9条）という立場をとっています。
香里：労災保険法で独自の労働者を考えるという立場もあり得るとは思うけど，判例はそうではないってことね。
新町：例えば，自己の所有するトラック，これはかなり高価な財産ですけど，それを会社の工場に持ち込み，運送係の指示に従って同社の製品の運送業務に従事していた，いわゆる傭車運転手について，会社が運送物品，運送先および納入時刻の指示という運送業務の性質上当然に必要とされる指示を行う以外には，業務の遂行について特段の指揮監督を行っていなかったとして労働者性を否定しています（最判平8・11・28判時1589号136頁）。また，自己所有の電動のこぎりを使って新築マンションの建設現場で作業していた大工さんについても，労働者性が否定されています（最判平19・6・28労判940号11頁）。大工さんにとって利き手である右手の指を切断するのは致命的だし，労災保険法の適用を認めたいところですけど…。

香里：そうね。災害をこうむりやすい仕事であることは変わらないわけだしね。株式会社・有限会社などの法人，団体の代表者，役員はどうですか？

田辺：株式会社・有限会社などの法人，団体の代表者，役員は労働者とはいえないので，労災保険法の適用は認められませんが，行政解釈では，「法人の重役であっても，業務執行権又は代表権をもたない者が工場長，部長の職にあって賃金を受ける場合はその限りにおいて労働基準法9条に規定する労働者である」とされています（昭23・3・17基発461号）。実態を見て判断するということですね。

香里：就業形態が多様化して，個人に業務委託するようなケースも増えてきているから，労働基準法の労働者に該当するかどうかは，これからも大きな問題となりそうね。それから，業務上・業務外の狭間でこれまで健康保険の給付も労災保険の給付もなされないケースがあったんだけど，健康保険法1条の改正で健康保険の給付が行われるようになったこともポイントね（→2-2-5）。

5-2-3 特別加入制度

香里：次に，労働者ではない事業主，自営業者やその家族で仕事を手伝っている人たち（家族従事者）などは，労災保険の保護の対象とならないのかしら？ なにか工夫がされていませんか？

田辺：**「特別加入制度」**のことですね。業務の実態，災害の発生状況などから見て，労災保険の仕組みを利用して保護することが妥当な場合に，これらの人たちも労災保険に加入できる制度です。労災保険が適用されない海外勤務者についても，この制度が用意されています。

香里：よく調べてきてくれたから，さらにもう1つ。特別加入者，例えば中小事業主については，どの範囲でその仕事・活動を労災保険の対象とするかも難しい問題なんだけど，この点はどうかな。

田辺：中小事業主のような**特別加入者**は，業務や作業内容が他人の指揮命令で決まるわけではなく，自分自身で決めるため，どこまでを業務とするかについて難しい問題が生じるということですよね。うーん，これ以上は僕も…。

香里：じゃあ，私から。業務上の認定は，労働基準局長の定める基準に基づいて行うんだけど（労災則46条の26。→5-4），特別加入者の災害が業務災害として保護される場合の業務の範囲は，あくまで労働者の行う業務に準じた業務の範囲にとどまるというのがその認定基準の考え方よ（昭50・11・14基発671号，

昭52・3・28基発170号，裁判例として，浦和地判昭58・4・20労判412号26頁）。通勤災害についても同じね（→5-6）。

田辺：さきに海外勤務者について触れましたが，そもそも海外勤務者に労災保険が適用されるかどうかは，その者が日本国内の事業所の指揮命令を受けているかどうかによって決まるという裁判例もあります（東京高判平28・4・27労判1146号46頁）。

5-3 労働保険関係

5-3-1 労働保険関係の成立と消滅

香里：先ほど田辺さんが報告してくれたように，労災保険適用事業の事業主は，新たに事業を開始した日に自動的に労災保険（労働保険）の保険関係が成立します（強制加入。→5-2-1）。ここで質問。「**労働保険**」とは何でしょうか。

新町：あれっ？ 労働保険と労災保険って，別ものなんですか??

田辺：法律を見ると…「労働保険の保険料の徴収等に関する法律」（労保徴）では，労災保険法による労災保険と雇用保険法による雇用保険をあわせて労働保険というようですね（労保徴2条1項）。

そして，労災保険，雇用保険の両方とも，その事業が開始された日に，雇用保険の場合は，当該事業が適用事業に該当するに至った日に，労災保険または雇用保険に係る労働保険の保険関係が成立することになっています（労保徴3条・4条，同附則3条）。

香里：では，保険料は誰が負担するのかしら？

田辺：労災保険の保険料は事業主（使用者）だけが負担しますが，雇用保険の保険給付についての保険料は労使折半です（→6-1-2）。一方で，雇用されている労働者に労働災害や通勤災害が発生すれば，その災害について当該労働者に給付請求権が発生することになります（→5-2-1）。

新町：事業主が労災保険の手続をとっていなくても，労働者は給付請求できるんでしたよね。でもこの場合，事業主はどうなるんですか？

田辺：労災保険の手続をとっていなかった事業主は，遡って保険料の納付義務を負うことになるよ。さらに，労働災害や通勤災害に関する保険給付に要した費用の全部または一部が費用徴収されることになっているんだ（労災31条1項）。

香里：徴収法は，政府が労働保険事業の運営に要する費用に充てるため，保険料を徴収する権限を持つと規定しています（労保徴10条1項）。徴収法の定めにより徴収される保険料を「**労働保険料**」っていうんだけど，この労働保険料によって労災保険の**業務災害・通勤災害**の保険給付等の費用が賄われることになっているの。

5-3-2 労働保険料

香里：労働保険料にはいくつかの種類があるけれど，その中心となるのが「**一般保険料**」です。この一般保険料の特徴はどういう点にあるか，わかりますか？

田辺：一般保険料は，「事業主がその事業で使用するすべての労働者に支払う賃金の総額（労保徴11条2項）×一般保険料に係る保険料率（労保徴12条）」で算出されます（労保徴11条1項）。この保険料率は，保険関係の成立の仕方によって異なりますが，労災保険と雇用保険の双方の保険関係が成立している事業にあっては労災保険率と**雇用保険率**を加えた率となります。健康保険とか厚生年金保険の場合，毎月支払われる個々人の給与から保険料が計算されることになっていますが，労働保険の保険料は，全従業員の賃金の総額がベースになっている点に特徴があるような気がします。

新町：そうなんだ。いわれてみれば，業務災害・通勤災害に遭うリスクは個人の給与とは無関係ですもんね。

香里：そうね。では，労災保険率はどのように決まりますか？

田辺：**労災保険率**は，事業の種類ごとに過去の災害率などを考慮して定められることになっています。この中には通勤災害と二次健康診断等給付（事業主が実施する定期健康診断などで脳血管疾患，虚血性心疾患などに関連する項目で異常の所見があると診断された労働者に対して，その請求に基づいて行う検査・上記疾病の予防のために医師が行う保健指導）に係る率（非業務災害率）として，1000分の0.6が一律に含まれています（労保徴則16条2項）。
また，同じ事業でも事業主がどれだけ災害防止の努力を行ったかによって災害の発生率は違ってきます。事業主の災害防止努力を助成するために，一定規模の事業において個々の事業の災害発生，保険給付の多寡に応じて保険率・保険料額を一定範囲で増減させる制度（**メリット制**）が採用されています。

香里：じゃあ，実際に労災保険率表を見てみましょうか（2018〔平成30〕年4月1日

図表 5-1　労災保険率表（平成 30 年度）

（平成 30 年 4 月 1 日施行） （単位：1/1,000）

事業の種類の分類	業種番号	事業の種類	労災保険率
林　　　業	02 又は 03	林業	60
漁　　　業	11	海面漁業（定置網漁業又は海面魚類養殖業を除く。）	18
	12	定置網漁業又は海面魚類養殖業	38
鉱　　　業	21	金属鉱業, 非金属鉱業（石灰石鉱業又はドロマイト鉱業を除く。）又は石炭鉱業	88
	23	石灰石鉱業又はドロマイト鉱業	16
	24	原油又は天然ガス鉱業	2.5
	25	採石業	49
	26	その他の鉱業	26
建 設 事 業	31	水力発電施設, ずい道等新設事業	62
	32	道路新設事業	11
	33	舗装工事業	9
	34	鉄道又は軌道新設事業	9
	35	建築事業（既設建築物設備工事業を除く。）	9.5
	38	既設建築物設備工事業	12
	36	機械装置の組立て又は据付けの事業	6.5
	37	その他の建設事業	15
製　造　業	41	食料品製造業	6
	42	繊維工業又は繊維製品製造業	4
	44	木材又は木製品製造業	14
	45	パルプ又は紙製造業	6.5
	46	印刷又は製本業	3.5
	47	化学工業	4.5
		⋮ 中略 ⋮	
	58	輸送用機械器具製造業（船舶製造又は修理業を除く。）	4
	59	船舶製造又は修理業	23
	60	計量器, 光学機械, 時計等製造業（電気機械器具製造業を除く。）	2.5
	64	貴金属製品, 装身具, 皮革製品等製造業	3.5
	61	その他の製造業	6.5
運　輸　業	71	交通運輸事業	4
	72	貨物取扱事業（港湾貨物取扱事業及び港湾荷役業を除く。）	9
	73	港湾貨物取扱事業（港湾荷役業を除く。）	9
	74	港湾荷役業	13
電気, ガス, 水道又は熱供給の事業	81	電気, ガス, 水道又は熱供給の事業	3
その他の事業	95	農業又は海面漁業以外の漁業	13
	91	清掃, 火葬又はと畜の事業	13
	93	ビルメンテナンス業	5.5
	96	倉庫業, 警備業, 消毒又は害虫駆除の事業又はゴルフ場の事業	6.5
	97	通信業, 放送業, 新聞業又は出版業	2.5
	98	卸売業・小売業, 飲食店又は宿泊業	3
	99	金融業, 保険業又は不動産業	2.5
	94	その他の各種事業	3
	90	船舶所有者の事業	47

資料出典：厚生労働省公表の資料を基に作成

改訂)。新町君,何か感想はない?

新町:う〜ん…やっぱり,災害の危険が大きい業種では保険率は高く,そうでないところは低くなっていますね。

香里:大学は,この表のどこに入るかな?

新町:ええと,この表の中には教育機関って項目がないから,「その他の各種事業」に含まれるのかな。ということは,保険率は1000分の3ですね。でも,大学ではほとんど労働災害なんて起こらないし,そういう事業の事業主にとっては保険料をただただ納めさせられている感じで負担ばっかり増えるような気がします。

香里:それがまさに保険という仕組みの大きな意義ね。実際に事故は起こしていないけれど,これらの事業も,他の事業から大きな便益を受けているわけで,事故がないから保険料を納めなくていいというわけではないの。実は労災保険も,全事業主から薄く・広く保険料を徴収して,いわば「財政調整」をやっているということ。さて,メリット制について,何か問題はありませんか。

田辺:よくいわれているのは,いったん事故を起こしてしまうと保険料が大きく跳ね上がるため,「労災隠し」につながりやすいとか…。

新町:安全衛生に力を注ぐと,それだけ業務上の事故や疾病が減って保険料が安くなるメリット制にも,問題点があるんですね。

田辺:なお,メリット制に関連して興味深い事件が最近ありました。メリット制の適用を受ける事業主(特定事業主)が,自分のところの労働者(医師)の疾病について業務上認定を受けたため保険料が大きくはね上がったことに関連して訴えた事件で,裁判所は上記の使用者には原告適格があるが,その特定事業主は労働保険料の認定処分の取消訴訟において,保険給付の支給処分の違法性を主張することはできないとされました(東京地判平29・1・31判時2371号14頁,東京高判平29・9・21労経速2341号29頁)。このように判例では,使用者が,行政側の業務上認定処分を争うことを否定する結論になっています。労災保険給付の支給を安定的に保障するという労災補償制度の趣旨からすれば妥当な判断であると思われます。

5-4 業務災害の認定

5-4-1 業務災害とは

> 香里がセミナー室のドアを開けると,千里も座っていた。

千里:あっ,先生,こんにちは!
香里:あら,千里さん。どうしたの?
千里:ヤダ先生,冷たいなぁ。もちろん今日のゼミを聞きに来たんです。新町さんから,今,労災保険をやってるって聞いて。私もパン屋でバイトしてるから,もしかしたらヤケドとかするかもしれないし。
香里:うん,それはあるかもね。ちょうどいいわ,今日は業務災害についてなのよ。
千里:新町さん,さっきまで図書館で調べ物してたから,今日はきちんとレポートできると思いますよぉ〜。
新町:余計なこといわないでくれよっ! っていうか千里さん,今日バイトじゃなかった??
千里:いいのいいの。店長が一番人気のパンのレシピをなくして,今日は臨時休業なんです。
田辺:あらら…。
香里:さて,労災保険の給付は,労働者に生じた負傷・疾病・死亡などが,「**業務上の事由**」または「**通勤**」によると認定されたときにだけ,受けとることができます(労災7条1項1号・2号)。だから,業務上・外認定の問題は,通勤災害の認定とともに労働者にとってとても重要な意義を持つわ。まず問題となるのは,労災保険法1条の「業務上の事由」の概念と,労働基準法75条以下の「業務上」の概念が同じものかどうかということなんだけど,田辺さん,お願いします。
田辺:労働基準法は使用者個人が補償を引き受けているにすぎないと考えれば,事業主全体で補償を負担する労災保険法の「業務上の事由」の方が労働基準法の「業務上」よりも広いと考えることもできそうですね。
　でも,労災保険法・労働基準法による労働災害に対する補償は,どちらも使用者の責任に基づく補償という点で法理的には異ならないし,労災保険法12条の8第2項が,労災保険の保険給付(傷病補償年金〔→5-7-8〕および介護補償給付は別〔→5-7-5〕)を労働基準法の災害補償の事由が生じた場合に行

うと規定しているので，両者の内容は同じだと考えるのが素直な解釈だと思います。
新町：僕も田辺さんに賛成です。でも，調べてみると「業務上」の概念は，思った以上に広いんですね。

5-4-2　業務上・外の判断基準

香里：それでは新町君に調べてきたことを報告してもらいましょうか。
新町：はい。行政解釈も判例も，**業務上の認定**には，①**業務遂行性**と②**業務起因性**という概念を用いているみたいです。①の業務遂行性とは，使用者との労働契約に基づく指揮命令の関係にあることで，最高裁も，次のように判示しています（最判昭59・5・29労判431号52頁）。

> 労災保険法の保険給付の対象となるには，それが業務上の事由によるものであることが必要であるが，「そのための要件の1つとして，労働者が労働契約に基づき事業主の支配下にある状態において当該災害が発生したことが必要である」。

香里：②の業務起因性とは，何かしら？
新町：これは通常，業務と傷病等との間の**相当因果関係**として理解されています。
千里：ソートーインガカンケイ？
香里：ざっくりいえば，労働者がケガをしたときに，そのケガ（結果）が仕事上負ったもの（原因）だと考えるのが，社会的に見て普通だっていうことよ。
田辺：行政解釈では，それは業務と傷病との間の条件関係（あれなければ，これなし。*conditio sine qua non*）を前提にするが，それがあるだけでは十分ではない，とされています。通常は，業務に内在または随伴する危険が具体化・顕在化したような場合に，相当因果関係があるとされ，きわめて偶発的な事故，たまたま通りすがりで遭遇したような事故は除かれます。
千里：うう…ラテン語まで出てきてわからないわ。
新町：その仕事をやれば負うかもしれないケガを実際に負った，ということでしょ。さっき千里さんがいってたように，パン屋で働いてヤケドしたら，相当因果関係ありと判断されるんじゃないかな。

香里：そういうこと。では次に，業務上といえるためには，①遂行性と②起因性の両方がなければいけないのかしら？

田辺：業務遂行性と業務起因性の２つの概念の関係をどのように捉えるか，ということですね。かつてこの２つの概念はそれぞれ独立の２要件であると考えられていましたが，今では，業務上といえるためには業務起因性があればよいと考えられています。ただ，業務起因性を判断するには，その前提として業務遂行性の存否が問題になるようですね。

新町：じゃあ，やっぱり両方必要ってことなのかな…。

香里：まぁそうなんだけど，今は両者をそれぞれ別々に考えるのではなく，遂行性の有無→起因性の有無の順で判断しているってわけ。もちろん，業務遂行性があっても業務起因性がないケースは数多くあります。

5-4-3　業務遂行性の認められる場合の諸類型

香里：それでは業務災害の具体例を，その判断基準を明らかにしながら検討していきましょうか。田辺さん，いいですか。

田辺：まず，典型的なケースとして就業時間中の災害についてです。作業中の災害の場合，業務起因性があると推定されるので，特別の事由がないかぎり業務上と認められます。特別の事由とは，労働者の積極的な業務逸脱行為，恣意的行為，私用行為などをいいます。

千里：マジメに働いてれば問題ないのね。でも，ついうっかりよそ見してケガしちゃうってこともありそうだけど。

香里：そうね。労働者に過失があった場合はどうなるかしら？

田辺：労働者側の過失も，業務災害の認定には影響はしません。でも，重大な過失

があれば，給付制限の対象になりますね。

香里：労働者が災害をこうむったときに行っていた行為が，本来の業務といえないような場合はどう？

田辺：その労働者の職務内容や，おかれていた客観的状況から合理性，必要性が認められる場合には，その行為の際の災害も特段の事情がないかぎり，業務起因性が認められます。逆からいえば，その行為に合理性，必要性が認められない場合には，業務逸脱行為あるいは単なる私的な善意行為として業務起因性は否定されます。

千里：例えばどんなケースが考えられるのですか？

新町：これ，さっき図書館で調べたんだ。自動車運転の助手が積荷で切断してしまった電線を修理する際の感電死は，被災者がその措置を採ることに合理的と認めるべき事情があったとして，業務災害と認められているよ（昭26・12・13基収5224号）。

香里：では，労働者が作業を中断していた場合の災害はどうですか？　作業を中断していたら業務遂行性がないということで労働災害は認められないのかしら。

田辺：就業中に労働者がトイレに行くとか，水を飲みに行くために一時的に作業を中断する場合があります。これらの行為は厳密には業務行為とはいえませんけど，業務に付随する行為とみることができますから，中断中に災害が発生したときも，労働者本人の恣意的行為あるいは私的逸脱行為など，業務起因性を否定する特別の事情がないかぎり業務上と認められています。

5-4-4　就業時間外の災害

香里：就業時間外の災害，休憩時間中の災害はどのように判断されているかしら？

田辺：これらの災害の場合，労働者は業務を行ってはいないのですが，使用者の施設管理下にあるかぎり，なお使用者の支配下にあるとして業務遂行性が認められています。つまり，使用者の支配下にあることに起因する災害は，就業時間外や休憩時間中に生じたものであっても業務起因性があり，業務上とされることになります。

新町：これも，すごい事例がありましたよ。昼食中に岩石が落ちてきて死亡したケースです。危険な作業環境で不完全な施設の下にあったことに起因するとして，業務上とされました（昭27・10・13基災収3552号）。

千里：休憩中に外食に行くこともありますよね。

香里：食事のための外出は，使用者の施設管理下にはないから業務遂行性はなく，事故にあっても業務上とは認められないことになるわ。

千里：え〜っ？　そうなんですか??　気をつけて外出します。

5-4-5　出張中の災害

香里：出張中の災害については，どうですか。

田辺：出張の場合，特別の事情のないかぎり出張過程全体について使用者の支配下にあるとして業務遂行性が認められることになっています。そして労働者が合理的な順路，方法で出張途上にある場合には，私的な行為（飲食，宿泊等）によって生じた災害についても，それが出張に通常伴う範囲内のものであれば，一般に業務起因性が認められます。

香里：新町君，出張中の事例についても，調べてきてくれたかな？

新町：はい，なかなかのツワモノがいました。泥酔して吐きそうになって旅館2階の窓から身を乗り出して転落するという…。これは業務外とされました（昭53・10・31労働保険審査会裁決集昭和53年度下127頁）。

千里：もう最悪っ！

田辺：裁判例では，出張で宿泊した簡易保険の保養センターで，食事の際に懇親を兼ねて飲酒した後，階段で転んで死亡した事故について，階段での転倒時に被災者が特に積極的な恣意的行為に及んでいなかったとして業務起因性を肯定しているものがあります（福岡高判平5・4・28労判648号82頁）。

香里：この裁判例の原審は，階段での転倒がお酒の飲み過ぎによるもので業務逸脱行為があったとしたのよね。いずれにしても事実関係をどう捉えるかが結論を左右するわけです。微妙な問題ですね。

5-4-6　運動競技会等への出場，会社主催の慰安会への参加

香里：日本では，会社が主催する運動競技会や慰安会も少なくないですが，それらの行事に参加したときに生じた事故はどのように扱われることになりますか？

田辺：行政解釈は，運動競技会に出場中の災害が業務上と認められるためには，それに労働者を出場・参加させることが事業の営業政策または業務管理のために社会通念上必要と認められるものでなければならないという立場をとって

います。
　また会社主催の慰安会への参加について，行政解釈は，この種の催しの世話役が職務の一環として参加する場合には業務遂行性が認められても，それ以外の労働者の場合には参加することに使用者の特命があるなど特別の事情のないかぎり通常は業務遂行性が認められないという立場をとっています。会社主催の慰安旅行で乗った船が沈没して参加者が溺死したケースでは業務外とされました（昭22・12・19基発516号）。

千里：なんて悲劇的な…。

香里：取引先，得意先などとの単なる親睦のための行事参加も，業務とは認められないのね。会社の取引先とのゴルフコンペに出席する途中で会社専務が交通事故死したケースも，業務外とされました（前橋地判昭50・6・24労判230号26頁）。

新町：でも，会社の取引先とのゴルフコンペをただの親睦だというのは少しかわいそうだな…。

千里：そうよ。会社のために休日を拘束されて，しかも参加しないと仕事をもらえないってこともあると思うわ。

香里：確かにそのとおりだけど，どこかで線を引くとなると，直接取引と関係のある行為なのか，主として親睦，娯楽かどうかが分かれ目になるということかな。同じことが接待の場合の2次会，3次会への参加についてもいえるわ。

5-4-7　他人の暴行

香里：他人の暴行などによる災害はどうですか？

田辺：電車の駅員が酔っ払いに殴られてケガをするようなケースですね。労働者が就業時間中に他人から受ける暴行・傷害も，業務と関連していると見られる場合があります。この場合は，職場での人間関係や第三者との職務上の関係から生じる「業務危険」（業務に内在または随伴する危険〔→5-4-2〕）の一種として，業務と相当因果関係があるとして業務上とされています。ただそれが，業務に関連しているように見えても，加害者・被害者間の私的な関係（私怨・怨恨等）に起因していると考えられるような場合，被害者が職務上の限度を超えて相手方を刺激し，挑発したような場合には業務に起因したとみることはできないことになります。

新町：でも，恨みがあったかどうかなんて，周りにはわかりにくいですね。

香里：だから，職場での暴行・傷害について業務上認定を考えるには，その暴行・傷害が起こった経緯・事情を細かく見て，加害者・被害者間に私的な怨恨等がなかったかどうか，被害者が職務上の限度を超えて相手を刺激し，挑発したようなことがなかったかどうかを検討する必要があるわ。建築現場付近で起こった大工のけんかによる死亡事故について，最高裁の判例がありますね（最判昭49・9・2民集28巻6号1135頁）。この事件で最高裁は，この大工のけんかを業務上とは認めなかったのですが，最近，競馬場で勝馬投票券購入のためのマークシート記入方法などの案内を行う若い女性係員（マークレディ）が，同じ職場で勤務する男性警備員に一方的な恋愛感情のもつれから出勤後に殺害されたケースで，被災者の業務には男性警備員のストーカー的行動を引き起こす業務に内在していた危険が現実化したものとして業務上と認めるものがあります（大阪高判平24・12・25労判1079号98頁）。

5-4-8　天災地変等による災害

田辺：天災地変等による災害も，そうした災害をこうむりやすい業務上の事情があって被災したような場合には，業務に伴う危険が具体化したものとして業務起因性が認められることになります（例えば，落雷による屋根大工の感電死，漁船員の台風による遭難など）。

香里：阪神・淡路の大地震や東日本大地震の際の被災事故についても，この原則が適用されていますね（昭49・10・25基収2950号，平23・3・11基労補発0311第9号）。

5-4-9　原因が不明なケース

香里：職場で死亡事故が起こったけれど，なぜそうした死亡事故が起こったのか不明な場合もあります。この場合はどのように判断していますか？

田辺：はい。間接的な関係事実等に基づいて，経験則上もっとも合理的な推論を行うことによって業務（事業施設，職場環境等）が災害（死亡事故）の相対的に有力な原因であるという蓋然性が立証できれば，業務上と認められることになります。例えば船の甲板で掃除をしていた人が，後に溺死体で発見されたような場合，何らかの理由で川に落ちて溺れたと推測されるようなケースですね。

5-5　業務上の疾病

香里：さあ，次のテーマは**業務上の疾病**です。労働基準法は，業務上の疾病の範囲を命令で定めることとしています（労基75条2項）。この「命令」がどれか，わかるかな？

新町：労働基準法の下位法規だから…「労働基準法施行規則」ですか。

香里：正解！　労基法施行規則は，業務の内容，職場環境，取扱物質などに起因して医学経験上あらわれる蓋然性の高い特定の疾病を，主として有害因子ごとに分類し，次にその分類項目を細分化する形で，業務上とされる疾病を列挙しています（労基則35条，同別表第1の2）。こうして細かく列挙している意味は，どこにあるのでしょうか？

田辺：列挙されている疾病については，労働者が，特定の業務に従事していてその疾病にかかったことや，その業務が内容，従事期間などの点で疾病を引き起こすのに十分なものであることを立証すれば，特段の事情がないかぎり業務起因性が推定されるということでしょうか。

香里：そう，労働者側の因果関係を立証する負担を軽くしているのよ。では，労働基準法施行規則別表第1の2第11号は，「その他業務に起因することの明らかな疾病」を業務上疾病として掲げていますが，これはどういう意味かしら？

田辺：別表に挙げている業務上疾病は，限定列挙でなく単なる例示だということです。この別表に載っていない疾病も，業務上疾病として補償の対象になるということですね。

　　　ただ，それらの疾病については，列挙されている疾病とは違い業務起因性についての推定が働きません。だから，補償給付の請求者側（労働者側）が業務との因果関係を具体的に立証しなければならないことになります。

香里：この「その他業務に起因することの明らかな疾病」に関して大きな議論となったのが，中枢神経や循環器疾患（脳卒中，急性心臓死などいわゆる「**過労死**」）の業務上認定，さらには過重な業務によるうつ病の発症とその後の自殺の業務起因性の問題です。

新町：あれっ？　別表に列挙されているみたいですけど？（労基則別表第1の2第8号・9号）

香里：うん。社会的に問題になって，2010（平成22）年改正で追加されたのよ。田

辺さん，過労死とうつ病の認定基準について報告してくれる？

田辺：過労死問題については，通達が何度も改定され，今では2001（平成13）年に新しい認定基準が作成されています（平13・12・12基発1063号）。その通達では，労働時間の目安として次のような基準が示されています。

> 脳・心臓疾患の発症に影響を及ぼす業務による明らかな過重負荷として，発症に近接した時期における過重負荷のほか，長期間にわたる疲労の蓄積も考慮されるとして，①発症前1カ月間に法定労働時間を超える残業時間が概ね100時間を超える，②発症前の2ないし6カ月間に法定労働時間を超える残業時間が概ね80時間を超える月が2カ月以上あるような場合には，業務が過重であったと判断される。

田辺：**うつ病**問題については，最近従来の認定基準が改定されています（「心理的負荷による精神障害の認定基準について」平23・12・26基発1226第1号）。

香里：この新しい認定基準では，心理的負荷評価表がわかりやすく36に分類整理され，パワー・ハラスメント，いじめ，あるいはセクシュアル・ハラスメントについても心理的負荷の総合評価の視点が具体的に示されていますよ。

5-6　通勤災害保護制度

5-6-1　通勤災害と労災保険

新町：先生，そもそも通勤途中の災害を労災保険の対象にする理由はどこにあるのでしょうか？　昼休みに外食に行く途中の災害は業務外なのに，なんかバランスが悪いような…。通勤は，業務災害の認定基準からいえば業務遂行性がないようにも思えます（→5-4-3, 5-4-4）。

香里：田辺さんはどう思う？

田辺：確かに通勤中は仕事をしているわけではないので，厳密には使用者の指揮命令の下にあるとはいえませんけど，仕事を行うためには不可欠の行為だから，通勤を開始した時点で使用者の指揮命令の下に入ったと考えてもおかしくはないと思いますが。外国を見ても通勤災害を労災保険の対象としている国は少なくないですね。ドイツとかフランスとか…。

香里：一方で，イギリスやアメリカ，カナダなどは，依然として通勤災害を労災保険の対象としていませんね。通勤自体は業務とは関係がないという建て前を

田辺：僕の調べたところでは，1972（昭和47）年に「通勤途上災害調査会」が，通勤途中の災害を業務上災害と捉えることはできないが，最近の通勤事情から考えて，ある程度不可避的に生ずる社会的危険であり，労災保険の対象とすることが適当であるという報告書を出して，その趣旨に基づいて通勤災害保護制度がその年の12月1日から施行されたようです（労災保険法による）。

香里：よく調べてきてくれたわ。大事な点は，あくまで通勤災害「保護」制度であって，労働基準法で規定されている補償制度とは関係はないということかな。通勤災害は労働基準法上の「業務上」災害ではないので，被災者には労働基準法19条の解雇制限規定の適用はないけど，もちろん，労働契約法16条の解雇権濫用法理の適用はあるわよ。

5-6-2 「通勤による」災害

香里：それでは「**通勤による**」災害（労災7条1項2号）がどのように認定されるか，具体的に見ていくことにしましょうか。

田辺：はい。通勤に通常内在・随伴する危険が具体化した場合に，「通勤による」災害として認められることになります（昭48・11・22基発644号，平3・2・1基発75号）。通勤時の交通事故が典型的ですが，以下のようなケースも通勤災害とされています（昭49・3・4基収69号，昭49・6・19基収1276号）。

・駅の階段から転落した場合
・歩行中にビルの建設現場から落下してきた物によって負傷したような場合
・労働者が帰宅途上夜道で強盗に襲われたり痴漢にあったりして負傷したような場合

香里：これに対して，通勤途中の労働者が「通り魔」に襲われて次々と負傷したケースでは，通勤に通常伴う危険が具体化したというよりも，通勤途中で偶発的に生じたものにすぎないので，通勤災害とは認められないとされています（昭50・6・4基収753号，昭52・8・10裁決）。

新町：でも，昼食中に岩が落ちてきて死亡したなんていうレアケースも，業務災害と認められてましたよね（→5-4-4）。通り魔に遭う確率も，それとたいして変わらないんじゃないかなあ。どうせなら，こういう場合も保護してほしいな。

香里：新町君の考えだと，被災者と加害者との間に私的な怨恨があるとか，災害の

発生が被災者本人の積極的な恣意的行為によるといった事情がないかぎり，通勤災害の成立を認めるべきってことになるわね（→5-4-7）。

5-6-3 「通勤」の意義

香里：「通勤」について，法律はかなり詳しい定義規定をおいていますね。

田辺：「通勤」は，「労働者が，就業に関し，次に掲げる移動を，合理的な経路及び方法により行うことをいい，業務の性質を有するものを除くものとする」と定義されています（労災7条2項）。そして，ここでいう「移動」については，以下の3つが挙げられています。

① 住居と就業の場所との間の往復
② 厚生労働省令で定める就業の場所から他の就業の場所への移動
③ ①に掲げる往復に先行し，または後続する住居間の移動
（厚生労働省令で定める要件に該当するものに限る）

香里：この②と③は，2005（平成17）年の労災保険法の改正で新たに設けられたものですね。

田辺：はい。②は労働者が2箇所以上の職場で就労している場合（マルチ・ジョブ・ホルダー）に職場間の移動を通勤災害として認めるためのもの，③はいわゆる単身赴任者が赴任先と家族がいる自宅を往復するような場合の災害も通勤災害として保護するために設けられた規定です。

5-6-4 通勤と就業関連性

香里：それでは次に，「通勤」の意義に関して具体的に問題となるケースを見ていくことにしましょうか。

田辺：「通勤」が認められるための第1の要件は，まず，住居と就業の場所との間の往復行為が，業務に就くために（出勤），または業務が終了したことによって（退勤）行われることが必要です（**就業関連性**）。

労働者が業務の終了後，直ちに自宅へ向かう場合だけでなく，終業時間前に早退する場合，昼休み等の休憩時間を利用して昼食をとりに自宅へ帰るような場合にも就業関連性が認められています。

ただ，休日（非番の日）に会社の運動施設を利用するために，あるいは労働

組合の大会に出席するために会社へ行くような場合には，就業関連性は認められません。

新町：業務終了後に，会社の施設内でサークル活動や組合活動をやることもありそうですね。

香里：そういう場合は，業務終了後，会社に残っていた時間が「社会通念上就業と帰宅との直接的関連性を失わせると認められるほど長時間」であったかどうかを基準にして就業関連性を判断しようというのが行政解釈の立場ね（昭48・11・22基発644号，平3・2・1基発75号）。概ね2時間程度が目安とされているわ。

5-6-5 住居と就業の場所

香里：「通勤」と認められるための第2の要件は，それが「住居と就業の場所との間の往復」であることです。この要件に関連して，被災者の「住居」をどのように理解するかが問題となりますね。

田辺：行政解釈では，「住居」とは，労働者が居住して日常生活の用に供している家屋等の場所で，本人の生活の拠点をいいます（昭48・11・22基発644号，平3・2・1基発75号）。また，通常は家族のいる所から出勤するけれど，別のアパート等を借りていて，早出や長時間の残業の場合にはそのアパートに泊り，そこから出勤するような場合にも，家族の住居とアパートの双方が住居と認められることになっています。

新町：でも，僕もそうですけど，毎日住居から通うとは限らないですよ。友達の家で遊んで，そのまま泊まって大学に来ることもしょっちゅうだし。

田辺：その日たまたまそこから出勤する場合は，生活の拠点といえないから住居とは認められないよ。友達の家へ遊びに行って，翌朝そこから直接出勤するケースとかだね。

香里：就業の場所については，どうですか？

田辺：就業の場所とは，業務を開始・終了する場所をいいます。労働者が本来の業務を行う工場，事務所，営業所以外に，物品を得意先に届けてその届け先から直接帰宅する場合の物品の届け先，「全員参加で出勤扱いとなる会社主催の運動会の会場」なども「就業の場所」となります（昭48・11・22基発644号）。

香里：「就業の場所」に入った時点で通勤は終わっていて，就業の場所の中で生じ

た災害は通勤災害ではないとされています。

5-6-6 合理的な経路・方法

香里：「通勤」と認められるための3つ目の要件は「合理的な経路及び方法」です。

新町：最近は，運動不足解消のために最寄駅を使わないで1駅分歩く人も多いみたいですよね。どういう場合を「合理的」っていうのかな。

香里：一言でいえば，社会通念からいって一般に労働者が用いると認められる合理的な経路および方法，ということになるけど，これじゃあんまり答えになってないかな。私も，子どもを保育所に預けてから来ているわ。通勤のスタイルは人それぞれだから，判断が難しいのよ。

田辺：先生のような，他に子どもを監護する者がいない共稼ぎ労働者が保育所，親せきなどに預けるためにとる経路は，それが遠回りに見えても全体が合理的な経路とみなされるようです。また合理的な方法については，徒歩以外に電車，バス，自動車（マイカー），自転車等の利用は一般的に合理的と認められますが，泥酔運転は合理的な方法とは認められません。

新町：泥酔運転…それはもう論外ですね。

5-6-7 通勤経路の逸脱・中断

香里：次に，通勤経路からの逸脱・中断について見ていきましょうか。

田辺：会社の帰り道に真っすぐ自宅に帰らないケースが多いようですね。逸脱とは，通勤途中に通勤と無関係な目的で合理的な経路をそれること，中断とは，通勤経路上で通勤と関係のない行為を行うことをいいます。逸脱・中断があった場合，労災保険法施行規則8条にいう「日常生活上必要な行為」に該当しないかぎり，その逸脱・中断中だけでなく，その後の行程も通勤とは認められません（労災7条3項）。

香里：以下のケースでは，逸脱・中断で通勤災害が否定されているわ。

・帰宅途中に通常の経路とは反対方向にある場所で20分ほど食事をとり，再び通常の通勤経路に戻った後の災害（昭49・8・28基収2105号）
・帰宅途中に会社の事務所と隣り合った喫茶店で親しい同僚と40〜50分コーヒーを飲みながら雑談した後，車で自宅前まで戻ったときに生じた災害（昭49・11・15基収1867号）

- 帰宅途中に自宅とは反対方向にある店で買物をするために通勤経路を離れ，40メートルほど店の方へ向かったところで起きた交通事故（札幌高判平元・5・8労判541号27頁）

新町：結構厳しい判断ですね…。会社帰りのパチンコとか，アウトでしょうね。

香里：通勤途中の「ささいな行為」，例えば，経路近くの公衆便所の利用，経路上でのタバコ・新聞等の購入，経路近くの公園での短時間の休憩などについては，逸脱・中断とは取り扱われないことになっているわ（昭48・11・22基発644号）。

5-7　労災保険給付の内容

5-7-1　労災保険の給付とその意義

セミナー室で，田辺，新町，千里が香里先生をかこんで…。

香里：今日は，労災保険給付の内容です。業務上災害に対する補償は，労働基準法と労災保険法の2つの法律に規定されていますが，現在大きな役割を果たしているのは労災保険ですから，それを中心に見ていきたいと思います。

田辺：法律が規定しているのは，①療養補償給付，②休業補償給付，③障害補償給付，④介護補償給付，⑤遺族補償給付，⑥葬祭料，⑦傷病補償年金の7種類です（労災12条の8第1項）。通勤災害にも，業務災害に準じた保険給付が支給されることになっています（労災21条）。

新町：あの…条文を見ていて思ったんですけど，④⑦以外は，労働基準法にも同じような名前の補償がありますよね（労基75条～80条）。だんだん頭がごっちゃになってきました…。

千里：ホントだ。じゃあ，労働災害にあった労働者は，労働基準法と労災保険法両方からおカネをもらえるのかしら？

新町：千里さん，欲張りだな。それはないでしょー。

香里：（笑）新町君の「それはないでしょー」を規定した条文があるわ。労働基準法の84条1項よ。労働基準法の災害補償に相当する労災保険等の給付が行われるときは，使用者は補償を行わなくていいのね。では，金銭給付の場合，給付額の算定の基礎はどうなっていますか？

田辺：労災保険法には，休業補償給付，障害補償給付，遺族補償給付などの金銭給付があります。これらについて，保険給付額を算定する場合には「給付基礎日額」という概念を用いています。「給付基礎日額」は労基法12条の「平均賃金に相当する額」とされています（労災8条1項）。

新町：バイトをかけもちしている場合もありますよね。法律では「兼業」っていうのかな。

田辺：労働者に二重の雇用関係があって，複数の使用者から賃金を得ている場合でも，労災保険の金銭給付は，労働災害あるいは通勤災害をこうむった際の使用者から支払われた賃金のみを基礎とする平均賃金によって算定されるという有名な判例があるよ（最判昭和61・12・16労判489号6頁）。

新町：例えば，XさんがK社で正社員として月に30万円，L社でアルバイトとして月に8万円を稼いでいて，L社でアルバイトをしているときに事故に遭い，休業することになると，L社で得ていた8万円をベースに給付額が算定されるんですね。

千里：え～っ！ 一気に生活がキビシクなっちゃうわ！

香里：しかも，事故でK社の仕事もできなくなったら…最悪の場合，XさんはK社で得ていた30万円の賃金も失うことになるかもしれないわ。

新町：う～ん…健康保険の傷病手当金をもらうことはできないのかな…？ （→2-2-8）

田辺：残念ながらXさんの事故は労災だから，健康保険は適用外だね（→2-2-5）。

香里：なんだか法のすき間に落ちたような感じよね。兼職，兼業が増えているといわれるし，何とかする必要がありそうだわ。次に，具体的な補償給付について見ていきましょうか。

5-7-2　療養補償給付

香里：まずは，療養補償給付と休業補償給付です（→5-7-3）。健康保険でいえば，それぞれ療養の給付と傷病手当金に当たるもので，前者は病気・けが等の治療のための給付，後者は業務災害で働けない場合の所得補償のための給付ですね（→5-7-3）。

田辺：労災保険法では，**療養補償給付**として療養の給付と療養費用の支給の2種類が規定されていますが，療養の給付（現物給付）が原則です（労災13条）。その内容は，労働基準法の場合と同じく「政府の必要と認めるもの」でなけれ

ばならず，被災労働者の傷病の治療に医学上一般的に必要であると認められるもので，療養の効果が医学上一般的に期待できるものをいうとされます（長野地判昭 34・6・9 労民集 10 巻 3 号 620 頁）。

香里：療養の給付は，いつまで行われるのでしょうか。

田辺：療養補償給付と休業補償給付は，その傷病について療養を必要としなくなるまで，つまり「治ゆ」の状態になるまで行われます。

香里：では，どのような状態を「治ゆ」と判断するのかしら？

田辺：行政解釈は「治ゆとは，症状が安定し，疾病が固定した状態にあるものをいうのであって，治療の必要がなくなったもの」としています。具体的には，①負傷については創面の治ゆ，②疾病については急性症状が解消し，慢性症状は持続しているが医療効果を期待し得ない状態となった場合をいうとしています（昭 23・1・13 基災発 3 号）。

千里：②だと，後遺症が残っていても疾病自体は治っていると考えるのね。

香里：疾病後に残された欠損状態，機能障害，神経症状などは，療養補償ではなく障害補償の対象ということね（→5-7-4）。

5-7-3　休業補償給付

新町：**休業補償給付**は，業務上災害で働けなくなった場合の所得喪失に対する補償として支給されるものです。支給要件は，労働者が①業務上の傷病による療養のため，②労働することができないことにより，③賃金を受けないこと，の 3 つです（労災 14 条 1 項本文）。

千里：「労働することができない」といっても，いろいろなレベルがありそうですね。

田辺：行政当局は，②の「労働することができない」とは，一般的に労働不能であることを意味し，災害前の労働に就けない意味ではないとしています。

新町：災害前の仕事には戻れないけど，もっと簡単な仕事ならできる場合は②の要件を満たさないので，休業補償給付は支給されないってことですね。

田辺：さらに③の「賃金を受けない」とは，賃金全額を受けない場合はもちろん，賃金の一部しか受けない場合も含まれます。

千里：賃金を受け取る場合も，休業補償給付はもらえるんですね。いくらぐらいもらえるんですか？

田辺：休業補償給付は，給付基礎日額の 60% の額です（→5-7-1）。今は，休業補

償給付の受給権者には，休業4日目から給付基礎日額の20%に相当する**休業特別支給金**（社会復帰促進等事業の1つ。→5-7-9）が支払われるので，実際は給付基礎日額の80%相当額が給付されることになっています。一部労働不能の場合には，給付基礎日額からその労働者に支払われる賃金を差し引いた額の60%に相当する額が給付されます（労災14条1項ただし書）。

新町：休業補償給付はいつから支給されるんですか？

香里：休業4日目から支給されるわ（労災14条1項）。最初の3日間は「待期期間」といって，労災保険からは給付されないの。だから，待期期間中は個々の使用者が直接，労働基準法の休業補償（労基76条）を行うことになっています。

千里：じゃ，労働基準法の補償も合わせれば，災害にあった後すぐにケアしてもらえるのね。

新町：あ，でも…賃金って1カ月単位で支払われるけど，その間には休日もあります。給付は実働日（実際に働いている日数分）のみですか？　それとも1カ月分フルにもらえるんですか？

田辺：休業補償給付は，休日や出勤停止の懲戒処分を受けた等の理由で雇用契約上賃金請求権を有さない日についても支給されるという判例があるよ（最判昭58・10・13民集37巻8号1108頁）。休業補償給付の算定の基礎になる平均賃金（給付基礎日額）は，休日等も含めて算定されるから，雇用契約上賃金請求権を有さない休日も支給対象になるね。

千里：さっき友達が，夏休みだけ短期のアルバイトをするっていってたんです。例えば，その子がバイト中にケガをして働けなくなったけど，休んでいるうちにバイト期間が終わってしまうこともありますよね。こういう場合はどうなるんですか？

新町：定年退職直前に災害にあって休むこともありそうだよね。

田辺：2人とも，安心して。保険給付を受ける権利は，労働基準法の災害補償と同じように（労基83条1項），労働者が退職しても影響を受けないことになっているんだ（労災12条の5第1項）。だから休業補償給付を受けている人が，労働契約の期間満了，定年，退職等で労働契約が終了した後も，①〜③の受給要件を満たしていれば，継続して休業補償給付を受ける権利があるよ。

香里：では，休業補償給付は死亡するまでずっと支給されると考えていいのかしら？

田辺：要件が満たされているかぎり，そうなります。でも，通常は「治ゆ（→5-7-2）」認定が行われ，その後に残った障害は障害補償給付の対象になります。

死亡したらその後は遺族補償年金に移行するかというと，これは簡単ではなくて…その業務上の傷病・障害と死亡との間に相当因果関係がなければ，遺族が遺族補償年金を受給することにはならないと思います。

5-7-4　障害補償給付

香里：次に**障害補償給付**を取り上げましょうか。この給付の支給要件と意義，その特徴などを見ていきます。

田辺：労働基準法では，業務上の負傷・疾病が治ったとき，身体に障害がある場合には，障害の程度に応じて障害補償が行われることになっています（労基77条）。「治った」ときとは，療養補償給付の「治ゆ」と同じで，症状が固定してそれ以上の治療効果が期待できなくなった場合をいいます。治ったことが前提なので，休業補償給付は打ち切られて，その代わりに障害補償給付が支給されるんですね。

香里：そうね。労災保険法の障害補償給付の支給要件も，労働基準法の要件と同じです。労働基準法の障害補償は一時金だけど，労災保険の障害補償給付は障害等級1級から7級までは障害補償年金が，8級から14級までは障害補償一時金が支給されることになっているわ。

新町：ずいぶん細かく等級を分けているんですね。障害等級は，どのように判断されるんですか？

田辺：身体障害の程度は，「**身体障害等級表**」（労基則別表第2），労災保険法では「**障害等級表**」（労災則別表第1）に被災者の障害を当てはめて決定されることになっています。等級表には，被災者の身体的生理的または精神的機能の毀損状態で労働能力の喪失・減少を伴うものが，14等級に分類・格付けされています。

香里：ただこの等級表は，被災者の年齢，職種，利き腕，経験など，被災者の職業能力にかかわる条件は，障害の程度を決定する要素として考慮されていないの。例えば，同じように小指を失ったとしても，ピアニストと一般のサラリーマンでは，ずいぶん重みが違うでしょう？　でも，障害等級表ではどちらも同じ障害等級（14級）に格付けされることになるの。

千里：それじゃピアニストがかわいそう…。サラリーマンは小指がなくてもパソコンのキーボードを打つのがちょっと大変，くらいじゃないかしら。

田辺：これは，障害補償が障害による一般的な平均的労働能力の喪失に対する損失

填補を目的とするからだと説明されているよ（昭50・9・30基発565号）。障害補償によって填補されない損害は，不法行為（民709条・715条・717条等）とか安全配慮義務違反（民415条，労契5条）を理由とする損害賠償で償ってもらうことになるね。

香里：それから，容姿に障害を負うこともあるけど，以前は女性の方が男性よりも障害等級が高くなっていたの。2011（平成23）年2月から男女の醜状障害の格差が廃止されて，男女とも著しいものは7級，相当なものは9級，それ以外のものは12級に位置づけられているわ（労災則別表第1）。

5-7-5　介護補償給付

香里：**介護補償給付**は，1995（平成7）年の労災保険法改正で労災保険の本体給付として導入されることになったものですね。

田辺：はい。障害補償年金や傷病補償年金を受ける権利を有する労働者が，これらの年金の支給事由となる障害であって厚生労働省令で定める程度のものにより，常時または随時介護を要する状態にあり，かつ，常時または随時介護を受けている間（病院・診療所に入院している間および一定の施設に入所している間は除く）当該労働者からの請求に基づいて支給されることになっています（労災12条の8第4項）。

支給額は，常時介護を要する者と随時介護を要する者で区別されています。介護保険の給付はサービス（いわゆる現物給付。→5-7-2）ですが，介護補償給付は金銭給付だという特徴があります。

5-7-6　遺族補償給付

香里：労災保険法の**遺族補償給付**は，民法の相続のルール（民882条以下）とはかなり違っているわ。田辺さん，報告してもらえる？

田辺：はい。労災保険法では遺族補償給付として遺族補償年金と遺族補償一時金の2種類を規定しています（労災16条）。

まず，遺族補償年金を受給できる遺族（受給資格者）は，労働者の死亡当時その労働者の収入で生計を維持していた配偶者（内縁の者を含む），子，父母，孫，祖父母，兄弟姉妹で，この順位に従って支給されます。遺族補償年金は，受給資格者のうち，最先順位の者にのみ与えられます。つまり，上位の受給

資格者がいる場合は，下位の者は受給できないということです（労災16条の2，同改正法〔昭40法130〕附則43条・45条）。

香里：新町君，民法の相続との違い，わかるかな。

新町：ええと…受給資格者は民法の相続人の範囲よりずいぶん広いですね。でも，「その労働者の収入で生計を維持していた」という条件があるし，資格者全員が給付を受け取れるわけじゃないから，民法より限定されているようにも思えます。

香里：それだけじゃないのよ。妻（内縁の妻を含む）以外の遺族は，労働者の死亡当時一定の年齢にあること，あるいは一定の障害状態にあることが年金受給の要件とされているの。遺族補償給付の目的は遺族の生活保障だから，自活能力のない遺族を年金受給の要件としていると説明されるわ。

田辺：最近，地方公務員の災害補償に関して，妻を公務災害で亡くした男性が，妻の場合は年齢制限がないのに，夫の場合だけそれがあるのは法の下の平等に反するとして訴えていたケースで，裁判所がそれを憲法14条に反するとしてその規定を無効とする判断を示しました（大阪地判平25・11・25労判1088号32頁）。この考え方に基づいて法律が改正されると，労災保険法，国家公務員災害補償法，さらには厚生年金保険法も影響を受けることになりそうでした。もっとも控訴審（大阪高判平27・6・19判時2280号21頁），上告審（最判平29・3・21判時2341号65頁）では，違憲の主張は認められていません。

新町：年金額は，遺族の数，妻の年齢や障害の状態によって異なるみたいですね（労災別表第1）。

香里：他の社会保障法と同じように，労災保険も内縁配偶者に遺族補償年金の受給資格を認めているけど，内縁関係が他の法律婚と重複する，いわゆる重婚的内縁配偶者については，どのような取扱いがされているかしら。

田辺：**重婚的内縁配偶者**については遺族年金とほぼ同じような判断がされていて，遺族補償年金を受給できることもあります（→4-3-9）。

千里：法律婚の妻の立場からは，なんかビミョー。っていうかおもしろくないわ。ところで妻が再婚したら，補償を受ける権利はなくなるんですか？

田辺：そうだね。遺族補償年金を受ける権利は，一定の事由がある場合（死亡，妻の再婚等）には消滅するよ（失権。労災16条の4）。この場合，同順位者がいないときには，次順位者に遺族補償年金が支給されることになるね。

香里：最後に遺族補償一時金について。これは，労働者死亡の当時遺族補償年金の支給を受けることができる遺族がいない場合，または遺族補償年金の受給権

者の権利が消滅した場合に，他に受給権者がなく，かつ，これまでに支払われた遺族補償年金の合計額が給付基礎日額（→5-7-3）の1000日分に達しないときに給付されるわ（労災16条の6・16条の8第1項・別表第2）。

5-7-7 葬祭料

香里：労災補償の1つとして，葬祭料がありますね。
田辺：労働基準法80条には，労働者が労働災害で死亡した場合，使用者は「葬祭を行う者」に葬祭料を支払わなければならないと定めていて，労災保険の葬祭料の受給権者も，労働基準法の「葬祭を行う者」と同じです。
千里：つまり，お葬式を執り行う遺族ってことですか？
香里：そうね。社会通念上，葬祭を行うべき遺族のことよ。
新町：こういう場合，会社が社葬を執り行うこともありそうですけど，会社は「葬祭を行う者」ではないんですね。
田辺：うん。会社が厚意的・恩恵的に社葬を行ったとしても，会社に葬祭料が支給されるわけではないよ。労災保険では，葬祭料（通勤災害の場合は葬祭給付）は，31万5,000円に給付基礎日額の30日分を加えた額で，この額が給付基礎日額の60日分未満の場合には，給付基礎日額の60日分が支給されるんだ（労災則17条）。

5-7-8 打切補償と傷病補償年金

香里：労働災害の中には，一酸化炭素中毒のようになかなか良くならないものもあります。このような場合に問題となるのが，労働基準法上の**打切補償**と労災保険の**傷病補償年金**です。
田辺：労働基準法には，療養開始後3年経っても業務上の負傷・傷病が治らない場合に，使用者は平均賃金の1200日分の打切補償を行って，その後の労働基準法による補償を免責されるという規定があります（労基81条）。
　労災保険の傷病補償年金は，療養補償給付（→5-7-2）を受けている労働者の傷病が，①療養開始後1年6カ月たっても治らず，かつ②その傷病が一定の障害の状態にある場合（厚生労働省令で定める傷病等級に該当すること），または療養開始後1年6カ月経過したあと①，②の要件を満たした場合に支給されるものです（労災12条の8第3項）。

香里：療養開始後1年6カ月が経過するまでは休業補償給付が支給されて，その後の判断で傷病補償年金に切り替わる，ということね。ちなみに年金額は，傷病等級に応じて3等級に区分されています。

新町：いろんな給付が出てきてこんがらがっちゃったんで，確認させてください。「療養補償給付＋休業補償給付」から，「療養補償給付＋傷病補償年金」に置き換わるってことですか？

香里：そうよ。傷病補償年金が支給される場合，必要な療養補償給付は引き続き支給されるけど，休業補償給付は停止されるの（労災18条2項）。あくまで傷病が治っていないことが前提だから，障害補償年金（→5-7-4）は支給されないわ。

田辺：なお，業務上の傷病で療養している労働者が，その療養開始後3年を経過した日に傷病補償年金を受けている場合や同日後に傷病補償年金を受けることになった場合，労働基準法81条の打切補償が支払われたとみなされます（労災19条）。

5-7-9 社会復帰促進等事業

香里：最後に，以前の労働福祉事業，現在の**社会復帰促進等事業**について見ておきましょうか。

田辺：労災保険法では，以上7つの給付に付け加える形で社会復帰促進等事業が行われています。

千里：どんな事業があるんですか？

田辺：被災者のスムーズな社会復帰を促進するための事業（リハビリテーション施設の設置など），被災者や遺族に対する援護（労災保険特別支給金，労災就学援護費，長期自宅療養者に対する介護料など），未払賃金の立替払事業などだよ。

香里：中でも重要な事業が，労災保険特別支給金の支給制度よ。これは保険給付の上積みを目的として，1974（昭和49）年に導入されたの（→5-7-3）。その当時，普及し始めていた労働協約による労災保険給付の上積み制度を取り入れた形ね。

新町：労働者にとってはありがたい制度ですね。

田辺：1977（昭和52）年からは，いわゆるボーナスなどの特別給与の額を算定の基礎とする特別支給金が設けられているよ。

香里：これらの特別支給金については，それを労災保険の本体給付との関係でどの

ように位置づけるかが問題でしょうね。

5-7-10 他の社会保険給付との調整

香里：労災保険の給付については，全部わかったかな。では最後に，他の社会保険給付との調整について考えましょう。

千里：調整??

田辺：うん。一番問題になるのは，年金保険法との関係だよ。年金保険には，障害を負ったときに支給されるものがあったよね（→4-3-6）。

千里：ああ，そうでした！

新町：ということは，労働災害で障害を負ったとき，年金保険と労災保険の両方からお金がでるのかどうか，っていう問題が起きるんですね。

香里：そう！ 同じ労働災害で労働基準法の災害補償や労災保険法の保険給付と厚生年金等の年金保険の給付が競合する場合に，両保険の間で調整が行われるの。法律の規定はどうなっているかしら？

田辺：まず，労働基準法または労災保険法の障害補償，遺族補償等が一時金の形で給付される場合には，厚生年金保険法の障害手当金は不支給となります（厚年 56 条）。また，その障害厚生年金・遺族厚生年金などは 6 年間支給が停止されることになっています（厚年 54 条 1 項・64 条）。

香里：つまり，労災補償は完全支給され，社会保険の側で調整（不支給や支給停止）を行うのね。これは一時金の場合だけど，年金の調整はどうなっているかしら？

田辺：はい。労災保険の年金と厚生年金等の年金が同一の労働災害により競合する場合には，使用者側の保険料負担の重複を避けるために，労災保険の年金額に政令で定められた調整率を乗じて，労災年金を減額支給することになっています（労災 15 条 2 項・18 条 1 項・別表第 1，なお昭 63・3・31 基発 203 号参照）。

新町：一時金とは逆に，厚生年金等を満額支給して，労災保険の方で調整しているんですね。

5-8 労災保険給付と損害賠償

5-8-1 損害賠償との調整

> また別のある日。今日のゼミ参加者は，田辺と新町の2人だけ。

香里：あら。今日は千里さんいないのね。
新町：もう前期も終わりですから。今日は学部の講義の小テストがあるって騒いでましたよ。
香里：そうなの…。今日は労災保険の給付と損害賠償との調整をやるんだけど，千里さんのいつものスルドイ突っ込みを期待してたのに。しょうがないわ，新町君，千里さんがいない分しっかりね！
新町：えっ!!

> 新町を見て見ぬふりをして，香里がゼミを始める。

香里：さて，労災保険の給付と損害賠償との調整は，まず，いわゆる「第三者災害」の場合と，そうでない「使用者災害」の場合を区別する必要があります。
新町：どうしてですか？
田辺：使用者災害は，労災保険の保険者である政府に保険料を納めている使用者自身が保険事故として労働災害を起こしたことになる。だから，「第三者災害」の場合とは違って，政府から求償（労災保険からの支出を，保険者〔政府〕が被災者に代わって加害者等に賠償請求すること）を受けないという大きな違いがあるんだよ。
香里：そうですね。それでは，まず「第三者災害」から見ていきましょう。

5-8-2 「第三者災害」

香里：「**第三者災害**」の「第三者」とは誰でしょうか？
田辺：労働災害をこうむった労働者の使用者以外の者という意味だろうと思います。労災保険法12条の4は，保険事故が第三者の行為によって生じた場合に，労災保険給付と損害賠償の二重取りにならないようにするための調整方法を定めていますが，これは被災者の二重利得を禁止するとともに，第三者に保険事故が起きた責任をきっちり果たしてもらうという趣旨なんだと思います。

香里：そうね。労災保険法12条の4第2項は，被災者が第三者から同一の事由について損害賠償を受けたときは保険給付を減額・不支給にすると定めているけど，この条文に出てくる「同一の事由」はどういう意味かな？

新町：どういう意味って…「同じ労働災害」ということじゃないんですか？

田辺：僕も最初はそうだろうと思っていたんだけど，最高裁の判例では，労災補償の対象となる損害と民法上の損害賠償の対象となる損害とが同質同一であることをいうとされているんだ（最判昭62・7・10民集41巻5号1202頁）。
この考え方だと，同じ労働災害から生じる給付と損害賠償が全体（グロス）として比べられるのではなくて，性質を同じくする給付と損害賠償の項目（費目）がそれぞれ調整されることになるね。

新町：グロス？ 費目？ 全然ワカリマセン…。

香里：もう少し具体的にいうと，総額でいくらという比較ではなくて，それぞれの給付項目ごとに，療養補償給付と医療費，休業補償給付と治療期間中労働できなかった・労働能力が落ちたための逸失利益（本来なら働いて得られたはずの利益）の喪失，障害補償給付と障害による将来の逸失利益の喪失，といった形で比較することになるってこと。慰謝料については，どうかしら？

田辺：労災保険の給付は労働者・遺族の財産的な損害の塡補が目的と考えられていますから，労働者・遺族の精神的苦痛を対象とする慰謝料は，労災保険の給付ではカバーされず，調整の対象になりません。

5-8-3 第三者災害と示談

香里：第三者災害では，被災者と加害者との間で損害賠償請求権の一部または全部を放棄するという示談が行われる場合があります。示談が被災者の労災保険給付請求権にどのような影響を及ぼすかが問題となりますが，この点について有名な最高裁の判例があるのを知ってますか？

田辺：小野運送事件（最判昭38・6・4民集17巻5号716頁）ですね。この事件は，当事者の間で示談が行われたことを知らずに政府が労災保険の給付を行い，政府が，当時の労災保険法20条1項（現在の12条の4第1項）に基づいて第三者である加害者に対して保険給付相当額の損害賠償（求償）を求めました。判旨を紹介します。

> 被害者の加害者に対する損害賠償請求権は通常の不法行為法上の債権であり，私法自治の原則からして自由に処分できる。全部または一部を自由に免除することもできる。したがって，被害者の加害者に対する損害賠償請求権が示談によって消滅してしまっている以上，損害賠償請求権が存在することを前提とする労災保険法20条1項（現在の12条の4第1項）の法定代位権の生じる余地はない。
> 労災保険制度は，「もともと，被災労働者らのこうむった損害を補償することを目的とするものであることにかんがみれば，被災労働者自らが，第三者の自己に対する損害賠償債務の全部又は一部を免除し，その限度において損害賠償請求権を喪失した場合においても，政府は，その限度において保険給付をする義務を免れるべきことは，規定をまつまでもない当然のこと」である。

田辺：最高裁の考え方だと，示談によって被災者が第三者の損害賠償債務の全部・一部を免除した場合，実際には被災者に損害の塡補がなされていなくても，被災者は「損害賠償を受けた」（労災12条の4第2項）ことになり，政府はその限度で保険給付をする義務を免れるわけです。

新町：損害賠償請求権は自由に処分できるっていう判例の言い分もわからなくはないけど…。労災保険の給付があるからいいやと思って不用意に示談をすると，痛い目にあいますね。

田辺：もっとも，行政解釈はもう少し緩やかに考えているようですね。

香里：示談ですべての損害賠償債務を免除してしまっても，障害補償年金，遺族補償年金についてはその支給停止を最大限災害発生後3年にとどめ，3年経過後は，債務免除がなかったのと同じように年金を支給することにしているわね（昭41・6・17基発610号参照）。

5-8-4 調整の対象になる受給権者の範囲

香里：さらに，実務で重要な問題となるのは，調整の対象になる受給権者の範囲をどのように考えるかです。
　　　第三者の行為によって労働者が負傷・疾病をこうむり，あるいは後遺症（障害）が残ったような場合には，被災者自身が労災保険給付の受給権者であり，かつ損害賠償請求権者となるので問題は起こらないけれど，被災者が死亡した場合には，遺族補償給付の受給権者と損害賠償請求権者（民法上の相続人）

　　　　が一致しないことがあるわ。
　　　　この場合，受給権者に支給された遺族補償給付が，受給権者ではない相続人の損害賠償額にどのような影響を及ぼすかが問題となるのよ。
田辺：この点について，かつて下級審の裁判例は対立していましたが，最高裁は，山崎鉱業所事件（最判昭37・4・26民集16巻4号975頁）で労災保険法に基づいて妻に支給された遺族補償の額が，同一事故について妻が使用者に対して持つ損害賠償請求権の額を超える場合でも，妻以外の遺族は，そのことと関係なく，使用者に対して不法行為による財産的損害の賠償を求めることができるとして，受給権者（妻）以外の相続人の損害賠償額から労災保険給付額を控除することを認めませんでした。
香里：判例の立場では，第三者の損害賠償責任の減免は，労災補償給付の受給権者と相続人が一致する場合のみ行われることになりますね。

5-8-5　使用者災害

香里：それでは，最後に使用者災害について見ることにしましょうか。
田辺：使用者災害に関しては，ドイツやフランスのように，労災保険を給付する場合は民法上の損害賠償請求権をほぼ全面的に認めない国もありますね。
新町：使用者自身が労働災害を起こした場合，被災者は労災保険から給付をもらえるだけで，使用者への損害賠償は認められないんですか…。ドライな考え方だなぁ。僕としては，使用者が悪いんだからむしろたくさん賠償してほしい！って思いますけどね。
田辺：初回のゼミでやったけど，労災保険は使用者に過失があるかないかに関係なく，労働者が業務上の災害にあった場合に補償をする制度だよね（→5-1）。これらの国では，使用者に無過失責任を課していることとの釣合い・バランスをとるために，使用者が故意に労働災害を引き起こしたような場合を別にして，使用者の損害賠償責任を免除しているってことだと思うよ。
香里：相当思い切った考え方よね。労働災害には労災補償だけということですから。それでは，日本ではどうなっていますか？
田辺：日本では，労災保険の給付と使用者への損害賠償請求権の併存を認めています。だから使用者災害についても，両者の調整をどのように行うかが問題となるんですね。
香里：そうね。労災保険の給付と使用者の損害賠償責任との調整は，労働基準法

84条2項を類推適用することで行われているわ。つまり，労災保険の給付が行われた場合，使用者は，「同一の事由については，その価額の限度において」だけ，民法による損害賠償の責任を免れることになるの。

新町：よかった。やっぱりドイツやフランスの考え方はドライですよ。

香里：労災保険の給付が年金で支給されていると，今までにもらった額はまだ少ないけれど，将来的にはものすごい額を受け取ることになる，という場合があるわよね。このような，いわゆる将来の年金給付はどのように扱われますか？

田辺：最高裁は，第三者災害の場合と同じように（最判昭52・5・27民集31巻3号427頁），損害賠償額からの控除は現実に行われた保険給付に限られ，将来の年金給付は，たとえその支給が確定されていても控除の対象にはならないとしました（三共自動車事件・最判昭52・10・25民集31巻6号836頁）。
この考え方だと，被災者は使用者に対して，すでに受給した保険給付でカバーされた部分を除くすべての損害を賠償請求し得ることになります。逆から見れば，使用者は労災保険の保険料を払ってきたのに，さらに多額の損害賠償義務を負うことになるわけですね。

香里：だから，労災民事訴訟で1億円を超えるような高額の賠償が認められるケースがあるのね。

新町：大企業ならともかく，中小企業だったら大変ですね。

田辺：その点を考慮して，1980（昭和55）年の労災保険法改正で使用者（事業主）の損害賠償の履行猶予制度が設けられました（労災附則64条1項）。でも，労災民事訴訟の多くのケースでは，この制度はあまり機能していないようです。判例で，この制度に基づいて被告側の支払猶予の抗弁を認める例もありますが…（津地判平29・1・30労判1160号72頁）。

香里：労災民訴で高額の賠償金が認められるのは，被害者にとってはいいことだけど，使用者にとっては労災保険があまり役に立っていないのではないかという面もあるわ。その意味で，この「調整」の問題はまだまだ課題として残っているといえますね。

第6章　雇用保険

6-1　雇用保険制度

6-1-1　雇用保険制度の意義と沿革

　駅から大学に向かう道。新町は香里が少し前を歩いているのに気づいた。

新町：香里先生，おはようございます。
香里：あら，新町君，おはよう。先週は東京に行っていたのよね。
新町：ええ。東京では先輩や友人にも会ったのですが，ゼミの先輩の水泳部だった人，入社2年目でもう会社を辞めたんだそうです。
香里：ああ，百貨店に就職した彼ね。辞めて，どうしてるの？
新町：百貨店のおもちゃ売場で学んだノウハウをもとに，ネットビジネスを始めるみたいです。といってもまだ何も具体的には進んでなくて，今は「失業手当」を「失業保険」からもらっているそうです。社会保障法専攻の大学院生らしく，それは基本手当で，雇用保険法に基づいて支払われているんだって，ちゃーんと訂正しておきました！　失業保険法なんて法律はないのに，失業保険とか失業手当とか，みんなテキトーに使いますよね。
香里：そうね（笑）。でも，失業保険法って法律があったことは，知ってるよね。
新町：あれっ，ええ，まあ，もちろん（汗）。いつ頃のことでしたっけ？
香里：失業保険法は1947（昭和22）年に，失業者に対する生活保障のために制定されました。当時は戦後で，求人がとても少なかったから，失業者に対する生活保障が重要だったのよね。その後，社会経済が発展すると労働力が不足するようになり，将来的には高齢社会に移行することも予測されたので，失業保険制度の見直しが検討されるようになったの。オイルショックも，失業保険制度のあるべき姿を議論するきっかけになったわ。そして1974（昭和49）年に成立したのが，雇用保険法。新しい法律は，失業時の生活保障を行うだけじゃなく，労働者に最も望ましい雇用の状態を確保するためのものであるべきである，失業の予防など雇用構造の改善も雇用保険の役割であると…。
新町：（あ～失敗した。なんで朝から授業モードやねん。あっ，ちょうどいいタイミングで千里さん発見！）千里さーん，おはよう！　いま，失業しても「失

業手当」はもらえない，って話を先生としていたんだ．わかるかな？

千里：香里先生，新町さん，おはようございます．その話，聞いたことがあります．アルバイトや業務委託で働く人は，失業したときに失業保障が受けられない場合もあるそうですね．それから，失業状態が長く続いた場合も失業保障がなくなってしまうとか．諸外国と比べても，日本は保障を受けられない人の割合が高い，と聞きました．

香里：アルバイトを掛け持ちしている人（ダブルワーカー）や業務委託で働く人は，雇用保険の被保険者になれず，失業保障がない場合があるわね．そのことは問題だけど，雇用保険には，失業時の生活保障のための給付だけじゃなく，失業予防的な給付や就職支援の給付もあるし，制度的にはいろいろ頑張っているのよ．あらっ，新町君がいなくなっちゃったわ!?

6-1-2 雇用保険の適用事業

セミナー室にて．

香里：今学期は雇用保険からです．まず，雇用保険の適用事業について説明してください．今朝の様子だと，予習はばっちりよね？ 新町君！

新町：は，はい，まあ．雇用保険法では，労働者が雇用される事業が適用事業となります（雇保5条1項）．ただし，農林水産業の個人事業のうち常時5人以上の労働者を雇用する事業以外のもの，例えば家族経営の農家などは，暫定的に任意適用となっています（雇保附則2条1項）．

香里：例外はありますが，原則は労働者を1人でも雇用すれば適用事業となるわけですね．健康保険の適用事業所と比べると（→2-2-2），広いです．業種で，何か違いはありますか？

新町：はい，保険料が違います．農林水産，清酒製造業，建設業の雇用保険率は，他の事業よりも高くなっています．これらの事業は季節的雇用が多く，その分，失業リスクも高いからです．失業のリスクを考慮して，給付と負担の均衡を図ろうとする考え方は，労災保険に共通するといえそうです．

田辺：そうはいっても，雇用保険では過去の失業を考慮しませんよね．労災保険のように過去の災害率を考慮する方法は（→5-3-2），採ることはできないのでしょうか？ 離職者を多く出している事業主の保険料率は引き上げるのが，均衡という点からは妥当なのではないでしょうか？

香里：労災保険の保険料は，事業主が単独で負担しますが，雇用保険の保険料は，雇用安定事業等に係る部分（→6-4-1）を除き，労使折半です。保険料率が上がると，労働者の負担も増えてしまうので，そう考えると，過去の離職を考慮する方法は採りにくいでしょうね。

6-1-3 保険者と被保険者

香里：雇用保険の保険者は，どのようになっていますか？

新町：雇用保険は政府が管掌する保険で（雇保2条1項），政府が保険者です。

香里：労災保険と同様，全国一律・単一の制度ですね。では実際に雇用保険の事務を行っているのは，どの機関ですか？

新町：国の機関としては厚生労働省ですが，各地では**ハローワーク**（公共職業安定所）が雇用保険事務を担当しています。マザーズハローワークというのも，ハローワークの一種ですか？

香里：マザーズハローワークは，子育て中の人向けのハローワークで，チャイルドコーナーがあったり，育児と両立がしやすい仕事を紹介してくれたりと，独自のサービスを提供しています。新卒学生や第二新卒の人を対象とする新卒応援ハローワークも，あるんですよ。

田辺：子育て中の人や新卒者，リストラされたサラリーマンでは，それぞれ希望する職種や雇用形態が違いますよね。対象をしぼることによって，ニーズにあった的確な職業紹介が受けられそうです。

香里：ハローワークは，雇用保険の給付を行う機関としても，職業紹介・指導を行う機関としても，重要な役割を担っています（職安8条参照）。
新町君，続けて雇用保険の被保険者の範囲を説明してください。

新町：はい。被保険者は，適用事業に雇用される労働者で，適用除外にあたらない者です（雇保4条1項）。適用事業は，先ほど説明したとおりです（→6-1-2）。零細企業の労働者も，被保険者になります。
適用が除外されるのは，週所定労働時間が20時間未満である者，同一の事業主の適用事業に継続して31日以上雇用されることが見込まれない者，学生などです（雇保6条）。これらの者は，被保険者となりません。ただし，日雇労働被保険者（→6-2-2）に該当する場合は，別です。

田辺：短時間のパートや学生のアルバイトはその収入だけで生活を支えているというわけではないでしょうから，適用しなくてよいということですかね。

ダブルワークの場合，週所定労働時間は合算されますか？

香里：加入要件の週所定労働時間は適用事業ごとに判断されます。合算はされません。

田辺：実際には週30時間や週40時間働いていても，1つの場所での週所定労働時間が20時間未満であれば雇用保険の被保険者になれないわけですね。それは大変だ。

新町：学生アルバイトだって，バイトをクビになったら大変です。すぐに次のバイトが見つかる保障もないし，学生アルバイトにも「基本手当」があるといいですね。保険料を払うのは嫌ですけど。

田辺：保険料を払わないで給付を受けようという発想はどうかと思いますし，そもそも老舗和菓子屋の御曹司の新町君がバイトをクビになっても生活に支障が出るとは思えませんが…。でも新町君は別として，学費や生活費を稼ぎながら大学で勉強している学生もいることは，事実です。

香里：学生でも，休学中の人や定時制課程に通っている人などは，雇用保険の被保険者になります（雇保則3条の2）。昼間学生の新町君は被保険者になりませんし，昼間学生の本業は学業ですから，バイトを辞めても雇用保険法の「失業」の定義（→6-3-1）に該当しないでしょうね。

6-2 雇用保険給付

6-2-1 基本手当

新町：雇用保険給付には，**図表6-1**に示したように，求職者給付，就職促進給付，教育訓練給付，雇用継続給付があります（雇保10条1項）。

図表6-1 雇用保険給付の体系

雇用保険給付
（失業等給付）
　├ 求職者給付（6-2-1，6-2-2）
　├ 就職促進給付（6-2-3）
　├ 教育訓練給付（6-2-4）
　└ 雇用継続給付（6-2-5，6-2-6）

新町：**基本手当**は，求職者給付に含まれます。求職者給付の言葉が示すとおり，基本手当は求職中の失業者に対する給付です。基本手当は，最長で所定給付日

数分まで，被保険者期間の，原則として最後の6カ月に支払われた賃金総額から計算される賃金日額に，一定の割合を乗じた額が支給されます。なお，賞与や退職金は賃金総額に含みません。この割合は賃金日額に応じて，50～80％（離職日に60歳以上の者は45～80％）となっています（雇保16条）。

香里：具体的には，どれくらいの額になるのかしら？

新町：えーっと，それはですね…（黙）。

田辺：雇用保険法では，賃金日額の上限額と下限額が設定され，下限額は2,460円，上限額は年齢によって異なりますが，最高額は16,340円です（雇保17条4項）。下限額の場合，乗率は80％なので，基本手当の最低額は2,460円×0.8＝1,968円になります。

新町：最低額とはいえ，これ，日額ですよね？ 厳しいなぁ。（気を取り直して，）所定給付日数について，雇用保険法の条文をもとに**図表6-2**のように整理し

図表6-2 基本手当の所定給付日数

① 一般離職者（雇保22条1項）

年齢 \ 算定基礎期間（被保険者であった期間）	10年未満	10年以上20年未満	20年以上
65歳未満	90日	120日	150日

② 特定受給資格者（雇保23条）

年齢 \ 算定基礎期間（被保険者であった期間）	1年未満	1年以上5年未満	5年以上10年未満	10年以上20年未満	20年以上
60歳～65歳未満		150日	180日	210日	240日
45歳～60歳未満		180日	240日	270日	330日
35歳～45歳未満	※90日	150日	180日	240日	270日
30歳～35歳未満		120日	180日	210日	240日
30歳未満		120日		180日	

※雇保23条の適用はないため，雇保22条1項による。

③ 就職が困難な者（雇保22条2項）

年齢 \ 算定基礎期間（被保険者であった期間）	1年未満	1年以上
45歳～65歳未満	150日	360日
45歳未満		300日

てみました。

新町：①は会社を自分から辞めた人とか，定年退職した人とか…要は，フツウのケースです。②**特定受給資格者**は，倒産や事業所の廃止，解雇等によって退職した者，③就職が困難な者には，障害者雇用促進法上の身体障害者，知的障害者，精神障害者などが該当します。

香里：基本手当には，失業中の所得保障とともに，受給資格者の再就職活動を助けるという意味があります。そこで，再就職の難易度に応じて，再就職が難しいと考えられる②や③の保障を厚くしているわけですね。暫定的に，**特定理由離職者**（→6-3-2）のうち雇い止めされた者は特定受給資格者とみなされ，②が適用されます（雇保附則4条）。

新町：②に着目すると，年齢区分を細かく設定して，45歳以上60歳未満の者への保障を厚くしています。リストラにあった中高年齢労働者の再就職は難しいといいますし，生活保障の必要が特に高い世代ですし，ね。

田辺：**図表6-2**では被保険者であった期間の長さが考慮されていますが，それは再就職の難易度とは関係しないように思うのですが…。

香里：被保険者期間が長ければそれだけ保険料をたくさん納めているわけで，被保険者としての雇用保険制度への貢献が評価されているといえますね。これは雇用保険に特徴的なものです。

「東日本大震災に対処するための特別の財政援助及び助成に関する法律」は，特定被災地域区内の事業所に雇用されていた労働者に関し，基本手当の給付日数を延長しました。これは特別法による措置ですが，雇用保険法にこのような延長制度はありますか。

田辺：訓練延長給付（雇保24条），個別延長給付（雇保24条の2），広域延長給付（雇保25条），全国延長給付（雇保27条）があります。このうち個別延長給付はこれまでも暫定的に認められていましたが，2017（平成29）年改正により，法律本編の給付となりました。特定理由離職者や特定受給資格者が激甚災害等の被害を受けて離職を余儀なくされ，再就職促進のために必要な職業指導を行うことが適当である場合に，基本手当の所定給付日数が延長されます。

6-2-2　基本手当以外の求職者給付

新町：求職者給付を，基本手当も含めて被保険者別に整理してみました（**図表6-3**参照）。

図表 6-3　求職者給付

被保険者の区別	基本となる給付	その他
一般被保険者	基本手当 ※延長給付 傷病手当（雇保37条）	＋技能習得手当 （雇保36条1項） ＋寄宿手当 （雇保36条2項）
高年齢被保険者 （雇保37条の2）	高年齢求職者給付金 （雇保37条の4）	
短期雇用特例被保険者 （雇保38条）	特例一時金（雇保40条）	
日雇労働被保険者 （雇保42・43条）	日雇労働求職者給付金 （雇保48条）	

　求職者給付の基本となるのは基本手当です。基本手当の受給資格者が疾病や負傷により15日以上職業に就くことができない場合には，基本手当にかえて同額の**傷病手当**が支給されます。…ここ，よくわからなかったんですが，給付額が同じで，求職状態にあるという点も同じなのに，なぜ基本手当と傷病手当に分けるのでしょうか？

香里：2～3日の発熱や風邪ならよいのですが，15日以上職業に就くことができない状態になると，それは労働の能力がないことになり，基本手当の受給要件を満たさないことになります（→6-3-1）。そこで，基本手当にかえて傷病手当を支給するのです。

新町：そういうことですか！

香里：**図表6-3**にあるとおり，高年齢被保険者，短期雇用特例被保険者，日雇労働被保険者については，基本手当ではなく，別の給付がなされるのね。

新町：はい。65歳以上の被保険者は**高年齢被保険者**となり，この者が失業した場合には，**図表6-2**の基本手当は支給されません（雇保37条の2第2項参照）。高年齢被保険者には被保険者であった期間に応じて，基本手当日額の30日分または50日分に相当する高年齢求職者給付金が支給されます。

田辺：**短期雇用特例被保険者**は一定期間ごとに就職・離職を繰り返すので，一般被保険者とは区別する必要があるのでしょうね。

香里：高年齢求職者給付金と特例一時金は，一時金での支給ですね。なお，短期雇用特例被保険者が公共職業訓練等を受講する場合には，特例一時金にかえて基本手当や技能習得手当等が支給されます。
　　　日雇労働被保険者はどうなっていますか？

新町：これはちょっと独特でした。日雇労働被保険者は日雇労働被保険者手帳の交付を受け（雇保44条），それに雇用保険印紙が貼付されていきます。雇用保険印紙は，日雇労働被保険者に賃金を支払うたびに貼付し，消印されます。雇用保険印紙の種類別枚数，要は保険料の納付状況に応じて，日雇労働求職者給付金が支給されるようです。

田辺：日雇労働被保険者は，一般被保険者のように賃金日額を算定することが難しいので，独特な方法をとっているのでしょう。年齢や雇用形態，雇用実態に即して，さまざまな方法で保障が行われていることがわかりました。

6-2-3　就職促進給付

香里：就職促進給付は，失業者に対する給付という点で，求職者給付に共通しますね。

新町：就職促進給付には，就業促進手当（雇保56条の3），求職活動支援費（雇保59条），移転費（雇保58条）があります（**図表6-4**参照）。

図表6-4　就職促進給付

就職促進給付 ｛ 就業促進手当 ｛ 就業手当／再就職手当・就業促進定着手当／常用就職支度手当 ／ 求職活動支援費 ／ 移転費

新町：求職者給付の役割が失業時の所得保障にあるのに対して，就職促進給付の目的は，就職の促進や援助です。中心となるのは**就業促進手当**ですが，これは求職者にインセンティブを与えることで，早期の就職を目指すものです。
就業手当，再就職手当に共通する要件は，基本手当の支給残日数が所定給付日数の3分の1以上あることです。就業手当にはさらに，支給残日数45日以上の要件があります。**図表6-5**に整理してみました。求職者が所定給付日数を残して早くに就職すれば報奨金がもらえる，という感じですね。

新町：**再就職手当**は，支給残日数が所定給付日数の3分の2以上あるときには，70％で算定されます。より早く就職すればそれだけより多くの手当がもらえるわけで，求職者の早期就職意欲を刺激する仕組みになっています。就業促進定着手当は，再就職手当を受けた者が再就職後6カ月間定着することを条件に支給されるものです。再就職先で6カ月間雇用された後に，離職時賃金

図表 6-5　再就職手当・就業手当（雇保 56 条の 3）

給　付	対 象 者	給付額
再就職手当	安定した職業に就いた者（1 項 1 号ロ）	基本手当日額×支給残日数×60％ または 70％（3 項 2 号）
就業手当	上記以外の，職業に就いた者（1 項 1 号イ）	就業日について，基本手当日額×30％（3 項 1 号）

と再就職後賃金の差額の 6 カ月分が一時金として給付されます（上限は，基本手当日額×支給残日数×40％）。

香里：早くに就職すれば再就職手当の額が増えるというのは，確かに就職意欲の刺激になります。でも，安定した職業に就けそうだとしても，賃金が前職よりも大幅に下がる場合には，もう少し失業のままでいよう，就職活動をし続けよう，と考える人もいるはずよね。就業促進定着手当は，そのような場面での再就職を促すものです。

田辺：**就業手当**ですが，安定した職業以外に就いた場合でも，給付の対象となるというのは面白いと思いました。就業促進手当はさまざまな再就職の場面に対応していますね。

香里：雇用保険の立場から再就職で何が重要かを考えると，できるだけ早く安定した職業につき，その職場に定着することでしょう。再就職手当や新設された就業促進定着手当はそれを狙っているわね。ただ，実際にはそううまくはいきません。安定した職業には就けなかったけれど不安定な職業に就いたという人は，再就職手当の受給要件を満たしませんが，かわりに就業手当を受ける可能性があります。現実に即した給付ですし，雇用の多様化にも対応していますね。また，障害者その他の就職困難者も早期に安定した職業に就けば再就職手当を受給できるのですが，現実には就職が容易でなく，実際に再就職手当を受給できる人は限られますね。

田辺：はい。そこで，支給残日数が再就職手当の要件を満たさない場合でも，就職困難者が安定した職業に就いた場合には，**常用就職支度手当**を支給しています。目配りが行き届いていると思いました。

6-2-4　教育訓練給付

田辺：失業の予防も雇用保険の役割ですが，そのような意味を持つ給付に，**教育訓練給付金**（雇保60条の2）があります。これは，一定の要件を満たす雇用保険の被保険者が，厚生労働大臣の指定する教育訓練を受け，修了した場合に支給されるもので，被保険者自身が能力開発に取り組むことができるようになっています。

香里：厚生労働大臣の指定する教育訓練というと堅苦しいですが，内容はバラエティに富んでいますよね。

田辺：はい。技術や技能を身につけるものもありますが，語学学校の英語コースとか，専門職大学院とか，僕ら文系院生にも馴染みがあるものもあります。どの教育訓練を受講するかは被保険者自身に任されていますから，自発的に能力を開発しようという者には，ありがたい給付ではないでしょうか。

新町：専門職大学院ということは，ロースクールも対象ですか？　僕も，就職してしばらくしたら，これを利用してロースクールに通おうかな。

田辺：教育訓練給付金は，一般教育訓練に係るものと，専門実践教育訓練に係るものに区別されています。一般教育訓練に係る教育訓練給付金は，受講費用の20％相当額（上限10万円）です。専門実践教育訓練は，看護師や介護福祉士，ロースクールなどの専門職学位のように，専門的実践的であると認められる資格や学位取得のための訓練などが対象です。こちらの給付金は，受講費用の50％相当額（上限年間40万円）です。さらに一定期間内に雇用保険の被保険者として雇用された場合は，費用の20％相当額（上限年間16万円）が追加支給されます。暫定措置ですが，**教育訓練支援給付金**（雇保附則11条の2）があります。これは初めて専門実践教育訓練を受講する45歳未満の者が訓練期間中，失業状態にある場合に，基本手当の80％を支給するものです。

香里：教育訓練給付は失業者だけでなく在職中の労働者も受けられるので，被保険者が自発的に能力開発に取り組めば，将来の失業予防になります。でも，そのような目的を持たずに趣味的に利用して，給付を受けたケースがあったことも否定できません。専門実践的な訓練に関する給付の充実は，中長期的なキャリア形成支援という意義がより注目されますね。

6-2-5　高年齢雇用継続給付

> ゼミが終わり，田辺と新町は学食へ。

田辺：香里先生，次回は失業からって（→6-3）いってたよな。雇用継続給付はスルーか。TAで学部生に質問されたから，勉強しておきたかったんだけど。

新町：雇用継続給付には，高年齢雇用継続給付と育児休業給付，介護休業給付がありましたよね。学部生の質問って，育児休業給付でしょ？

田辺：いや，高年齢雇用継続給付なんだ。労働法の授業で高齢者雇用を聞いたらしいんだけど，高年齢雇用継続給付については社会保障法の講義を聞いてくれ，ということだったらしい。高年齢雇用継続給付は，僕らもあんまり勉強していないし，名称や制度もややこしいし，焦ったよ。

新町：田辺先輩，僕ら「も」って…。僕はこの分野，得意なんですよ。

田辺：?? じゃあ，説明してくれよ。

新町：はい。高年齢雇用継続給付には，**高年齢雇用継続基本給付金**と**高年齢再就職給付金**の2つがあります。まず，**高年齢雇用継続基本給付金**は，60歳到達後も継続して雇用されている被保険者のうち，賃金が60歳時点に比べて75%未満に低下した者に支給されるものです（雇保61条）。最大，賃金の15%が支給されますが，支給限度額の上限も定められています。この給付は，被保険者が継続して働いているかぎり，65歳に達する月まで支給されます。60歳以降の賃金が大きく下がることは実際によくありますので，60歳以上の人たちの働く意欲を削がないために，賃金低下という不利益を緩和する，給付がなされているのです。

田辺：詳しいなあ（驚）。

新町：うちは和菓子屋なんで，結構年齢の高い職人さんがいるんですよ。

田辺：さすが御曹司！

新町：もう1つの**高年齢再就職給付金**は，基本手当をいったん受給し，60歳以降に安定した職業に就いたときの賃金が，60歳時点に比べて75%未満に低下した場合に支給されるものです（雇保61条の2）。支給期間は，基本手当の支給残日数に応じて，200日以上の場合は2年間，100日以上200日未満の場合は1年間となっています。早く再就職すればそれだけ多く支給されるわけで，早期の再就職促進の意味があります。大手の和菓子屋さんを辞めてうちに来てくれた職人さんは，たぶんこれを受け取っていると思います。

田辺：すごいなあ。1つ質問なんだけど，65歳までの雇用確保が義務化されているのに（高年9条参照），なんで65歳じゃなくて，60歳なのかな？
新町：うぐっ…（黙）。
田辺：高年齢雇用継続給付は，60歳までの雇用が原則だった時代に作られたものなんだ。だからひょっとすると，もうその役割が終わりかけているのかも。あれ，こっちに来るの，千里さんじゃない？　なんか不機嫌そう…。

6-2-6　育児・介護休業給付

新町は，今朝，香里と千里を置き去りにしたことを，千里からひとしきりぶつくさいわれていた。

新町：そんなに怒らなくてもさ。千里さん，前から香里先生に憧れてるっていってたから，2人で話す機会を作ったんだよ。
千里：（天津麻婆丼を食べながら，）香里先生に憧れてるのはホントですけど。将来は，香里先生みたいに，仕事と家庭を両立させたいなぁ〜。
新町：でしょ？　でも，香里先生って，育児休業を3カ月しか取らなかったって，知ってた？
千里：そうなんですか？　育児休業ってもっと長いですよね？
田辺：年度初めに復帰しないとその年のゼミが担当できないから，らしいよ。
千里：育児休業は最長でどれくらいとれるんですか？　女性活用のために育児休業を3年にする，という話もあったようですが…。
田辺：育児・介護休業法上は，**育児休業**は原則として，子が1歳になるまで（育介

5条），**パパママ育休プラス制度**を利用すると1歳2カ月になるまで，だね（育介9条の2）。保育所に入所できない場合なんかは子が1歳6カ月になるまで，1歳6カ月の時点で保育所に入所できないとかで，さらに休業が必要な場合は，子が2歳になるまで延長が認められるんだ。ちなみに，**介護休業**は通算して93日までとなっているよ（育介15条）。

新町：パパママ育休プラスっていうのは，両親が2人とも育児休業を取得すると，休業可能期間が2カ月プラスされる制度なんだ。例えばママが最初の1年間育児休業をとって，パパがその後2カ月とるって感じかな。いまはイクメンもはやってるしね。

千里：新町さんの例，なんかビミョーです。別に，パパとママが7カ月ずつ育児休業をとっても，パパが1年でママが2カ月とかでも，よくないですか？

田辺：それはそうだね。子が1歳になるまで，両親が同時に休業するというのも，ありだしね。ただ残念なことに長期の育児休業をとる男性はいまでも少ないんだ。育児休業中に賃金を支払うという会社がほとんどないことも，その理由の1つだろう。会社はイクメンにあまりやさしくないのかもしれない。

新町：育児休業給付って，賃金の25％とかでしたよね。イクメンでは家計を支えられないよ。

田辺：それ，いつの時代の情報だよ（呆）。確かに制定当初は休業前賃金の25％だったけど。当時は休業期間中は20％で，職場復帰6カ月後に5％払うってものだったんだ。

千里：20％ですって!?　ありえない〜。

田辺：でも，育児・介護休業給付は，休業時の所得保障を目的としてるわけでもないんだ。労働者が育児や介護のために離職することがないよう，そして労働者を職場に円滑に復帰させようという目的，つまり，雇用の安定，雇用の継続が目的なんだ。だからこそ，雇用保険が給付を行っているんだし，職場復帰して職場に定着した段階で給付を払うことにも意味があるんだ。

千里：現在はどうなっているんですか？

田辺：**育児休業給付金**は，2014（平成26）年の改正で休業開始前の賃金の67％まで引き上げられたよ（雇保61条の4・附則12条）。でもこれは休業開始後180日までで，それ以降は50％だね。

千里：それって，育児休業は6カ月で十分というメッセージなんでしょうか？

田辺：そうじゃなくて。男性被保険者にもきちんと育児休業を取得してもらおうという目的なんだ。さっき，千里さんがいってたように，パパとママが7カ月

ずつ育児休業をとったら，それぞれが最初の6カ月間は，67%の給付率になるんだ。
千里：な〜るほど。パパとママが協力して育児ができるよう，雇用保険が後押ししてくれてるんですね。
田辺：うん，まあ，そうなんだろうけれど。
新町：なんですか，歯切れが悪い。
田辺：育児・介護休業給付のそもそもの目的は，休業時の所得保障や育児支援ではなくて，労働者が離職しないように，ってことで，たしかに改正は時代に合ったものだけれど，雇用保険の筋からは外れてきてると思うね。育児・介護休業や育児・介護休業給付は，育児・介護責任を負う労働者の休業する権利を保障するという意味では労働法的・労働保険的色彩が強いけれど，これは少子化対策・子育て支援や高齢化対策としての環境整備にも関連するわけで，そう考えていくと雇用保険給付でなくてはならない理由は，ないような気がするんだ。
千里：いいじゃないですか，ケチをつけなくても。せっかく良い改正なんですから。男性の育児休業取得を進めましょうよ。

6-3 失業と基本手当

6-3-1 失　業

1週間後，セミナー室にて。

香里：今日は，基本手当の受給に関する手続や問題を考えてみましょう。まず，雇用保険法における失業の定義からお願いします。
田辺：はい。**失業**は，①被保険者が離職し，②労働の意思および③能力を有するにもかかわらず，④職業に就くことができない状態にあることと定義されています（雇保4条3項参照）。ここで①**離職**とは，「被保険者について，事業主との雇用関係が終了すること」（同条2項）をいいます。これには，解雇や定年退職のほか，雇用契約の期間満了や，被保険者が自ら退職した場合も含まれます。
香里：被保険者の離職が要件になっていますから，仕事がない・探しているという状態では足りないということですね。例えば，内定が取れなかった大学生の

卒業後の就職活動は，失業ではありません。

田辺：②**労働の意思**とは，自己の労働力を提供して就職しようとする積極的な意思のことです。これについて質問なのですが，被保険者が自分から会社を辞めたような場合は，労働の意思がないと推認されるのでしょうか？　また，労働の意思があるとは，被保険者が労働の意思があるといえば，それで認められるのでしょうか？

香里：第三者が被保険者の真意を知ることは不可能ですから，外形的に判断するしかありません。以前は，ハローワークで求職を申し込めば，労働の意思があるとされていましたが，最近では，就職しようとする意思を具体的かつ客観的に確認できる，積極的な求職活動が求められます。求人雑誌や求人広告を見ているだけでは足りず，求人に応募したとか，セミナーを受講したとか，そういう実績が必要です。原則として，失業の認定対象期間（4週間）に2回以上の求職活動の実績が求められます。自己都合退職の場合には，田辺さんのいうように労働の意思がない可能性もあり，このようなケースでは，3回以上の求職活動の実績が求められることもあります。

田辺：なるほど，ありがとうございます。次に③労働の能力ですが，これは雇用労働に従事し，その対価を得て自己の生活を支えることができる精神的，肉体的ならびに環境上の能力をいうとされています。僕たちのような昼間学生は学業のために他の職業に就くことができないと考えられるので，この要件を満たさないことになります。昼間学生を被保険者にしないことと（→6-1-3）整合していますね。それから，④職業に就くことができない状態とは，ハローワークが最大の努力をしたが就職させることができず，また本人の努力によっても就職できない状態をいいます。

香里：④職業に就くことができない状態ですが，就職した場合に該当しなくなるのはもちろん，通常の生計を維持できるだけの収入を得る地位に就いた場合も該当しなくなります。自営を始めたとか，親族が経営している会社の取締役に就任したなどの場合には，④の要件を満たさなくなります。

新町：えっ?!　親族経営の会社の役員って，報酬はもらってないことも多いんじゃないですか？　実は僕もなんですけど。

香里：「名ばかり役員」も職業に就いたものとされるのよ。

田辺：失業と認定され基本手当を受給している者が，一時的にアルバイトをしたら，④の要件はどうなるのでしょうか？

香里：アルバイトの程度によるわ。ごく短時間・短期間の内職・手伝い程度であれ

ば，④の要件は否定されないでしょうね。ただし，「自己の労働によって収入を得た」として，基本手当は減額されます（雇保19条）。

6-3-2 失業時の手続

香里：次に，基本手当受給の要件や手続を説明してください。
新町：まず基本手当の受給要件ですが，失業の要件（→6-3-1）を満たしていることに加え，原則として離職の日以前2年間に被保険者期間が通算して12カ月以上なくてはなりません（雇保13条1項）。ただし，特定理由離職者や特定受給資格者（→6-2-1）は，離職の日以前1年間に被保険者期間が通算して6カ月以上あれば要件を満たします（同条2項）。
香里：特定理由離職者というのはどのような人ですか？
新町：えーっと…（黙）。
田辺：その次の項に書いてあるよ。**特定理由離職者**とは，特定受給資格者に該当しない人で，①期間の定めのある労働契約期間が満了し更新がないことにより離職した者や，②やむを得ない理由により離職した者をいいます（雇保13条3項）。
香里：①は，契約社員や派遣労働者など有期雇用で働いていた被保険者が，労働契約の更新がされずに離職した，という場合ですね。でも，初めから労働契約の更新がないことが明らかである場合は除かれるわ。では，②は？
新町：省令に委任されているようですが…（黙）。
田辺：雇用保険法施行規則だよ。給付制限（→6-3-4）で問題となる「正当な理由」（雇保33条1項）と共通します（雇保則19条の2）。例として，疾病・負傷，妊娠・出産，結婚や，配偶者の転勤のために転居し通勤不可能または困難となった場合があります。
香里：手続はどうなっているかしら？
新町：はい。被保険者期間の要件を満たす者が基本手当を受給するには，失業の認定を受けなくてはなりません（雇保15条1項）。失業した者は離職後，ハローワークで求職の申込みをします（同条2項）。
田辺：そのとき，被保険者は**離職票**（離職証明書）を持参します。これは通常，離職時に事業主から渡されます。離職理由を記入する欄があって，これを見て特定理由離職者や特定受給資格者に該当するかなどが判断されるそうです。
新町：**失業の認定**に話を進めます。これは，受給資格者が面接を受けたとか職業紹

介されたとか求職活動を行ったとかを確認して，行われます（雇保15条5項）。これによって受給資格者の労働の意思（→6-3-1）が確認できるわけです。失業認定は，4週間に1回行われます（同条3項）。
香里：アルバイトや内職，手伝いをした場合（→6-3-1），収入を得たか否かにかかわらず，失業認定申告書で申告しなければなりません。
田辺：もう1つ重要なことが。**待期期間**（雇保21条）が定められているので，基本手当の支給が始まるのは，求職の申込みをした日以後，通算して7日間の失業期間を経てからになります。
香里：基本手当の支給を受ける具体的権利は，失業の認定と基本手当の支給決定により発生します。仮に失業の要件を満たしていても，決められた期日に失業認定を受けなければ基本手当受給権は発生しません。
新町：その日に就職面接が入ってしまった場合は，どうしましょう？
香里：面接や公共職業訓練の受講，疾病や負傷の場合には，理由を記載した証明書を提出することで，失業の認定を受けることができます（雇保15条4項）。でも，うっかりしていた，忘れていましたは，理由になりません。認定日を勘違いしたために基本手当が支給されなかったケースで，裁判所も不支給処分を適法と判断しました（神戸地判昭61・5・28労判477号29頁）。

6-3-3　受給期間

田辺：今のケースで，失業と認定されなかった日数は，所定給付日数に算入されないという理解で，正しいですか。
香里：そうですね。
新町：ん？　どういうことですか？
田辺：つまり，認定を受けるのを忘れるとその期間の基本手当は支給されないけど，支給されるのが後ろに繰り下がるだけで，全体としての支給日数は変わらないってことだよ。
新町：じゃあ，このケースでは4週間なんとかしのげば支給が再開されるってことですね。
香里：それ以外に，例えば育児のために離職してしばらくは働けないとか，定年退職後しばらくゆっくりしたいとか，離職時点で失業の要件を満たさないケースは少なくありません。このようなケースでは，労働の意思や能力が回復すれば基本手当の請求が可能です。

新町：請求はいつしてもいいのですか？
田辺：基本手当の受給期間は，原則として1年ですが，育児等の理由があるときには，申出により受給期間の延長が4年まで認められます（雇保20条1項）。育児が一段落して再就職しようという人は大丈夫そうですね。

6-3-4 給付制限

香里：保険給付を不正受給してはならないことはいうまでもありません。雇用保険も不正受給者に対して**給付制限**を行います（雇保34条）。このような意味での給付制限以外にも，雇用保険では給付制限の場面がありますよね。

田辺：はい。自発的失業の場面と，積極的な就職意欲に欠けている場面です。
まず**自発的失業**ですが，被保険者が懲戒解雇のように，自己の責めに帰すべき重大な理由によって解雇された場合や，正当な理由がなく自己の都合によって退職した場合が該当します。この場合，最長3カ月の給付制限がなされます（雇保33条）。

新町：待期期間（→6-3-2）もありますから，自己都合で会社を辞めると，離職後3カ月以上も無収入の状態になるのですね。お金を貯めておかないと，会社も辞められませんね。

香里：労働者の自己都合退職に見えるケースでも，労働環境や労働条件が悪いために仕方なく退職した，ということもあるかと思います。このような場合も自己都合退職として，給付制限を受けるのかしら？

田辺：自己都合と一応いえますが，賃金低下や賃金遅配，嫌がらせや退職勧奨などが認められる場合には，退職に「正当な理由」がありますので，給付制限はなされません。ただ，賃金低下や賃金遅配は客観的に証明できますが，嫌がらせや退職勧奨があったかどうかや，それが違法なものであったかの立証は，労働法の問題としても難しいですよね。

香里：そうですね。離職票には，離職理由を事業主と離職者がそれぞれ記入するようになっています。また，事業主の離職理由に対して離職者は異議の有無を記入します。事業主の中には，離職票上の離職理由が事業主と離職者で一致しないのは望ましくないとか，正当な理由のない自己都合退職の場合には給付制限がかかることから「善意」で会社都合退職として処理してしまうこともあるようです。しかし事実に反する記載は不正な行為であり，離職理由もありのままの事実を記入しなくてはいけません。後日，労働紛争の場で，離

職理由をめぐって思わぬ事態が起きることもあります。

田辺：給付制限のもう1つの場面は，積極的な就職意欲に欠ける場面です。受給資格者が正当な理由なく，ハローワークの紹介する職業に就くことやハローワーク所長が指示した職業訓練を受けることを拒否したときは，その拒否した日から1カ月間，基本手当の支給がなされません（雇保32条）。でも，紹介された職業が受給資格者の能力から見て不適当であると認められるときや，就職のために転居が必要でそれが困難であるときなどは，給付制限の対象から外れます。

給付制限はありますが，自己都合で離職した者にも基本手当は支給されます。また失業の要件に労働の意思という外形的に把握しにくい要件があることからも，濫給が生じてしまうことは否定できません。厳しく判断するのは当然だと思います。

香里：雇用保険の立場からはそういいたいところですが，憲法上保障されている職業選択の自由（憲22条）や，そこから引き出され得る適職選択の自由にも留意しないといけませんね。

6-4　雇用安定事業等

6-4-1　雇用安定事業等の仕組み

香里：教育訓練給付や雇用継続給付以外にも，雇用保険は雇用の安定に役立っていますね。

田辺：雇用安定事業（雇保62条）と能力開発事業（雇保63条）のことですね。これは雇用保険の被保険者以外の者の雇用の安定も目的としているのが，面白いと思いました。

新町：被保険者でなくても（つまり保険料を払わなくても），保険給付を受けられるのですか。

田辺：いや，保険給付を受けられるということではなくて。でも，**求職者支援制度**（→6-4-3）もこの雇用安定事業等に含まれるんですよね…。

香里：ちょっと整理しましょう。雇用保険の被保険者以外の者とは，どういうことですか？

田辺：雇用安定事業に関する規定では，「被保険者，被保険者であった者及び被保

険者になろうとする者」（雇保62条1項）が対象になることが書いてあります。これは，能力開発事業についても同じです。

香里：雇用保険の「被保険者になろうとする者」，つまりこれから就職する人なども対象になるのですね。これらの事業を行うのは誰ですか？

田辺：政府です。でも，基本的に財源は保険料で，事業に関する部分は事業主の単独負担となっています。あっ，でも，求職者支援制度の財源は労使の保険料だったような…。

香里：そうですね。求職者支援制度は能力開発事業に含まれますが，財源は労使の保険料と国庫です。

新町：あ〜，ややこしい！求職者支援制度以外の事業の財源は，事業主の保険料ということですね。被保険者や被保険者になろうとする者に対して，この事業から何か給付がなされるのですか？

田辺：雇用安定事業や能力開発事業の大部分は，事業主向けの助成金で，いくつか例を挙げると，高年齢者や障害者，母子家庭の母などを新たに雇い入れる場合の賃金の一部助成（特定求職者雇用開発助成金），事業所内に保育施設を設置，増設，運営した場合の助成（両立支援等助成金），職業訓練の助成（人材開発支援助成金）などがあります。

香里：助成金は事業主に対して支給されるものですが，そこで働く労働者や働こうとする労働者の雇用の改善や安定につながります。また重要な労働・社会施策の実現にも近づきます。Win‐Win の効果が期待できます。

6-4-2　雇用調整助成金

香里：雇用安定事業の代表的なものは雇用調整助成金ですが，これはどのようなものですか？

田辺：**雇用調整助成金**は，景気の変動，産業構造の変化その他の経済上の理由により事業活動の縮小を余儀なくされた事業主が，労働者を一時的に休業させたり，教育訓練または出向を行ったり，休業手当や賃金等を負担した場合に支給されます（雇保62条1項1号）。例えば休業の場合ですと，休業手当相当額の2分の1（中小企業は3分の2）が支給されます（雇保則102条の3）。被保険者ごとに3年間で最大150日分となっています。

新町：リストラをせずに雇用を守るわけですね。中小企業の助成率が高く設定されているのは，ありがたいです。雇用調整助成金のおかげで，事業主は少ない

　　　　負担で労働者の雇用を守れ，労働者はリストラされず，雇用保険は失業の予
　　　　防という目的を達成できることになります。すごいですね！
香里：そうともいえますね。
新町：えっ，問題があるんですか？
香里：経済上の理由が一時的なものであれば，事業活動も回復するでしょうけれど，
　　　例えば産業構造が変化して対応が困難な場合には，事業改善の見通しはあま
　　　りないでしょ？　1年後や2年後に倒産・解雇という事態もあり得るわけで，
　　　問題を先送りしているだけでは，という批判もあったのよ。行きすぎた雇用
　　　維持型から労働移動支援型への政策転換が現在進められているわ。

6-4-3　就職支援法事業（求職者支援制度）

田辺：2011（平成23）年改正で能力開発事業に加わった**就職支援法事業**（求職者支援
　　　制度）について説明します（雇保64条）。不安定雇用に従事していたなどの理
　　　由で，雇用保険の被保険者ではなかったことから，失業しても雇用保険から
　　　求職者給付が受給できない人々が少なくないといわれています。このような
　　　人々を支援するために，「職業訓練の実施等による特定求職者の就職の支援
　　　に関する法律」が制定されました。その内容は，雇用保険からの給付を受給
　　　できない求職者に対して職業訓練を実施し，職業訓練を受けることを容易に
　　　するために職業訓練受講給付金（求職者支援7条）を支給するというものです。
香里：**職業訓練受講給付金**には，職業訓練受講手当と通所手当，寄宿手当がありま
　　　すね（求職者支援則10条）。職業訓練受講手当は雇用保険給付の基本手当
　　　（→6-2-1）に相当するものですか？
田辺：基本手当と職業訓練受講手当は失業中の所得保障という点で共通します。で
　　　も，基本手当は賃金日額が算定基礎となるのに対して，職業訓練受講手当は
　　　定額（月額10万円）です（求職者支援則11条2項）。また，職業訓練受講手当
　　　には本人・世帯の収入要件や資産要件がある点でも，基本手当と異なります。
　　　それから職業訓練受講が条件になっていて，訓練を欠席すると給付が受けら
　　　れなくなります。
香里：そうですね。例外的にやむを得ない理由による欠席は認められています。
新町：ちょっと，待ってください。確認したいんですけど，これは雇用保険の保険
　　　給付ではないんですよね？
田辺：別の制度だよ。ただ，雇用保険の事業として行われ，雇用保険の労使保険料

と国庫で費用が賄われるんだ（雇保66条1項・68条2項）。雇用保険の被保険者である労働者から徴収した保険料を，被保険者以外の者に対して積極的に用いることには違和感がありますが…。

香里：立法時は一般財源（税）による事業とする意見も有力でした。

訓練期間は2カ月から6カ月までと，あまり長くありません。継続して訓練を受ける可能性もありますが，それほど長くない訓練期間で果たして確実な就職に結びつくのかという疑問もあります。そうはいっても，雇用保険と生活保護の間に「**第2のセーフティネット**」を設けたこと自体は，評価できますね。

6-5　雇用保険制度の将来像

田辺：雇用保険制度は，失業時の所得保障だけでなく，就職促進や教育訓練，雇用継続に関する給付を行い，また失業の予防や雇用機会の増大，労働者の能力開発など幅広い目的を持っていることは理解できました。雇用保険法を改正することで，企業によるリストラや高年齢労働者の増加，不安定雇用労働者の増加，ワークライフバランスへの配慮など，さまざまな課題に対応してきたと思います。

新町：僕は，被保険者の範囲の拡大や所定給付日数の延長，給付水準の引き上げなど，失業時の保障水準を上げるべきだと思います。そのためには財源が必要ですが，雇用保険は他の社会保険に比べればまだまだ保険料を引き上げられそうですし，保障水準を上げて内容も拡充して，かつ雇用の安定を図るというのが，雇用保険法の目的に適うと思います。

田辺：失業時の保障水準に限るのであれば新町君の意見に賛成しますが，雇用保険を拡充することには基本的に反対です。育児休業給付や求職者支援制度は，雇用保険の役割を拡大しすぎている気がします。これらの制度の必要性は肯定しますが，それを雇用保険がやるべきなのかが，疑問です。また，失業の克服のためには雇用創出施策などの労働政策や経済政策が重要ですが，これも雇用保険の守備範囲を超えています。

もちろん，労働法制度や労働政策，経済政策の変化に，雇用保険がどのように対応していくのかを考えることは重要です。雇用保険本来の役割をもう一度，見直して，足りない部分があれば充実させる必要もあるでしょう。けれ

ど，むやみに雇用保険を拡充することには反対です。仮に拡充するのであれば（保険料ではなく）国がもっと負担すべきです。

香里：リーマンショック以降は若い世代にとっても失業は大きな問題になり，長期失業もさらに悪化しました。延長給付の制度はありますが，雇用保険給付は基本的に長期失業に対応するものにはなっていません。長期失業者への対応に加えて，中長期的なキャリア形成支援も，雇用保険の重要課題です。雇用状勢が改善されている現在，雇用保険制度の将来の姿をじっくりと考えてみるのがよいでしょうね。

第7章 社会福祉

7-1 社会福祉とは

7-1-1 社会福祉法

秋晴れの朝。セミナー室で田辺と新町は香里の到着を待っている。

新町：いい天気ですね〜。こんな日に，部屋で勉強してる場合じゃないって感じ。

田辺：確かに。今日からテーマは「社会福祉」だし，近々，施設見学でも行ってみようか。

香里：（ドアを開けて）あら，待たせちゃったかな。今日からは「社会福祉」だったわね。わが国には「社会福祉」法と呼ばれる一連の法律がありますが（**図表7-1参照**），これらの法律にはどのような特徴があるでしょう？

新町：うーん…例えば，18歳未満の児童への保護や支援について規定している児童福祉法のように，法の適用対象者を特定のカテゴリー（例：高齢者，障害者，児童，ひとり親家庭）に分けた上で，それぞれのカテゴリーの人たちが日常生活を営む上で必要な給付やサービスを提供するための仕組みを規定している点でしょうか。

香里：社会福祉制度では，公費（税金）を使って給付やサービスを提供しますが，同じように公費を財源とする生活保護（→第8章）とはどこが違うのかしら。

田辺：生活保護には厳格な**ミーンズテスト（資力調査）**があり，そこで一定の所得保障の必要性が認められた人だけに支給されますよね（→8-3-3）。でも，「社会福祉」法に基づく給付では，所得や資産の有無が給付やサービスの供給に直結しているわけではないように思われます。

香里：そうね。この点で，今の「社会福祉」法は必ずしも防貧的な施策に限られていないといえるわ。同時に，児童やひとり親家庭，障害者，高齢者といった人達のさまざまなニーズを対象とする普遍的な施策ともいえるでしょう。ちなみに，どうしてわざわざカギカッコ付きで「社会福祉」法って言い方をしてるか，新町君，わかる？

新町：え？　あ，スミマセン…ぼーっとしてて気が付かなかった…。

香里：その名の通り「社会福祉法」って法律もあるの。それと区別してたのよ。

図表 7-1 「社会福祉」法

高齢者	ひとり親家庭	児童	障害者
・老人福祉法 ・高齢者虐待防止法 等	・母子及び父子並びに寡婦福祉法 等	・児童福祉法 ・児童手当法 ・児童扶養手当法 ・特別児童扶養手当法 ・児童虐待防止法 等	・障害者基本法 ・障害者総合支援法 ・身体障害者福祉法 ・知的障害者福祉法 ・発達障害者支援法 ・精神保健及び精神障害者福祉法 等

7-1-2 社会福祉法制の展開

香里：わが国の社会福祉法制は，もっぱら戦後に発展してきたとされています。その中では児童福祉法（1947〔昭和22〕年）と身体障害者福祉法（1949〔昭和24〕年）が比較的早く制定されていますね。

田辺：はい。戦争で親を失った戦災孤児や，負傷した傷痍軍人対策が必要だったからです。1946（昭和21）年に（旧）生活保護法（→8-1-1）が制定されていましたが，戦災孤児や傷痍軍人には厳格なミーンズテストを行う個別給付（＝生活保護）よりも，支給対象者をカテゴリー分けして定型的給付を行う法制度の方がなじみやすかったことが，両法の制定につながったのではないでしょうか。

香里：ちなみに，児童福祉法，身体障害者福祉法と1950（昭和25）年に改正された生活保護法により，**福祉3法体制**が確立したとされています。田辺さん，その後の流れを説明してください。

田辺：福祉3法体制が確立した後，1955（昭和30）年頃から高度経済成長期に入ります。税収の増加は社会保障にも波及し，この時期に精神薄弱者福祉法（1960〔昭和35〕年），老人福祉法（1963〔昭和38〕年），母子福祉法（1964〔昭和39〕年）が制定され，従前の法と合わせて，いわゆる**福祉6法体制**が確立されます。1973（昭和48）年には老人福祉法が改正され，70歳以上の医療費の自己負担無料化が行われるなど大幅な拡充が実施されて「福祉元年」とも称されるようになりました。しかし，その後オイルショックを経て経済は停滞期に入り，1985（昭和60）年からは社会福祉政策においても国の補助率の

見直しが実施されます。これに伴い，社会福祉施設の運営費に対する国庫負担割合が引き下げられていきます。

香里：さらに，1999（平成 11）年以降，多くの福祉サービス提供事務も，国の指揮監督の下で地方公共団体が実施する「**機関委任事務**」から，原則として国の直接的な指揮監督が及ばない「**自治事務**」に代わり，各自治体が自らの責任で実施することになったの。例えば，児童福祉施設の衛生管理は全国一律の基準だったけど，地域の実情に合わせて条例で定められるようになったのよ。

新町：でも，自治体間には財政力や事務の遂行能力に差がありますよね。自治体任せにすると，格差が生じませんか？

香里：良いところに気づいたわね。財政的な自治体間格差については，税金を通じた財政調整のあり方や，国から地方への税源移譲が課題になるでしょうね。また，自治体も国への依存体質を改め，自主財源の確保や人材育成に努める必要があるでしょう。さらに，各自治体が独自の施策を展開していくためには，サービス利用者である地域住民も，協力や参加，意見表明などを通じて，より積極的に関与していくことが必要ね。

7-1-3 措置制度の見直し

香里：わが国では戦後から 1990 年代後半まで，福祉サービスの給付や施設入所決定を行政の責任による「**措置**」として実施してきました。「措置」とは，行政庁が職権でサービス供給の可否を認定した上で措置決定を行い，これらを供給する仕組みです。この仕組みの下では行政が緊急度や必要度に応じてサービス利用の可否を決定するため，利用者間の公平性が確保できるというメリットがありました。また，国や自治体では担い切れないサービスは措置委託という方法で**社会福祉法人**が担っていましたが，国が定めた統一的な基準によるサービスの実施が要求されたため，全国的に同質のサービスが提供されていました。しかし，福祉制度の見直しを行う「**社会福祉基礎構造改革**」で「措置」は改革されます。田辺さん，措置制度はなぜ改革されたのかしら？

田辺：行政とともに措置制度で主たるサービス提供主体としての役割を担っていた社会福祉法人に対して厳格な規制が行われ，最低基準を満たしたサービスが提供される反面，当事者の意向がサービス内容に反映されにくかった点が挙げられます。

新町：う～ん，全国一律のサービス提供が欠点でもあったんですね。

田辺：また，措置権者である市町村の財政事情により，需要に対してサービス供給量が少なかったことから，サービス利用要件については，行政機関に政策的な判断を行う余地（要件裁量）が認められないとされていたにもかかわらず，利用開始決定段階では，公正な資源配分の観点から行政の合理的な政策的判断の余地（効果裁量）が認められていました（東京地判昭61・9・30判時1218号93頁）。その結果，要件を満たしていてもサービスを利用できない**待機者**と呼ばれる人が多量に発生し，同時に，利用者の権利性が否定されていることも問題だとされていました。

香里：確かに措置に基づくサービスの利用は，行政処分によって事実上生じる**反射的利益**にすぎないとする裁判例もありました（東京高判平元・3・28東高時報40巻1～4号31頁）。でも，例えば1993（平成5）年の行政手続法制定に伴う老人福祉法改正により措置を解除するには，理由の告知や意見聴取をしなければならないという手続規定が導入されたことからすれば（例：老福12条），これ以降，立法者は，措置制度でもサービス利用を法的権利と考えていたと解することもできそうよ。ただし，このような権利はあくまで行政処分後に発生するものだから，行政処分前の時点では依然として法的権利はないということになりそうね。ちなみに，学説には入所決定前の利用者についても，適切な行政裁量権の行使を求める権利が付与されていると理解すべきとするものがあります。

新町：（行政法，苦手なんだよね。そろそろ切り上げよっと）ところで，措置制度が見直され，その後どのようになったのでしょうか？

香里：例えば2000（平成12）年に導入された介護保険制度（→第**3**章）では，それまでの老人福祉法に基づくものと比較すると，市町村の役割が介護の必要度の判断（要介護認定）と制度運営に集約されたわね。その結果，市町村の役割だったサービスの提供は利用者と事業所間の契約に委ねられるようになったのよ（→3-4-5）。

田辺：そうですね，行政解釈では一連の改革によって，保育所や障害者福祉サービスの利用関係においても契約が導入されたとしています。ただし，保育所の利用関係については，学説や裁判例（保育所入所決定が行政処分であるという前提で判断するものとして，さいたま地判平14・12・4判自246号99頁）の中には，1997（平成9）年児童福祉法改正以降も，利用プロセスが従来の措置の時と基本的には変わりがないことを理由に，以前と同様，行政処分だとするもの

がありました。ただし，2012（平成24）年児福法改正で，公立保育所や認定こども園等は，原則として保護者と施設が契約を締結する仕組みとなっています。

7-1-4　社会福祉サービスの利用関係と実現過程

香里：前回のゼミでは措置制度の見直しがポイントでしたが，この措置を含めて社会福祉サービスの利用関係にはどのようなものがありますか？

田辺：ここが結構ややこしくって…。主要なものについて，事例を用いて簡単な図にまとめてみたので，これに沿って説明します。

①措置方式は（図表7-2参照），市町村が，自ら，もしくは，社会福祉法人（→7-1-5）にサービスの委託をして職権で利用者にサービスを提供する仕組みです。現行法上では，例えば，高齢者の介護サービスが介護保険法の制定により措置から契約方式になりましたが，認知症などで契約によるサービス利用が困難な人については，今でも措置によるサービスの提供が行われています。

②自立支援給付方式は（図表7-3参照），市町村が障害者または障害児のサー

図表7-2　措置方式の利用関係

例：生活保護世帯の認知症の高齢者が自宅で養護を受けられないため，
養護老人ホーム（→7-4-1）に措置入所する場合（老福11条1項1号）。

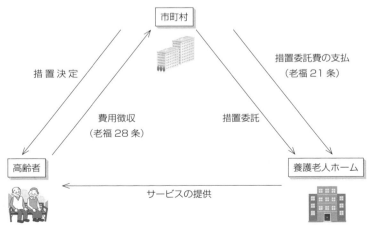

ビスの必要性や必要量を判断し，支給決定を行った後，利用者がサービス提供事業者と契約を締結してサービスを利用する方式です。

介護保険制度とよく似た仕組みですが，サービスの支給量を決定する際に用いられる「**障害支援区分**」が，利用者の障害の程度（重さ）ではなく，標準的な支援の必要の度合を示す区分である点が，介護保険の「**要介護度**（→3-4-1）」との違いです。さらに，介護保険制度における要介護認定は既に生じているサービス受給権を確認する行為であるとされ，申請日に遡って効力が生じるのに対して（介保27条8項），自立支援給付方式ではこのような規定が置かれておらず，支給決定により初めてサービス受給権が生じるとされる点も違います。他方で，どちらも利用者に代わってサービス提供事業者や施設が給付費を市町村から直接受け取る「**代理受領**」方式を採用している点は同じです（→3-4-5）。

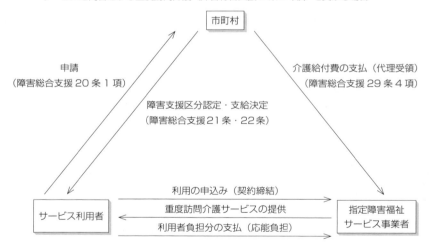

図表 7-3 自立支援給付方式の利用関係

例：常時介護を必要とする肢体不自由者が自宅で介護給付（入浴，排泄，食事等の介護援助サービスを内容とする重度訪問介護〔障害総合支援5条3項〕）を受ける場合

田辺：この他にも，**軽費老人ホーム**（老福20条の6）などに見られる運営費補助方式があります。この方式は，利用者が事業者との契約に基づいてサービスを利用し，行政が事業者に助成金を交付する仕組みです。助成金が事業者に直接交付される点が特徴です。

香里：保育サービスの利用は2015（平成27）年から大きく変わりました（**図表7-4**参照）。具体的には子ども・子育て支援法（平24法65）に基づき，金銭給付の仕組み（子育て支援11条・27条・28条・29条・30条）が導入されました。これに伴い，これまで幼稚園や保育園といった施設類型ごとに異なっていた利用手続が「教育・保育施設」（子育て支援7条4項）に統一されています。これは，認定こども園（認定こども園2条6項）および幼稚園（学教1条），ならびに保育所（児福39条1項）を指します（→7-2-2）。

図表7-4　保育サービスの利用関係

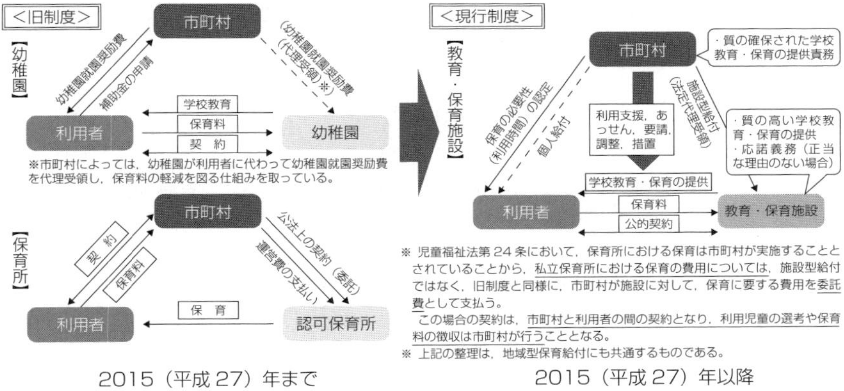

〈旧制度〉2015（平成27）年まで ／ 〈現行制度〉2015（平成27）年以降

資料出典：内閣府HP

田辺：（遠い目をしている新町の方を向いて）新町君，サービス利用のきっかけには，①職権の場合と②申請の場合があるけど，何が違うか知ってる？

新町：へっ？　その2種類があることは知ってますけど，違いっていわれると…。

田辺：①**職権主義**は申請を待たずに行政が判断権限を行使する仕組みだ。一方，②**申請主義**は利用者の申請を待って行政が判断権限を行使する仕組みだ。申請主義では，どんな制度があるか知らなければ申請することもできないから，利用者が適切に申請権行使ができるように，行政側の広報・周知が重要になるんだ。

香里：そのとおり。例えば，窓口で行政職員が金銭給付の受給要件を説明しなかったことについて，職務上の義務に反する違法な行為とした裁判例があるわ（大阪高判平17・6・30判自278号57頁）。また，福祉サービスの利用関係の変化に伴う法改正（平12法111）では，行政の**情報提供義務**についての規定も

設けられたのよ（例：社福75条2項，身体障害9条5項）。

田辺：最近の裁判例の中には，規定を根拠に，鉄道やバスといった民間事業者の割引制度にも，市町村の情報提供義務が及ぶとした裁判例もありますよね（東京高判平21・9・30判時2059号68頁）。サービスを利用するために「必要な情報」（例：知的障害9条5項2号，老福5条の4第2項2号）について市町村は，一般的な広報活動とともに，個々の相談者には，十分かつ正確な情報提供をすることが求められるんですね。

香里：情報を得る手段としては，独立行政法人福祉医療機構による福祉・医療・保健の総合情報サイト（通称：WAM NET）もあるわ。ただし，インターネットを利用できない人もいるから，そこは工夫が必要でしょう。

7-1-5　社会福祉サービスの供給体制

ゼミ後，大学近くの食堂で田辺，新町に千里，小倉を交えて食事中。

千里：そろそろ就活も考えないと。でも，銀行とか証券会社は今ひとつ，ピンとこないんですよね。お年寄りとか子どもが好きだから，福祉系の職場も考えてみようかな。

新町：そういえば昨日，高校の同窓会があったんだけど，保育士をしている友達が仕事がきついってこぼしてた。福祉の仕事って大変そうだよ。

千里：そもそも社会福祉施設の職員って，人数とか資格とかどうなってるんだろ？

田辺：社会福祉施設に関しては，人員配置基準が法令等で定められているんだ。例えば，養護老人ホーム（→7-4-1）であれば，条例で，施設長，医師，看護職員，支援員，生活相談員等を入所者数に応じて配置することが求められるよ（老福17条）。社会福祉分野の国家資格には，保育士の他にも社会福祉士，介護福祉士，精神保健福祉士などがある。これらの資格については，無資格者は名乗ることができない名称独占も認められているんだ（児福18条の23，社会福祉士及び介護福祉士法48条，精神保健福祉士法42条）。でも，医師や看護師のような業務独占資格ではない。

千里：じゃあ，資格がないから諦めなきゃってことにはならないですね。

田辺：ただ，今は利用者がサービス提供事業者を自ら選ぶ方法も導入されているから，より多くの人に選ばれるためには，信頼感が高くて一定のサービスの質が期待できる有資格者が多い事業者は有利かもしれないな。社会福祉に関わ

　　　　る資格としてはこのほかにも，社会福祉主事のように，福祉事務所で実務に
　　　　携わったり，社会福祉施設で施設長に任用される場合に必要で，法定の要件
　　　　（社福19条）を満たした者に認められる**任用資格**もあるよ。
新町：そういえば，友達の働いている保育所は株式会社が運営しているといってい
　　　　ました。意外だったんですけど，営利法人でもいいんですか？
田辺：社会福祉法には，**第1種社会福祉事業**と**第2種社会福祉事業**が規定されてい
　　　　て（社福2条），第1種にはおもに，乳児院や養護老人ホームのような入所施
　　　　設が含まれているんだ。これらの施設は，利用者が終日利用するし，権利保
　　　　障の必要性も高いから，運営主体が制限されていて，国，地方公共団体，**社
　　　　会福祉法人**が経営することが原則だよ（社福60条）。他方で，保育所や老人デ
　　　　イサービス事業が含まれる第2種社会福祉事業は主体制限がないから，特別
　　　　法上に規定がないかぎりどの主体も実施できる。だけどその場合は都道府県
　　　　知事への届出が必要なんだ（社福69条）。保育所の設置主体については，以
　　　　前は，原則として市町村・社会福祉法人に限られていたけど，都市部では**待
　　　　機児童**（→7-2-2）が問題になってるだろ？　それもあって，それ以外の法人
　　　　の設置認可もされるようになったんだ（平12・3・30児発295号）。
小倉：あの…今さらなんですが…「**社会福祉法人**」って，一体何なんですか？
田辺：社会福祉法人は社会福祉法に基づく非営利法人なんだ。民間組織なんだけど，
　　　　これまで行政と共に重要な役割を担ってきたよ。というのも，社会福祉法人
　　　　は設立や解散，組織等について厳格な規制があって（社福22条以下），公の
　　　　支配に属する慈善，もしくは，博愛の事業（憲89条）を実施する主体とも解
　　　　すことができる。だから，国・地方公共団体による補助金（社福58条）や税
　　　　制上の優遇措置を受け，準公的な地位が付与されてきたんだ（社福60条）。
　　　　でも，今はNPO法人（さまざまな社会貢献活動を行う，収益を目的としない民間
　　　　組織）や株式会社など，さまざまな主体が社会福祉事業に参入してきている
　　　　からね，社会福祉法人も，より，公益性・非営利性を高めることが2016（平
　　　　成28）年社会福祉法等改正を通じて求められているよ（財務規律の強化〔社福
　　　　27条〕，地域における公益的な取組を実施する責務〔社福24条2項〕等）。
新町：ところで，措置制度改革（→7-1-3）の後，社会福祉サービスの提供におい
　　　　て，国や地方公共団体はどのように役割分担しているのでしょうか？
田辺：よく聞いてくれたね！　国は地方公共団体に対して技術的助言などの関与を
　　　　行っているんだ。一方，都道府県は，広域的な見地から計画を立てたり，社
　　　　会福祉法人の認可や介護保険事業者の指定といった実務を担っているよ。と

りわけ近年は，地方分権化の流れもあり市町村の役割が大きくなっている。例えば，高齢者，障害者関係施設の入所決定権限が都道府県から委譲されたし，福祉サービスの支給決定（例：障害総合支援19条）も市町村が担っているよ。ちなみに，これらの福祉行政を行うために，都道府県と市には**福祉事務所**が設置され，生活保護法に基づく事務等を行っているんだ（社福14条5項・6項）。この他にも，都道府県は，児童相談所，知的障害者更生相談所といった，対象者を特化して支援する福祉行政機関を設けることが必要だ（児福12条，知的障害12条）。

新町：（しまった！ 話題の変え方間違えた）田辺さん，よーっくわかりました。

田辺：いやっ！ これだけじゃなく，サービス費用についての役割分担もあるんだ。例えば措置で老人福祉サービスを利用する場合，費用は市町村が負担する（老福21条）。その上で市町村は，利用者や扶養義務者から負担能力に応じて費用徴収できる（老福28条）。市町村が負担する費用の一部は都道府県と国（2分の1以内）から補助を受けることができるんだ（老福24条・26条）。

新町：（ひぇー，これじゃお昼ご飯が消化不良になっちゃうよ）

7-1-6　利用者の権利擁護

> 香里先生の研究室で新町，田辺と次回ゼミの打ち合わせ中。

香里：次のゼミでは，福祉サービスを利用者の視点で考えてみましょう。たとえば，ホテルやレストランなどのサービスと社会福祉のサービスでは，どんな違いがあるかしら？

田辺：社会福祉サービスでは，利用者の日常生活にとって必要不可欠なサービスが継続的に提供されます。ここから，サービス利用者と提供者の間に事実上の依存関係，支配従属関係が生まれやすいといえます。

香里：そうですね。それに，サービスの利用関係が当事者間の決定に委ねられることも多くなっていますが，利用者が十分な情報収集能力や判断能力を有していない場合も考えられます。ここから，弱い立場に置かれがちな利用者の権利を守ることが重要だ，ということになるけど，新町君，そのための仕組みって何かあるかな？

新町：えっ，僕に振るんですか。例えば，民法の**法定後見**制度は権利擁護のための制度とされていますよね。確か，介護保険制度が始まる少し前に民法改正が

あったと聞いたような…。

香里：よく覚えてたわね。1999（平成11）年の民法改正で，それまでの禁治産，準禁治産といった人を対象とする制度が，本人に残された判断能力を生かしつつ，保護をしていく制度になりました。具体的には，請求権者（民7条・11条・15条）の請求に基づいて家庭裁判所が本人の判断能力に応じて選任した成年後見人（民8条），保佐人（民12条），補助人（民16条）という3類型の法定後見人が，本人の法律行為を代理したり，同意権や取消権を行使して法律行為を補完することで（民9条・13条・17条），本人を保護したり，取引秩序の維持が図られています。この他にも2000（平成12）年から施行された「任意後見契約に関する法律」に基づいて，本人が予め任意後見人との間で契約を結んでおき，判断能力が衰えた場合に，それに基づいて任意後見人が本人を代理できるようになっていて，法定後見と合わせて**成年後見**制度と呼ばれています。

新町：だけど，**任意後見**はあまり活用されていないって民法の講義で聞きました。それに家庭裁判所が関わるような仕組みは，僕には敷居が高い気がします。

田辺：確かに他人に財産管理を任せることへの心理的抵抗もあって，任意後見は十分に活用されているとは言い難いよね。でも，判断能力が低減した場合，任意後見は本人の意思を最も尊重できる仕組みともいえる。それに最近は，弁護士や司法書士，社団法人などが受任者として活用を推進しているよ。

香里：それから新町君のように，いくら権利を守るためとはいえ裁判所にいくのは嫌だという場合，**社会福祉協議会**（社福109条以下）が実施している**福祉サービス利用援助事業**もあります（社福81条）。各市町村にも窓口があって，担当者が自宅で相談に応じてくれることもあるそうよ。

新町：それ，聞いたことがあります。母方の祖母が，軽度の認知症の症状が見られるけど熊本で一人暮らしをしてるんです。公共料金の支払とか，福祉サービスの利用手続をしてくれるので助かる，って母がいってました。

香里：でも，誰でも利用できるわけではないのよね。

田辺：基本的には判断能力が不十分な人（例：認知症高齢者，知的障害者，精神障害者等で，日常生活を営むのに必要なサービスを利用するための情報の入手，理解，判断，意思表示を本人のみでは適切に行うことが困難な人）が対象です。

香里：このサービスは，利用者と社会福祉協議会等の援助事業者との契約に基づいて実施されているのよね。

新町：はい。また，利用料が必要な場合もあります。確か，熊本県では原則として

1回1時間当たり400〜1,200円程度（額は，地方自治体により異なる）だって聞きました。

香里：ところで，サービス提供事業者側の義務についてはどうですか？

田辺：社会福祉法に福祉サービス利用契約締結時の事業者の義務に関する規定があります。例えば，契約締結時の契約内容書面交付義務（社福77条），説明義務（社福76条），誇大広告の禁止規定（社福79条）が挙げられます。

新町：それでも，後からトラブルが起きることもありますよね。

田辺：その場合は，事業者が苦情解決窓口を設置するなど適切な解決に努めるようだし（社福82条），都道府県社会福祉協議会の**運営適正化委員会**に相談もできるよ（社福85条）。

香里：このほかにも，事業者の福祉サービスの質を公正・中立な第三者機関が専門的かつ客観的な立場で評価する「**第三者評価事業**」があるわ（社福78条）。社会的養護施設（例：児童養護施設，乳児院，母子生活支援施設）は2012年から3年に1度の受審が義務づけられているけど（児童福祉施設の設備及び運営に関する基準〔昭23厚生省令63〕24条の3・29条の3・45条の3・76条の2・84条の3），そのほかの事業者の受審は努力義務よ。評価を受けることは，事業者にとってはサービス改善のきっかけになるし，WAM NET上等で評価が公表されている場合もあるから，利用者にとっても事業者選択の際の判断材料になるわね。

7-2　児童・母子福祉とひとり親支援

7-2-1　保育サービスの類型

> 千里・新町・小倉の3人がテニスサークルの部室でおしゃべり中。

千里：香里先生って仕事も家事も育児も全部こなしててすごいよね。でも，ときどきすごく大変そう。女性の場合，仕事が面白くなってくる時期と，出産育児の時期が重なることが多いから，両立って難しいんだろうな。

小倉：でも今は，保育所も整備されてるし，イクメンも増えてるから何とかなりそうだけど。

新町：そういえば香里先生の息子さん，大学近くの認可保育所に入れなくて，はじ

めは認可外保育施設を利用して，今は，認定こども園に通ってるみたいだよ。

千里：えっ，そんなにいろいろな選択肢があるの？

新町：そんなことも知らないの？　じゃあ，2015（平成27）年から施行の「子ども・子育て関連3法（2012〔平成24〕年成立）」に基づいて説明してあげるよ。これらの法律によると，子どもを預ける場合，保護者の働きかたや，子どもの年齢に合わせていくつかの選択肢があるんだ。例えば，両親が共働きで「保育を必要とする」乳児，幼児等の場合（児福24条1項），認可保育所，認定こども園，さらに，3歳未満なら小規模保育などの地域型保育，3歳以上なら幼稚園に入園した上で一時預かりも利用する，あるいは，認可外施設という選択肢もある（図表7-5参照）。

小倉：確か，うちの姉ちゃんに子どもが生まれたときに「認可がどうの認可外だどうの」っていってたんですけど，新町さん，認可と認可外って何が違うんですか？

新町：例えば，保育所を設置する場合，市町村が設置するなら都道府県知事に届け出れば良いんだ（児福35条3項）。国や地方公共団体以外の主体である社会福祉法人等が設置する場合，条例で定められた面積や職員定数等の基準を満たした上で，都道府県知事の認可を得る必要があって（同条4項），これを認可施設っていうんだ。これに対して，条例上の基準を満たしておらず，認可を受けていないのが認可外施設だよ。定員超過で認可施設に入れない場合などに利用される。ただし，子どもの福祉のために必要な場合，都道府県知事は，認可外施設にも一定の規制監督権限を行使できるんだ（児福59条）。

千里：認可外施設に対しても行政が規制監督権限を持ってるってことは，もしも認可外施設で子どもがケガをした場合，施設だけでなく行政の責任を問うこともできるんですか？

新町：（するどい質問だな…田辺さんに借りたノートを見なくちゃ）えーっと，都道府県による権限の不行使が，許容される限度を逸脱して著しく合理性を欠くと判断された場合には，国家賠償法1条の責任を問うことができるとされた事例があるよ（高松高判平18・1・27裁判所HP）。

小倉：認可施設と認可外施設の違いはわかったんですが，香里先生が利用してる認定こども園って何ですか？

新町：（ノート，ノートっと…）認定こども園制度は，2006（平成18）年にできた仕組みだよ。これまで別々に行われてきた未就学児の教育（幼稚園）と保育（保育所）を一貫して提供できる施設なんだ。幼保連携型認定こども園，保育

図表 7-5　保護者の働き方に応じた保育サービスの類型

育休が明けたら，仕事もしっかり頑張りたい！
両親ともフルタイムの共働き世帯（もしくはひとり親家庭でフルタイム）の場合
・認定こども園　　　　　　　　　　　　・小規模保育等　※満3歳未満の場合 ・保育所　　　　　　　　　　　　　　　・放課後児童クラブ　※小学生の場合 ・幼稚園＋一時預かり　※満3歳以上の場合　　※保育の利用は「保育標準時間」利用が基本となる。
週3日のパートのときだけ，預かり保育もしてほしい…
両親のどちらかがパートタイムの共働き世帯（もしくはひとり親家庭でパートタイム）の場合
・認定こども園　　　　　　　　　　　　・小規模保育等　※満3歳未満の場合 ・保育所　　　　　　　　　　　　　　　・放課後児童クラブ　※小学生の場合 ・幼稚園＋一時預かり　※満3歳以上の場合　　※保育の利用は「保育短時間」利用が基本となる。
子どももまだ小さいし，ゆっくり子育てを楽しみたい
両親のどちらかが専業主婦（夫）の世帯の場合
［施設を利用］　　　　　　　　　　　　　［在宅で子育て］ ・認定こども園　　　　　　　　　　　　・地域の子育て支援 ・幼稚園　※満3歳以上の場合　　　　　・地域子育て支援拠点や認定こども園などの子育て支援 　　　　　　　　　　　　　　　　　　　・一時預かり

※実際にどのような支援が提供されるのかは，市町村ごとに異なる。
注　小規模保育等とは，保育者の居宅，施設等で少人数の子どもを保育する①小規模保育（定員6人以上19名以下），ならびに，②家庭的保育（定員5人以下），および，保育を必要とする子どもの居宅で保育する③居宅訪問型保育，主として従業員の子どものほか，地域において保育を必要とする子どもに保育を提供する④事業所内保育を指す（児福6条の3第9項・10項・11項・12項）。

資料出典：内閣府 HP

所型，幼稚園型，地方裁量型の4つの類型（**図表 7-6 参照**）があって，少子化の影響で入園者が減った幼稚園を存続させながら，不足している保育所を補完することで，待機児童を減少させることも期待されていたんだ。でも，2つの省庁（厚生労働省と文部科学省）が関わることで，手続が複雑だったことや，財政支援が十分ではなかったことから，期待されたほど増えなかった（2014〔平成26〕年4月時点で1,359件）。そこで，2015（平成27）年以降，認定こども園への財政措置が一元化され，いずれの類型の認定こども園に対しても同じ財政措置（施設型給付）が行われることになったんだ（子育て支援27条）。また，幼保連携型認定こども園に関しては，認可・指導監督主体の一

本化(平成24年改正後認定こども園法〔平24法66。以下，認定こども園〕16条以下)や，設置主体制限の強化(認定こども園12条)，学校と児童福祉施設の基準の双方を引き継ぐ設置基準の新設がなされたよ(認定こども園13条)。

千里：ということは，この改正により幼保連携型認定こども園については，改善・普及がより一層進むってことなんでしょうか？…なーんか怪しい。新町さん，(といってノートをひったくる)やっぱり！これ，田辺さんの字ですよね??

新町：あ，バレた…。

図表7-6 認定こども園の類型

幼保連携型	幼稚園型
幼稚園的機能と保育所的機能の両方の機能を併せ持つ単一の施設として，認定こども園の機能を果たすタイプ	幼稚園が，保育を必要とする子どものための保育時間を確保するなど，保育所的な機能を備えて認定こども園の機能を果たすタイプ
保育所型	地方裁量型
認可保育所が，保育を必要とする子ども以外の子どもも受け入れるなど，幼稚園的な機能を備えることで認定こども園の機能を果たすタイプ	認可保育所以外の保育機能施設等が，保育を必要とする子ども以外の子どもも受け入れるなど，幼稚園的な機能を備えることで認定こども園の機能を果たすタイプ

資料出典：厚生労働省HP

7-2-2 保育サービスの利用

テニスサークルの部室を出て，帰路に就いた3人。正門で新町と別れた千里・小倉は，田辺がこちらに向かってくるのに気付いた。

千里：(大きく手を振りながら)田辺さ〜ん，こんにちはぁ〜!! さっきまで新町さんと保育所について話してたんです。でも，ちょっと話し足りなくって。田辺さん，お時間大丈夫ですか？

田辺：いいよ。じゃ，あそこのカフェテリアに行こうか。

千里：2015(平成27)年からの保育サービスの利用について，もっと詳しく教えて

ください。

田辺：例えば，かつて児童福祉法では，保護者が共働きをしているような「保育に欠ける」児童については，原則として，市町村が保育所で保育を実施すべきと定めていたんだ（2012〔平成24〕年改正前児福24条1項）。ただし，「やむを得ない事由」ある場合，市町村は代替的に「その他の適切な保護を」行うとされていた（同項ただし書）。この規定が2012年の改正で「この法律及び子ども・子育て支援法の定めるところにより」，子どもが「保育を必要とする場合において」，市町村が保育所で保育を実施するか（児福24条1項），もしくは，市町村が「認定こども園又は家庭的保育事業等により必要な保育を確保するための措置を講」ずる（同条2項）こととなったんだ。

つまり，保育所での保育について市町村が実施義務を負うって点はそのままだけど，定員超過などで保育所を利用できない場合の代替措置は明確になり，認可外施設に補助金を出すような代替措置は（東京地判昭61・9・30判時1218号93頁），認められなくなったと考えられるよ。

千里：なるほど…その点では一歩前進なのかな。でも，保育所も，認定こども園や家庭的保育なども希望者がいっぱいだった場合はどうなるんですか？

田辺：その場合は，市町村が利用の「調整」をしたり，認定こども園の設置者等に「児童の利用の要請」を行うよ（児福24条3項）。また，施設側には応諾義務や公正な選考の義務がある（子育て支援33条1項・2項）。ただし，希望者に比べて入所定員数が十分でないことから，待機児童（保育所への入所要件を満たしていて入所申込みをしているにもかかわらず，入所していない児童）問題は今も解決していない（2018〔平成30〕年4月時点で19,895人）。国は2020年度末の解消を目指して受け皿を整備しているけどね。

小倉：ところで，改正以降は児童福祉法と共に，「子ども・子育て支援法」（平24法65）も保育サービスの利用に関わるようですが，これによる変化はあるのでしょうか？

田辺：「子ども・子育て支援法」は，子育て支援の具体的な内容などについて規定しているよ。それによれば，保育所等での保育を希望する場合，①市町村に「保育の必要性」の認定を申請し（子育て支援20条1項），②市町村から認定証の交付をうける（同条4項。**図表7-7**参照）。その上で，③希望する保育所等の申込み，④市町村による利用調整（平24法67による改正後の児福附則73条1項），⑤施設と利用者との契約締結，⑥利用，という流れになる。ちなみに，今後は，利用者と施設とが直接契約をして利用料も施設に直接支払う

のが原則だけど，私立保育所を利用する場合，利用者は市町村と契約して，市町村に利用料を払う。これは，改正後も市町村が保育所保育の実施義務主体となっていることに基づくものなんだ。

千里：保育の必要性の認定は，どんな基準に基づいて行われるんですか？

田辺：政令に基づき，保育を必要とする事由（例：親の就労，疾病等）に加えて，保護者がフルタイム就労か（保育標準時間），パートタイム就労か（保育短時間）による保育必要量の区分，さらに，ひとり親であるとか虐待のおそれのような優先利用の必要性が考慮されることになるよ。ちなみに，優先利用の必要性がある場合，市町村は保護者に保育利用の申込みを勧奨し（児福24条4項），それでも利用が著しく困難な場合，措置により保育サービスを利用させることも可能になったんだ（同条6項）。

図表 7-7　子ども・子育て支援法 19 条に基づく認定区分の類型

	1 号認定	2 号認定	3 号認定
対象	満 3 歳以上で，教育を希望する場合。「教育標準時間認定」	満 3 歳以上で保育が必要な事由に該当し，保育所等での保育を希望する場合。	満 3 歳未満で保育が必要な事由に該当し，保育所等での保育を希望する場合。
保育必要量		フルタイム就労を想定した「保育標準時間」利用（最大で 11 時間）。	フルタイム就労を想定した「保育標準時間」利用（最大で 11 時間）。
		パートタイム就労を想定した「保育短時間」利用（最大で 8 時間）。	パートタイム就労を想定した「保育短時間」利用（最大で 8 時間）。
利用先	幼稚園・認定こども園	保育所・認定こども園	保育所・認定こども園・地域型保育
その他	保育所や地域型保育も，特例給付により利用できる場合あり。（子育て支援 28 条・30 条）	幼稚園や地域型保育も，特例給付により利用できる場合あり。（子育て支援 28 条・30 条）	

資料出典：内閣府 HP

千里：保護者の負担する利用料とか保育サービスの費用については，何か変更があったんですか？

小倉：そういうとこが気になるの，千里らしいよなー。

田辺：なかなか良い質問だよ。実は，保育費用も 2012（平成 24）年の改正の重要な

ポイントなんだ。この改正で，法律上は保育を必要とする子どもの保護者に，保育費用を給付する方式に改められたんだ。でも実務上は，法定代理受領方式によって，保護者に代わって施設等が，市町村から施設型給付（認定こども園，保育所，幼稚園の場合），もしくは，地域型給付（小規模保育等の場合）を受給することになる（子育て支援27条5項・29条5項）。ちなみに，施設や事業者が給付を受給するためには，認可施設や事業者に対して，市町村長が定員を定めた上で，条例で定めた「運営に関する基準」を満たしていることを「確認」することが要件となっている（子育て支援31条1項・43条1項）。この改正により，利用する施設ごとにバラバラだった保育サービスへの公的財政措置が整理，統合されているよ。また，保護者の支払う利用料は，国の定める基準を上限として，市町村が保護者世帯の負担能力を勘案して定めるんだけど，施設がバス代のような実費や，その他の上乗せ分を付加的に徴収することも可能だ。

千里：そういえば，小倉君のお姉ちゃんは，認可保育所に預けられたの？

小倉：ああ，必死に保活して，何とか待機児童にならずにすんだっていってたよ。

千里：待機児童の多い地域では，保育所に入所するのも大変そうですね。この前，近所の公立保育所が廃止されて，施設や土地を社会福祉法人（→7-1-5）に譲渡するという話を聞きました。苦労して入所したのに，その保育所で卒園まで保育が受けられないなんて，問題だと思うんですけど。

田辺：それは，最近増えている保育所の「民営化」に伴う問題だね。「民営化」には，公立保育所の運営を民間事業者に委託する場合と，公立保育所を廃止して，運営だけでなく施設や土地も民間事業者に譲渡する場合があるんだよ。千里さんが聞いたのは，後者のパターンだね。

千里：そうみたいですね。

田辺：民営化が増えた背景には，2003（平成15）年の地方自治法改正で，国が公立保育所への運営費補助を廃止し，一般財源化したことがあるとされているんだ。つまり，公立保育所のままだと国庫補助は受けられないけど，民営化すれば補助が受けられるので，その分市町村の財源負担が減るってこと。民営化に関しては，保育士の交代で子どもが不安を抱くかもとか，人件費削減のためパート保育士が増加することで保育の質が低下するかもといった不安を抱いた利用者が，各地で民営化に反対する訴訟を起こしたんだよ。

小倉：あ，その訴訟，聞いたことがあります。でも，行政法に関係する事件だったのでよくわからなかったんですよね。

田辺：公立保育所を廃止して民営化する場合，市町村は入所者への説明や，譲渡先を選定する手続を実施し，あわせて，公立保育所を廃止する条例を制定するんだけど，民営化後も継続して保育を受ける児童には，行政実務上，必ずしも保育実施の解除や保育所の変更決定手続をとるわけではないんだ。つまり，特に何の手続もとらない＝訴えの対象がない，ってこと。例えば，保育実施の解除決定があれば，利用者はその決定の取消しを求めればいいんだけど，決定自体がないから，そういう訴訟は起こせない。そこで，民営化を争いたい利用者は，公立保育所廃止条例制定行為の取消しを求めて争うことになるんだよ。ただし，条例の制定行為は，特定の者の具体的な権利義務または法的地位に直接影響を与える場合についてのみ，抗告訴訟の対象となる行政処分性を認められるとされているから，そもそも取消訴訟が提起できるかが問題となる。その判断をするときに，さっき千里さんがいっていた，公立保育所に入所した者が，その保育所で一定期間保育を受ける権利，あるいは，法的地位を有するかが議論されているんだ。なるだけわかりやすくいったつもりだけど…どうかな？

千里：うーん，難しいけど，何となくわかった気がしてます。

小倉：それで，裁判所はどのような判断をしているのでしょうか？

田辺：最高裁は，保育所の利用は，保護者の選択に基づき保育所，保育の実施期間を定めて設定されるものだとして，保育を受けている保護者と児童に保育の実施期間満了まで保育を受ける法的地位があることを認めた上で，条例制定行為の行政処分性も認めているよ（最判平21・11・26民集63巻9号2124頁）。ただし，判決の時点で児童が既に卒園していたから，訴え自体は訴えの利益なしとして，退けられている。

千里：あぁ，卒園しちゃってたなんて，残念…そうすると，もし児童が在園中に判決が出ていれば，公立保育所は廃止されない可能性もあったということでしょうか？

田辺：理論的にはね。ただし，この事案の地裁判決（横浜地判平18・5・22判タ1262号137頁）は，保育所廃止条例の事後的な取消しは，すでに形成されている新たな保育環境を破壊し，無用な混乱を引き起こすものであり，公の利益に著しい障害が生じるとして，行政事件訴訟法31条1項（いわゆる事情判決）を適用して，廃止条例の制定が違法であることを宣言することにとどめ，原告らの請求は棄却しているよ。

千里：子どもは毎日成長していきますもんね。訴訟で解決するのは難しそうだわ。

小倉：ところで，千里は「小1の壁」って知ってる？
千里：何，それ??
小倉：保育所は延長保育があって長時間預かってくれるし，長い休みもないけど，小学校は延長もないし，長期休みもあるよね。子育て環境からすると，むしろ，小学校以降の方が大変ってことだと思うけど。
田辺：確かにね。小学生については，保護者が労働等で昼間家庭にいない場合は，学校終了後や長期休み中の居場所を確保する放課後児童健全育成事業（いわゆる学童保育所）があるけど，こっちにも待機児童がいるみたいだよ。でも，児童福祉法は，放課後児童健全育成事業についても，設備及び運営についての基準を市町村が条例で定めることを求めているし（児福34条の8の2），対象となる児童の年齢制限も広げているよ（10才未満→小学校就学。児福6条の3第2項）。さらに，2014（平成26）年からは文部科学省と厚生労働省が連携して「放課後子ども総合プラン」（2018〔平成30〕年からは，「新・放課後子ども総合プラン」）による計画的な整備が進められているんだ。

7-2-3　子ども手当と児童手当

> ゼミの教室，田辺と新町が香里を待っているとバタバタと香里が駆け込んでくる。

香里：ふーっ，なんとか間に合った！　子どもを預けるときに泣かれてしまって。子育てって時間も体力も，それから，お金も必要なのよね。
田辺：お金といえば，子育て世帯を経済的に支援する**児童手当**がありますよね。
香里：そうね。田辺君，そもそも児童手当ってどんな給付かしら。
田辺：給付類型上は**社会手当**（→1-2-3）に分類できます。社会手当は，公的扶助と社会保険の折衷的な金銭給付です。おもな財源が公費だから受給者は無拠出という点で生活保護（→**第8章**）に似ていますが，定型的なニーズに対応するという点では社会保険に似ていますね。
新町：それに，生活保護のような収入認定（→8-3-3）もないとなると，理想的だなあ。
香里：確かに社会手当は，支給要件だけ見ると理想的かもしれないけど，所得制限を設けて対象者を限定することもできるから，一概に他の金銭給付より優れているとはいえないわ。ところで，2009（平成21）年の民主党政権以降，現

図表 7-8　児童手当制度の変遷

期間	～2010年3月	2010年4月～2011年3月	2011年4月～2011年9月	2010年10月～2012年3月	2012年4月～
名称	児童手当	子ども手当	子ども手当	子ども手当	児童手当
根拠法	児童手当法	平成22年度における子ども手当の支給に関する法律	国民生活等の混乱を回避するための平成22年度における子ども手当の支給を一部改正する法律	平成23年度における子ども手当の支給等に関する特別措置法	児童手当法
支給額	・0～3歳未満 10,000円 ・3歳以上小学校修了前 第1,2子 5,000円 第3子～ 10,000円	・0歳～中学校修了前 13,000円	・0歳～中学校修了前 13,000円	・0～3歳未満 15,000円 ・3歳以上小学校修了前 第1,2子 10,000円 第3子～ 15,000円 ・中学生 10,000円	・0～3歳未満 15,000円 ・3歳以上小学校修了前 第1,2子 10,000円 第3子～ 15,000円 ・中学生 10,000円 ・所得制限世帯 5,000円（特例給付）
所得制限	有	無	無	無	有（2012年6月～）

※　金額は，いずれも月額。

在に至るまでの児童手当制度はどのようなものだったかしら？

田辺：2009年の衆議院総選挙の際に，民主党が児童手当に代えて子ども手当を支給することをマニフェストに掲げ，政権交代後の2010（平成22）年に子ども手当法が成立しました。それ以降，2012（平成24）年3月まで**子ども手当**が支給されていましたが，2012（平成24）年4月からは再び児童手当に戻っています（**図表 7-8**参照）。

香里：では，どんな人が受給資格を有しているの？

田辺：①中学校修了前の児童を監護し，生計を同じくする父母や未成年後見人で国内に住所を有する者，②父母等が国外に居住している場合に，子どもと同居，監護し生計を同じくしていて父母等に指定された者，それから，特別措置法

図表 7-9　児童手当の財源

費用負担	○財源については，国，地方（都道府県，市区町村），事業主拠出金（※）で構成。 ※事業主拠出金は，標準報酬月額及び標準賞与額を基準として，拠出金率（2.9／1000）を乗じて得た額で，児童手当等に充当されている。					
			被用者		非被用者		公務員
	0歳〜 3歳未満	特例給付 （所得制限以上）	国 2/3	地方 1/3	国 2/3	地方 1/3	所属庁 10/10
		児童手当	事業主 7/15	国 16/45 ・ 地方 8/45	国 2/3	地方 1/3	
	3歳〜 中学校修了前	特例給付 （所得制限以上）	国 2/3	地方 1/3	国 2/3	地方 1/3	所属庁 10/10
		児童手当	国 2/3	地方 1/3	国 2/3	地方 1/3	
財源内訳 (30年度予算額)	[給付総額]　2兆1,694億円 　　　　　　（2兆1,985億円） ※（　）内は29年度予算額	（内訳）国負担分：　1兆1,979億円（1兆2,175億円） 　　　　地方負担分：　　　5,989億円（　　6,087億円） 　　　　事業主負担分：　　1,817億円（　　1,832億円） 　　　　公務員分：　　　　1,909億円（　　1,891億円）					

資料出典：厚生労働省 HP

（**図表 7-8 参照**）以降，③虐待を受けた児童が委託されている里親や施設の設置者にも受給資格が認められています（児手 4 条）。

新町：そうか，児童手当は子どもの養育者に支給されるから，親がいない子や，親が監護していない場合は受給できないんですね。それで里親や施設設置者にも受給資格が認められるようになったんだ。

7-2-4　児童手当の財源

新町：児童手当と子ども手当の関係って，どうなっているんですか。

田辺：2010（平成 22）年に子ども手当が始まった際，児童手当法に基づく財源に，国庫負担を上乗せする形で財源が捻出されたんだ。だから財源との関係では，それ以降も，児童手当法は存続してきたんだよ。その結果，現在まで手当の財源は，国と地方自治体と事業主拠出金で賄われているよ。

田辺：現行法上は，児童の年齢や親の就労状況に応じて負担者が異なるんだ（児手18 条。**図表 7-9 参照**）。それから，所得制限世帯（扶養親族等の数に応じて政令で定められた額以上の所得がある世帯〔児手 5 条。2018（平成 30）年では夫婦と子ども 2 人で年収 960 万以上〕）に対する特例給付は，国が 3 分の 2 を負担し，地方が 3 分の 1 を負担することになっているね（児手附則 2 条 1 項）。

香里：事業主は，従業員が手当を受給していない場合も負担があるのよね。
新町：それって将来の労働力育成に対する企業の間接的支援なんですかね？
香里：行政解釈ではそういう説明がされていたわ。これに加えて，児童の健全育成のため，事業主にも応分の負担を求めるべきといった理由も挙げられているのよ。ところで，子ども手当導入の際に，所得税や住民税に設けられていた年少扶養控除（16歳未満の者を対象とする控除。所得税では38万円，住民税では33万円）が廃止されましたが，どうして？
田辺：控除を受けられるのは，課税対象所得がある，比較的裕福な親のみなので，すべての親がもらえる手当に移行したんですよね。
香里：ただし手当の導入が利益になった世帯もあれば，控除の廃止で，むしろ，損失の方が大きかった世帯もあったのよね。ちなみに，児童手当を受給するには，受給資格者が住所地の市町村長の「認定」を受けることが必要ですが（児手7条），ここでの「認定」の法的性質を説明してもらおうかな。
田辺：児童手当の場合，申請に基づく認定によって支給が開始されます。ですから，ここでの認定を権利創設的な行政行為とする裁判例があります（京都地判平3・2・5判時1387号43頁）。確かに，原則として児童手当が認定前に遡及して支払われることはありませんから一理ありますが，これはあくまで行政事務の混乱を避けるためだと考えれば，認定を確認的行為と理解することも可能ですね。いずれにしても，給付は認定前に遡及しませんので，行政職員の説明や広報が受給権保護のために重要です（→7-1-4）。
香里：ちなみに，2012（平成24）年の子ども・子育て支援法では児童手当を子ども・子育て支援給付と位置づけているのよ（子育て支援9条・10条）。

7-2-5　要保護児童に対する支援

香里の研究室に，深刻そうな表情の田辺と小倉が訪ねてくる。

香里：こんにちは。2人とも暗い顔してどうしたの？
小倉：実は僕のアパートの隣の部屋に幼稚園児位の子どもと親が住んでいるんですが，子どもが虐待されているみたいなんです。
香里：えっ！　それ本当？　どんな状況なの？
小倉：前から母親のどなり声が気になっていたんですけど，最近は回数も増えていて，昨日は同居している男性から叩かれたみたいで，長時間泣き声がしたん

です。

香里：2000（平成12）年にできた児童虐待防止法2条は，保護者等による①身体的虐待，②性的虐待，③育児放棄（ネグレクト），④心理的虐待を「児童虐待」と定義しているの。2004（平成16）年改正で，保護者だけでなく，同居人による暴行を放置することも含まれたから，これに該当する可能性もあるわね（児童虐待2条1項3号）。

田辺：小倉君から相談されて法律を見たのですが，保護者がいないか保護者に監護させることが不適当と認められる児童を，**要保護児童**と定義していて（児福6条の3第8項），そのような児童を発見した場合や（児福25条），虐待を受けたと思われる児童を発見した場合（児童虐待6条），僕たちにも**児童相談所**や**福祉事務所**への通告義務があるんですよね。

小倉：例えば，僕が通告したらどうなるんでしょう。

香里：対応の一例としては，面会など児童の安全確認の措置をとりつつ（児童虐待8条），通告者や児童，保護者から事情聴取を行い，児童虐待のおそれがあれば立ち入り調査を実施することになるわね（児童虐待9条）。その際必要があれば，児童相談所は親の同意が得られなくても児童の一時保護をすることができるわ（児福33条）。行政の調査権限は2007（平成19）年改正（法73）で強化されていて，保護者に対する出頭要請や臨検（児童虐待のおそれがある児童の保護者が再出頭要請を拒否した場合に，裁判所の許可を得た児相職員が児童の家などに出向いて検査を行うこと），捜査等の権限行使もできるの（児童虐待8条の2・9条の2〜10条の6）。その上で，児童や保護者への訓戒，里親委託，施設入所等の措置を採ることになるんじゃないかしら（児福27条1項各号）。

小倉：里親委託や施設入所ってことは，親と引き離すわけですよね（親権の制約），親が同意しない場合はどうなるのですか？

田辺：その場合は，家庭裁判所の承認を得た上で**措置**を採ることになるね（児福28条1項）。この場合の措置期間は原則として2年までだけど，継続しなければ児童の福祉を害するおそれがある時は，家庭裁判所の承認を得て期間を更新することが可能なんだ（児福28条2項）。

香里：措置に期限が設けられたのは，2004（平成16）年改正（法153）からなの。期限を設けて裁判所が関与することで手続の適正化を図るとともに，親子再統合に向けた取り組みを促進することが目的と考えられるわ。子の福祉という観点からは，第一義的な法目的はやっぱり親子の再統合だからね。児童虐待防止法でも「保護者に対する親子の再統合の促進への配慮」を国や地方公共

団体の責務として規定しているわ（児童虐待4条1項）。

田辺：でも，再統合が難しい場合は，**親権喪失宣告**（民834条）の活用がやむを得ない場合もあると思います。

香里：もちろん，そういう場合もあるでしょうね。

小倉：シンケンソウシツ？

香里：（字を書いて見せながら）親権喪失の手続は，親権者による「虐待又は悪意の遺棄があるとき」，あるいは，「親権の行使が著しく困難又は不適当であることにより子の利益を著しく害するとき」に，子，子の親族，検察官（民834条）あるいは児童相談所長（児福33条の7）らの請求によって，家庭裁判所が行うのよ。これは親子にとって重大なことだから，宣告には親権者の帰責事由の有無だけでなく，子どもの福祉という観点も含めた総合的な判断が必要になるわ。それから，2012（平成24）年の民法改正で，2年以内の期間を定めて**親権を停止**することもできるようになった（平23法61。民834条の2）。例えば，保護者が児童に必要な治療を受けさせない医療ネグレクトのように，一時的に親権を停止すれば対応が可能な場合への適用が期待できるようになったわ。

田辺：2016（平成28）年改正では児童自立生活援助事業の対象を拡大して，22歳未満の大学就学中の者もこの事業を利用できるようにして（児福6条の3第1項2号），被虐待児の自立支援を強化している。さらに，2017（平成29）年改正では，親の意に反して児童を一時保護する場合，家庭裁判所の審査を導入したり（児福33条5項），児童に対する保護者の接近禁止命令が出せる場合を広げる（児童虐待12条の4第1項）ことで，適正手続の強化や，保護の実効性確保が図られているよ。

7-2-6　ひとり親家庭への支援

千里，小倉，新町が学食で食事をしている。

千里：この間，新町さんから保育所のことを聞いて，いろいろ考えてみたけど，私，やっぱり子どもは産みたいんですよね。でも夫がいると家事の負担が増えそうだから，いっそのことシングルマザーを目指そうかな。

小倉：何いってるの，千里。おちおち病気にもなれないし，子どもの急病で早退たりして職場で気まずい思いをすることもあるだろうし，1人で子育てする

のはそんなに甘いものじゃないよ。

▎香里と田辺がやって来て，隣のテーブルに座る。

香里：楽しそうね，3人で何を話していたの？
小倉：千里がシングルマザーも良いなんていうから，僕がたしなめていたんです。
香里：そういえば，息子の通っているこども園にシングルファーザーがいるんだけど，最近体調を崩して仕事を休みがちだと聞いたわ。1人で二役以上をこなすのは，やはり大変よね。
千里：でも，行政もいろいろな支援を行っているんですよね。
田辺：例えば，母子家庭や**寡婦**（配偶者がいない女子であって，かつて単独で児童を扶養していたことのある者）に対しては，2002（平成14）年に母子及び寡婦福祉法と児童扶養手当法が改正されて，就業・自立に向けた総合支援が行われているね。具体的には，子育て・生活支援として家事などを行う家庭生活支援員を派遣する母子家庭等日常生活支援事業や，ハローワークと連携した就業支援，それから経済的支援として**児童扶養手当制度**や，母子家庭の母等に就学資金や技能獲得資金を低利，もしくは，無利子で貸し出す母子寡婦福祉貸付金制度なんかもあるよ。
小倉：母子ばかり出てきましたけど，父子家庭には何もないんですか？
田辺：そんなことないよ。例えば，2014（平成26）年に「母子及び寡婦福祉法」が「母子及び父子並びに寡婦福祉法」と名前を変えて父子家庭も支援の対象であることが法律上，明示されているよ。さらに，父子福祉資金制度等が創設されているし，父子家庭に対する支援も少しずつ拡充されてきているんだ。
千里：父子家庭だから支援の必要性がないってことにはならないですもんね。
香里：ちなみに，ひとり親家庭への支援はこれまでは経済的支援が中心だったけど，法改正によって中身が大きく変わってきているのよね。例えば児童扶養手当なんだけど，そもそも児童扶養手当って知っているかしら。
新町：えーっと，児童扶養手当はおもに，ひとり親家庭の児童を養育，監護する人に支給されるんですよね。
田辺：もともと，死別母子家庭には無拠出の母子福祉年金制度がありましたが，離別母子家庭に対する制度がなかったため，1961（昭和36）年に作られました。母子福祉年金は1985（昭和60）年に廃止されたので，今は死別，離別どちらの場合も児童扶養手当が支給されます。現在の支給額は，児童1人の場合月額4万1,100円（物価スライドにより2018〔平成30〕年現在，4万2,500円）です。

ただし，所得制限があり，受給権者の所得や，受け取った養育費に応じて減額されます（児扶手9条）。

香里：父子家庭が対象になったのは2010（平成22）年からですね。この他にも，2012（平成24）年からは，親が配偶者からのドメスティックバイオレンス（DV）で家裁の保護命令を受けている子どもも支給対象となりました（児扶手4条1項1号・2号，児扶手令1条の2第2号・2条2号）。また，2008（平成20）年からは支給要件に該当する月から7年，もしくは，支給開始月から5年を経過し，かつ，就業困難な事情がないにもかかわらず，就業意欲が見られない場合，一部支給停止規定があります（児扶手13条の3。平14法119）。

千里：確かに，一定の期間で区切って支給の要否を判断する仕組みは，就業・自立への間接強制的な効果がありそうですね。でもそれまでは支給制限がなかったんですよね？ ってことは，要件が厳しくなったのですか？

香里：そうね。もともと児童扶養手当を受給している母子世帯の就労率は，およそ8割と高かったのよ。だから，あえて支給制限を設ける必要性があったかは少し疑問ね。ただ，法律では適用除外事由を定めていて（児扶手13条の3第2項），就労や求職活動をしていれば，この規定の適用はないの。

田辺：このほかにも最近，児童扶養手当と公的年金の**併給調整**が見直されているよ（平26法28）。これまでは少額でも公的年金を受給できる場合は児童扶養手当が全くもらえなかったけど，併給調整の見直しで，2015（平成27）年4月から年金が手当額を下回る場合，その差額が手当として支給されるようになったんだ（2014〔平成26〕年改正以後の児扶手13条の2，児扶手令6条の3）。また，2019（平成31）年からは利便性の向上や家計の安定のため，年3回支給が年6回支給に変わるんだ。

香里：ところで，支給対象児童を列挙した児童扶養手当法4条1項はその他これに「準ずる状態にある児童で政令で定めるもの」と規定しているけど，これってどんな児童を指すのかしら？

田辺：ここでの政令とは，児童扶養手当法施行令（児扶手令1条の2・1条の3）です。一方の親に遺棄されている児童や，母が婚姻しないで出産した児童のように，法律上の支給対象児童と類似した状況にある子どもが列挙されています。1998（平成10）年改正前の施行令1条の2第3号の括弧書は，母が結婚しないで妊娠した児童（婚姻外懐胎児）のうち，父から認知された児童については支給対象外としていました。最高裁（最判平14・1・31民集56巻1号246頁）がこの規定を法の委任の範囲を逸脱したものであり無効と判断したことを受

けて，現在は婚姻外懐胎児童が認知されても手当は支給されています。

千里：だんだん専門的になってきてついて行けてないのですが…，さきほど，養育費の支払が児童扶養手当の受給額に影響するっていってましたよね。そもそも養育費って，きちんと支払われるものなのですか？

新町：僕が以前見た調査結果（「平成28年度全国ひとり親世帯等調査結果報告」）では，離婚の際に養育費を取り決めた母子世帯が約4割で，**養育費をもらっている**のが全体のおよそ4分の1程度だったよ。予想していたよりも少なくて，ビックリしたんだよね。

田辺：養育費の確保も近年のひとり親施策の柱の1つだよね。例えば2003（平成15）年に「母子及び寡婦福祉法」が改正されて，養育費支払の責務が明示されたし（母福5条），同年と2004（平成16）年の民事執行法改正では養育費の強制執行方法が改正され，履行確保のための環境整備が整えられたんだ。さらに，2011（平成23）年の民法改正で，協議離婚の際に定めるべき事項の中に子の監護費用の分担が明文で例示されているよ（民766条1項）。

香里：たとえ夫婦が離婚しても親としての責任は果たすべきよね。でも，近年増えているDVの場合のように，避難先を知られたくないといった事情で私的扶養を優先させることが難しいケースもあるでしょうし，そこは個別の事情に応じた対応が必要ね。

田辺：ちなみに，よく似た名前の給付として，20歳未満で精神または身体に障害を有する児童を監護，養育する父母等に支給される「**特別児童扶養手当**」もあるから，混同しないようにね。

7-3 障害を持つ人への支援

7-3-1 障害者，障害児とは

香里：さあ，今日からは「障害者福祉」を勉強しましょう。そもそも，「障害」や「障害者」とはどのような概念として用いられているのでしょう。

田辺：国際的に見た場合，例えば1980年に出されたWHO（世界保健機関）の「国際障害分類」では，「障害」を心身的な機能障害，それに基づく能力低下，社会的不利という観点から捉えています。また，2006（平成18）年に国連で採択された「**障害者の権利に関する条約**」（障害者権利条約）では，「障害者に

は，長期的な身体的，精神的，知的又は感覚的な機能障害であって，さまざまな障壁との相互作用により他の者との平等を基礎として社会に完全かつ効果的に参加することを妨げ得るものを有する者を含む」（障害者権利条約1条）としています。これらの定義を見ると，障害を単なる心身の機能的損傷とは捉えていない点に特徴があります。

香里：そうですね。このように「障害」を捉えた場合，障害に関わる問題解決のためには，心身の機能的損傷への医学的対応だけでなく，社会的不利や社会参加の困難さといった障壁を，いかに取り除くかという視点も必要になります。この点，わが国ではどうなのでしょう。

新町：改正前の障害者基本法では「障害者」をもっぱら心身の機能的損傷という観点のみから捉えていたようです。その後，障害者権利条約の批准にあわせて，2011（平成23）年改正で，条約の理念に沿うように，機能的損傷だけでなく社会的障壁（障害がある者にとって生活上障壁となるような事物・制度・慣行・観念その他一切のもの）により継続的に日常生活，社会生活に相当な制限を受ける状態にある者（障害基2条）を障害者とするという定義に修正されました。

田辺：わが国でも，より広い視点に立って障害を捉えると共に，社会的な問題として対応する方向に変わりつつあるのではないかと思います。

新町：でも，社会的障壁っていうのが，いまいちイメージできないんですよね…。

香里：例えば，車椅子の方が自由に移動することが難しいといった物理的障壁や，私たちの抱きがちな偏見のような心理的障壁があるんじゃないかしら。ところで，その他の法律上での定義はどうなっていますか？

田辺：「障害者の日常生活及び社会生活を総合的に支援するための法律」（障害者総合支援法）では，障害者および障害児の定義を個別法の定義によるとしています（障害総合支援4条1項・2項。**図表7-10**参照）。なお，同条で知的障害者は精神障害者に該当しない知的障害を有する者とされていますが，法律上，明文の定義規定がありません。さらに，これまで症状が変動しやすいことなどによりサービスの支給対象外となる可能性があった難病患者等が，障害者総合支援法において，新たに追加されています。

図表 7-10 障害者総合支援法の障害者・障害児の定義概念図

	0歳　　　　18歳	
身体障害者	児童福祉法4条2項に規定する障害児	身体障害者福祉法4条に規定する身体障害者
知的障害者		知的障害者福祉法にいう知的障害者のうち18歳以上である者
精神障害者		精神障害者福祉法5条に規定する精神障害者のうち18歳以上である者(発達障害者を含む)
難病患者等		治療方法が確立していない疾病その他の特殊の疾病であって政令で定めるものによる障害の程度が厚生労働大臣が定める程度である者(障害者総合支援法4条)

香里：法律上の定義に該当するかは，どのように判断するの？

田辺：身体障害者に関しては，**身体障害者手帳**の交付により判断されます（身体障害4条）。手帳の交付によって申請者は各種給付を得る要件を満たしている事が確定し，それ以降の行政決定もこれに拘束されることになるからです。そのため，手帳の交付は行政処分であると解され，これを争う場合，行政事件訴訟法によることになります。

香里：ちなみに，身体障害者手帳の交付に際しては，障害が身体障害者福祉法の別表に掲げる障害に該当するかが審査されます。例えば尿道に障害があっても，法令上の「ぼうこう機能の障害」に該当しないとされた事例のように，申請者にとっては一定の生活障害が生じていても，手帳の交付が認められない場合もあり得ますね（広島高判平7・3・23行集46巻2＝3号309頁）。ところで新町君，知的障害者には療育手帳が交付されるけど，これも身体障害者手帳と同様の法的性質を有しているのかしら？

新町：あ，これについては，**図表7-11**を見てください。**療育手帳**は，法律に基づかない点で身体障害者手帳と違います。この点と関連して，法的根拠を有しない療育手帳の交付決定が，国民の権利義務を形成する行政処分に当たるかが争われた事案があります。裁判所は，交付手続が行政の内部規範である要綱に基づくという理由だけで行政処分性が否定されるわけではないとした上で，療育手帳が各種援助措置を統一的に得る「要」となっていること等を根拠として，手帳交付の行政処分性を認めています（東京高判平13・6・26裁判所HP）。

田辺：ただし，療育手帳は各種手当や福祉給付の受給要件となっているわけではないので，身体障害者手帳と異なり，行政処分性が否定される余地もありそう

図表 7-11 各種手帳による給付や割引サービス等の例

手帳	身体障害者手帳	精神障害者保健福祉手帳	療育手帳
根拠	身体障害者福祉法15条	精神保健福祉法45条	昭48・9・27発児156号通知に基づく各都道府県の実施要綱
自立支援給付（障害総合支援6条）	申請者が18歳以上の場合，受給のためには，手帳の取得が必須（障害福祉4条）。手帳を有しない18歳未満の障害児の場合，市町村が対象となる障害を有するかを確認する。	受給のために，手帳の取得は必須要件ではない。＊手帳を有しない場合，精神障害を事由とする特別障害給付金を受給中であることを証明する書類，精神通院医療の自立支援医療受給者証等の証書による確認等で受給可能な場合がある。	受給のために，手帳の取得は必須要件ではない。＊手帳を有しない場合，市町村が必要に応じて知的障害者更生相談所（18歳未満の場合は児童相談所）の意見に基づく確認等による受給可能な場合がある。
その他※	・各種税の減免，非課税 ・公共料金等（例：交通運賃，NTT番号案内，携帯電話料金，NHK放送受信料等）の割引 ・施設入館料及び使用料の免除，軽減等		

※ 障害の種類，程度や世帯の所得に応じて利用の可否，優遇の程度は異なる。
また，市町村ごとに利用できる優遇措置は必ずしも同一ではない。

ですね。なお，この場合でも，公法上の当事者訴訟（行訴4条）により司法救済を受けることは可能でしょう。

7-3-2 障害者福祉法制の沿革と体系

ゼミ終了後，香里，田辺，新町が研究室で次回ゼミの打ち合わせ中。

田辺：今日のゼミ，新町君がんばってたよね。

新町：いやぁ…最近，就労継続支援B型事業所にボランティアに行ってるんです。それで，障害者施策についてもちょっとマジメに勉強してみたんですよ。

香里：新町君の行ってる事業所はどんなところなの？

新町：僕の行ってる事業所は，もともとは知的障害のある方を対象に，訓練やリハビリと並行して食品や木工品作成などの作業をし，「工賃」を得ることで自活を目指す，知的障害者通所授産施設だったのが，障害者自立支援法の制定

で再編された事業所です。今は，一般企業での就労が難しい人が，障害の種類（身体障害，知的障害，精神障害）に関わらず，雇用契約に基づかない訓練生として，生産活動をしています。そういえば，障害者自立支援法の制定で，いろいろ変わったという話も聞きました。

田辺：そうだね，障害者福祉サービスは2002（平成14）年までは市町村の措置（→7-1-3）に基づく利用だったのが，2003（平成15）年からは**支援費制度**に変わったんだ。さらに，2006（平成18）年から障害者自立支援法（平17法123）に基づく**自立支援給付**制度になり，2013（平成25）年からは障害者総合支援法に基づく給付に変わっているよ。

香里：そもそも，支援費制度はどのような制度で，何が問題だったのかしら。

田辺：支援費制度は，利用者が市町村の支給決定を得た上で，自らサービス提供事業者を選択し，事業者との契約に基づいてサービスを利用する制度です。ただし，障害種別ごとにサービスが提供されていたため，使いづらい仕組みだったことや，精神障害者が制度の対象外であったこと，さらに，支援の必要度を測る統一的基準がなかったため，支給決定のプロセスが不透明だったこと，サービス費に対する国庫負担が裁量に委ねられており，財政上の問題点があったこと等により，新たに障害者自立支援法が制定されました。その際，それまで施設中心で生活していた障害者が地域で自立して生活できるような支援を充実させるため，福祉から一般就労へ移行する方向性が打ち出されています。これとともに，障害の種類にかかわらず，共通の福祉サービスを提供し，日中活動の場と住まいの場を分離するために，それまでの障害者各法に規定されていた施設体系も見直され，再編成されています。

香里：障害児に関しても，2012（平成24）年改正以降，障害種別ごとのサービスが一元化され，いずれも児童福祉法に基づいて，通所サービスは市町村が実施し（児福21条の5の3），施設入所サービスは都道府県が実施しているのよね（児福24条の2。*図表7-13*参照）。

新町：基本的には，施設で支援を受けるだけでなく，地域で自立して生活していけるようにっていう方向なんですね。だけど，そもそも障害者の人達の就労ってどのようになっているんですか？

香里：そうね…障害者が働く場合，大まかには①一般企業で就労する，②社会福祉施設で雇用契約に基づいて生産活動を行う，③社会福祉施設で雇用契約に基づかないで訓練をうける，の3つのケースが考えられるんだけど，田辺さん，それぞれについて簡単に説明してもらえる？

田辺：まず，一般企業で就労する場合，雇用契約に基づいて労働者として働きますが，これを支援するために障害者雇用促進法があります。この法律では，法定雇用率（2018（平成30）年時点で従業員45.5人以上の民間企業の場合，労働者に占める身体，知的，精神障害者の割合が2.2％以上）を定め，事業主に障害者雇用を義務づけています（障害雇用43条1項）。さらに，2016（平成28）年からは，差別の禁止（障害雇用34条以下）や合理的配慮の提供が求められています。

これに対して，一般企業での就労が困難な障害者を対象に障害者総合支援法に基づいて行われているのが，いわゆる**福祉的就労**です。大まかに分類すれば，①就労移行支援，②就労継続支援A型（雇用型），③就労継続支援B型（非雇用型）がありますね。①は一般就労が可能と見込まれる人，②は企業等に就労することが困難で，事業所との雇用契約に基づき，継続的に就労することが可能な65歳未満の人，③は就労移行支援事業等を利用したけど一般企業等の雇用に結びつかない人や，一定年齢に達している人などをそれぞれ対象として，障害福祉サービスの一環として支援が行われています。

新町：ということは，①②の場合は労働法制の対象になるけど，③の場合は対象外だから「賃金」じゃなく「工賃」で，金額も低いのかー（2016〔平成28〕年度平均工賃199円〔時間額〕）。もう少し高くてもって思ってたんですよね。ところで田辺さん，わが国の障害者法制の全体像がよくわからないのですが…。

田辺：いろいろな法律が絡まり合っているからね。大まかな概要としては，まず，障害者施策の基本原則を明らかにし，基本事項を定めるものとして障害者基本法があるんだ（**図表7-12**参照）。この法律は，これまで幾度かの改正を経ていて，公的施設のバリアフリー化（障害基21条。2004〔平成16〕年改正）や，消費者としての障害者の保護（障害基27条。2011〔平成23〕年改正）に見られるように，社会参加への支援が推進されているよ。また，国や地方自治体は，この法律に基づいて「**障害者基本計画**」（障害基11条）を策定し，障害者施策の基本的方向を定めなければならないんだ。

新町：**図表7-12**では，障害者基本法から「具体化」って矢印が出てますね。

田辺：生活を支える福祉サービスは，もっぱら，障害者総合支援法が担うんだ。ただし，サービスを必要とする障害者が，契約締結が困難だとか，虐待を受けていて保護が必要といったやむを得ない事由がある場合は，身体障害者福祉法（身体障害18条）や知的障害者福祉法（知的障害15条の4・16条）等に基づいて，行政の措置によるサービス受給もできるよ。つまり，障害者各法が障

図表 7-12　障害者法制の概要

教育（障害基 16 条）	障害者基本法	障害者虐待防止法
・特別支援学校（学教 1 条） ・特別支援教育特別奨励費（特別支援学校への就学奨励に関する法律） ・特別支援教育（学教 72 条）等	障害者の自立支援及び社会参加の支援等のための施策に関する基本原則を定め，かつ，国，地方公共団体の責務を明らかにするとともに，施策の基本となる事項を定める（障害基 1 条）	障害者差別解消法 （平成 28 年 4 月施行）

具体化 ⇦　具体化 ⇩

バリアフリー化（障害基 21 条・22 条）
・高齢者，障害者等の移動等の円滑化の促進に関する法律　等

サービス保障（障害基 14 条・17 条）

障害者総合支援法
障害種別にかかわりのない共通の給付等に関する事項について規定

⇧ 補完

雇用（障害基 18 条・19 条）
・障害者の雇用の促進等に関する法律

身体障害者福祉法	知的障害者福祉法	精神保健福祉法
・身体障害者の定義 ・福祉の措置　等	・福祉の措置　等	・精神障害者の定義 ・措置入院　等

所得保障（障害基 15 条）
・障害年金（国年 30 条，厚年 47 条） ・特別障害給付金（特定障害者に対する特別障害給付金の支給に関する法律） ・特別障害者手当（特別児童扶養手当等の支給に関する法律 26 条の 2） ・特別児童扶養手当（特別児童扶養手当等の支給に関する法律 3 条） ・障害児福祉手当（特別児童扶養手当等の支給に関する法律 17 条） ・生活保護（→第 8 章）　等

児童福祉法	発達障害者支援法
・児童の定義 ・福祉の措置 ・障害児の施設サービス（通所給付費，入所給付費） ・障害児への療育の給付　等	・発達障害者の定義　等

害者総合支援法に基づくサービスを補完しているんだね。このほかにも年金や各種手当のような所得保障制度，雇用を促進する法制度などの個別法が，障害者基本法に規定された基本的施策を具体化するために定められているよ。

7-3-3　障害者自立支援法から障害者総合支援法へ

ゼミ開始。今日は新町が報告を行う予定になっている。

新町：それでは始めます。障害者自立支援法は 2006（平成 18）年から施行されています。この法律は，障害の種別（身体障害・知的障害・精神障害）にかかわらず，障害のある人々が必要とするサービスを利用できるよう，サービスを利

用するための仕組みを一元化し，支給決定過程を透明化するというように，それ以前の支援費制度にあった課題の解消を目指すものです（→7-3-2）。

ただし，財政安定化のために，利用者の自己負担を応益負担（→9-2-2）としたことで，憲法の定める「生存権（憲25条）」を侵害する等として違憲訴訟が提起されました。その後，裁判上の和解が成立し，2010（平成22）年に政府と原告団との間で応益負担の廃止や2013（平成25）年までに障害者自立支援法を廃止すること等を内容とする合意が成立しています。これに基づいて，「自立」の代わりに「基本的人権を享有する個人としての尊厳」を明記すること，障害者の範囲を見直すこと等を盛り込んだ「地域社会における共生の実現に向けて新たな障害保健福祉施策を講ずるための関係法律の整備に関する法律」が，2012（平成24）年6月に公布されています。この法律により，2013（平成25）年から「障害者総合支援法」に名称が変わりました。

7-3-4 障害者総合支援法に基づく社会福祉サービス

香里：障害者自立支援法が施行されて以降，都道府県と市町村の二元体制で行われていたサービス提供も，市町村が一元的に実施し，都道府県がこれをバックアップする形に変わったのよね（障害総合支援2条）。具体的な給付内容やサービス利用方法はどうなっているのかしら。

新町：給付は，個々人の状況を踏まえて個別に支給決定が行われる**自立支援給付**（障害総合支援6条）と，各市町村ごとに地域の特性や利用者の状況に応じて柔軟に実施できる**地域生活支援事業**（障害総合支援77条以下）によるものに大別できます（**図表7-13**参照）。

自立支援給付には，例えば①自宅や入所施設で入浴，食事の介助や外出支援などの介護支援を受けるための**介護給付**や，②生活訓練，能力向上のための訓練を行い，自立した日常生活や就労を目指す**訓練等給付**があります。さらに，③車椅子・義肢などの補装具費用の給付もあります。

田辺：自立支援給付の利用方法についてはどうですか？

新町：介護給付と訓練等給付の場合，利用者はまず市町村窓口に申請し，支給決定を受けることが必要です（**図表7-14**参照）。その上で事業者と契約してサービスを利用し，負担能力に応じた利用料を負担します。

田辺：介護給付の場合は，必要なサービス量を判断するために「**障害支援区分**」の認定が必要だよね（→7-1-4）。自立支援法では「**障害程度区分**」だったけど，

図表 7-13　障害者・障害児福祉サービス

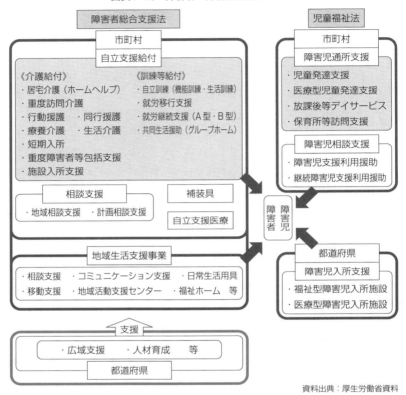

資料出典：厚生労働省資料

　　　これでは障害の程度（重さ）ではなく，標準的な支援の必要度を示す区分だということがわかりにくいとして，障害者総合支援法では名称が変わったんだ。
香里：なお，利用者負担に関しては所得に応じた上限額が定められていて（**図表7-15参照**），この他にも食費等の実費負担に対する軽減措置等が設けられています。また，一定の精神疾患の通院治療や腎臓機能障害に対する透析治療のような，心身の障害を除去・軽減するための医療については，公費負担医療制度である**自立支援医療**制度により，医療費の自己負担が軽減されるのよ。
田辺：障害者福祉サービスに関わる法律上の問題としては，支給決定の際の行政裁量が問題になった裁判例があったと思ったけど…。
新町：そもそも市町村の支給決定に関しては，地域ごとの状況が異なるし，法令上

図表 7-14 自立支援給付の支給決定プロセス

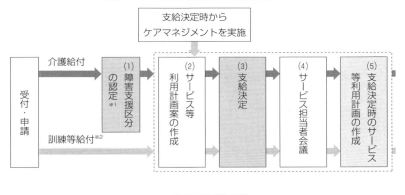
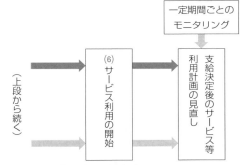

※1 同行援護の利用申請の場合
障害支援区分の調査に加えて同行援護アセスメント票によるアセスメントを行います。ただし、身体介護を伴わない場合は、心身の状況に関するアセスメント、障害支援区分の一次判定、二次判定（審査会）及び障害支援区分の認定は行わないものとします。
※2 共同生活援助の利用申請のうち、一定の場合は障害支援区分の認定が必要です。

資料出典：厚生労働省 HP

も市町村が一定の事項を勘案すべきということ以外，具体的な基準を置いていないことから（障害総合支援 22 条，障害総合支援則 12 条），市町村の合理的な裁量に委ねられていると考えられます。これを前提に裁判例では，「その判断の過程において考慮すべき事項を考慮しないこと等によりその内容が社会通念に照らし妥当性を欠くものと認められるような場合に」，支給決定が裁量権の逸脱，濫用により違法となるという判断枠組みを示しています（東京地判平 22・7・28 判タ 1356 号 98 頁）。

香里：例えば，市町村が家族介護者による介護を過度に評価する一方で，障害者本

図表 7-15　障害者福祉サービスの自己負担上限額

障害福祉サービスの利用者負担は，所得に応じて次の4区分の負担上限月額が設定されている。ひと月に利用したサービス量にかかわらず，それ以上の負担は生じない。

区　分	世帯の収入状況	負担上限月額
生活保護	生活保護受給世帯	0円
低所得	市町村民税非課税世帯[※1]	0円
一般 1	市町村民税課税世帯（所得割 16 万円[※2] 未満）	9,300円
一般 2	上記以外[※3]	37,200円

※1　3人世帯で障害基礎年金1級受給の場合，収入が概ね300万円以下の世帯が対象。
※2　収入が概ね600万円以下の世帯が対象。
※3　入所施設利用者（20歳以上），グループホーム・ケアホーム利用者は，市町村民税課税世帯の場合，「一般2」となる。

資料出典：厚生労働省HP

人や家族介護者の心身の状況等を十分に考慮せずに行われた支給決定に裁量権の逸脱，濫用があると判断した事案があるわよね（和歌山地判平24・4・25判時2171号28頁）。

田辺：確かこの裁判例では，裁量権の逸脱濫用にならないために市町村が支給すべきサービス時間の下限を示し，事実上，市町村に一定時間以上のサービスを保障することを義務づけたんですよね。

香里：つまり，判断過程だけでなく，判断結果（支給量）についても司法統制が及ぶようになってきているのよね。

新町：だけど，いくら市町村が十分なサービス支給量を保障したくても，それを実現できるだけの財源がなければ現実的には難しいですよね。

田辺：障害者自立支援法に基づく市の支給決定に関する裁判例でも，制度の持続可能性や安定的な運用という観点から財政的な裏付けは必要であり，支給量の決定に際して「財政事情を考慮することも許容されるというべき」であるとしたものがあるよ（札幌地判平24・7・23判自407号71頁）。さらに，控訴審（札幌高判平27・4・24判自407号65頁）は「当該障害者の生活スタイルの希望を常に完全に叶えることが総合支援法ないし自立支援法の趣旨目的であるとは解されないし」，原告は，定められた「支給量でも一応自立した日常生活又は社会生活を営むことが可能であると認められるから，それが……〔原告〕の意思に沿うものでないとしても，本件各処分が裁量の範囲を逸脱し又は裁量権を濫用したものとは認められない」としたんだ。

香里：市町村の支給決定に際して，どのような勘案事項をどの程度考慮すべきか，あるいは，そもそも公費負担でどの程度までのサービスを保障すべきなのか

は，簡単に答えがでない難しい問題よね。いずれにしても，法が目的とする「障害の有無にかかわらず国民が相互に人格と個性を尊重し安心して暮らすことのできる地域社会」（障害総合支援1条）を実現するための最善の方法を，もっと考えていかなくちゃってことよ，新町君。

新町：はいっ!!

7-4 高齢者福祉

7-4-1 老人福祉法に基づく措置

> 学園祭による休みを利用して田辺と新町は，養護老人ホーム銀閣寺敬老園を見学中。

新町：田辺さん，**養護老人ホーム**ってどういう人が入所する施設なのですか？

田辺：準備不足だよ，新町君。養護老人ホームは，65歳以上で，虐待等の環境上の理由および経済的理由（生活保護を受給しているか，一定の所得以下の人。老福令6条）で自宅での生活が難しい人が入所できる施設だよ（老福20条の4）。

施設長：よく勉強されていますね。では，入所手続についてもご存じですか？

田辺：養護老人ホームへの入所は，老人福祉法に基づいて市町村の措置により行われるんですよね（老福11条1項）。ですから，市町村が職権で必要性を判断して入所決定を行うことになります。

新町：あれ，**措置**って，もう廃止されていませんでしたっけ？

田辺：いや，措置制度は見直されて少なくなってきたけど，まだ老人福祉法や障害者各法に残っているって以前勉強したよね（→7-1-4，7-3-2）。老人福祉法上では他にも，65歳以上で身体上，精神上の障害があるために日常生活を営むのに支障がある人が，一人暮らしで判断能力が衰えたり，家族に虐待されたりしていて，介護保険法に基づくサービスの利用が著しく困難である場合に，市町村が必要に応じて訪問介護や通所介護といった居宅サービスや，施設サービスを措置によって供与できると規定しているよ（老福10条の4・11条）。ちなみに，養護老人ホームは**特別養護老人ホーム**（老福20条の5）と違って（→3-2-2），施設との契約により入所する人はいないという理解で正しいんでしょうか？

施設長：そうですね。ですから，特別養護老人ホームは**待機者**も多いようですが，

養護老人ホームは，措置費を負担する市町村が負担を避けるために，措置を控える場合もあるようで…うちの施設も現在定員に空きがあります。

新町：家族介護者による高齢者虐待も予想以上にあるって聞いたし（平成28年度高齢者虐待防止法に基づく調査結果では1万6,384件）社会的ニーズはありそうなのに…。

田辺：新町君がいうように高齢者虐待の被害者も措置の対象ですが（高齢虐待9条2項），家族による虐待があった場合，世間体もありますから，家族も，高齢者本人も認めたがらず，発見が難しいこともあるでしょうね。

施設長：確かにそうですね。ですから2006（平成18）年から施行されている高齢者虐待防止法では，私たちも含めて高齢者福祉に携わる者に，虐待の早期発見の努力義務を課しているのではないでしょうか（高齢虐待5条）。さらに，私たち自身が加害者にならないよう，日頃から職員研修などを通じて，防止のための対策を講じて行かなければと考えています（高齢虐待20条）。

7-4-2 有料老人ホーム

銀閣寺敬老園への見学終了後，香里の研究室で田辺，新町が報告をしている。

香里：今日の施設見学はどうだったの？
新町：個室もあって快適そうだったし，お元気そうな入所者も多かったです。
田辺：職員の方に聞いたんですが，ホームレスだったとか矯正施設に入所していた

など，介護よりも地域生活への復帰支援を必要としている方も多いというのが，養護老人ホームならではだなと思いました。でも，新町君は事前勉強不足だったよね。

香里：この間，ほめたばっかりだったのに。

新町：今，祖母のことで母がバタバタしていて，僕も何かと大変なんですよ。

香里：あら，どうかされたの。

新町：前に，軽度の認知症状があるってお話ししましたよね。少しひどくなってきたので施設への入所を検討しているんです。でも，祖母が乗り気でないので説得が大変なのと，種類がいろいろあるから（**図表7-16**参照），母が僕にやたらと質問してくるんです。法学部なんだからわかるでしょって。

香里：絶好の勉強の機会じゃない。

新町：まあ，そうなんですけどね…。ちなみに，**有料老人ホーム**でも介護保険制度の利用は可能ですよね。

田辺：可能だけど，条件がある。有料老人ホームは介護保険法上，特定施設と位置づけられるから（介保8条11項），そこで法定の介護を受けた場合，特定施設入居者生活介護として保険給付の対象になる。ただし，そのためには，当該事業者が法定の基準（介保74条）を満たした上で，都道府県知事の指定（介保41条・70条）を得る必要があるんだ（→3-2-2）。

新町：なるほど，まずはそこをチェックですね。その他にどんな点を確認すべきでしょう？

田辺：そうだな，老人福祉法に基づく限りでは，①事業者が定款や提供されるサービスの内容等の事前の届出を済ませているか（老福29条1項），②提供される介護等の内容について情報が開示されているか（同条5項），③入居時に前払金を徴収する場合，算定根拠が明示されているか，④万が一短期で退所する場合等の返還契約が締結されているか，その際の返金の履行保全措置が講じられているか（同条7項・8項）を確認することは重要だよ。さらに，当該事業者が有料老人ホーム協会（老福30条）の会員であれば，何か問題が生じた場合，協会が説明や資料の提出等を事業者に求めるというように，問題解決の手助けが期待できるね（老福31条の2第2項）。

香里：終の棲家として有料老人ホームに入所する人もいるわけだから，そのホームの継続的で安定的な運営が確保されていることも大切よ。裁判例でも，終身利用型の有料老人ホームについて，その特質から安定した経営状態を作りホームの永続性を図るべき義務があるとするものがあるわ（津地判平7・6・15

田辺:それから、施設の運営方針や定員数、交通の便や食事の質、医療との連携はどうなっているのかも重要だね。

新町:はぁぁ〜、確認事項が山積みですね。でも、祖母が安心して生活を送れるように、まずは、情報収集してみます。

田辺:そうだね、豪華なパンフレットなんかに惑わされず、お祖母さんと一緒に訪問して、実際に自分の目で確認し、納得してから契約すべきだね。

図表 7-16　高齢者向け住まいの概要

	施設・住まい	対象者	特徴
民間施設・住まい	有料老人ホーム	元気な方 要支援の方 要介護の方	・介護、食事、生活支援等のいずれかのサービスを受けることができる。 ・4つの類型（介護付〔一般〕・介護付〔外部〕・住宅型・健康型）があり、要介護時のサービスが異なる。 ・契約内容は、ホームごとに異なる。
	サービス付き高齢者向け住宅	元気な方 要支援の方 要介護の方	・安否確認と生活相談サービスが必須のサービスで、バリアフリー構造や一定の面積、設備等が定められている。 ・必須のサービス以外は、それぞれの住まいにより利用できるサービスの内容が異なる。 ・契約形態や価格（料金）も住まいごとに異なる。
	認知症高齢者グループホーム	要介護（認知症）の方	・認知症の高齢者が、5〜9人以内を1グループとし、共同生活を送る。 ・入浴や食事等の日常生活上の介護サービスを受けることができる。
福祉施設	介護老人福祉施設（特別養護老人ホーム）	要介護3以上の方 ※要介護1・2でも一定の要件を満たせば特例的に入所可能	・常に介護が必要な寝たきりや認知症等の高齢者が入所。 ・入浴・食事・排泄等の介護、日常生活上の世話、機能訓練、健康管理及び療養上の世話を受けることができる。
	介護老人保健施設（老人保健施設）	要介護の方	・症状が慢性期にある高齢者が、リハビリテーションを中心に、看護、医学的管理の下で介護、機能訓練、必要な医療及び日常生活上の世話を受ける。 ・3ヵ月ごとにケアプランを作成し、自宅での生活の復帰をめざす。
	介護療養型医療施設（療養病床）	要介護の方	・長期にわたる療養を必要とする高齢者が、一定基準を満たした病院・病棟で、介護その他の世話及び機能訓練、その他の必要な医療を受けることができる。
	ケアハウス（軽費老人ホーム）	元気な方 要支援の方 要介護の方	・日常生活を行なうことは出来るが、身体機能が低下しつつあるため、自立した生活が不安な高齢者が利用する。 ・介護が必要となった場合、ホームが提供する介護サービスを利用しながら生活することができるもの（特定施設入居者生活介護）と、外部のサービス（訪問介護等）を利用しながら生活することができるものがある。

資料出典:大阪府／（公社）全国有料老人ホーム協会「入居希望者・事業者向け　入居契約チェックリスト」（平成30年3月31日）

第8章　生活保護

8-1　公的扶助としての生活保護

8-1-1　公的扶助の意義と沿革

　木枯らしの吹く大学の並木道を，新町が慌てて走り抜けていく。

新町：（セミナー室のドアを開け，香里と田辺がいることを確認し，）あぁ…！
香里：惜しい！　あと1分早ければセーフだったのに（笑）。
新町：すみません…朝ふとんから出るのがつらくなってきて…。
香里：今日のテーマは「生活保護」よ。では，いきなり質問。前に社会保障制度の分類の1つとして公的扶助があると学びましたが，覚えていますか？
新町：あ，はい，えーっと…，自力で最低限度の生活を維持できない生活困窮者に対して，国の責任で，最低水準に足りない分を給付するもの，でしたっけ？（→1-2-3）
香里：そうね。それから？
新町：えーっと…あ，そうだ。公費を財源とするので，社会保険と違って，事前の拠出がいりません。
香里：よく覚えていたわね。生活困窮者の救済は，今日の社会保障制度が発展するかなり以前から，公私の救貧制度として行われてきました（→1-1-2）。ただ，昔は恩恵的なものにすぎず，権利や義務ではなかったの。
田辺：わが国の近代の救貧法制は，1874（明治7）年の恤救規則（太政官達162号）に遡ります。これは，「人民相互ノ情誼」による相互扶助を原則としつつ，身寄りのない労働不能者など，放置できない「無告ノ窮民」に対し，一定の救助米を支給するものでした。1929（昭和4）年制定の**救護法**では対象者が拡大されて，居宅救護の原則の下，市町村長を救護機関として救護費の2分の1を国が補助するなど，法規定上は整備が進みましたが，国民の救護を受ける権利は否定され，扶養能力のある扶養義務者がいる場合には救護は行われず，被救護者には普通選挙権がありませんでした。
新町：救護を受けている人は一人前の市民扱いされていなかったんですね。
田辺：戦後，GHQの指示を受けて1946（昭和21）年に**旧生活保護法**が制定されたけ

　　　　ど，やっぱり国民の保護を受ける権利は否定され，扶養義務者がいる者や怠
　　　　惰な者，素行不良者には保護を認めないとされていたんだ。
香里：でも，それでは25条で生存権を保障した日本国憲法に合わないってことで，
　　　1950（昭和25）年に今の**生活保護法**が制定されたのよね。それ以来約70年が
　　　経つけど，他の社会保障立法と違って，生活保護法は大きな改正を経ること
　　　なく，最近までやってきたの。
新町：できたときから立派な法律で，改正の必要がなかったからですか？ でも，
　　　当時と今とでは，だいぶ社会も経済も様子が変わっていますよね。
香里：2003（平成15）年に社会福祉審議会福祉部会に「生活保護制度の在り方に関
　　　する専門委員会」が設置されて，翌年12月に報告書が取りまとめられたけ
　　　れど，このときは運用の変更で済まされてしまったのね。
田辺：生活保護法の運用については「保護の実施要領」など数多くの通達が出され
　　　ていて，毎年出版される『生活保護手帳』や『別冊問答集』に収載されてい
　　　ますね。
香里：2013（平成25）年は，公的扶助法制にとって重要な年になったわ。子どもの
　　　貧困の問題が注目されるようになって，貧困の連鎖を止めるため，「子ども
　　　の貧困対策の推進に関する法律」が制定されたの。また，2012（平成24）年
　　　の社会保障制度改革推進法の附則2条で生活困窮者対策や生活保護制度の見
　　　直しに総合的に取り組むべきとされたことを受け，生活保護法が改正される
　　　とともに，生活困窮者自立支援法も制定されたわ。生活困窮者自立支援制度
　　　は，求職者支援制度（→6-4-3）とともに，生活保護に至る前の第2のセー
　　　フティネットをなすものといえるわね。
田辺：生活保護法と生活困窮者自立支援法は，施策の実施状況を踏まえて，さらに
　　　自立支援の取り組みを強化するため，2018（平成30）年にセットで改正され
　　　ました。

8-1-2　生活保護制度の現状

新町：ところでひところ，生活保護受給者の数が戦後最大になったので何とかしな
　　　きゃならないなんて話をよく聞いたんですが，一体どうしてこうなったんで
　　　すか？
香里：まずはこのグラフを見てみて（**図表8-1**参照）。
香里：確かに，人数で見ると戦後最大だけど，この間人口も増えているからね。そ

図表 8-1　被保護世帯数・被保護人員・保護率の年次推移

平成26年度（確報値）	平成29年2月（速報値）
2,165,895人	2,141,881人
1.70%	1.69%
1,612,340世帯	1,638,944世帯

資料出典：厚生労働省・第1回社会保障審議会「生活困窮者自立支援及び生活保護部会」資料4（平成29年5月11日）

ういう意味では，保護を受けている世帯の割合を示す「保護率」に注目すべきかもしれないわ。まあ何にせよ，終戦直後はまだ日本全体が貧しかったからね。でも戦後，高度経済成長や社会保険制度の整備発展に伴って，生活保護を受ける人や世帯の数は減っていって，1990年代にはかなり少なくなったの。

田辺：1980年代から90年代半ばにかけて急減したのは，不正受給対策という名目で保護の抑制が強化されたことも一因ではないでしょうか。それが，90年代後半から再び上昇カーブを描くようになりました。

香里：どうしてそうなったのかしら？

田辺：その原因としては，高齢化の進展や離婚率の増加，雇用の非正規化などが考えられます。

新町：ここ10年ほどは特にまた受給者が急増していますね。

田辺：平成以降の年齢階層別被保護人員の年次推移を示した**図表 8-2**と，この20年間の受給世帯の構造の変化を示した**図表 8-3**を見てごらん。
1997（平成9）年の時点では，保護世帯のほとんどは高齢者や障害者の世帯で，保護を受ける期間も長期化していたんだ。でも2017（平成29）年になる

図表 8-2　年齢階層別被保護人員の年次推移

区分	人数	割合
65歳以上	967,552人	(45.5%)
50～59歳	271,896人	(12.8%)
19歳以下	265,846人	(12.5%)
40～49歳	231,119人	(10.9%)
60～64歳	213,982人	(10.1%)
30～39歳	117,581人	(5.5%)
20～29歳	59,865人	(2.8%)

65歳以上の割合 45.5%

資料出典：図表8-1に同じ

と「その他の世帯」が増えている。

新町：「その他の世帯」って？

田辺：稼働年齢層の世帯がここに含まれる。定義上は「高齢者世帯」や「障害者世帯」等に該当しない世帯がすべて含まれるから、18歳以上の障害のある子と高齢の両親、という世帯も「その他の世帯」に含まれるんだけどね。

新町：どうして働き盛りの「その他の世帯」が増えちゃったのかな…？

田辺：かつては仕事があったから稼働年齢層は保護を受ける必要がなかった、あるいは、仕事があると思われていたから、稼働年齢層への保護の適用は厳しく抑制されていたんだ。でも、リーマンショックの影響で仕事自体がなくなってしまった。2008（平成20）年末に起きた年越し派遣村の運動や2009（平成21）年に政権交代を挟んで二度、厚生労働省から出された通達などを受けて、稼働年齢層にもやっと保護が適用されるようになってきたんだよ。

香里：最近では、生活保護の意義について、最後のセーフティネットであるとともに、スプリングボードとしての役割もある、などともいわれているわ（→1-1-3）。跳び箱を跳ぶときの踏み切り板みたいなものね。

新町：入りやすく出やすい仕組みにして、自立に向けた適切な支援を行っていくことが必要、ってことですね。

香里：そのほか、この**図表8-2**と**図表8-3**から読み取れることはあるかしら？

田辺：そうですね、高齢の受給者もかなり増えています。低年金・無年金の世帯が

図表 8-3　世帯類型別の保護世帯数と構成割合の推移

◆平成9年度

	高齢者世帯	母子世帯	傷病・障害者世帯	その他の世帯
世帯数(万世帯)	27.7	5.2	25.9	4.2
構成割合(%)	44	8	41	7

⇩　　　　　　　　6倍強増

◆平成29年2月（概数）

	高齢者世帯	母子世帯	傷病・障害者世帯	その他の世帯
世帯数(万世帯)	83.9	9.9	43.0	26.3
構成割合(%)	51	6	26	16

> 世帯類型の定義
> 高齢者世帯：男女とも65歳以上（平成17年3月以前は，男65歳以上，女60歳以上）の者のみで構成されている世帯か，これらに18歳未満の者が加わった世帯
> 母子世帯：死別，離別，生死不明及び未婚等により，現に配偶者がいない65歳未満（平成17年3月以前は，18歳以上60歳未満）の女子と18歳未満のその子（養子を含む。）のみで構成されている世帯
> 障害者世帯：世帯主が障害者加算を受けているか，障害・知的障害等の心身上の障害のため働けない者である世帯
> 傷病者世帯：世帯主が入院（介護老人保健施設入所を含む。）しているか，在宅患者加算を受けている世帯，若しくは世帯主が傷病のため働けない者である世帯
> その他の世帯：上記以外の世帯

資料出典：図表8-1に同じ

多いということでしょう。このような世帯では保護からの脱却はなかなか難しいでしょうから，もし保護を減らそうとするならば，新たな最低所得保障給付を創設するなど，別の方法を考えなければなりません。年金生活者支援給付金（→4-3-1）は，その一例でしょうか。

香里：保護費の内訳はどうなってるかしら？

田辺：医療扶助の費用が多いですね。全体の半分近くを占めています。2013（平成25）年や2018（平成30）年の改正には，医療扶助の適正化に関する内容も含まれています。保護費全体では3兆円台で，社会保障給付費全体の約3％に当たりますね（**図表 8-4**参照）。

図表 8-4 保護費の内訳 2015（平成 27）年度

生活扶助	住宅扶助	医療扶助
11,972 億円	5,992 億円	17,785 億円
32.4%	16.2%	48.1%

介護扶助　832 億円　2.2%
その他の扶助　397 億円　1.1%

資料出典：図表 8-1 に同じ

新町：3 兆円（驚）!! すごい額ですけど，それでも 3% なのか〜。

田辺：うん。保護費が増えて国家財政が傾く，なんていわれたりもするけど，それはちょっとオーバーじゃないかな。ただ，稼働年齢層の受給期間が長くなると，将来の低年金等につながってくるので，そこは問題ですね。

8-1-3　外国人と生活保護

香里：では，次の問題。生活保護法は外国人にも適用されるのかしら？

田辺：生活保護法の 1 条では「生活に困窮するすべての国民に対し」と，2 条では「すべて国民は」といっていますので，日本国民であることが前提ですね。

香里：そう，国籍要件と呼ばれるものですね。

新町：あれ？　以前のゼミで，国籍要件は難民条約の批准に合わせて撤廃されたと聞いたような気がするけど…？（→1-3-2）

田辺：確かに国民年金や児童扶養手当などでは国籍要件が撤廃されたけど，生活保護ではそのまま残ったんだ。

香里：新町君（にしては），よく覚えてたじゃない（笑）。実は，以前からわが国に滞在する生活に困窮する外国人には「準用」という形で保護が行われていたのよ。1954（昭和 29）年 5 月 8 日の社発 382 号「生活に困窮する外国人に対する生活保護の措置について」という通達をチェックしてね。

新町：あんまりほめられた感じがしないんですけど〜。法律上の根拠はないけれど，行政内部で基準を作って対応していたんですね。すると，実際には外国人にも「準用」されているから，国籍要件を撤廃するまでもなかったってことか。

香里：うーん，それはどうかな。そもそも行政解釈では，「準用」措置による給付の実施は贈与にすぎず，対象となる外国人には不服申立権がないとされてきたのよ。大分地裁平成 22 年 10 月 18 日判決（賃社 1534 号 22 頁）を受けて，今後は不服申立てを認めた上で却下する，という新たな通達が出されたけれ

ど，最初から結果の分かっている不服申立てにどのような意味があるのかしら。難民条約の批准等を契機として，一定範囲の外国人も日本国民に準じた生活保護法上の待遇を受ける地位が法的に保護されることになったとする判決もあったけど（福岡高判平 23・11・15 判タ 1377 号 104 頁），最高裁で否定されたわ（最判平 26・7・18 判自 386 号 78 頁）。
新町：「準用」措置自体の法的性格をどう捉えるかが，揺らいでいるんですね。
香里：さらに，対象者の範囲が問題でね。1990（平成 2）年に厚生省は，口頭での指示という形で準用対象の外国人を永住者や定住者等に限定するという運用方針を示したの。それ以来，382 号の通達はそのままなのに，不法滞在者はもちろん，適法な在留資格を有する外国人でも留学生や短期滞在者等には「準用」が行われないことになったのよ。
新町：じゃあ，生活に困ったら国に帰ってもらうしかないってことですか？　まあ，それぞれの国が自国民の最低生活を保障するのが基本だろうとも思いますけど…。
田辺：最高裁判所も，交通事故に遭った不法残留者に対する生活保護の適用が争われた事案で，不法残留者を保護の対象とするかは立法裁量の範囲内だとしています（最判平 13・9・25 判時 1768 号 47 頁）。
香里：でも，急に病気になったりしたら困るわよね。
田辺：そこで，少なくとも生命の危機に関わるような緊急医療については，人道主義的な見地から医療扶助を認めるべきとの見解も有力です。他方で，緊急医療を認めると治療目的の入国を誘発しかねないという懸念や，入管政策・移民政策との整合性はどうなのかという指摘もあります。
新町：なかなか難しい問題ですね。短期滞在や不法滞在でお金のない人が病院に来たら，どう対応しているんですか？
田辺：医師法 19 条 1 項の**応招義務**が問題となる。医師は，正当な理由がなければ診療を拒否することができないんだけど，患者の支払能力が乏しいことは正当な理由には当たらないと解されているんだ。
新町：じゃあ，少なくとも医師法上は不法滞在者であっても診療の求めがあれば応じなければいけないのか。それで医療費を払ってもらえないんじゃ，結局，医療機関は損するだけってことになっちゃうけど…？
田辺：こういった人にも生活保護が適用または「準用」されれば，医療費を公費でカバーしてもらえるんだけどね。労災とか感染症などの場合を除けば，今のところは各自治体の独自施策でやるしかないみたいだよ。

香里：それにしても，田辺さんは詳しいわね。
田辺：外国人向けの医療相談を行っている知り合いがいるもので。

8-1-4　生活保護の基本原理と原則

香里：生活保護法は1条から4条で基本原理を，7条から10条で保護の原則を述べています。簡単にまとめておきましょうか。

基本原理
- 生存権保障の原理・国家責任の原理（1条）
- 無差別平等の原理・保護請求権の原理（2条）
- 最低生活保障の原理（3条）
- 補足性の原理（4条）

保護の原則
- 申請保護の原則（7条）
- 基準及び程度の原則（8条）
- 必要即応の原則（9条）
- 世帯単位の原則（10条）

田辺：まず基本原理ですが，法律の目的について定める1条からは，生活保護法が憲法25条の理念に基づくこと，国が責任をもって国民の生存権の実現を図ることなどが読み取れます。これらはそれぞれ生存権保障の原理，国家責任の原理と呼ばれています。

香里：生活保護法の目的として，最低生活保障とともに自立助長が挙げられている点も重要ですね。そこでいう自立とは何かが問題になりますが，この点はまたあとで考えましょう（→8-6-1）。

田辺：2条は，すべて国民は，この法律の定める要件を満たす限り，無差別平等に保護を受けられるという，**無差別平等の原理**を定めています。生活困窮に陥った原因や心身の状態等がどうであれ，社会的身分や性別等によって差別されることなく，保護を受けられるということで，欠格条項を設けていた旧生活保護法との相違点といえますが（→8-1-1），「法律の定める要件を満たす限り」というところが曲者ですね。

新町：でも要件を満たせば，国民には保護を受ける権利が認められるってことですよね。

香里：被保護者が保護を受けられるのは，行政機関が保護義務を負うことの反射的利益ではないということで，これは**保護請求権の原理**と呼ばれています。保

　　　　護を受ける権利が侵害された場合には，裁判等で争うことができるわけですね。

田辺：3条は，生活保護法の保障する最低限度の生活が，健康で文化的な生活水準を維持できるものであることを要求しています。これは最低生活保障の原理と呼ばれています。

新町：最低生活水準はどうやって決めるのでしょうか？

田辺：最低生活水準は，厚生労働大臣の定める保護基準として具体化されます（→8-3-2）。かつてはこれが客観的に確定できるものなのか，それとも相対的な概念なのか，といった議論が，保護基準の設定に当たって大臣に認められる裁量の範囲をどのように考えるか，司法はどこまで踏み込むべきかといった論点との関係で行われていました。最近では，最低生活水準とは一定の幅を持った概念なのではないか，ということがいわれているようです。

香里：そうね。具体的に最低生活費がどのように算定されるかは，後のゼミで取り上げることにしましょう（→8-3-2）。

田辺：公的扶助の特徴である**補足性の原理**を定めているのが4条です。

香里：実際の保護行政においてよく問題になるものですね。（新町をちらりと横目で見ながら）これは，次回のゼミでじっくりと見ていくことにしましょう（→8-2）。

新町：ホッ（よかった…当てられるかと思った…）。

田辺：7条から10条では，表にまとめたように保護の原則が4つ列挙されています。

新町：基本原理と保護の原則は，どう違うんですか？

田辺：生活保護法の解釈・運用はすべて基本原理に基づいてなされなければならないんだけど（生保5条），保護の原則は保護の実施に関するもので，あくまで「原則」だから例外もあるんだ。例えば，申請保護原則に対する急迫状況での職権保護，世帯単位原則に対する例外的な世帯分離などだね。

香里：これらの原則の内容についても，生活保護制度の中身を具体的に検討する際に確認していきましょう。

8-2 保護の補足性

8-2-1 資産の活用

> 次のゼミの日。今回は特別に千里が参加している。

千里：新町さんから今ゼミで生活保護をやっていると伺いまして，最近何かと話題になっていますし，最近始めたアルバイトが今日はたまたま休みなので，先生にお願いして参加させてもらいました。

香里：ビシバシ行くわよ。さて，前回のゼミで確認したように，生活保護の基本原理の中で，実際によく問題となるのが，保護の補足性を定める4条の規定です。田辺さん，千里さんにもわかるように解説をお願いします。

田辺：はい。4条は，まず1項で，利用し得る資産・能力等の活用が保護を受けるための要件であることを明示し，2項で，民法上の扶養義務者による扶養や他の法律等による扶助が生活保護に優先して行われると定めています。つまり，自分でできることを一通りやったけれど，それでも最低生活費に満たないし，他に面倒を見てくれている人もいない，という状態になって初めて，保護が受けられるんだ。もっとも，こうした条件のチェックには時間がかかるので，3項では，急迫した事由がある場合に必要な保護を行うことを妨げないとして，**急迫保護**の可能性も認めているけどね。

千里：へぇ，結構厳しいですね。無一文にならないと保護を受けられないっていわれてるみたい。

新町：財源が公費だから，簡単には認められないんじゃない？

田辺：他方で，生活保護には自立の助長という目的もあるからね。すっからかんになってからじゃ，かえって自立できないだろう。自立のためには，その基盤となる，ある程度の資産の保有も必要だよ。

香里：だから，資産の活用については，売却して生活費に充てるべき資産と保有が認められる資産とを，どのように区別するかが問題となるのね。

新町：（条文を読み返しつつ）法律にはそこまで詳しく書いてないですね…。

田辺：実務上の取扱いについては，実施要領が参考になるよ。基本的には，最低生活の内容として所有・利用を容認するのに適さない資産は原則として処分し，処分するより保有したほうが生活維持や自立助長に実効が上がるもの，処分できないもの，売却代金より売却経費の方が高いもの，社会通念上処分させ

るのが適当でないものなどは，例外的に保有を認めることとしているんだ。

千里：いかにも法律っぽい言い回し！　もっとわかりやすくいってほしいなあ。

香里：確かにそうね（笑）。実施要領では，資産の類型ごとに基準が定められています。例えば，不動産についてはどうですか？

田辺：居住用の不動産であれば，処分価値が利用価値に比べて著しく大きい場合を除いて，保有が認められます。

千里：つまり，身の丈にあった家なら持ち続けていいってことですね。あまりにも広すぎる家や高級住宅街の一等地に建っている家は処分しなさいってことになりそうだわ。

田辺：被保護者が死亡したときには，その不動産は相続人に相続されるわけだけど，今の生活保護法では要保護者に扶養義務者がいることは保護を行わない理由にならないから，経済的理由などで扶養義務者が扶養を行わないこともあり得る。そうすると，生前に扶養を行わなかった扶養義務者が故人の不動産を相続するということがあり得るわけです。

新町：う〜ん，それって何かすっきりしないですけど。

田辺：そこで，2007（平成19）年からは，保護を受ける前に，要保護世帯向けのリバースモーゲージの利用が求められているんだ。

新町・千里：それ，何ですか??

香里：所有する不動産を担保にして一定額の貸付けを受けるんだけど，その支払を年金みたいに定期的に受ける仕組みのことをリバースモーゲージっていうの。最終的に，担保にした不動産を手放すことで借入金を返済するのだけれど，それまでは持ち家に住み続けることができるのが特徴ね。今あるのは，保護の必要な高齢者が評価額500万円以上の土地と建物を所有している場合に，社会福祉協議会が実施主体となって，その不動産を担保に毎月一定額の貸付けを行う仕組みよ。

新町：合理的な仕組みだと思いますけど，実際に運用するのは難しそうですね。

香里：貸すほうも借りるほうも慣れていないかもしれないわね。次に，生活用品はどうなってるかしら。

田辺：当該地域の全世帯の70％程度の普及率が基準とされています。ただ，エアコンについては，地域の普及率にかかわらず，「社会通念上処分させることを適当としないもの」として保有が認められています。

香里：昔，夏にエアコンがなくて死亡したケースが相次いで，社会問題になったのよ。今日みたいに寒い日もエアコンなしなんて考えられないわよね。エアコ

ンがない場合，一定の要件を満たせば，エアコンの購入費用も支給されるわ。では，自動車はどう？

新町：自動車も生活用品じゃないんですか？

田辺：いや，自動車は今でも原則として保有が禁止されていて，①障害者，公共交通機関の利用が著しく困難な地域に居住するか勤務先がある者，深夜業務に従事する者の通勤用自動車か，②障害者または公共交通機関の利用が著しく困難な地域に居住する者の通院・通所・通学用自動車に限って，さまざまな条件付きで例外的に保有が認められているんだ。裁判では，そのような例外に当たるかどうかをめぐってよく争われているよ（最近の裁判例として，大阪地判平25・4・19判時2226号3頁など）。

千里：自動車は他の生活用品とどこが違うのかしら？

田辺：自動車の場合には，普及率を見るときに低所得世帯との比較がなされたり，車検代やガソリン代，駐車場代などの維持費がかかることが考慮されたりしているね（福岡地判平21・5・29賃社1499号28頁）。

新町：他の生活用品については，維持費なんて考慮していないようだけど。結局，自動車は今でも最低生活にはそぐわない贅沢品ってことなのかな？

田辺：一時借用も禁止されているからね（福岡地判平10・5・26判タ990号157頁）。外観上，所有と区別できないからって。

千里：それは，保護を受けている人に向けられる周りの目を意識した説明って感じだわ。高級外車を乗り回し，ってのは論外だけど。

香里：預貯金などはどうでしょうか。

田辺：保護開始時に保有する所持金は，家計上の繰越金程度のものとして，1カ月の最低生活費の5割まで，保有が認められています。僕のアルバイトもそうですけど，毎月の収支には凸凹がありますからね。

新町：保護費を削って貯金したような場合はどうなるんですか？

田辺：2人はどう思う？

新町：保護の補足性からすれば問題があるようにも思えるけど…。

千里：節約して貯金に回すんだから，悪いことじゃないと思います。

田辺：確かにね。最高裁判所は「生活保護法の趣旨目的にかなった目的と態様で保護金品を原資としてされた貯蓄等は，収入認定の対象とすべき資産には当たらない」としているよ（最判平16・3・16民集58巻3号647頁）。これは保護費を原資とする学資保険の満期返戻金が問題となった事案で，高校就学費を蓄える努力は法の趣旨目的に反せず，返戻金が法の趣旨目的に反する使われ方

をしたとの事情もうかがわれないとされたんだ。
千里：やっぱりそうですよね！　私の親も学資保険に入ってくれてて，そのおかげでこうして大学にも進学できたんだし。
香里：世代間の貧困連鎖を防ぐことも重要ですね。ほぼ全員が高校進学する時代に，保護費を切りつめて学資保険に入ることさえ認めないっていうのは，ちょっと厳しすぎるわ。資産活用について，従来の行政実務や裁判例では，最低生活水準を保障するという観点がやや強く出ていたように思えるけど，自立の助長という観点も踏まえて考える必要がありそうね。

8-2-2　能力の活用

香里：4条1項では，資産だけでなく能力の活用も要件とされているけど，これはどういう意味かしら。新町君？
新町：自分で生計を立てるのが原則だから，働いて稼ぐ能力のことだと思います。
香里：当たり！　能力とは一般に稼働能力と解されています。
千里：働く能力があるなら，まずこれを活用して働きましょう，ってことね。
新町：そうすると，稼働能力があれば生活保護は一切受けられないってことですか？　生活保護を受けられるのは働けない人だけ，ってことになりそうだけど…。でも，今は稼働年齢層の受給が増えているんですよね？
香里：よく覚えていたわね。実務や裁判例は，能力活用要件の判断要素として，①稼働能力，②稼働能力を活用する意思，③稼働能力を実際に活用する就労の場，という3つを用いているの。
田辺：稼働能力がなければ，そもそも能力活用は問題となりません。稼働能力がある場合には，それを活用する意思があることが必要です。そして，稼働能力を活用する意思があっても，それを実際に活用する就労の場がなければ，能力活用要件は満たされ，保護を受けることができます。これらの要素を，本人の置かれた具体的状況に即して判断することになります。
香里：それでは，順番に見ていきましょうか。まず，稼働能力がないと判断されるのはどういう場合かしら？
千里：ぱっと思いつくのは高齢者や障害者ですけど，働いてる人もいますよね。
田辺：実施要領では「年齢や医学的な面からの評価だけでなく，その者の有している資格，生活歴・職歴等を把握・分析し，それらを客観的・総合的に勘案して行う」こととされているけれど，実際には65歳以上の者に就労を求める

ことはしていないようだよ。また，産前産後の女性のように就業制限がかかる場合も「能力なし」といえるだろうね。

新町：稼働能力を評価するには，その程度も重要ではないですか？ どの程度の仕事ならできるのか，という意味で。

香里：稼働能力を活用する就労の場の有無の判断にも関係するわけですね。それでは，その評価については，どうでしょう。

田辺：結局，就労の場があるかないかは，どの程度の具体性を求めるのかによるのではないでしょうか。抽象的な可能性でよければ，有効求人倍率がプラスであれば何らかの就労の場はあったことになるし，具体的な可能性を追求するならば，実際にその人を雇用するつもりのある雇い主がいなければならないことになりますよね。

香里：そうね。当該地域における職業別常用職業紹介状況を勘案した有効求人倍率を考慮した林訴訟の高裁判決（名古屋高判平9・8・8判時1653号71頁）は前者に近いし，「現に特定の雇用主がその事業場において当該生活困窮者を就労させる意思を有していることを明らかにしており，当該生活困窮者に当該雇用主の下で就労する意思さえあれば直ちに稼働することができるというような特別な事情」の存在を求めた新宿ホームレス訴訟の地裁判決（東京地判平23・11・8賃社1553＝1554号63頁）は，後者の立場といえます。

千里：判例の立場も決まってないんですね。

香里：東京地裁判決は随分と思い切った判決だったけど，その判断は高裁でも支持されているわ。稼働能力活用意思についてはどうですか？

新町：働く意思があるかないかは，本人の気持ち次第ですよね。結局外形的にしか判断できないんじゃないですか？

田辺：学説には，意思の認定は困難であり，主観的評価が混じるので，稼働能力活用意思は不要とする説もありますが，裁判例はいずれも活用意思を必要としています。もっとも，先ほどの東京地判判決は，生活困窮者の求職活動が「一般的な社会規範に照らして不十分又は難のあるものであるとしても，当該生活困窮者が申請時において真にその稼働能力を活用する意思を有している限り」要件を充足する，と述べています。

千里：はぁ～，またそういう言い回し…イヤになっちゃう。働く気がゼロでは駄目だけど，傍目にも働く気満々である必要もない，ってことなのかな。

田辺：就職活動中の大学生と同じことを一概に求めるのは酷でしょう。別の裁判例（大津地判平24・3・6賃社1567号35頁）も，保護申請者の行う就職活動につい

て，あらゆる手段を講じていなければならないわけではなく，多少は不適切と評価されるものであってもよい，としています。

香里：これまで，稼働能力活用要件は稼働年齢層を生活保護の適用から排除する機能を有してきたけれど，これからは自立助長の観点も踏まえて，形式的な判断に陥らないよう注意する必要があるわね。

8-2-3　扶養および他法他施策の優先

新町：旧法では扶養義務者がいたら保護は受けられなかったそうですが，4条2項の**扶養優先**は，それとは違うんですか？

香里：「優先」という表現がポイントで，扶養の実施は受給要件ではないの。扶養義務者がいても，実際に扶養していなければ，保護が認められるってこと。

田辺：扶養義務者から扶養料の支払があれば，これを収入認定するけれど，それでも最低生活費に足りないこともある。そういうときは，不足額を支給することになるよ。他の法律等による扶助についても同じだね。

千里：そうすると，扶養義務を履行しなくてもいいって思っちゃう人が出てきません？　前に高額の収入を得ているタレントの親が生活保護を受けている，って騒がれてたけど…。何だかズルいわ！

田辺：誤解のないようにいっておくと，扶養義務者が扶養義務を果たしていないと不正受給になるということではないよ。実際は保護申請者に扶養義務者がいることがわかった場合には，扶養できるかどうかの問い合わせが行われることになっている。それに，保護の実施によって扶養義務が軽くなるわけではないんだ。法律上は，保護を行った実施機関は，扶養義務の範囲内で，保護費の全部または一部を扶養義務者から徴収できるとされていて，扶養義務者の負担すべき額について意見が一致しないときには，実施機関の申立てにより家庭裁判所が負担額を定めることになっているよ（生保77条）。まあ，実際には77条の運用実態には不明な点が多いみたいだけどね。

香里：本人が扶養義務者による扶養を拒否する場合はどうですか？

田辺：裁判例には，扶養意思のある両親に扶養請求しなかったことを理由とする申請拒否処分を適法と認めたものがありますが（岡山地判平4・5・20判自106号80頁），本来は，保護を行った上で費用徴収すべきケースでしょうね。

新町：家族に知られるのを嫌って，保護申請をしない人もいそうですね。それはそれで問題だよなあ。

香里：家族といえども人間関係は複雑ですからね。じゃ，今日はここまで。次回はいよいよ給付内容についてだから，きちんと予習をお願いね。

8-3　生活保護の給付

8-3-1　保護の種類

> 次のゼミの日。セミナー室の窓からは初雪で白くなったキャンパスが見える。

香里：今日は給付について考えていきましょう。まず，要保護性が認められた人には，どんな保護が行われるのでしょうか。

田辺：生活保護の給付には，①生活扶助，②教育扶助，③住宅扶助，④医療扶助，⑤介護扶助，⑥出産扶助，⑦生業扶助，⑧葬祭扶助という8種類があって（生保11条1項），生活保護法は，それぞれについて保護の範囲（扶助の内容）や方法（金銭給付か現物給付か）を定めています。例えば，教育扶助は義務教育に必要なものを原則金銭給付で，医療扶助は診察等を原則現物給付で，といった具合です（生保31条以下）。そして，必要に応じてこれらの扶助が単独で（単給）または複数同時に（併給）支給されるんだよ。

新町：最低生活費と収入の差額をお金でもらえるんだと思ってました。日常生活を送る上で必要なものは大体揃っているのかな。

香里：かつて裁判所で争われたものに，裁判での弁護士費用があるわ。

新町：生活保護関係の決定に不満があって訴訟を提起するような場合ですよね。確かに裁判扶助という種類はないけれど，生活保護に関する訴訟なんだし，例えば生活扶助に上乗せすることはできないですか？

田辺：気持ちはわかるけど，生活扶助の範囲は「衣食その他日常生活の需要を満たすために必要なもの」であって，弁護士費用は「日常生活の需要」には当たらないとされているんだ（生保12条）。

新町：じゃあ，無名契約ならぬ，無名の扶助ってことで，どうでしょう？？

田辺：…新町君には，ペース乱されるなあ（苦笑）。裁判所はこれらの列挙を例示列挙ではなく限定列挙だとしているからね（東京地判昭54・4・11行集30巻4号714頁）。弁護士費用の扶助は生活保護ではなく，一般の法律扶助制度で対応すべきだということになるんだ。

香里：（2人のやりとりを笑いながら）法テラス（日本司法支援センター）を利用することになるわね。

8-3-2 保護基準

香里：生活保護の給付で保障される具体的な生活水準は，どのようにして測定されるのでしょうか。
田辺：生活保護法8条は，以下のように定めています。

> ① 保護は，厚生労働大臣の定める基準により測定した要保護者の需要を基とし，そのうち，その者の金銭又は物品で満たすことのできない不足分を補う程度において行うものとする。
> ② 前項の基準は，要保護者の年齢別，性別，世帯構成別，所在地域別その他保護の種類に応じて必要な事情を考慮した最低限度の生活の需要を満たすに十分なものであって，且つ，これをこえないものでなければならない。

香里：**基準および程度の原則**ですね。
田辺：はい。この「厚生労働大臣の定める基準」を**保護基準**といいます。これには，経常的な最低生活費に対応する**一般基準**と，臨時的な最低生活費に対応する**特別基準**とがあります。
新町：地域や家族構成によって必要な生活費は変わってきますよね。最低賃金の設定は都道府県ごとですし。
田辺：そこで，一般基準は，消費者物価等の地域差を考慮して，全国を1級地-1から3級地-2までの6つの地域に区分する級地制という仕組みを採用しているんだ。家族構成については，生活扶助を個人単位の第1類費と世帯単位の第2類費に分けて，年齢や人数に応じた生活費を基準化している。第2類費には，暖房費に相当する地区別冬季加算額も含まれるよ。生活扶助基準額の算定方式は何度か変更されてきたけど，現在は一般世帯の消費水準のおおむね7割程度とされているんだ。
新町：7割っていうのがポイントですね。補足性の原理のところでも，生活用品は普及率70％が保有OKの基準だったし（→8-2-1）。
香里：一般基準は平均的な生活水準なので，要保護者の置かれた状況によっては，

そのニーズに十分に対応できないこともあり得ますよね。例えば，重度の障害がある場合とか。

田辺：そうですね。一般基準にも生活扶助の妊産婦加算や障害者加算などの定型化された加算はありますが，さらに，特別な理由があって一般基準では対応できない需要がある場合には，特別基準を定めて，最低生活保障を行うことになります。

香里：9条が定める**必要即応の原則**に応えるものといえるわ。行政実務では，特別基準は実施機関からの情報提供を受けて厚生労働大臣が定めるのだけど，一定の定型的なニーズに応じるものについては，厚生労働大臣から実施機関に設定権限が委任されているの。

新町：実施機関の判断で対応して良いというわけですね。

田辺：特別基準の設定による必要即応の問題を考える上で，参考になる事案があります。24時間の介護が必要な重度身体障害者が在宅生活を希望したケースです。第一審の事実認定によれば，在宅介護の費用として単純合計で月に46万円かかるのに，認定された他人介護費特別基準の上限額は12万1,000円でした。つまり，特別基準の設定によって認められた金額はそれだけだったので，これでは在宅生活は送れないとして裁判が起こされました。

香里：特別基準の設定も厚生労働大臣の合目的的裁量に委ねられていると解されるので，ここではそのような特別基準の設定が裁量権の範囲を逸脱・濫用するものでないかが問題となるわけですね。

田辺：控訴審の名古屋高裁金沢支部平成12年9月11日判決（判タ1056号175頁）は，施設に入所する収容保護の可能性も念頭に置くと，他人介護費に上限を設定することも裁量の範囲内であるとした上で，他法による給付金額との均衡や要介護者を持つ世帯との均衡等を勘案すると，月12万1,000円という上限額は，憲法や法の趣旨目的を逸脱するほど著しく低額で違法なものとまではいえないとしました。

香里：生活保護は居宅保護が原則ですが，例外として施設入所による収容保護も認めています（生保30条1項）。けれども，在宅生活を希望している人に施設入所は強制できません（同条2項）。

新町：でも，介護費用を賄えなければ，事実上，施設入所を余儀なくされても仕方がない，ということか…。

田辺：障害者福祉のところでも議論がありましたが，被保護者でなくても24時間介護の実現はなかなか難しい現状をどうするか，というところから考えるべ

き問題のように思いますね（→7-3-4）。

8-3-3　収入認定

香里：保護は，要保護者の需要のうち，その者の金銭または物品で満たすことのできない不足分を補う範囲で行われるものなので，保護の要否や程度を決めるためには，必要な最低生活費の額とともに，要保護者が自力で得ることのできる収入の額を測定する必要があります。

田辺：**収入認定**と呼ばれるものですね。

香里：ええ。ある収入が収入認定されると，その分，保護費が減らされることになりますから，収入認定される収入の範囲が問題となるわけね。実施要領等では，収入認定の基準が詳細に定められています。

新町：これって保護の補足性にかかわる話ですよね。そうすると，補足性の原理のところでの議論が当てはまるんでしょうか（→8-2-1）。

田辺：収入認定されるってことは，活用すべき資産として認定されるってことだからね。最低生活保障という観点からすると，働くなり何なりして得た収入はすべて生活費に充てるべきってことになる。でも，被保護者の自立助長という観点からすると，問題がないわけじゃないんだ。例えば，働いて得た収入を全額収入認定すると，その分だけ保護費が減額になるので，トータルで見れば，どれだけ稼いでも保護費を合わせた収入の総額は一緒。

新町：働いても働かなくても同じじゃ，働く意欲が沸きませんもんね。それなら無理して働かないで，保護を受け続けようって思っちゃいますよ。

田辺：実施要領では，収入として認定しないものとして17種類が挙げられていますが，就労収入一般については，別に必要経費の控除等があるくらいです。勤労控除が就労意欲を促進しているとも思えませんけど。

香里：この点は，稼働年齢層の保護受給が増えている中で，しばしば議論になってきました。2013（平成25）年改正では，保護から脱却するインセンティブを強化するため，**就労自立給付金**（生保55条の4）が創設され，保護受給中の就労収入の一部を仮想的に積み立て，保護脱却時に一括支給することになりました。ここでも最低生活保障と自立助長という目的の両立が課題ってことね。

8-3-4　世帯単位の原則

香里：さて，10条の本文は「保護は，世帯を単位としてその要否及び程度を定めるものとする」と規定していますが，どういう意味でしょうか。たまには，新町君から。

新町：あ，はいはい…えーっと，同一世帯に属するすべての人の分を合算して，その世帯の最低生活費と収入額を計算し比較するということです。家族で暮らしている場合には，光熱水費や家財道具などの費用は必ずしも家族の人数に応じて倍になるわけじゃないですもんね。

田辺：一般に「**世帯の利益**」と呼ばれる，消費生活上の共通部分のことですね。

香里：同一世帯かどうかは，どのように判断するのかしら？

新町：通常は居住の同一性と生計の同一性から判断されます。基本的にはこの両方が必要です。

香里：では田辺さん，そうすると，例えば，家族でも別の場所で生活している場合には，同一世帯と認定されないのかしら？

田辺：子どもが下宿しているとか，親が出稼ぎに行っているとか，病院に入院しているといったような場合には，居住の同一性がなくても生計の同一性があれば，同一世帯と考えるべきでしょうね。

香里：逆に，居住と生計の同一性があっても，同一世帯とならない場合もある？

田辺：例えば，親と同居して，奨学金を受けながら大学に通っている子がいるとします。同一世帯と認定されれば，その奨学金も世帯収入として合算され，その分，保護費が減額されることになります。

新町：それじゃ，わざわざ奨学金をもらっている意味がないよ～。

田辺：そこで，世帯単位の原則に「よりがたいときは，個人を単位として定めることができる」とする10条ただし書の出番だよ。大学を卒業することは，一般にその子の自立に有用であると考えられるから，奨学金は家族の生活費ではなく，本来の目的である学費に充てる必要がある。そのため，その子については，同一世帯ではあるけれども，保護の要否や程度を決定するに当たって別世帯と同じように扱うことにして，個人単位で収入と需要を計算するわけ。これを世帯分離と呼んでいるよ。

香里：世帯分離が行われる場合は，他にもいろいろ考えられそうですね。

田辺：例えば，同一世帯に属する家族の中に，働かないで遊び暮らしている者がいる場合ですね。

新町：（なぜか2人の視線が僕に…やめてよもう～（泣））
田辺：（視線を戻して）この場合，その者の稼働能力不活用を理由に，残りの家族も含めて保護が行われないことになりかねません。そこで，その者を世帯分離して，残りの家族に対して保護を行うということが考えられます。
新町：あのっ，僕もちゃんと家の仕事手伝ったりしてるんで，それだけは信じてください！　ホントですから！
香里：はいはい（笑）。世帯単位の原則によりがたい場合としては，世帯単位の原則によると最低生活の保障に欠けたり，被保護者の自立を損なうような場合が考えられますが，先の奨学金の例は後者，今の例は前者に当たるわね。
田辺：『別冊問答集』には，①収入のない者を分離し，分離した者を保護する場合，②収入のある者を分離し，残りの世帯員を保護する場合，③稼働能力を活用していない者を分離し，残りの世帯員を保護する場合のそれぞれについて，居住を同一にする場合と異にする場合の具体例が挙げられています。
新町：稼働能力不活用者の分離ですが，同一世帯に属する者は，働ける年齢になって働ける能力があるならば，必ず働いて家計に貢献しなければならないんですか？
田辺：中学を卒業した15歳の長女を稼働能力不活用を理由に世帯分離し，保護費を減額した事例では，保護変更処分の取消訴訟とともに執行停止申立てがなされたんだけど，裁判所は，中学校在学中に不登校の時期があり，中学卒業後に仕事をした期間が1日しかない長女について，現実的な稼働能力があったと判断するのは早計にすぎるなどとして，執行停止を認めたんだ（那覇地決平22・7・16賃社1528号55頁）。
新町：ほぼ全員が高校進学する時代に，15歳の子に自活しろって求めるのもナンセンスですよね。その子が親と同居し続ける実態に変わりはないだろうし。
香里：世帯分離するかどうかは，その世帯の実態を見極めて判断しなければいけないということですね。
田辺：ちなみに，2018（平成30）年改正では，貧困の連鎖を断ち切るため，大学等への進学を支援するべく，大学等への進学の際の新生活立ち上げ費用として，一時金の形で進学準備給付金を支給することになりました（生保55条の5）。大学等への進学にあたっては何かと費用がかかるけれど，保護を受けている世帯の場合，あらかじめまとまった額を用意しておくことは難しいですからね。
香里：就労自立給付金とともに，自立支援のための給付として位置づけられるわね。

8-4 保護の過程

8-4-1 保護申請

次のゼミの日。キャンパス内にはクリスマスの雰囲気が漂っている。

香里：今年もキャンパスの入口に立派なクリスマスツリーが立ったわね。さて，今回は生活保護の実施過程を見ていきましょう。生活保護は，原則として，要保護者等からの保護の申請を受けて開始します（生保7条本文）。なぜ**申請保護の原則**が採られたと思う？

新町：福祉事務所が生活困窮者を探し出して職権で給付を行うのは，手間がかかる上に，すべての対象者を発見することは難しいからです。

田辺：国民に保護を受ける権利を認めた保護請求権の原理からの帰結でもあるんじゃないかな。つまり，保護を受けることは強制されない，という意味で。

香里：でも，申請がなければ保護を行わなくてよいというわけではないわよ。要保護者が急迫した状況にあるときは，保護の申請がなくても，必要な保護を行うことができるし（生保7条ただし書），すみやかに，職権で保護を開始しなければなりません（生保25条1項）。では，保護の申請はどこにするのかしら？

田辺：居住地または現在地の福祉事務所に対して行います。生活保護法では，保護の実施機関の側から，①福祉事務所の所管区域内に居住地を有する要保護者，②居住地がないか，明らかでない要保護者で，福祉事務所の所管区域内に現在地を有する要保護者に対して，保護を決定・実施しなければならないと定めています（生保19条1項）。

新町：現在地でもOKってことは，ホームレスの人も保護が受けられるんですね。

香里：そうね。申請できる人の範囲はどうですか？

田辺：要保護者本人が申請できない場合もあるので，要保護者のほか，その扶養義務者，その他の同居の親族にも申請権が認められています（生保7条本文）。

新町：テレビのニュースで，生活保護を受けられずに亡くなってしまうケースがよく報道されてるじゃないですか。で，近所の人がインタビューに「生活が苦しそうだった」とか答えるの。近所の人が代わりに申請することができれば，そういう悲しいニュースも減りそうだけど…。

田辺：本人の申請に同行したり，生活に困窮している人を発見したら民生委員や福

祉事務所に連絡して，急迫状況での職権保護につなげる，ということはあるかもしれませんね。

香里：そうねぇ。でも，生活保護を受けていると知られるのを嫌って申請しない人もいるから，どこまで他人が踏み込むべきかは難しい問題よ。

新町：それもそうですね…。ところで，申請するには福祉事務所に行って「生活保護を受けたいんです」といえば OK なんですか？

田辺：良い質問だね。従来は，書面の提出によるとの規定は施行規則にしかなかったので，単に申請の意思を有しているだけでなく，「申請者において申請の表示行為を行う必要がある」（大阪高判平 13・10・19 訟月 49 巻 4 号 1280 頁）ものの，口頭での申請も認められていた。けれど，2013（平成 25）年改正で，今では特別な事情があるときを除き，原則として一定の必要事項を記載した申請書を提出することになったんだ（生保 24 条 1 項）。厚生労働省の説明では，この改正は口頭申請に関する従来の運用を変更するものではない，とされているけどね。

新町：資産状況や扶養義務者の有無等は補足性の要件に関わる重要な事項だから，行政としては正確な決定のために必要な情報はなるべく欲しいですよね。

香里：そうね。でも，審査のための情報は必要だけど，あまり多くの書面の提出を求めると申請自体を委縮させることにもなりかねないわ。それに，かつては保護申請を抑制するため，所定の用紙によらないと申請を受け付けないこととして，その用紙自体を交付しないという対応もあったそうよ。

田辺：保護申請をしようとして福祉事務所に行っても，相談として処理されることが多いとも聞きます。

新町：申請を受け付けてもらえなかったって，よく批判されてますし。

香里：保護が必要な人は行政手続に詳しい人ばかりではないですし，行政の対応の

しかたによっては、申請権の行使を妨げることにもなりかねません。裁判例には、実施機関には相談者に対する助言・確認・援助義務があるとして、その違反による生活保護受給権の侵害に対する慰謝料請求を認めたものもあるわね（福岡地小倉支判平23・3・29賃社1547号42頁）。

8-4-2 保護の開始・変更

香里：では次の段階へ移りましょう。申請を受け付けたら、福祉事務所は何をしますか？

田辺：申請者が保護の受給要件を満たしているかどうかを審査して、保護するかどうか、保護する場合にはどの程度の保護を行うかを決定します。

新町：実際、保護申請者やその家族の資産状況、稼働能力の活用状況なんかを詳しく調べていたら、審査には時間がかかりそうですね。福祉事務所は警察のような情報収集能力・手段を持っているわけでもないだろうし。

田辺：でも、保護申請者としては最低生活の維持がかかっているわけだから、悠長に調べられても困るよね。そこで、実施機関は原則として申請のあった日から14日以内に、保護の要否・種類・程度・方法を決定し、申請者に書面で通知しなければならないとされているんだ（生保24条3項・5項）。

香里：特別な理由がある場合には30日まで伸ばすこともできるけど（生保24条5項ただし書）、現実にはこの日数内でも決定まで至ることは簡単ではないようね。

田辺：例えば、預金の有無については、顧客の個人情報ということで、以前は金融機関も積極的に情報を提供してきませんでした。今は、不正受給対策ということで、実施機関からの調査依頼に対し、各銀行の本店が中心となって全国の口座を一括して調査できるようになりましたけどね。

香里：ほんと、田辺さんは実務にも詳しいわね。生活保護は補足性の原理に即して最低生活保障を行うものだから、収入・支出の状況や世帯構成が変わったときには、それに応じて保護の種類や内容も変わることになります。また、引っ越した場合には、実施機関が変わることもあります。そこで、こういった事由が生じたときは、被保護者はすみやかに実施機関か福祉事務所長に届け出ることとされているの（生保61条）。

新町：届出と同時に、保護の変更の申請もするんでしょうか？

香里：保護の変更の必要があるときは、被保護者からの申請を受けて、または職権

により，保護の変更の決定を行うことになっています（生保24条9項・25条2項）。保護基準が変更された場合も，保護の変更の決定がされるわよ。

田辺：最高裁判所は，保護基準の変更に基づく保護変更決定は，正当な理由のない不利益変更を禁止した56条の規律するところではないとしました（最判平24・2・28民集66巻3号1240頁）。いずれにせよ，その場合も保護基準の変更が厚生労働大臣の裁量権の逸脱・濫用に当たらないかどうかは審理されるので，あまり変わりはないようにも思いますね。

香里：保護の開始や変更の申請に対する決定については，行政手続法第2章（申請に対する処分）の適用があります。保護開始・変更決定については理由を付さなければならないという規定（生保24条4項）は，行政手続法8条が存在する今では確認的規定ということになるわね。

8-4-3 被保護者の権利・義務

香里：生活保護を受給中の被保護者には，どのような権利や義務があるのかしら？

新町：（法律を見ながら）えーっと…生活保護法の第10章がまさに「被保護者の権利及び義務」という表題になっていますね。56条から59条が権利，60条から63条までが義務に相当するようです。

田辺：56条の不利益変更の禁止と，61条の届出の義務については，すでに話に出ました。公課禁止（生保57条），差押禁止（生保58条），譲渡禁止（生保59条）は，他の社会保障給付でもおなじみの権利保護規定ですね。

新町：被保護者に税金を課すことは一切できないんですか？

田辺：57条は「保護金品及び進学準備給付金を標準として」と定めているから，保護金品（保護として支給，貸与される金銭および物品のこと。生保6条3項参照）と進学準備給付金以外の資産等には税金がかけられるよ。例えば，不動産の保有を認められている場合には，固定資産税が賦課される。もっとも，地方税法367条では，市町村の条例で固定資産税を減免できるとされているけれどね。

新町：…社会保障法を勉強してると，行政法に税法まで出てきちゃうんですね…これは大変だぁ〜（困）。

香里：そうよ，きみはタイヘンな法分野を選択してしまったの（笑）。不正受給をすれば，刑法も出てくるしね。さて，60条は，「被保護者は，常に，能力に応じて勤労に励み，自ら，健康の保持及び増進に努め，収入，支出その他生

計の状況を適切に把握するとともに支出の節約を図り，その他生活の維持及び向上に努めなければならない」として，被保護者の生活上の義務を定めています。

新町：何やら訓示的な規定ですね。違反したらどうなるんですか？

田辺：そもそも努力義務の体裁をとっているし，罰則規定もありません。けれど，27条の**指導・指示**の対象にはなりそうですね。

香里：新町君，27条を引いてみて。

新町：はい。27条ですね…1項を読みます。「保護の実施機関は，被保護者に対して，生活の維持，向上その他保護の目的達成に必要な指導又は指示をすることができる」。なーんだ，指導・指示を受けるだけですか。

香里：まあね。続きも見てみましょう。指導・指示は被保護者の自由を尊重し，必要最小限度に止めるものとされ（生保27条2項），1項の規定は，被保護者の意に反して指導・指示を強制し得るものと解釈してはならないとされている（同条3項）ことからすると，単なる行政指導にすぎないように見えるでしょ？　でも，62条では，被保護者には27条の指導・指示に従う義務があり（生保62条1項），この義務に違反した場合には保護の変更・停止・廃止をすることができる（同条3項）と定められているのよ。

新町：えっ⁉　保護の停止・廃止⁇　62条が出てくると，一気にヤバイ感じがしてくるんですけど〜。

香里：でしょう？　で，指導・指示の法的性格が問題となったわけ。

田辺：62条3項による処分をする場合には弁明の機会を与えることとされ（生保62条4項），処分基準の定立（行手12条）と理由の提示（行手14条）を除く行政手続法第3章（不利益処分）の適用除外が定められている（生保62条5項）ことからしても，これが不利益処分であることは明らかですよね。そうすると，そのような不利益変更の可能性を背景に行われる指導・指示は，単なる行政指導とは思えませんが。

新町：（ああ…行政法が出てくるとこんがらがる…）

香里：裁判例にも，指導・指示の処分性を認めて，その無効確認請求を認容したものがあります（秋田地判平5・4・23行集44巻4＝5号325頁）。ただ，指導・指示の違法性については，国賠訴訟か，指導・指示を受けてなされた保護の変更・停止・廃止処分の取消訴訟で争えばよいようにも思います。

新町：（後で行政法の教科書を確認しておこう…）

香里：ところで，生活保護法27条の2は，要保護者に対する自立助長のための相

談・助言について規定していますね。
田辺：行政解釈は27条の指導・指示とは法的性格が異なるとしますが，学説には，27条の指導・指示も1条の自立助長という目的を達成するための手段なので，62条3項に基づく不利益変更もそれが自立助長に有用な場合，言い換えれば，保護の継続が自立助長に逆行する場合にのみ行えると解すべきであるという見解もあります。
香里：今回は指導・指示の話で盛り上がったわね。63条の費用返還義務については，後で取り上げましょう（→8-4-5）。
新町：ホッ。

8-4-4　保護の停止・廃止

> 補講日を利用しての年内最後のゼミ。今日は先生の都合で夕方の時間帯だ。

香里：もういくつ寝るとお正月♪　今年も早かったわね。さて，始めがあれば終わりもあるのは，生活保護の場合も同じです。保護をいったんストップするのが停止，完全に終了するのが廃止です。保護の停止・廃止は，減額変更とともに，不利益変更になりますから，正当な理由が必要です。新町君，どのような場合に停止・廃止ができるのでしょうか。
新町：えっ!?　…えーっと，生活保護法は，3つの場合を明示しています。まず，①被保護者が保護を必要としなくなったときです。収入が回復したり，世帯構成の変動などで最低生活費が減少したりして，世帯の収入が最低生活費を上回るようになった場合が考えられます。この場合，保護の停止・廃止がなされ，書面で通知されます（生保26条）。
田辺：収入の回復等による保護の不要が一時的なものか，恒常的なものかによって停止か廃止かが分かれます。
新町：次に，②立入調査を拒否・妨害・忌避する場合や医師の検診命令に従わないとき（生保28条5項），③実施機関がした必要な指導・指示に従う義務に違反したとき（生保62条3項）です。これらの場合に，保護の変更・停止・廃止が行われます。これらは制裁的な色彩が強いですね。
香里：指導・指示違反の場合については前回取り上げましたが，最近は就労指示の適法性が争われるケースも多いわね。指導・指示違反で保護の停廃止等を行

うには，指導・指示の内容が事前に書面の形で示されていなければなりません。また，例えば，いつまでにいくら稼ぐように，といったような客観的に実現不可能な内容の指導・指示の場合にも指導・指示違反で保護の停廃止をすることはできないわ（最判平 26・10・23 判時 2245 号 10 頁）。

新町：保護の変更とは，この場合は減額ですよね。減額の程度や停止の期間，停止と廃止の選択なども実施機関の裁量で決められるんですか？

田辺：基本的には裁量で OK だよ。ただ，他の場合と同じように，裁量権の逸脱・濫用の審査には服する。例えば，停止を経ずにいきなり廃止する場合には，処分の相当性を欠き裁量権の逸脱・濫用とされる可能性があるんだ（福岡地判平 10・5・26 判タ 990 号 157 頁，福岡高判平 22・5・25 賃社 1524 号 59 頁）。

香里：保護が廃止されるのは以上の 3 つの場合だけですか？

田辺：法律上は明示されていませんが，被保護者が自ら保護を辞退する場合にも保護が廃止されます。申請保護が原則ですし，要保護状態にあるからといって，その意思に反して保護の受給を強制されないですから（→8-4-1）。

新町：でも，資力が回復していない状態なのに保護を辞退すると，すぐに最低生活水準以下の困窮状態に陥る結果になりそうだけど。

香里：そうね。実施機関としては，安易に辞退の意思表示を受け入れるのではなく，場合によっては職権で保護を継続する可能性も考慮して対応することが求められるわ。

新町：またニュースの受け売りですけど…，実際には行政側から保護辞退届の提出を打診されたり促されたりすることも少なくないと聞きます。

田辺：だから，しばしば保護辞退の意思表示の有無やその有効性が問題となるんだ。裁判例には，保護辞退の意思表示の存在自体を否定したもの（京都地判平 17・4・28 判時 1897 号 88 頁）や，保護辞退の意思表示は錯誤に基づくもので無効であるとして，これに基づく保護廃止決定を違法として取り消すとともに，錯誤に陥らせたことにつき保護行政担当者の職務上の義務違反を認めて損害賠償請求を認容したもの（広島高判平 18・9・27 賃社 1432 号 49 頁）などがあるよ。

香里：実務では居住実態不明を理由とする保護廃止も行われていたの。しかし，「居住実態が不明であること自体は，直ちに要保護性の消滅の推定根拠になるものではな」いとして，居住実態不明は 26 条に基づく廃止事由とはならないと明言した裁判例があるわ（京都地判平 5・10・25 判時 1497 号 112 頁）。

田辺：ただ，被保護者の不誠実な対応に対して，27 条に基づき指導・指示を行い，

新町：それに従わなければ弁明の機会を与えた上で保護廃止の決定がなされることはありそうです（生保62条3項・4項）。

新町：（行政法の話に行く前に話題変えちゃお）ところで，保護受給中は海外に行けるんですか？ 最近は修学旅行で海外に行く学校も多いし，保護世帯の子が行けないとちょっとかわいそうかも。

香里：海外渡航にもいろいろな事情がありますから，海外に行くこと自体は禁じられてはいませんね。

新町：よかった。海外に行っている間も保護は受けられるんですか？

田辺：被保護者の海外渡航は，それが一時的かつ短期のものであって，引き続き国内に居住の場所を有していれば，保護の停廃止をすることはできないよ。でも，渡航のための交通費や宿泊費は，本来なら生活費に充てるべきものなので，原則として収入認定の対象とされるんだ。

香里：実際は，修学旅行や親族の冠婚葬祭等の目的で概ね2週間以内の期間で海外渡航する場合には，渡航費用全額を収入認定しないことになっています。

8-4-5　費用の返還・徴収

新町：生活保護といえば，暴力団員による生活保護の不正受給という話をよく聞くけれど，暴力団員は反社会的集団の構成員だから生活保護を受ける資格がないのかな？

香里：新町君，そんなこといってたら，こわ～いオジサンに睨まれちゃうわよ（笑）。生活保護法には，ある集団に属しているだけで保護の受給要件を欠くと定める条文はないわよ。

新町：そっ，そうですよね…。じゃあ，何でだろう？

田辺：暴力団員の場合には，本来は正当に就労できる能力を有すると認められること，暴力団活動を通じて得られる違法・不当な収入を本人が福祉事務所に申告したり福祉事務所が発見・把握したりすることは期待できないことから，資産・能力活用の要件を満たさない，というのが公式の説明です。4条1項の補足性の要件で引っ掛けているんだね。

香里：暴力団員に限らず，本来保護を受ける資格がないのに，偽りの申請をするなど，不正な手段によって保護を受けた場合には，いわゆる不正受給となり，詐欺罪などの刑罰に問われる可能性があるし，保護を行った実施機関は，費用の全部または一部を徴収することができるのよ（生保78条）。

新町：全部じゃなく一部徴収ってのもアリなんですか？　不正に受給したのに？

香里：行政解釈は不正受給した全額としますが，学説には，被保護者の困窮状態や不正の程度等の事情によって，一部徴収を認める考え方もありますね。

田辺：費用全額の返還を求めると最低生活を下回ってしまったり，汲むべき事情があるような場合もあるでしょうからね。行政実務では，受給者に不正受給の意図があったことの立証が困難な場合や全額返還が酷な場合には，返還額の決定について実施機関の裁量が認められている，63条（費用返還義務）の規定が用いられているようです。

香里：63条は，もともと急迫保護等の場合における事後調整の規定ですね。

田辺：はい。調整といえば，4条の資力活用および急迫保護と63条の費用返還との関係で問題となるものに，交通事故の場合の損害賠償請求権があります。例えば，交通事故にあった被害者が，治療費がかさんで生活が苦しくなり，保護を受けることになったとします。この場合，交通事故の損害賠償請求権は，どの時点から活用すべき資産や返還対象となる資力になるのか，という問題です。最高裁判所によれば，加害者との間に争いがあり賠償を直ちに受けることができない間は，4条1項の資力不活用とはみなされず，3項の急迫保護に該当するとされます。後に争いが止んで賠償を受けられるようになったときには，その資力を現実に活用できる状態になったとして，63条の費用返還義務が課される（最判昭46・6・29民集25巻4号650頁），ということですが…。

香里：これは被害者（保護受給者），加害者，保護費支弁者（実施機関）という三者関係における損害賠償と保護給付との調整問題ですね。生活保護法には社会保険各法と違って調整規定がなかったので，加害者の免責と被害者の二重利得をともに回避するにはどうしたらいいかが問題となったのだけど，2013（平成25）年改正で，被保護者が医療扶助・介護扶助を受けた事由が第三者の行為によって生じたときは，支弁された保護費の限度で，被保護者が第三者に対して有する損害賠償請求権を実施機関が取得すると規定されました（生保76条の2）。

新町：慰謝料も返還対象となるのでしょうか？

田辺：慰謝料は精神的損害を塡補するものだけど，裁判例は，精神的損害によって直ちに生活水準の低下を招くものではないとして，加害者側の保険会社から慰謝料として受け取った金銭の大部分を返還させる決定を適法と認めているね（大阪高判平14・7・9裁判所HP）。

香里：不正受給の場合の費用の徴収ですが，2013（平成25）年改正で，被保護者が申し出た場合，被保護者の生活維持に支障がなければ，保護費から天引きすることができるようになりました（生保78条の2）。また，2018（平成30）年改正で，以降は63条による返還の場合も徴収金として徴収することになり（生保77条の2），同じく被保護者の申し出によって保護費からの天引きができるようになりましたね。

8-4-6 不服申立て

香里：生活保護法に基づき保護の実施機関が行った処分に不服がある場合には，申請者や被保護者はどのようにして争えばいいのでしょうか。

新町：行政庁の処分に不服があるならば，行政法の原則通り，まずは行政不服審査法に基づく不服申立てができるんじゃないですか？ これくらいなら，僕にも答えられます。

田辺：64条には，市町村長が保護の決定および実施に関する事務を福祉事務所長に委任している場合には，都道府県知事に対して審査請求する，とあるよ。

新町：えっ？ そうなんですか？

香里：審査庁に関する特例よ。他に，生活保護に特有のルールはあるかしら？

田辺：審査請求前置主義が採用されているので，取消訴訟を起こすには審査請求に対する裁決を経なければなりません（生保69条）。裁決に不服があれば，厚生労働大臣に再審査請求できます（生保66条1項）。

香里：審査請求は処分があったことを知った日の翌日から3カ月以内，再審査請求は，裁決があったことを知った日の翌日から1カ月以内にしなければなりません（行審18条1項・62条）。

田辺：裁決庁は，審査請求なら50日以内，再審査請求なら70日以内に，裁決をしなければなりません。これらの期間内に裁決がなされなければ，棄却とみなして取消訴訟に進むことができます（生保65条1項・66条2項）。

香里：行政上の不服申立ては安価で簡易迅速な救済の実現が売りだけど，実際に判断が覆ることはあまりないようね。50日または70日という裁決期間も，形骸化しています。

新町：それじゃ意味ないんじゃ…。

田辺：50日を大幅に過ぎても裁決がなかったために不作為違法確認訴訟が提起された事例で，秋田地裁平成22年2月26日判決（賃社1522号62頁）は，提訴

後に処分取消しの裁決が行われたので訴えの利益が失われたとして訴え自体は却下しましたが，裁決の遅延に特段の事情はなかったとして，訴訟費用の全額を被告（裁決庁）側の負担としました。

8-5　生活保護の財政

香里：生活保護の費用は誰が負担しているのでしょうか。
新町：みんなが払う税金です。
田辺：社会保険ではないんだから，財源が税金なのは当たり前だよ。法律上は，実施機関が全額支出した上で，国と都道府県がその一定割合を分担すると定められていますね（生保70条〜75条）。
香里：具体的には？
田辺：国は保護費の4分の3を負担するので，実施機関は最終的に保護費の4分の1を負担することになります。でも，保護受給者の多い市町村にとっては，結構な負担だと思いますね。保護施設の設備費については，設置者が負担しますが，都道府県は4分の3以内で補助することができ，国はその3分の2以内で補助することができるとされています。
新町：生活保護は憲法25条に定める国民の生存権保障を実現する制度なんだから，国が全額負担するのが筋だと思うけど…。
田辺：生活保護制度に関する国と地方の協議でも，地方公共団体側はそう要求してきました。でも，地方公共団体も地域住民に対して福祉の責任を負っているしね。そこで，生活保護法は全額国の負担とはせず，地方公共団体にも負担を求めているんだ。もっとも，国から交付される地方交付税でカバーされるけれどね。
新町：ということは，財政豊かで地方交付税をもらっていない，いわゆる不交付団体だと全部自腹を切ることになるんですね。
香里：今年はずいぶん頑張って議論したわね。セミナー室の暖房も切れたし，ご飯でも食べて帰りましょ。
新町：わーい。忘年会ですね，ごちそうさまです〜。
香里・田辺：こういうときだけ，調子いいんだから〜（苦笑）。

8-6 生活保護の課題

8-6-1 自立の支援

> その30分後…3人は行きつけの定食屋にいた。

新町：せっ，先生…これじゃゼミの続きじゃないですか（泣）。飲みに連れてってくれるのかと思ったのにぃ〜。

香里：あら！ タダでおごってもらえると思ったら間違いよ。ノーワーク・ノーペイの原則くらい知ってるでしょ？

田辺：タダより高いものはない，ともいいますしね。

香里：そういうこと！ 待ってる間にさっきの続きね。最後は生活保護の課題について。生活保護法は，要保護者の最低生活保障とならんで，自立の助長も目的としているわけだけど，そこで目指される「自立」とは，どのようなものかしら？

新町：第1には，再び保護を受けなくてすむようになることをいうのではないでしょうか。つまり，定職に就くなどして，安定した収入を得て生計を維持できるようになることです。

香里：保護からの脱却，経済的自立ね。確かに，最近は稼働年齢層の保護受給が急増しているから，働ける人には就労支援をして保護からの脱却を目指すことは，重要な目的といえるわ。

田辺：でも，保護を受けて，仕事に就いて保護が廃止になって，でもまたすぐに仕事を失って保護に戻って，また保護から抜けて…の繰り返しでは，意味がないですよね。

香里：だから，保護を脱却した後も，再び保護の受給に陥らないように，継続的な支援をしていくことが望まれるわよね。

田辺：実際のところ，要保護者の中には，経済的自立を図ろうにも図れない人も少なくないですよね。程度の差はあるでしょうけど，例えば高齢者や障害者に働いて経済的に自立してくださいっていうのは，酷な話だよね。

新町：それもそうですね。すると，稼働能力がない人については，自立助長っていう法律の目的は関係なくなっちゃうのかなあ。

香里：それは，「自立」をどう捉えるか，ってことだよね。2004（平成16）年の専門委員会報告書は，「**自立支援**」とは，就労による経済的自立のための支援

(就労自立支援)だけでなく，個々の被保護者の能力やその抱える問題等に応じ，身体や精神の健康を回復・維持し，自分で自分の健康・生活管理を行うなど日常生活において自立した生活を送るための支援（日常生活自立支援）や，社会的なつながりを回復・維持するなど社会生活における自立の支援（社会生活自立支援）を含む，と述べているの。

新町：あ，そうか。「自立」は経済的な自立だけを指すわけじゃないんですね。就労自立が難しくても，なるべく自分で自分の身の回りのことができるようにしたり，社会生活への参加を促したりするような形で，その人に合った支援をしていくことが必要，ってことですね。

香里：そうなの。対象者の類型に応じて適切な自立支援を行っていこうということで，専門委員会での議論なども踏まえて，2005（平成17）年から**自立支援プログラム**が導入されてるわ。プログラムへの参加は任意だけど，各市町村で独自の試みが重ねられてきているの。

新町：2013（平成25）年にできた生活困窮者自立支援法の名前にも「自立支援」という言葉が使われていますね。

田辺：生活保護に至る前の段階で，事業という形で，相談支援や住宅確保，就労準備支援，学習支援など，その人にあった支援の取り組みを行うことによって，貧困に陥るのを少しでも食い止めようというわけですね。

香里：2018（平成30）年改正では，生活困窮者自立支援制度では，①生活困窮者に対する包括的な支援体制の強化，②子どもの学習支援事業の強化，③居住支援の強化などが，生活保護制度では，①子どもの貧困の連鎖を断ち切るための進学支援，②生活習慣病予防等の取り組みの強化，③貧困ビジネス対策などが行われました。

田辺：こういった意味での自立は，本人が問題に気づいて，自発的に取り組んでいくことが必要ですね。他人から強制されてやるものではないし，強制されてできるようなものでもない。

新町：でも，ただ本人の自覚に任せているだけでは，いつまで経ってもそのままかもしれませんよ。

田辺：そこで，福祉事務所の専門的な関わりが重要になってくる。ソーシャルワークが本領発揮すべきところですね。

香里：そこがなかなか難しいところでね…。実際の保護行政の現場は慢性的な人手不足で，しかも専門的なトレーニングを受けた専門職も少ないから，それぞれの被保護者に合った対応を十分に取れていないのが現状。これは福祉事務

所の取組不足だけを問題にして済むことではないわね。
店員：はい，サバ味噌定食はどちら？（3人の定食が次々と運ばれてくる）
田辺：あ，それ僕です。…えーっと，最近は，例えば稼働年齢層の要保護者については保護期間を限定すべきとの主張も聞かれますよね。
香里：有期給付とすることで就労意欲を高めようとする考え方ね。就労（ワーク）と福祉（ウェルフェア）を結びつけるワークフェアという考え方があるけれど，その一種ね。でも，例えば支給期間を5年としたところで，そもそも5年以内に就労自立できる雇用環境が整っているのかが問題よね。
新町：生活保護費の削減を政策目標に掲げる主張もありますけど。
田辺：数字はわかりやすいからね。でも，数値目標を設ければ，現場は何とかしてそれを達成しようと動く。そうすると，保護申請を門前払いしたり，辞退届の提出を求めたりといった，国民に認められた保護請求権の行使を妨げる，抑制的な運用に立ち戻ってしまうおそれは否定できないな。
新町：なるべく支出を減らしたいっていうのはわかるけど，財政削減ばかりに目が行くと，保護受給者＝社会のお荷物というネガティブな印象を強めてしまうかも…。
田辺：保護受給者は税金でノンキに暮らしている，なんてイメージも世間の一部にはあるけれど，保護を申請するまでの心理的な抵抗感や，保護を受けているという屈辱感（スティグマ）は，実際にその立場に置かれてみれば相当なものだろうね。
香里：保護費をもらうのが当然になっては困るけど，入りやすく出やすい制度にしていくことが必要ね。じゃ，冷めないうちに食べましょう！

8-6-2　他制度との関係

新町：…先生，まだ，やるんですか…？？　お子さんは大丈夫なんですか？
香里：今日は夫が家にいるから大丈夫なの。閉店まであと30分あるし，新たな気持ちで新年を迎えるためにも，生活保護は年内で終わらせておきたいわね。コーヒーもごちそうするわ。
新町：ふぇぇ〜。僕，砂糖多めでお願いします〜。
香里：さて，社会保障制度の体系の中で，生活保護は他の社会保険等を補完するという位置づけがされていて，そういう意味で最後のセーフティネットといわれるわけだけど，他の社会保障制度との関係が必ずしも十分に整理されてい

ないのではないか，という問題提起もあるわ。新町君，わかる？

新町：ああ…基礎年金と生活保護の水準とを比較する議論ですかね？ 保険料を40年払い続けても，もらえる年金額は生活保護より少ないっていう。

田辺：老齢基礎年金は，もともとそれだけで高齢期の必要十分な所得保障を行うものではないしね。でも，こういった単純な比較が納得されやすいのは，現実には高齢期の収入源が公的年金給付しかない人々がほとんどだからかもしれません。

新町：でも，国民年金は要件を満たして申請すれば受け取れるけど，生活保護を受けるには資力調査や扶養義務者への照会とか，生活実態を丸裸にされるような手続を経なければならないっていう，大きな違いがありますよね。

香里：他方で，生活保護を受給していると，他の諸制度でも特別な扱いを受けることが少なくないわ。例えば，公共交通機関の利用料金が無料か割引になったり，公共料金が減免されたり。

新町：それぞれの制度には相応の理由があるんだろうけど，そういった細々した部分を積み重ねると，それなりの格差が出てきそうな感じですね。

田辺：社会保険の側で低所得者に対する配慮をすべきという主張もあります。例えば，保険料や一部負担金等を負担すると最低生活水準以下になってしまう場合には，なるべく生活保護を受けるところまで行かないように，これらを減免すべきといったような。

香里：生活保護費の内訳，覚えてる？ 保護費の半分は**医療扶助**なのよ（→8-1-2）。保護受給者は国民健康保険の適用除外なので，医療扶助により医療保障を受けているの。これに対して，介護保険は65歳以上の保護受給者も第1号被保険者として，介護保険料相当額を介護保険料加算として生活扶助に上乗せすることにした。つまり，医療に関しては医療保険を適用せず医療扶助で対応し，介護に関しては介護保険を適用しているってことね。

田辺：医療扶助を受けるには，あらかじめ福祉事務所から医療券の交付を受け，医療券に記載されている指定医療機関で医療サービスを受ける必要があります。医療保険加入者が被保険者証1枚で，全国どこの保険医療機関でも保険診療を受けられるのとは対照的ですね。

新町：へぇ，医療扶助を受けるのって，手続が面倒だしお医者さんを選ぶこともできないんですね。でも，医療扶助には国民健康保険と違って保護受給者の自己負担はないんですよね。自己負担がないと，医療費を抑えるインセンティブが働かないから，無駄な医療費が増えるおそれもありそう…。

田辺：実際，医療扶助でもらった薬を転売したり，貧困ビジネスの温床になっていたりするようだよ。2013（平成25）年改正では，後発医薬品の使用促進や，指定医療機関の指定の更新制の導入といった内容も盛り込まれたんだ。

香里：2018（平成30）年改正では，さらに後発医療品の使用が原則化されたわ。また，健康管理支援事業が創設され，生活習慣病の予防などにも取り組むことになったの。

新町：介護保険みたいに，生活保護受給者も国民健康保険に統合したらいいのに。

香里：国民健康保険の保険者である市町村は，もともと財政基盤が弱いし，統合を嫌がるかもしれないわね。介護保険は給付額に上限があるけど，医療保険の場合は医師の裁量を尊重して青天井だから…。

店員：あの〜，そろそろ閉店なんですけど…。

香里：あ，ごめんなさい，長居しちゃって。2人ともお疲れさま。

田辺：こちらこそ，遅くまでありがとうございました。

新町：帰ったらそのまま寝ちゃいそう〜。

第9章　社会保障の権利と財政

9-1　社会保障の権利と義務（社会保障の通則）

9-1-1　社会保障受給権の発生

> 帰省から戻った小倉が，院生室にお土産を持ってきて愚痴っている。

小倉：生存権とか，生活保護とか，年金とか，頭ではわかるんですけど，何か納得いかないものがあるんですよね。「すべて国民は，健康で文化的な」生活を営むことが保障されているはずなのに，文化的生活なんて送ってないですもん。コンサートなんて入学以来1回しか行ったことがないし，学食のお昼が僕にとっての「豪華な食事」なんて，おかしくないですか？　下宿だって築40年。すきま風が寒くて，これって憲法25条1項の生存権ギリギリの生活じゃないかと思うんですけど。でも，僕ら学生が生活保護を受けるのは無理ですよね。年金だって，いま何かもらえるわけではないし，僕らが老後のときにはどうなっているかなんてわからないし…（→4-7）。

田辺：いやいや。憲法25条があるから，小倉君も社会保障の権利があるんだよ。ただ，個別具体的な社会保障給付を受ける権利（**社会保障受給権**）がいまはないだけで。

小倉：なんですか，それ？

田辺：小倉君，君は児童手当をもらう権利があると思う？

小倉：ないですよ。僕はもう「児童」じゃないですし，子どももいませんし。

田辺：そうだよね。児童手当受給権が発生する前提として，中学校修了前の児童がいることが必要だ（→7-2-3）。社会保障受給権は，要保障事由があるとか，保険事故が発生しているとか，そういう要件を満たしていることが必要なんだ。

新町：資格要件も満たしている必要がある。年金保険では，保険料を納めた期間（受給資格期間）が給付の要件となっているし（→4-3-1），生活保護法では国籍が要件となっているよね（→8-1-3）。

小倉：社会保障の権利があるといわれても，それに僕は国民年金の保険料も払っていますし，日本国籍もありますけど，要保障事由とか保険事故が発生しなけ

れば，社会保障給付を受けられないわけですよね。そりゃ，受給権ってそういうものでしょうけど，僕の問題は全然解決されてませんよ。

新町：保険事故が発生したら社会保障受給権が得られるさ！ ケガをしたら医療保険の療養の給付が受けられるし。

小倉：(僕がいってるのはそういうのじゃなくて，経済的支援なんですけど…。)

田辺：医療保険の療養の給付のように受給権が当然に発生するものもあるけど，行政庁による処分が必要な給付もあるんだ。例えば年金保険では保険者の裁定があって具体的な受給権が発生する（→4-4-1）。生活保護の場合は福祉事務所が調査や審査を行い，保護を行うかどうかを決定する（→8-4-2）。社会保障給付を必要とする状態があっても，支給決定がなされるまでは，具体的な受給権は発生しないんだ。

9-1-2　社会保障受給権の一身専属性

小倉：行政庁が支給決定したからといって，実際に給付を行うまでにはタイムラグがありますよね。その間に受給権者が亡くなってしまったらどうなりますか？

田辺：確認だけど，受給権者が死亡すると，一般的に受給権はどうなるかな？

小倉：無くなると思います。

田辺：そうだね。社会保障受給権は，基本的に受給権者本人の**一身専属的権利**であるから，受給権者が死亡すれば消滅する（国年29条，厚年45条など）。それは相続されない（民896条ただし書）。小倉君の質問は，すでに発生した受給権がどうなるのか，ということだよね。

小倉：はい。

田辺：新町君，お土産のお菓子を食べ終わったみたいだけど…。

新町：うぐっ…（とむせて，お茶を飲んでから，）それは，未支給の給付の問題で，特に年金や労災の給付で問題になるけど，各制度に従って受給権者のかわりに遺族が未支給の給付を受け取ることになります（→4-4-2）。

田辺：そのとおり。社会保障受給権は相続財産には含まれないんだけれど，未支給の給付は，社会保障独自のルールで処理するということだね。じゃあ，死亡した受給権者の訴訟を相続人は承継できるかな？

新町：訴訟の訴訟物である権利は一身専属的なものであるから，訴訟は相続人に承継されず，当然に終了すると考えられます。朝日訴訟（最大判昭42・5・24民

集21巻5号1043頁）でも，訴訟の承継が否定されました。

田辺：朝日訴訟の多数意見は新町君がいったとおりだけど，反対意見は門前払いの裁判を避けるべきではないか，相続人が将来その相続にかかる権利や法律関係を訴求するために訴訟を継続していくべき利益が残存していると認められるときは，相続人にすでに形成された訴訟法律状態を承継させるべきではないか，と述べてるんだ。このことは，知っておきたいね。

9-1-3　社会保障受給権の非譲渡性，差押えの禁止

田辺：社会保障受給権が一身専属的なものであることは，社会保障の給付が受給権者の生存・生活のために用いられることと結びつくけど，そうだとすると，社会保障受給権は譲渡したり担保にしたりできない，ってことかな？

新町：受給権者が確実に給付を受けるために，受給権を譲渡することや担保に供すること，また差押えは，法律により許された場合を除き，原則として禁止されています（国年24条，厚年41条1項，生保58条・59条など）。

小倉：差押えが法律により許される，というのはどういう場合ですか？

新町：例えば，老齢年金を国税滞納処分によって差し押さえることは許されている（国年24条ただし書，厚年41条1項ただし書）。それから，社会保障給付でなければ差押えが禁止されていないから，例えば，ローンを組んでいる人が社会保障給付を受けることになったとして，ローン債権者が社会保障給付そのものでなく，その受取口座を差し押さえることができてしまうんだ。

小倉：社会保障給付が受給権者の口座に振り込まれても，受給権者の手元に残らないことになってしまいますね。

田辺：下級審では，実質的な判断をして差押えを取り消したものもある（東京地立川支決平24・7・11賃社1572号44頁）。しかし最高裁判所は，保険給付が預金口座に振り込まれて預金債権に転化し，受給権者の一般財産になったとして，差押禁止債権としての属性を承継しているものではないとの立場をとっているんだ（最判平10・2・10金判1056号6頁）。

小倉：スミマセン。僕，判例の言い回しが苦手で，よくわかりません…。

田辺：給付がいったん受給権者の口座に振り込まれたら，もう給付とそれ以外のお金の区別がつかなくなってしまうから，差押えを禁止できないというのが，最高裁判所の考え方だよ。社会保障給付の性格を強調すれば下級審の判断の方が妥当だけど，債権者にも債権者の立場があるし，受給権者の財産は差押

えが一切禁止されるというような特別の保護を認めるというのも，適切でないだろうね。それぞれのケースで，受給権者の生活実態を見て判断することになるんだろうな。

新町：担保に関しては，「偽装質屋」が社会問題となったね。年金受給権そのものには手を触れず，適当なものを質草（担保）にして年金受給権者に高い利率でお金を貸して，年金の受取口座から利息を回収していたんだ。いわゆる「闇金」だね。

9-1-4　租税その他公課の禁止

小倉：そういえば，うちのじいちゃんが確定申告用の書類を準備していたんですけど，じいちゃんは年金収入しかないんだから，確定申告に行く必要はないんじゃないでしょうか。社会保障給付は課税の対象になるんですか？

田辺：一般的には社会保障給付に対して租税や公課は課されないんだけど（国年25条，厚年41条2項，生保57条など），老齢年金は別なんだ（国年25条ただし書，厚年41条2項ただし書）。

新町：ほとんどの社会保障給付が課税されないのは，それが受給権者の生存・生活のために用いられるからですね。

田辺：そう。受給権者の生活を実質的に支えられるよう，非課税にしているんだ。だから，所得税の引き上げは受給権者にはそんなに影響ないけど，消費税が引き上げられると打撃が大きいね。

小倉：でも，老齢年金が課税の対象になるのは，なんでですか？

田辺：受給権者だけでなく事業主も年金保険料を負担していることや，老齢年金には退職金に類似した性格があることが，理由として挙げられている。まあ，老齢年金を受給している人はすごく多いし，その中には生活に余裕がある人も少なくないから，実質的に見てもすべて非課税にというわけにはいかないだろうね。ちなみに，老齢年金は雑所得になるけど，ふつうの雑所得とは区別され，税制上の優遇があるんだ。65歳以上の人が老齢基礎年金を受給するだけなら課税対象の所得は0。所得税はかからないんだ。

新町：遺族年金は課税の対象ではないんですよね？

田辺：うん。だけど，企業年金の遺族年金の中には，所得税は課されないけど相続税の対象になるものがあるんだ。受給権者が在職中に死亡したため，退職金として遺族に支払われる年金なんかは，そうだね。

新町：ややこしいー。

9-1-5　社会保障受給権の消滅

小倉：受給権者の死亡以外にも，受給権が消滅する場合って，ありますか？

新町：給付の必要が無くなったら，消滅するだろ？　例えば失業者が就職した場合。失業者は雇用保険から基本手当を受給しているだろうけど，就職すれば支給事由が消滅して，受給権も消滅するよ。基本手当についていえば，所定給付日数分の給付が終わったときにも受給権は消滅するね（→6-2-1）。

田辺：受給権は**時効**で消滅することもある。給付によって違うけど，5年や2年の消滅時効期間が定められているよ（国年102条，厚年92条，労災42条，雇保74条など）。

小倉：要保障状態にある人が受給権を行使しなくて時効にかかる，ってことですか？

田辺：基本的に申請主義だからね。生活に困窮していて生活保護が必要な状態の人が，保護を申請しなければ，そもそも受給権が発生しないし，時効の問題も生じない。むしろ問題になるのは年金だね。

小倉：とすると，国民年金の保険料をしっかり納めていても，年金の裁定請求をしないでいたら何年かすると時効になる，ってことですか？　酷い話だなあ。

田辺：だろう？　それではあまりに酷だから，少なくとも基本権については実務上消滅時効を援用しないことにしているらしいよ（→4-4-1）。

9-1-6　過誤・不正による給付の支払

小倉：逆に，本来受給権を持たない人が受給してしまった，ということもありますよね。そういう場合，行政庁から返還請求されるんでしょうか？

田辺：支給に過誤があったことに気づいた行政庁は，まずは支給決定処分を取り消して，必要であれば正しい処分をやり直すことになるよ。受給権はあるんだけど，誤った額の決定をしてしまった場合なんかにはね。

新町：「撤回」ではなくて「取消し」だから，法律上の効果は遡及して失われますね。だから，すでに行った給付の根拠がなくなり，その受給者は不当利得したことになって，返還義務を負う，と（民703条）。でも行政庁が勝手に間違えて支給決定したのに，後から返還請求するというのはおかしいよな〜。

田辺：新町君のいうように，行政庁による不当利得返還請求は制限すべきという意見も強いんだ。裁判所も誤支給された者が返還しなくてよいよう苦心しているみたいだね。例えば取消しの効果のうち，遡及する部分を無効として国の返還請求を棄却したものがある（松山地判宇和島支判昭 43・12・10 高民集 23 巻 2 号 210 頁，ただし同控訴審〔高松高判昭 45・4・24 高民集 23 巻 2 号 194 頁〕は異なる法律構成をとる）。

また返還請求を認める立場をとったとしても，返還額は過払いの事実を知らなければ不当利得による利益が現存している限度でいいんだ（東京高判平 16・9・7 判時 1905 号 68 頁）。他の受給者との平等・公平を考えると返還させるべきだけど，誤支給された者の信頼や生活を脅かさないことも必要なわけで，裁判所も事案に即した判断を行っているという感じかな。

小倉：誤支給ではなく，不正受給の場合は，当然に返還させるということですね？

田辺：もちろん。不正の手段によって給付を得た者からは，受給額に相当する金額の全部または一部を徴収できるんだ（健保 58 条 1 項，国保 65 条 1 項，国年 23 条，厚年 40 条の 2，生保 78 条など。→8-4-5）。雇用保険法では，返還することを「命ずる」という書きぶりになっているよ。民法の不当利得の規定を根拠に返還を「求める」というのよりも，厳しい書きぶりだね。さらに，「2 倍に相当する額以下の金額を納付することを命ずることができる」（雇保 10 条の 4）とあり，返還だけでなく制裁も予定されているんだ。

9-1-7 給付の支給制限

小倉：不正受給者に，後に本当に要保障事由が発生したような場合に，給付はされるんですか？ それとも自己責任？

田辺：制度によってさまざまだけど。ちょっと条文を確認しようか。健康保険法 120 条を見てくれるかな。

小倉：「保険者は，偽りその他不正の行為により保険給付を受け，又は受けようとした者に対して，6 月以内の期間を定め，その者に支給すべき傷病手当金又は出産手当金の全部又は一部を支給しない旨の決定をすることができる。ただし，偽りその他不正の行為があった日から 1 年を経過したときは，この限りでない」。不正受給者や不正受給をしようとした者は，最長 6 カ月間の支給制限を受けるということですね。

田辺：そうだね。ただ，「できる」規定だから支給してよいとも読めるね。先ほど

厳しい書きぶりっていった雇用保険法は，基本手当を「支給しない」とした上で，ただし書で「やむを得ない理由がある場合」に「支給することができる」と書いている（雇保34条1項）。

新町：でも，生活保護法にはこういう規定はないんだ。

田辺：生活保護法は旧法と違って過去の行状を問わないからね（→8-1-1）。もちろんその人が被保護者としての義務に違反したら指導・指示が厳しくなされるだろうし，もしそれにも従わなければ保護が停止・廃止されても仕方ないだろうね（→8-4-3，8-4-4）。

それより，ほかにも給付の支給制限が行われる場合があるんだけど，どんな場合だと思う？

新町：えっ?? ウソつく以外の方法??

小倉：もしかして，要保障状態を自分で作り出しちゃうとか？

田辺：そう！ 小倉君，スルドイね。自己の犯罪行為や著しい不行跡などによって要保障状態に至った場合は保険給付が制限されるんだ（健保116条・117条，国保60条・61条，国年70条，厚年73条の2など）。被保険者を故意に死亡させた者は遺族としての受給資格があっても，遺族年金が支給されないことが，条文に明記されているよ（国年71条1項，厚年76条1項）。

新町：ホントだ〜。さらに，受給権者が他の受給権者を故意に死亡させた場合に，遺族年金の受給権が消滅することも書いてますね（国年71条2項，厚年76条2項）。これをテーマに推理小説が書けそうだ。

田辺：新町君は修論を書かずに推理小説を書くのかな（笑）。犯罪行為は関係しないけど，自分から保険事故を発生させたという意味では，雇用保険の自発的失業の場合の給付制限（→6-3-4）も当てはまるね。

要保障事由からの脱却を自ら遅らせるような場合にも給付制限がなされることがあるよ。正当な理由もないのに指示や指導に従わないような場合がそれに当たるんだ（健保119条，国保62条，雇保32条など）。

9-1-8　給付の併給調整

田辺：小倉君，こういうケースはどうだろう？ 63歳の人が会社を退職して，現在求職中である。要件を満たせば，雇用保険から基本手当（→6-2-1）を受給できるよね。他方でこの人は特別支給の老齢厚生年金（→4-3-4）も受給できそうだ。両方，受給できるかな？

小倉：特別支給の老齢厚生年金は引退した人がもらうものだから，基本手当を請求するというイメージはありませんでした。でもその人が職を探しているのであれば，基本手当を受給できそうですね。

新町：（焦って条文を探しながら，）細かいところを突いてきたなあ。どこ？

田辺：附則7条の4だよ。

新町：繰り上げ支給の老齢厚生年金というのはひとまずおいといて，（長い沈黙のあと，）求職の申し込みをした翌月，要は基本手当を受給している期間は老齢厚生年金が**支給停止**されるんですね（厚年附則7条の4）。（さらに長い沈黙のあと，）この規定は特別支給の老齢厚生年金に準用されています（厚年附則11条の5）。ふう，こんな条文初めて読んだ。
在職老齢年金でも，老齢厚生年金の支給停止や調整の話がありましたよね（→4-3-5）。受給要件を満たす者にすべて払うといってしまうのではなく，基本手当や賃金を受けられる場合，つまり保障の必要性が薄い場合に支給停止や調整をするというのは，社会保障給付らしいなあ。

田辺：社会保障給付の併給調整で典型的なのは，年金給付間での**併給調整**（→4-4-3）かな。金銭給付は，給付されるものが金銭という点で共通して，所得保障や生活保障を目的とする点でも共通するから，併給調整が必要になるんだ。ほかには，労災保険の年金と厚生年金等の年金も，調整の対象だよ（→5-7-10）。この場合は，厚生年金を全額支給して，労災保険給付の方で調整をするんだ。それから以前の制度の話だけど，障害福祉年金と児童扶養手当の併給調整規定をめぐる争いは，最高裁まで行ったんだ。

小倉：そうなんですか。

新町：（にやりと笑って，）その判例，調べてみたらいいんじゃないかな。ちょうど大学院のゼミでとりあげるんだ。小倉君，報告してよ（→9-4-2）。

9-1-9　給付の損害賠償との調整

田辺：（新町を無視して，）じゃあ，小倉君に次の質問。死亡や障害といった保険事故については，加害者に損害賠償を請求できる場面もあるよね。

小倉：（同じく新町を無視して，）はい，そうですね。

田辺：その場合，被害者は社会保険給付と損害賠償を両方もらえるのかな？

小倉：うーん，両方はもらえないと思います。

新町：僕を置いてかないでくださいよ！　もちろん，調整されます!!　で，どのよう

に調整するんでしたっけ（汗）。

田辺：損害賠償がなされたときは，その価額の限度で保険者は社会保険給付を免れるんだ（健保57条2項，国保64条2項，国年22条2項，厚年40条2項など）。つまり，社会保険給付が減額調整される。だけど先に社会保険給付が行われたような場合には，その価額の限度で加害者に対する損害賠償請求権を保険者が代位取得するんだ（健保57条1項，国保64条1項，国年22条1項，厚年40条1項など）。

小倉：加害者にはきっちり賠償してもらい，被害者も二重取りしないというわけですね。

田辺：損害には，財産的損害と精神的損害があり，財産的損害はさらに積極損害（事故による物的損害や費用の支出）と消極損害（事故が無ければ得られたであろう利益）があるけど，調整の対象となるのは「同一の事由」による損害で，発生原因の同一性だけでなく損害の種類の同一性も求められるんだ。例えば，財産的損害の塡補を目的とする労災保険給付は，精神的損害に対する賠償（慰謝料）とは調整しない（→5-8-2）。最高裁は，遺族補償年金が塡補の対象とする損害は，被害者の死亡による逸失利益等の消極損害と同性質で，相互補完性があるとして，逸失利益等の消極損害の元本に限定して調整すべきとした（最大判平27・3・4民集69巻2号178頁）。労災の遺族補償年金についての判断だけど，遺族厚生年金についても当てはまるだろうね。

新町：将来の年金給付と損害賠償請求権を調整できるか，という問題もありますよね。

田辺：既支給の給付が調整の対象になるのに対して，将来分，つまり現実に給付されていない，補塡されていない部分については，調整できないと考えられているよ。受給権者の保護という点からは，こう考えるべきなんだろうけれど，十分に調整できていないという感覚も残るね。一時金で支払われる損害賠償と，将来の年金という，支払時期が異なるものを調整しようというのが，そもそも難問なんだよなあ。

9-2　社会保障の財政

9-2-1　国民の負担

> 香里の研究室を訪れた千里と小倉。先客がいたので…。

小倉：先生，こんにちは。今，いいですか？　後にした方がいいですか？　あっ，おい千里！

千里：Hi! I'm Senri! Nice to meet you! Where are you from?

バウム：ドイツから来たバウム（Baum）と申します。

林　：台湾から来ました。林（Lin）です。

香里：2人は短期交換留学生なの。2人の用件は終わっているから，みんなで話をしない？　ところで小倉君は何の用？

小倉：千里と国民負担率の話をしていたら，収拾がつかなくなったんです。

千里：だって，2018（平成30）年度の**国民負担率**の見通しが42.5%なんですって！国民負担率が40%を超えてるって，おかしくないですか!!　消費税も10%に上がるし，国民に負担をかけすぎじゃないですか!!

小倉：そんなに興奮しないでよ〜。2人ともびっくりしているじゃないか（困）。

千里：あたしだって，国民の一定の負担は当然だと思ってるわよ。でも，負担が大きくなると国民の自由で豊かな生活が制約されることになるし，経済も活気がなくなるでしょ！　これでは企業がどんどん海外移転してしまうわよ。これから先が長いあたしたちには大問題なの!!

バウム：千里さん，落ち着きましょう。日本の国民負担率はまだまだ大丈夫です。ドイツは50％を超えていますから。

林　　：すみません，コクミンフタンリツって何ですか？

香里　：国民負担率というのは，社会保険料と租税の負担の合計額の，国民所得に対する比率のことです。日本はヨーロッパの国々と比べると国民負担率は低いですね。

小倉　：そうですよね。超高齢社会の日本では，ヨーロッパ並みの国民負担率は避けられない，っていうか，必要だと思うんです。千里のいうこともそうかもしれないけど，国民負担率を抑えたままだと，社会保障が十分に行われなくなる気がします。貧富の差がますます拡大するという心配もあります。先が長い僕たちにとっては，これも大問題なんです。

香里　：それで研究室にやってきたわけね。経済に与える影響という点からは，国民負担率が高くなると市場原理が働かない公的部門が増えて，それは効率性の観点から問題であるという指摘があるわ。また，社会保険料の負担が重くなると人件費がかさむから，人件費の安い国を求めて企業の海外移転が進み，国内労働市場が空洞化するという問題もあるようね。

バウム：これはつまり，大きな政府を目指すのか，小さな政府を目指すのか，といった政策課題なのではないでしょうか？

千里　：ドイツは大きな政府を目指しているんですか？

バウム：北欧の国々に比べるとドイツは高福祉・高負担のイメージがあまりないですが，日本と比べれば高福祉・高負担だと思います。身近な例を挙げると，ドイツでは通院時の自己負担が基本的にタダです。日本に来て，窓口負担が3割と知って驚きました（→2-2-6）。それに，消費税はドイツでは19％（軽減税率は7％）です。日本の消費税率はまだまだ低いですね。でも，日本の物はなんでも高いですから，消費税率が低くないとやってられません。

小倉　：通院時の自己負担がタダなんですか？　それってすごいっすね。

バウム：ドイツも以前は自己負担がありました。3カ月で10ユーロの負担でした。でも，不評で廃止になりました。そもそも医療保険に加入しているのに，クリニックに行くのにお金が必要というのは，おかしいと思いますが。

林　　：台湾には自己負担がありますよ。浪費や濫用を防ぐのがねらいです。

香里　：国民負担率の話から，**受益者負担**の問題に話が進んでいますね。受益者負担というのは，社会保障給付を受ける者やサービスを利用する者に，費用の一部を負担させるものです。受益者負担の目的は，林さんがいってくれたよう

に浪費や濫用の防止にもありますし，サービスを受ける者と受けない者との間のバランスをとるため，とも説明されます。

千里：保育所などの保育サービスや，障害者福祉サービスを利用するときの負担（→7-3-4）は，受益者負担の例ですよね。

香里：そうね。受益者に一定の負担を求めるとして，次にその負担を，応益負担にするのか，応能負担にするのかも，問題になってきます。

バウム・林：オーノーフタンって，何ですか？

9-2-2 社会保険料

香里：**応能負担**というのは，社会保障，特に社会保険における国民の負担を設計する際の1つの考え方で，国民それぞれの負担能力に応じて負担を求めるものです。社会保険料の負担を決めるときにも問題になりますね。

バウム：ということは，**応益負担**は，受益（利益）に応じた負担，でしょうかね。私は日本で国民健康保険に入っていますが，国民健康保険の保険料は応能負担でしょうか？

香里：国民健康保険の保険料の算定方式は結構複雑で（→2-3-5），応能負担の側面と応益負担の側面があるんですよ。

千里：社会保険料の応能負担には，所得再分配の機能がありますよね（→1-2-1）。

香里：ええ。健康保険や厚生年金保険の保険料は，応能負担といってよいでしょうね。ただ，健康保険や厚生年金保険の標準報酬月額や標準賞与額には上限が定められているから（→4-2-5），応能負担が徹底されているわけではないわ。健康保険の被扶養者の保険料を別途徴収していないことは，応益負担をとっていないといえるけれど。

林　：健康保険の被扶養者の保険料は，払わないのですか？

バウム：ドイツの医療保険も家族被保険者（被扶養者）の保険料負担はありませんが，台湾は違うのですか？

林　：台湾の全民健康保険では，被扶養者の数に応じた保険料を負担することになっています。大家族の保険料負担を軽減させるために，被扶養者の人数が3人を超える場合は3人として計算します。

香里：興味深いですね。社会保険料を誰がどのように負担するかという問題は，じっくりと考えてみたいものです。例えば労働者である被保険者の保険料の一部は事業主が負担しますが，それはなぜでしょう？

小倉：事業主（使用者）は労働者の労働力を活用して収益をあげていますから，労働者が遭遇した危険には責任をもって対処する必要があります。そのための負担ってことだと思います。

香里：確かに，労災保険は保険料が事業主の単独負担だし（→5-3-1），小倉君の説明で納得いくわ。でも，保険料が労使折半の，例えば厚生年金保険や介護保険はどう？ 退職した労働者が遭遇する危険に備えて，事業主も保険料を負担するという理由づけとしてはどうかしら？

千里：「企業の社会的責任」みたいな，なんかこう，もっと大きい別の理由づけが必要じゃないかしら？

香里：事業主負担の根拠として，小倉君のいうような事業主責任，千里さんが指摘したような社会連帯原理が挙げられます。そのほか，社会保険があることが労働者の生産性向上につながり，事業主にも利益をもたらしているんだ，といった指摘もあります。事業主が社会保険料を負担するのは当然と思われがちですが，憲法84条との関係を指摘する見解もあるんですよ（→9-4-4）。

9-2-3　公費負担

千里：社会保険料の負担もそれなりに大きいですが，**公費**も相当多く使われているんですよね。ちょっとこの図を見てください（**図表9-1**参照）。

バウム：基本的に社会保険料だけで賄っている制度もありますけど，国民健康保険とか基礎年金とか介護保険とか，結構公費が投入されているのですね。

林：これは，国が憲法25条2項の責任を果たすために，負担するのですか？

香里：そうですね。憲法25条の保障という観点から，国や地方公共団体が積極的に財政責任を果たすことが期待されています。そのほか公費負担には，社会保険料の水準を抑制することや，財政基盤が弱い保険者を助けるといった意義もあります。

小倉：確かに国民健康保険には，健康保険のような事業主負担はありませんから，公費負担の必要性はありそうです（→2-3-5）。でも，公費負担があまり大きくなると，保険原理から外れるような気もします。

千里：生活保護や児童・障害福祉は，地方公共団体の負担もかなり大きいですね。国と地方公共団体は，どのような割合で負担するのですか？

香里：それぞれの制度についての責任の度合いで，負担割合が決まるのよ。

小倉：そうだとすると，生存権は憲法25条で定められているんだから，それを直

図表 9-1　社会保障財源の全体像（イメージ）

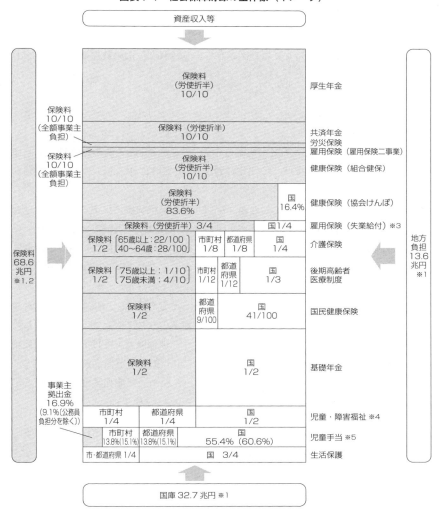

※1　保険料，国庫，地方負担の額は平成29年当初予算ベース。
※2　保険料は事業主拠出金を含む。
※3　雇用保険（失業給付）については，当分の間，国庫負担額（1/4）の10％に相当する額を負担。
※4　児童・障害福祉のうち，児童入所施設等の措置費の負担割合は，原則として，国1/2，都道府県・指定都市・中核市・児童相談所設置市1/2等となっている。
※5　児童手当については，平成29年度当初予算ベースの割合を示したものであり，括弧書きは公務員負担分を除いた割合である。

資料出典：財務省資料「社会保障について」（2018年4月11日）

接実現するための生活保護については，国が全面的に財政責任を負うべきだと思いますよ，僕は！

香里：新町君も同じようなことをいっていたわ。地方公共団体の負担は，地方交付税による措置である程度は軽減されているけれど，国の負担割合をもう少し増やしてもよさそうね（→8-5）。

9-2-4 財政調整

バウム：**図表 9-1** の後期高齢者医療制度のところに，75歳未満の保険料とありますけど，75歳未満の人は後期高齢者の医療保険に加入していないのではないでしょうか？

香里：細かいところに気づきましたね。後期高齢者医療制度を支えるために，それより若い世代の保険料が投入されているんですよ（→2-5-2）。本来，社会保険制度はそれぞれの制度の枠内で完結すべきだけど，実際には各保険制度，各保険者間にかなりの財政力格差があるから，それを是正・調整するために財政調整が必要になるわけ。

例えば，在職中健康保険の被保険者であった労働者は，退職すると，国民健康保険に加入するわ。誰しも年を取ると病気のリスクが高まるし，退職した後の方が収入は減るわけだから，そのような被保険者を受け入れる国民健康保険は，どうしても財政的に不利でしょ？ そこで，前期高齢者について，保険者間で財政調整が行われているの（→2-5-3）。年金保険では，被用者年金が国民年金を支える仕組みがとられているわ（→4-5-1）。

9-3　手続的保障と権利救済

9-3-1　手続的保障

> 千里・小倉・新町の3人が，テニスサークルの部室でおしゃべり中。

千里：外資大手のフォレスト証券の説明会が大学であったって，本当？ 経済学部には告知が無くて。行きたかったのにー。

小倉：そうらしいね。法学部には情報が出てたよ。

千里：えー，知ってたの!? なんで教えてくれなかったの（怒）。

新町：千里さん，証券会社は就職先として今ひとつとか，いってなかった??　まあ，説明会情報なら知らされなくても文句の1つや2つで済むけど，社会保障給付に関する情報の場合には，知らされないことが生活の大きな支障になるかもね。

小倉：説明会の情報も社会保障給付に関する情報も，いまの時代，インターネットで簡単に手に入ると思いますけど。千里もこれからは法学部のネット掲示板もチェックしたらどう？

新町：千里さんや僕ら若者はともかく，みんながインターネットにアクセスできるとは限らないんじゃないかな。特に，高齢の人とか障害を持っている人の中には難しい人もいるだろうね。それから社会保障の知識がほとんどなかったら，何をどこに相談すればよいかも，わからないかもしれない。では，ここで問題だけど，国や行政には，社会保障制度の広報義務や周知義務があると思う？

千里：あります！　情報はちゃんと教えるべきですよ！

新町：じゃあ，その根拠はわかる？

千里：憲法25条でしょう？　そのくらい私もわかります！　香里先生と勉強してきたもん。

新町：そ，そうだね（汗）。根拠を挙げるとしたら，憲法25条とそれを具体化した各法になると思うよ。それらを根拠に担当行政庁の周知徹底等の広報義務を法的義務として認めた裁判例もあるんだけど（京都地判平3・2・5判時1387号43頁，ただし控訴審〔大阪高判平5・10・5訟月40巻8号1927頁〕は否定），一般には法的義務までは認められず，抽象的な責務にすぎないと考えられているんだ。

小倉：そうなんですね。でも，制度を作った以上は，きちんと知らせてほしい気がします。情報が得られたとして，次に社会保障給付を受けるための手続や仕組みはどうなっているんですか？

新町：生活保護法には手続に関する規定があるけれど（→8-4-2），個別の法律で手続を定めていないことも少なくないんだ。その場合に使われるのが，行政手続法なんだ。

小倉：行政法の授業で，事後的な救済制度だけでは権利利益保護には限界があるため，行政手続法を制定して事前手続を整備したって，習ったんだった。ちょっと待って。ロッカーから六法を出すから…。

千里：ロッカーって！　ちゃんと六法くらい持ち歩きなさいよ！

小倉：だって,『有斐閣判例六法』って,重いんだよ！（呆れる千里を横目に,）行政手続法には処分や行政指導,届出に関する手続などが定められていて,例えば,申請に対する処分に際して,審査基準を定めること（行手5条）,申請に対して遅滞なく審査を開始しなければならないこと（行手7条）,拒否処分をする場合にはその理由を示さなければならないこと（行手8条）などが,規定されていますね。

千里：事前手続は整備されているみたいですが,でもこれで,国民というか,社会的弱者の権利利益がちゃんと守られているのかなぁ。

新町：そうだね。そのために**権利擁護システム**が必要と考えられているんだ。

小倉・千里：権利擁護システムって？

新町：ざっくりいうと,そういう人をサポートするためのシステムだね。例えば,**成年後見**制度（→7-1-6）。これは民法でも習ったんじゃないかな。より身近なものに,**福祉サービス利用援助事業**（→7-1-6）がある。相談や福祉サービスの利用援助のほか,日常的な金銭管理もサービスとして行っているんだよ。利用者負担はあるけど低額だし,社会福祉協議会などが行っているから,安心感もあるよね。

千里：確かに金銭管理は,誰にでも頼めるものではないですからね。だけど,社会保障法の学習には行政法や民法も関係するのですね。経済学部の私には,たいへん（泣）。

新町：それじゃあ,学食で昼ごはん食べながら行政法の勉強でもやろうか。行政法には,いま見た行政手続法のほか,行政不服審査法や行政事件訴訟法があるんだ。

9-3-2 行政不服申立て

> 千里・小倉・新町は,学食へ。新町はスマホで誰かに連絡をとっている。

千里：っていうか,新町さん！ いかにも行政法がわかってるって顔してたのに,結局,田辺さん頼りじゃないですか!!

新町：ちゃんとわかってるさ,でも,僕じゃ頼りないって思ってるでしょ？

千里：ぐっっ。

新町：ま,いいや,さっきの続き。さっきは事前手続の話をしたから,今度は事後的救済だね。行政事件訴訟を起こすことになるから,行政事件訴訟法が重要

なんだ（→9-3-3）。

田辺：ああ。でもその前に**不服申立て制度**を見ておこう。行政事件訴訟法では，処分の取消しの訴えは，審査請求ができる場合においてもただちに提起できるとしているけれど，法律で定めがある場合は，処分についての審査請求に対する裁決を経た後でなければ処分の取消しの訴えを提起できないともいっているんだ（行訴8条1項）。前者が原則で，後者の**審査請求前置主義**は例外なんだけど，社会保障法では後者が多用されていた。2014（平成26）年の行政不服審査法の改正に伴って，社会保障法分野でも審査請求前置が見直されたけど，いまもいくつか残っているね。

新町：例えば，介護保険の要支援1とか要介護1といった認定に（→3-4-5）不服がある場合には，介護保険審査会に審査請求するんだ（介保183条）。そして，審査請求の裁決を経た後でないと，訴訟提起できないんだ（介保196条）。

小倉：それって，介護認定の審査会のことですか？

新町：ちがう，ちがう。介護認定審査会（介保14条）とは別の機関。ちなみに，介護給付費等審査委員会（介保179条）とも違うからね。

田辺：裁判所と比べると，審査会には専門的な判断を迅速に行えるという特徴がある。介護など社会保障の分野では専門的な知見が必要になることが多いし，迅速に判断しないと利用者の生活に支障をもたらすこともあるからね。こうした意味でも，審査会の役割は重要なんだ。

千里：確かに，裁判って何年もかかるイメージですもんね。介護保険審査会以外にも，同じような審査会はあるのですか？

田辺：国民健康保険審査会（国保91条）とか，社会保険審査会（健保189条，厚年90条）とか，労働保険審査会（労災38条，雇保69条）とか。生活保護の処分についての審査請求は都道府県知事に対してするんだ（生保64条。→8-4-6）。

9-3-3　行政事件訴訟

新町：それでは千里さんお待ちかねの行政事件訴訟法（笑）。行政事件訴訟法には訴訟の種類が挙げられているんだ（行訴2条以下）。

小倉：（教科書を示して）ほら，ここ見て。

```
                抗告訴訟（行訴3条）：処分の取消しの訴え
                              ：裁決の取消しの訴え
                              ：無効等確認の訴え
                              ：不作為の違法確認の訴え
                              ：義務付けの訴え
                              ：差止めの訴え
                当事者訴訟（行訴4条）
                民衆訴訟（行訴5条）
                機関訴訟（行訴6条）
```

千里：…で？（と新町を見る）

新町：おいおい，僕，全部は説明できないよ（汗）。

千里：じゃ，質問します。社会保障給付をめぐる争いで，ポピュラーなのはどの訴訟形式ですか？ 例えば，超有名な朝日訴訟（最大判昭42・5・24民集21巻5号1043頁）は，どれですか？

新町：ちょっと待って，判決文を確認するから…。これは不服申立却下裁決の取消しを求めた事案だから，抗告訴訟だね。社会保障給付をめぐる争いでは，処分・裁決の取消しの訴えが，一般的みたいだよ。（朝日訴訟の判決文を千里に見せながら，）これ，来週の報告のためにコピーしたんだけど，報告変わってもらえない？ この時期，和菓子屋って忙しくて，手が回んないんだよね～。お願い！（→9-4-1）

田辺：まったく，お前ってやつは（呆）。

千里：まぁ…興味あるし，やってみます。でも，それなりの見返りを求めますからね，そうそう，応益負担ということで。

新町：えっっ。いやいや，応益負担の言葉の使い方，間違ってないかい？

千里：（新町を無視して，）田辺さん，抗告訴訟についてもう少し教えてください。訴訟の相手方，被告になるのは行政ですよね？

田辺：そうだね。実質的には処分や裁決をした行政庁が相手方になるんだけど，それらが国や公共団体に所属するときは，国や公共団体が被告になるんだ（行訴11条1項）。健康保険組合のように，国などに所属していない場合は，それが被告になる（同条2項）。

小倉：仮に国が被告になる場合，原告がどこに住んでいても東京地裁に提訴するということですか？

田辺：**裁判管轄**の問題だね。処分や裁決の取消訴訟の管轄は，被告の普通裁判籍の所在地，つまり国であれば，東京地裁と，処分・裁決をした行政庁や事業の

処理に当たった下級行政機関の所在地の双方に，認められているんだ（行訴12条1項・3項）。後者が認められているから自分の住んでいるところで基本的には大丈夫。でも，厚生労働大臣が処分庁の場合には，どちらも東京地裁になってしまうこともあって，それでは東京以外に住んでいる人の訴訟提起が難しい。そこで，「原告の普通裁判籍の所在地を管轄する高等裁判所の所在地を管轄する地方裁判所」にも提起が認められている（同条4項）。京都に住んでいる僕らの場合だと，京都地裁を管轄するのは大阪高裁だから，大阪高裁の所在地を管轄する地方裁判所，つまり大阪地裁に提訴できるんだ。

千里：（小声で）回りくどいわね。

小倉：（小声で千里に）法律ってそういうもんだよ。取消訴訟以外に，社会保障法的に知っておくべき訴訟は，ありますか？

田辺：**義務付け訴訟**だね。これは，行政庁に処分や裁決をすべきことを命ずるものなんだ（行訴3条6項）。行政法的に見るとこれは例外で，一定の処分がされないことにより重大な損害を生ずるおそれがあること（損害の重大性），その損害を避けるために適当な方法がないこと（損害回避に関する補充性）という，2つの要件を満たすことが必要とされている（行訴37条の2）。

新町：（3人の会話に何とか加わろうと手を挙げて）はいはい！ 義務付けや，仮の義務付け（行訴37条の5）は，社会保障の分野では有効な方法なんですよ！ 裁判所も，保育所への入所承諾（東京地判平18・10・25判時1956号62頁）や生活保護（東京高判平24・7・18賃社1570号42頁）の場面で，義務付けを命じています。

田辺：そうだね，こういった事案では，義務付けの意義は大きいね。
事案としては多くないかもしれないけど，**住民訴訟**も重要だよ。これは民衆訴訟の1つで，地方自治法に根拠規定があるんだ（自治242条の2）。ふつう，訴訟というのは自分の権利利益の救済の保護を求めるものなんだけど，この住民訴訟は，地方公共団体の住民であれば，直接の権利利益関係になくても，訴訟を提起できるんだ。

千里：つまり，どういうことですか？

田辺：元暴力団組員の夫婦が生活保護を不正に受給したケースで，住民が市長や市福祉事務所長らに支払額相当の損害賠償請求または当該賠償の命令をすることを求めた事案がある（札幌地判平25・3・27裁判所HP）。これは支払額が異常に高額になっていて，調査を徹底していれば不正支給をやめられたとして，市福祉事務所長らに対する請求の一部が認められている（市長に対する請求は

棄却)。
小倉：住民訴訟は，地方公共団体やそこで暮らす人々全体の権利利益を守るための訴訟なんですね。

9-4 社会保障法と憲法

9-4-1 憲法25条（生存権）

> 大学院の新年最初のゼミ。今日は，千里と小倉も参加している。2人に報告を押しつけた新町と，田辺ももちろんいる。

香里：今日は千里さんと小倉君が特別参加しています。千里さんは，朝日訴訟（最大判昭42・5・24民集21巻5号1043頁）について調べてきてくれたそうですね。
千里：はい。この訴訟は，直接的には生活保護法による扶助の内容が争われたものですが，最高裁判所が憲法25条の規範的性格について言及したという点で，重要な判例です。最高裁判所は，次のようにいっています。

> 憲法25条1項は，すべての国民が健康で文化的な最低限度の生活を営み得るように国政を運営すべきことを国の責務として宣言したにとどまり，直接個々の国民に対して具体的権利を賦与したものではない。具体的権利としては，憲法の規定の趣旨を実現するために制定された生活保護法によって，はじめて与えられているというべきである。
> …何が健康で文化的な最低限度の生活であるかの認定判断は，いちおう，厚生大臣の合目的的な裁量に委されており，その判断は，当不当の問題として政府の政治責任が問われることはあっても，直ちに違法の問題を生ずることはない。ただ，現実の生活条件を無視して著しく低い基準を設定する等憲法および生活保護法の趣旨・目的に反し，法律によって与えられた裁量権の限界をこえた場合または裁量権を濫用した場合には，違法な行為として司法審査の対象となることをまぬかれない。

千里：この判例は，憲法25条の具体的権利性を否定しています。しかし，司法審査の対象になる可能性を否定しませんでした。
香里：憲法25条に，裁判規範としての意義を認めたといえますね。
田辺：しかしそうはいっても，裁判所が立法府にきわめて広い裁量を認めているの

で，救済可能性は非常に低いように思います。憲法 25 条が国家に作為を義務づけるとしても，その履行にはいくつかの手段があり，どれを選択するかは立法府に委ねられるからです。それに加えて，「健康で文化的な最低限度の生活」の内容を客観的に確定しがたいという問題もあります。

新町：学説には客観的に確定し得るという見解（絶対的確定説）もあるようですが，裁判所は相対的確定説をとるようですね。

田辺：憲法 25 条を 1 項（救貧施策）と 2 項（防貧施策）に分けて，前者についての裁量は狭く捉えるべきであるという見解もあります。そのような見解と矛盾するとは言い切れないのですが，裁判所はむしろ，2 項の裁量をより広いものと捉えている気がします。学生無年金障害者訴訟（東京）（最判平 19・9・28 民集 61 巻 6 号 2345 頁）では（→4-2-2），このようにいっています。

> 無拠出制の年金給付の実現は，国民年金事業の財政及び国の財政事情に左右されるところが大きいこと等にかんがみると，立法府は，拠出制の年金の場合に比べて更に広範な裁量を有しているというべきである。また，20 歳前障害者とは異なり，初診日において 20 歳以上の学生である者は任意加入によって国民年金の被保険者となる機会を付与されていたものである。これに加えて，障害者基本法，生活保護法等による諸施策が講じられていること等をも勘案すると，初診日において 20 歳以上の学生であり国民年金に任意加入していなかったために障害基礎年金等を受給することができない者に対し，無拠出制の年金を支給する旨の規定を設けるなどの所論の措置を講じるかどうかは，立法府の裁量の範囲に属する事柄というべきであって，そのような立法措置を講じなかったことが，著しく合理性を欠くということはできない。

千里：生活保護があるのだから措置を講じる必要はない，といっているようにも聞こえますね。

田辺：これまでの裁判例を見るかぎり，憲法 25 条単独で争うのは難しそうです。

小倉：それで憲法 14 条 1 項とあわせて主張されることが多いのですね。

9-4-2　憲法 14 条 1 項（法の下の平等）

小倉：僕は，堀木訴訟（最大判昭 57・7・7 民集 36 巻 7 号 1235 頁）を調べてきました。これは，障害福祉年金（当時，現在は廃止）と児童扶養手当の併給が認められ

なかったことをめぐる争いです。最高裁判所は，憲法14条に関して次のように述べています。

> 憲法25条の規定の要請にこたえて制定された法令において，受給者の範囲，支給要件，支給金額等につきなんら合理的理由のない不当な差別的取扱をしたり，あるいは個人の尊厳を毀損するような内容の定めを設けているときは，憲法14条及び13条違反の問題を生じうることは否定しえないところである。しかしながら，本件併給調整条項の適用により，上告人のように障害福祉年金を受けることができる地位にある者とそのような地位にない者との間に児童扶養手当の受給に関して差別を生ずることになるとしても，とりわけ身体障害者，母子に対する諸施策及び生活保護制度の存在などに照らして総合的に判断すると，差別がなんら合理的理由のない不当なものであるとはいえないとした原審の判断は，正当として是認することができる。

小倉：この訴訟では，障害福祉年金を受けることができる地位にある者と，そのような地位にない者，との間の差別が問題になりました。なお障害福祉年金というのは，無拠出の制度です（→4-3-7）。併給調整条項により，前者（障害福祉年金受給者）は児童扶養手当を受給できませんでした。最高裁判所は憲法14条違反が問題となる場合があることを示唆しつつも，総合的判断により，本件の差別は合理的理由のない不当なものではないとしました。

田辺：障害福祉年金も児童扶養手当も，要保障状態にある者に金銭給付を行う点で共通しますから，併給調整条項を置くこと自体は理由があります。でも，この事案の場合，障害を負っている母親の生活保障ニーズと，父と生活をしていない子の生活保障ニーズという，2つの保障ニーズがあるわけで，そのことが十分考慮されていたかという点で，疑問が残ります。

新町：確か，堀木訴訟の第1審は，憲法14条1項違反を認めたんですよね？

小倉：はい。これも調べたんですけど…ちょっと待ってください…あ，ありました。神戸地裁昭和47年9月20日判決（行集23巻8＝9号711頁）で裁判所は，差別的取扱いが著しく合理性を欠くと判断しました。裁判所は，「障害福祉年金を受給している父と，健全な母と，児童との3人の世帯」と，「障害福祉年金を受給している母と，児童のみの2人の世帯」を比較して，前者は障害福祉年金と児童扶養手当が支給されるけれど，後者には児童扶養手当が絶対に支給されないことを，問題視しました。

千里：後者はひとり親世帯なので，それだけニーズがあると思います。私は第１審の判断の方が，実態に合っていると思います。

田辺：他方で，３人世帯と２人世帯という異なるグループを比較しているという見方もできますよね。誰と誰の差別と捉えるのかによって，差別が著しく不合理に見えることもあれば，合理的で許される範囲と見えることもあります。

香里：そうですね。次に，塩見訴訟（最判平元・３・２判時1363号68頁）を紹介してください。これは国民年金法の国籍要件が問題となった事案ですね。

新町：はい。これは僕から報告します。この事案は，サンフランシスコ平和条約の締結にともない日本国籍を喪失した在日韓国人の障害福祉年金受給が問題になりました。なお，原告は後に帰化して，日本国籍を取得しています。原告は幼い時に失明し，その時点では日本国籍を有していたのですが，国民年金法が制定された1959（昭和34）年当時（廃疾認定日）には日本国籍を喪失していたため，障害福祉年金を受給することができませんでした。そこでこのような国籍を理由とする差別的取扱いの合理性が問題となったわけです。最高裁判所は次のようにいっています。

> 法81条１項の障害福祉年金の給付に関しては，廃疾の認定日に日本国籍がある者とそうでない者との間に区別が設けられているが，…障害福祉年金の給付に関し，自国民を在留外国人に優先させることとして在留外国人を支給対象者から除くこと，また廃疾の認定日である制度発足時の昭和34年11月１日において日本国民であることを受給資格要件とすることは立法府の裁量の範囲に属する事柄というべきであるから，取扱いの区別については，その合理性を否定することができず，これを憲法14条１項に違反するものということはできない。

千里：何だかかわいそうな感じがしますけど。国民年金法には今も，このような国籍要件があるのですか？

新町：難民条約を批准したときに，廃止されているよ。

千里：それなら，この最高裁判所の判断でかまわないと思います。現在は立法上の解決がなされたわけですし。気の毒ですけど，障害福祉年金は無拠出の給付ですし，当時の社会経済状況を考えれば，日本国籍の有無で線引きするというのは，合理的なようにも思います。

香里：それではこの人は，国籍要件廃止後に障害福祉年金を受給できたと思います

か？
小倉：日本国籍を取得しているのなら，支給されたのではないでしょうか？
新町：残念ながら，国籍取得後の再申請でも認められませんでした。それが第2次塩見訴訟（最判平13・3・13訟月48巻8号1961頁）です。

> 法56条1項ただし書の規定（以下「国籍条項」という。）を削除するに当たり，その改正の効果をそ及させるなどして，上告人が同法81条1項所定の障害福祉年金を受給することができるような特別の救済措置を講ずるか否かは，もとより立法府の裁量事項に属することである。そして，国民年金制度の仕組み，同項所定の経過的な障害福祉年金の性質，法律不そ及の原則，本件改正の趣旨などに照らせば，そのような特別の救済措置を講じなかったことが著しく合理性を欠き明らかに裁量の逸脱，濫用とみざるを得ないものとはいえないところであり，立法府の裁量の範囲に属する事柄とみるべきである。また，国籍条項を削除するに当たり上記のような特別の救済措置を講じなかったことによって，廃疾の認定日である制度発足時の昭和34年11月1日において日本国籍を有していなかったがその後帰化により日本国籍を取得した上告人と，本件改正後の国民年金法所定の受給要件を満たすような状況にある在留外国人との間で，障害福祉年金の受給に関して差異を生ずることになるとしても，…上告人と同様に本件改正以前に障害が固定した在留外国人には障害福祉年金が支給されないことなどに照らして総合的に判断すると，単に上記のような差異が生ずることをもって自国民より在留外国人を優遇しているということはできないし，このような差異が何ら合理的理由のない不当な差別的取扱いであるということはできない。

小倉：立法府に裁量があるということはわかりますし，どこかで線引きをしなければならないこともわかります。線引きをした理由にも，合理性があるように思います。だから最高裁判所の判断は間違ってはいないんでしょうけど，心情的には何か違うような気がします。
香里：合理性の判断にあたり，特に在日韓国・朝鮮人の人々についてはその歴史的経緯も踏まえて，厳格な合理性基準を採用すべきだという意見も主張されています。これからの課題ですね。
田辺：塩見訴訟の原告は日本に帰化した「日本人」なわけですから，厳格な合理性基準を採用するなりして，救済してほしかったですね。
香里：社会保障給付の中には，女性を有利に取り扱うものがあります。例えば遺族

基礎年金（→4-3-8）や児童扶養手当（→7-2-6）を父子家庭の父である男性は受給できませんでしたが，現在では性中立的な制度になりました。しかし今もなお性中立的でない規定が残っています。最高裁は，そのような制度も憲法14条1項に違反しないと判断しました（最判平29・3・21判時2341号65頁）（→5-7-6）。最高裁の先例からすればそのように判断するでしょうが，このような制度を将来的に維持することには疑問があります。

9-4-3　憲法29条（財産権）

香里：憲法29条1項は財産権が侵害されてはならないことを規定しています。財産権侵害が問題になった判例を，田辺さん，紹介してください。

田辺：はい。最高裁昭和33年2月12日大法廷判決（民集12巻2号190頁）を紹介します。これは，国民健康保険への加入を強制し保険料納付を義務づける条例が合憲といえるか否かが争われた事例です。憲法29条1項のほか憲法19条違反も論点となりましたが，いずれも合憲であると判断されました。

新町：国民皆保険以前の古い判例でしたよね。

田辺：合憲とした理由づけですが，最高裁判所は財産権侵害の可能性について特に検討していません。漠然とした理由づけですが，次の部分が重要だと思います。

> 国民健康保険は，相扶共済の精神に則り，国民の疾病，負傷，分娩又は死亡に関し保険給付をすることを目的とするものであって，その目的とするところは，国民の健康を保持，増進しその生活を安定せしめ以て公共の福祉に資せんとするものであること明白であるから，その保険給付を受ける被保険者は，なるべく保険事故を生ずべき者の全部とすべきことむしろ当然であり，また，相扶共済の保険の性質上保険事故により生ずる個人の経済的損害を加入者相互において分担すべきものであることも論を待たない。

田辺：生存権の実現のために国民健康保険をはじめとする社会保険は必要ですし，強制加入で行うことの重要性もわかるのですが，ちょっとすっきりしません。

香里：京都地裁平成元年6月23日判決（判タ710号140頁）は，国民年金制度を解約・脱退したと主張した者が，保険料返還を国に求めた事案です。原告は，保険料が被保険者の資産と同様のものであるのに単身者である原告が65歳

以前に死亡すれば還元されないとか，保険料の額と利息の合計に比べて受給し得る年金の額が著しく低いなどとして，憲法29条違反などを主張したのですが，裁判所は原告の主張を退けました。

　裁判所は，国民年金制度が国民の共同連帯による制度であり，国民生活の維持・向上の目的のために拠出制の社会保険による強制加入の公的年金制度が採用されたこと，このような社会保険制度において制度の財政基盤確保のため，被保険者死亡の場合に拠出した保険料を払い戻さないことや，死亡するまでの期間に応じて年金の支給総額が変化し得ることは，保険制度の性質から当然に予定されているなどと述べ，制度の合理性を肯定し，原告の主張をすべて棄却しました。

田辺：先生の紹介された事案は，無謀な訴訟だなあと思う反面，保険料が被保険者の資産と同様のものという原告の主張は，ある程度は当たっているように思います。でも，公的年金保険における納付済保険料や将来の年金給付の期待権に，財産権の保障が及ぶという解釈は，ちょっと難しそうですね。

香里：そうでしょうね。でもドイツでは，年金給付の請求権や期待権が基本法（憲法）上の財産権保障の対象となることを，連邦憲法裁判所が認めているんですよ。

新町：日本でも，裁定が行われた年金受給権であれば（→4-4-1），財産権保障の対象になるような気がするんですけど。

田辺：うん。でも，その保障も絶対ではないよ。社会保障関連ではなく農地の売払いの事案ですが，最高裁昭和53年7月12日大法廷判決（民集32巻5号946頁）は，憲法29条2項に着目して，「法律でいつたん定められた財産権の内容を事後の法律で変更しても，それが公共の福祉に適合するようにされたものである限り，これをもつて違憲の立法ということができないことは明らかである」との判断を示しています。この判断にしたがえば，裁定が行われた年金受給権であっても，「公共の福祉」を理由として法律で変更することが可能になりそうですね。

香里：受給者の老後の生活の安定，現役世代の負担能力，年金財政に占める公費の割合などを勘案して，合理的と判断されるかぎりで，年金減額が認められることになるでしょうが，難しい判断になりそうです。

9-4-4　憲法84条（租税法律主義）

新町：憲法第7章財政から報告します。憲法84条は，租税法律主義を定めています。これは，租税は一方的・強制的に課されるものなので，行政権による恣意的な課税から国民を保護するために，法律に基づかずに課税することができないとする主義（原則）です。

香里：社会保障とは，どのように関係するのかしら？

新町：**租税法律主義**の「法律」には条例が含まれますので，条例に基づく地方税にも租税法律主義が妥当します（**租税条例主義**）。市町村によっては国民健康保険料に代えて，国民健康保険税の形式で徴収しているところがありますが（→2-3-5），これは地方税ですので租税法律主義が妥当します。

香里：では，国民健康保険料にも，租税法律主義は適用されるのですか？

新町：最高裁平成18年3月1日大法廷判決（民集60巻2号587頁）は，行政権が課税権に基づき，その経費に充てるための資金を調達する目的をもって，一定の要件に該当するすべての者に対して課す金銭給付は，その形式のいかんにかかわらず，憲法84条に規定する租税に当たるとしています。ですが，国民健康保険料については，次の理由から租税には該当しないと判断しました。

> 市町村が行う国民健康保険の保険料は…被保険者において保険給付を受け得ることに対する反対給付として徴収されるものである。…被上告人市における国民健康保険事業に要する経費の約3分の2は公的資金によって賄われているが，これによって，保険料と保険給付を受け得る地位とのけん連性が断ち切られるものではない。また，国民健康保険が強制加入とされ，保険料が強制徴収されるのは，保険給付を受ける被保険者をなるべく保険事故を生ずべき者の全部とし，保険事故により生ずる個人の経済的損害を加入者相互において分担すべきであるとする社会保険としての国民健康保険の目的及び性質に由来するものというべきである。

田辺：保険給付という反対給付が得られる，つまり対価性があるので，租税に当たらないとするわけですね。

新町：でも，国民健康保険税も国民健康保険料も実質的にはほとんど違いがないですよね。国民健康保険は強制加入ですし，保険料免除の要件に該当しなければ，保険料が課されるわけですから，その性格は租税にかぎりなく近いよう

に思います。それなのに，国民健康保険税には租税法律主義が適用され，国民健康保険料には適用されないというのは，おかしくないですか？

田辺：最高裁判所も，国民健康保険料が租税に類似する性質を有することは認めて，国民健康保険料にも「憲法84条の趣旨が及ぶ」といっていますね。

香里：類推適用ではなく，「趣旨が及ぶ」なんですね。この事件の結論はどうなりましたか？

新町：この事件で問題となった条例は，保険料率の決定と告示を市長に委任していましたが，最高裁判所は，保険料率算定の基礎となる賦課総額の算定基準が明確に規定されていること，専門的・技術的な細目にかかわる事項を市長の合理的な選択に委ねたものであること，見込額等の推計については議会による民主的統制が及ぶことから，憲法84条の趣旨に反するということはできない，と判断しました。

田辺：被保険者の保護のためには租税法律主義を徹底すべきようにも思いますけど，そのためにいちいち議会を開いて条例を制定するというのも，不経済というか非効率的です。恣意的な賦課徴収がなされない仕組みが整備されているなら，それでよいのではないでしょうか。

香里：まさに，憲法84条の趣旨に反しない制度が必要ということですね。

千里：先生，以前に事業主負担と憲法84条が関係するとかおっしゃっていましたが（→9-2-2），どういうことなのか，教えていただけますか？

香里：よく覚えてましたね！　労災保険や健康保険などの事業主負担は，税ではなく保険料だから，基本的には憲法84条の問題は生じないの。でも，労災保険や雇用保険のように保険者が政府で強制保険である社会保険については，憲法84条をもっと意識してもいいんじゃないかしら。事業主負担は，被保険者負担分と違って対価性がまったくないことから，租税法律主義に近い厳格な規律を受けることになろう，とする見解もあるんですよ。社会保険料を誰がどのように決定しているのかは，事業主負担の保険料も含めて，きちんと理解しておきたいですね。

9-4-5　憲法89条（公の財産の支出・利用の制限）

田辺：最後に憲法89条を取り上げます。これは公の財産の支出や利用の制限に関する規定です。前段は政教分離に関するもので，社会保障法が問題となるのは後段です。後段では，公の支配に属しない慈善・博愛の事業に，公の財産

を支出することや利用することが制限されています。この趣旨は慈善・博愛事業の自立性を確保すること，これらの事業に対する公費の濫用防止にあるとされます。

千里：逆にいえば，公の支配に属する慈善・博愛の事業であれば公費を支出してよい，ということですか？

新町：千里さん，スルドイなぁ。それ，「反対解釈」っていうんだよ。

田辺：うん，センスあるね。裁判所は，箕面市遺族会補助金訴訟（大阪高判平6・7・20 行集45巻7号1553頁）でそのようにいっています。裁判所は，箕面市社会福祉協議会が社会福祉事業法に基づいて設立された社会福祉法人であること，市から補助金の交付等の助成を受ける場合に市の監督が及ぶことから，公の支配に服しているとして，同協議会に対する補助金支出は許されるとしました。実際，社会福祉法人は厳格な規制により準公的な扱いがなされていて，公費による助成が行われています（→7-1-4）。この助成は憲法89条に反しません。

千里：国が社会保障の責務をきちんと果たすためにも，社会福祉法人等に対する公費助成は必要だと思います。でも，この規定があるせいで，「公の支配に属しない」ことを理由に，慈善・博愛の事業を行っている事業者が助成されないってこともあるのですよね？

新町：箕面市遺族会補助金訴訟で裁判所は，憲法89条後段の慈善・博愛の事業とは，「老幼・病弱・貧困などによる社会的困窮者に対し，慈愛の精神に基づいて援護を与え，あるいは，疾病・天災・戦禍・貧困などに苦しむ者に対し，人道的な立場から救済や援護を行うような事業をいう」とし，社会福祉事業が慈善・博愛の事業に当たるかどうかは問題である，と述べています。このように理解すれば，憲法89条後段の問題を回避できるかもしれません。

学説も，公的責任で行われるべき社会福祉事業は憲法89条の射程外と考えているようです。

田辺：新町君のコメントもずいぶん院生らしくなりましたね（笑）。社会保障法がよくわかってきたのでしょう。

千里：私は法学部生ではありませんが，社会保障法についていろいろと学べてよかったです。今日の報告準備もとても勉強になりました。新町さんに報告を頼まれたときは，えっと思いましたが（笑）。

香里：あら，新町くん，どういうことかしら（笑）。社会保障法がもっとよくわかるよう，みんなでもっと勉強しましょうね。

参考文献

社会保障法をさらに詳しく知りたいという人にお薦めの文献リストです。

【教科書】
岩村正彦『社会保障法Ⅰ』（弘文堂，2001年）
荒木誠之『社会保障法読本〔第3版〕』（有斐閣，2002年）
西村健一郎『社会保障法』（有斐閣，2003年）
堀勝洋『社会保障法総論〔第2版〕』（東京大学出版会，2004年）
菊池馨実『社会保障法〔第2版〕』（有斐閣，2018年）
笠木映里ほか『社会保障法』（有斐閣，2018年）
加藤智章ほか『社会保障法〔第7版〕』（有斐閣，2019年）

【講座・モノグラフ・共同研究書】
荒木誠之『生活保障法理の展開』（法律文化社，1999年）
塩野谷祐一ほか編『先進諸国の社会保障』（全7巻）（東京大学出版会，1999年・2000年）
河野正輝『社会福祉法の新展開』（有斐閣，2006年）
倉田聡『社会保険の構造分析』（北海道大学出版会，2009年）
菊池馨実『社会保障法制の将来構想』（有斐閣，2010年）
菊池馨実編『社会保険の法原理』（法律文化社，2012年）
日本社会保障法学会編『新・講座 社会保障法』（全3巻）（法律文化社，2012年）

【教材・判例集・参考書】
西村健一郎ほか編『社会保障法 Cases and Materials』（有斐閣，2005年）
加藤智章ほか編『新版 社会保障・社会福祉判例大系』（全4巻）（旬報社，2009年）
加茂紀久男『裁決例による社会保険法——国民年金・厚生年金保険・健康保険〔第2版〕』（民事法研究会，2011年）
岩村正彦ほか編著『目で見る社会保障法教材〔第5版〕』（有斐閣，2013年）
岩村正彦編『社会保障判例百選〔第5版〕』（有斐閣，2016年）
厚生労働省『厚生労働白書』（毎年）

【専門誌】
社会保障研究（国立社会保障・人口問題研究所。同研究所のウェブサイトで公開されている）
社会保障法（法律文化社）
社会保障法研究（信山社）
賃金と社会保障（旬報社）

事項索引

あ行

ILO（国際労働機関） …………………… 3
育児休業 ………………………… 137, 193
育児休業給付金 ……………………… 194
医師法 ………………………………… 51
遺族年金 ……………………………… 124
遺族補償給付 ………………………… 172
一部負担金 …………………………… 37
逸失利益 ……………………………… 132
一身専属的権利 ……………………… 285
一般基準 ……………………………… 263
一般被保険者 ………………………… 188
一般保険料 …………………………… 151
一般保険料率 ………………………… 43
医療計画 ……………………………… 53
医療圏 ………………………………… 53
医療券 ………………………………… 282
医療扶助 ………………………… 251, 282
医療法 ………………………………… 52
打切補償 ……………………………… 174
うつ病 ………………………………… 162
運営適正化委員会 …………………… 216
応益負担 ……………………………… 295
応招義務 ……………………………… 253
応能負担 ……………………………… 295

か行

介護医療院 …………………………… 73
介護休業 ……………………………… 194
介護給付 ………………………… 87, 239
介護給付費 …………………………… 78
介護支援専門員 ……………………… 82
介護職 ………………………………… 100
介護福祉士 …………………………… 100
介護保険施設 ………………………… 73
介護補償給付 ………………………… 172
介護療養型医療施設 ………………… 73
介護老人福祉施設 …………………… 73
介護老人保健施設 …………………… 73
学生納付特例 ………………………… 136
確定給付企業年金 …………………… 140
確定拠出年金 …………………… 139, 141
加入手続 ……………………………… 111
寡婦 …………………………………… 230
過労死 ………………………………… 161
勧告 …………………………………… 53
機関委任事務 ………………………… 207
企業型確定拠出年金 ………………… 141
企業年金 ……………………………… 138
基準および程度の原則 ……………… 263
擬制世帯主 …………………………… 49
基礎年金 ……………………………… 114
基礎年金拠出金 ……………………… 134
基本権 ………………………………… 129
基本手当 ……………………………… 185
義務付け訴訟 ………………………… 303
キャリーオーバー制度 ……………… 117
休業特別支給金 ……………………… 170
休業補償給付 ………………………… 169
救護法 ………………………………… 247
求職者給付 …………………………… 185
求職者支援制度 ………………… 200, 202
旧生活保護法 ………………………… 247
急迫保護 ……………………………… 256
給付水準維持方式 …………………… 107
給付制限 ……………………………… 199
給付建て年金 ………………………… 138
給付反対給付均等原則 ……………… 14
給付別体系 …………………………… 24
教育訓練給付 ………………………… 185
教育訓練給付金 ……………………… 191
教育訓練支援給付金 ………………… 191
協会けんぽ …………………………… 30
強制加入 ……………………………… 14
行政事件訴訟法 ……………………… 301
強制適用事業所 ……………………… 31
強制被保険者 ………………………… 32

業務起因性	155
業務災害	151
業務上の疾病	161
業務上の事由	154
業務上の認定	155
業務遂行性	155
拠出建て年金	139
居宅介護サービス計画費	88
居宅介護サービス費	89
居宅保護	264
区分支給限度基準額	92
組合管掌健康保険	29
繰上げ支給	117
繰下げ支給	117
訓練等給付	239
ケアプラン	82
ケアマネージャー	82
経済連携協定（EPA）	20
継続雇用制度	119
軽費老人ホーム	210
健康保険	27
減点査定	60
現物給付	37
現物給付化	93
健保組合	30
権利擁護システム	300
合意分割	127
高額介護サービス費	94
高額療養費	39
後期高齢者	63
後期高齢者支援金	43, 63
抗告訴訟	60, 302
厚生年金	106
——の被保険者	109
——の保険料	137
——の保険料免除	137
厚生年金基金	139
公的年金	104
公的扶助	15
高年齢雇用継続基本給付金	192
高年齢再就職給付金	192
高年齢被保険者	188
公費	296
広報義務	299

高齢者医療保険	63
高齢者虐待防止法	244
国籍要件	18
国民医療費	27
国民皆年金	6, 105
国民皆保険	6
国民健康保険	27
国民健康保険組合	45
国民健康保険税	50, 311
国民健康保険団体連合会	58
国民年金	106
——の被保険者	108
——の保険者	108
——の保険料免除	136
国民負担率	293
個人型確定拠出年金	142
国庫負担	134
子ども・子育て関連3法	217
子ども・子育て支援法	211
子ども手当	224
雇用安定事業	200
雇用継続給付	185
雇用調整助成金	201
雇用保険法	182
雇用保険率	151
混合診療	61

さ 行

災害補償	146
財産権	309
再就職手当	189
在職老齢年金	120
再審査請求	277
財政調整	64
裁定	129
最低生活保障の原理	255
裁判管轄	302
3号分割	127
3次医療圏	53
ジェネリック医薬品	58
支援費制度	236
支給停止	291
事業主の届出義務	113
事業主負担	312

事項索引

時　効 …………………………288
事後重症制度 …………………122
資産の活用 ……………………256
自社年金 ………………………142
施設介護サービス費 ……………89
自治事務 ………………………207
市町村国保 ………………………45
市町村特別給付 …………………89
失　業 …………………………195
　　──の認定 ………………197
失業保険法 ……………………182
（保険医療機関の）指定 ………54
　　──の取消し ………………55
児童虐待防止法 ………………228
指導・指示 ……………………272
児童相談所 ……………………228
児童手当 ………………………224
児童扶養手当 …………………230
自発的失業 ……………………199
支分権 …………………………129
社会支出 …………………………4
社会手当 …………………16, 224
社会的治癒 ………………………41
社会的入院 ………………………68
社会的保護 ………………………3
社会福祉 …………………………16
社会福祉基礎構造改革 ……7, 207
社会福祉協議会 ………………215
社会福祉士 ……………………100
社会福祉事業 …………………213
社会福祉法人 ……………207, 213
社会復帰促進等事業 …………175
社会保険 …………………………13
社会保険審査会 …………………18
社会保険診療報酬支払基金 ……58
社会保障給付費 …………………4
社会保障協定 ……………………19
社会保障受給権 ………………284
社会保障制度審議会 ……………3
社会保障費用統計 ………………4
社会連帯 …………………………8
自　由 ……………………………9
就業関連性 ……………………164
就業促進手当 …………………189

就業手当 ………………………190
重婚的内縁関係 ………………126
重婚的内縁配偶者 ……………173
収支相等の原則 …………………15
就職支援法事業 ………………202
就職促進給付 …………………185
住所地特例 ………………………74
自由診療 …………………………61
収入認定 ………………………265
住民訴訟 ………………………303
収容保護 ………………………264
就労自立給付金 ………………265
就労調整 ………………………120
受益者負担 ……………………294
受給資格期間 …………………114
受託者責任 ……………………140
出産手当金 ………………………41
準　用 …………………………252
障害児 …………………………232
障害支援区分 ……………210, 239
障害者 …………………………232
障害者基本計画 ………………237
障害者基本法 …………………237
障害者雇用促進法 ……………237
障害者総合支援法 …99, 236, 238
障害者の権利に関する条約 …232
障害手当金 ……………………121
障害程度区分 …………………239
障害等級 ………………………121
障害等級表 ………………121, 171
障害年金 ………………………121
障害補償給付 …………………171
償還制 ……………………………38
小規模多機能型居宅介護 ………90
傷病手当 ………………………188
傷病手当金 ………………………40
傷病補償年金 …………………174
情報提供義務 …………………211
消滅時効 ………………………288
　　年金受給権の── ………130
賞　与 …………………………113
常用就職支度手当 ……………190
職業訓練受講給付金 …………202
初診日 …………………………123

317

職権主義	211
職権保護	255
所定給付日数	186
所得再分配	12
自立	254, 279
自立支援	279
自立支援医療	240
自立支援給付	236, 239
自立支援プログラム	280
自立助長	254
親権喪失宣告	229
親権停止	229
審査請求	277, 301
審査請求前置主義	277, 301
申請主義	211
申請保護の原則	268
申請免除	136
身体障害者手帳	234
診療所	52
診療報酬	56
——の減点	59
診療報酬点数表	56
スプリングボード	10
生活保護手帳	248
生活保護法	248
旧——	247
生活保障	11
生計維持関係	35, 124
生存権	8
制度別体系	23
成年後見	215, 300
セーフティーネット	10
第2の——	203
世代間扶養	106
世帯単位の原則	266
世帯の利益	266
世帯分離	266
前期高齢者	64
全国健康保険協会	29
選定療養	61
相当因果関係	155
総報酬制	113
租税条例主義	311
租税法律主義	50, 311

措置	207, 228, 243
——から契約へ	83

た 行

第1号被保険者	
〔介護保険〕	70
〔国民年金〕	109
——の保険料	
〔介護保険〕	75
〔国民年金〕	136
第1種社会福祉事業	213
待期期間	40, 198
待機児童	213
待機者	208, 243
代行	139
代行割れ基金	140
第3号被保険者	109, 135
——の保険料	134
第3号被保険者問題	136, 143
第三者災害	177
第三者評価事業	216
退職改定	120
第2号被保険者	
〔介護保険〕	70
〔国民年金〕	109
——の保険料	
〔介護保険〕	78
〔国民年金〕	134
第2種社会福祉事業	213
代理受領	93, 210
短期雇用特例被保険者	188
地域生活支援事業	239
地域密着型介護サービス費	89
地域密着型サービス事業者	90
超高齢社会	67, 294
賃金スライド	116
追納	137
通勤	154, 164
通勤災害	151, 162
積立金	107
積立方式	106, 143
デイサービス	87
出来高払方式	56
適用事業	148

特定施設	72
特定疾病	71
特定受給資格者	187
特定理由離職者	187, 197
特別加入者	149
特別加入制度	149
特別基準	263
特別児童扶養手当	232
特別障害給付金	110
特別徴収	76
特別養護老人ホーム	243
特別療養費	47
特例給付	226
ドメスティックバイオレンス（DV）	231

な 行

内簡	17
2階建て	105
2次医療圏	53
二重指定方式	54
二重の負担	143
日本年金機構	108
任意継続被保険者	30
任意後見	215
任意包括被保険者	32
認定こども園	217
任用資格	213
年金	104
年金受給権	129
——の消滅時効	130
年金生活者支援給付金	115
納付猶予	136
能力開発事業	200
能力の活用	259

は 行

配偶者	125
20歳前障害基礎年金	123
パパママ育休プラス制度	194
ハローワーク	184
反射的利益	208
必要即応の原則	264
ひとり親家庭	229
被扶養者	35

被保険者	
〔介護保険〕	70
〔健康保険〕	33
〔厚生年金〕	110
〔国民健康保険〕	46
〔国民年金〕	108
〔雇用保険〕	184
被保険者期間	186
被保険者資格	33
——の「確認」	34
被保険者資格証明書	48
日雇労働被保険者	188
病院	52
評価療養	61
被用者年金	105
被用者保険	15
標準賞与額	43, 113
標準報酬月額	43, 112
費用返還義務	276
賦課方式	106
福祉サービス利用援助事業	215, 300
福祉3法体制	206
福祉事務所	214, 228, 268
福祉的就労	237
福祉6法体制	206
普通徴収	76
物価スライド	116
不妊治療	42
不服申立て制度	301
扶養優先	261
プライマリーケア	52
併給調整	131, 231, 291
ベヴァリジ報告	3
保育所	217
——の「民営化」	222
認可——	217
保育短時間	221
保育標準時間	221
放課後児童健全育成事業	224
包括払方式	57
法源	16
報酬	112
法定後見	214
法定免除	136

保険医 ……………………… 54	要介護状態 ……………………… 71
保険医療機関 …………………… 54	要介護度 ………………………… 210
保険外診療 ……………………… 62	要介護認定 ……………………… 81
保険外併用療養費 ……………… 61	要介護認定区分 ………………… 82
保険者	養護老人ホーム ………………… 243
〔介護保険〕…………………… 70	要支援者 ………………………… 71
〔健康保険〕…………………… 30	要支援状態 ……………………… 82
〔国民健康保険〕……………… 45	要保護児童 ……………………… 228
〔国民年金〕…………………… 108	予防給付 ………………………… 87
〔雇用保険〕…………………… 184	

ら 行

保険料の減免	離婚時の年金分割 ……………… 127
〔介護保険〕…………………… 78	離　職 …………………………… 195
〔厚生年金〕…………………… 137	離職票 …………………………… 197
〔国民健康保険〕……………… 50	リスク分散 ……………………… 12
〔国民年金〕…………………… 136	リバースモーゲージ …………… 257
保険料水準固定方式 …………… 107	療育手帳 ………………………… 234
保険料納付記録 ………………… 127	利用者負担 ……………………… 240
保険料率 ………………………… 312	療養担当規則 ………………… 38, 57
介護── ……………………… 97	療養の給付 ……………………… 37
保護基準 ………………………… 263	療養費 …………………………… 39
保護請求権の原理 ……………… 254	療養補償給付 …………………… 168
補足性の原理 …………………… 255	レセプトの審査 ………………… 59
	労災保険率 ……………………… 151

ま 行

	労災補償 ………………………… 145
埋葬料 …………………………… 43	老人福祉法 ……………………… 67
マクロ経済スライド …………… 117	老人保健法 ……………………… 67
ミーンズテスト ……………… 16, 205	労働者災害補償保険法 ………… 146
未支給年金 ……………………… 131	労働者保険 ……………………… 5
無差別平等の原理 ……………… 254	労働の意思 ……………………… 196
メリット制 ……………………… 151	労働の能力 ……………………… 196
	労働保険 ………………………… 150

や 行

	労働保険審査会 ………………… 18
薬価基準 ………………………… 58	労働保険料 ……………………… 151
薬価調査 ………………………… 58	老齢基礎年金 …………………… 114
有料老人ホーム ………………… 245	老齢厚生年金 …………………… 116
養育費 …………………………… 232	特別支給の── ……………… 118
要介護者 ………………………… 71	

判例索引

＊〔百選○〕は『社会保障判例百選〔第5版〕』（有斐閣，2016年）の項目番号を示す．

最大判昭33・2・12民集12巻2号190頁〔百選7〕 ·················· 14, 309
長野地判昭34・6・9労民集10巻3号620頁 ·················· 169
最判昭37・4・26民集16巻4号975頁 ·················· 180
最判昭38・6・4民集17巻5号716頁〔百選62〕 ·················· 178
広島高岡山支判昭38・9・23行集14巻9号1684頁〔百選12〕 ·················· 33
最判昭40・6・18判時418号35頁〔百選15〕 ·················· 35
最大判昭42・5・24民集21巻5号1043頁〔朝日訴訟，百選1〕 ·················· 285, 302, 304
松山地宇和島支判昭43・12・10高民集23巻2号210頁 ·················· 289
山口地判昭44・3・31行集20巻2＝3号323頁 ·················· 49
高松高判昭45・4・24高民集23巻2号194頁 ·················· 289
最判昭46・6・29民集25巻4号650頁 ·················· 276
神戸地判昭47・9・20行集23巻8＝9号711頁 ·················· 306
東京地判昭48・5・16判時708号22頁 ·················· 38
最判昭48・12・20民集27巻11号1594頁〔百選23〕 ·················· 59
最判昭49・9・2民集28巻6号1135頁 ·················· 160
岐阜地判昭50・6・9行集26巻6号789頁 ·················· 60
前橋地判昭50・6・24労判230号26頁 ·················· 159
最判昭52・5・27民集31巻3号427頁 ·················· 181
最判昭52・10・25民集31巻6号836頁〔三共自動車事件，百選64〕 ·················· 181
最判昭53・4・4判時887号58頁〔百選24〕 ·················· 60
最大判昭53・7・12民集32巻5号946頁 ·················· 310
東京地判昭54・4・11行集30巻4号714頁 ·················· 262
大阪高判昭55・11・21労判357号52頁 ·················· 33
大阪地判昭56・3・23判時998号11頁〔百選22〕 ·················· 54
最大判昭57・7・7民集36巻7号1235頁〔堀木訴訟，百選2〕 ·················· 131, 305
最判昭58・4・14民集37巻3号270頁〔百選36〕 ·················· 126
浦和地判昭58・4・20労判412号26頁 ·················· 150
最判昭58・10・13民集37巻8号1108頁 ·················· 170
東京高判昭58・10・20判時1092号31頁 ·················· 17
最判昭59・5・29労判431号52頁 ·················· 155
神戸地判昭61・5・28労判477号29頁〔百選75〕 ·················· 198
東京地判昭61・9・30判時1218号93頁 ·················· 208, 220
最判昭61・10・17判時1219号58頁〔百選28〕 ·················· 59
最判昭61・12・16労判489号6頁 ·················· 168
最判昭62・7・10民集41巻5号1202頁〔百選60〕 ·················· 178
最判平元・3・2判時1363号68頁〔塩見訴訟，百選4〕 ·················· 307
東京地判平元・3・14判時1301号21頁〔百選31〕 ·················· 61

321

東京高判平元・3・28 東高時報 40 巻 1～4 号 31 頁	208
札幌高判平元・5・18 労判 541 号 27 頁	167
京都地判平元・6・23 判タ 710 号 140 頁	309
東京地判平 3・1・23 判タ 777 号 121 頁	130
京都地判平 3・2・5 判時 1387 号 43 頁	227, 299
岡山地判平 4・5・20 判自 106 号 80 頁	261
仙台高判平 4・12・22 判タ 809 号 195 頁〔百選 14〕	34
最大判平 5・3・24 民集 47 巻 4 号 3039 頁〔百選 38〕	132
秋田地判平 5・4・23 行集 44 巻 4 = 5 号 325 頁	272
福岡高判平 5・4・28 労判 648 号 82 頁	158
大阪高判平 5・10・5 訟月 40 巻 8 号 1927 頁	299
京都地判平 5・10・25 判時 1497 号 112 頁〔百選 85〕	274
大阪高判平 6・7・20 行集 45 巻 7 号 1553 頁	313
広島高判平 7・3・23 行集 46 巻 2 = 3 号 309 頁	234
津地判平 7・6・15 判時 1561 号 95 頁〔百選 110〕	245
最判平 7・11・7 民集 49 巻 9 号 2829 頁〔百選 41〕	129, 131
最判平 8・11・28 判時 1589 号 136 頁〔百選 48〕	148
名古屋高判平 9・8・8 判時 1653 号 71 頁	260
最判平 10・2・10 金判 1056 号 6 頁	286
福岡地判平 10・5・26 判タ 990 号 157 頁	258, 274
大阪地堺支判平 10・6・17 労判 751 号 55 頁	140
鹿児島地判平 11・6・14 判時 1717 号 78 頁	55
京都地判平 11・9・30 判時 1715 号 51 頁	113, 114
最判平 11・10・22 民集 53 巻 7 号 1211 頁	132
名古屋高金沢支判平 12・9・11 判タ 1056 号 175 頁	264
最判平 12・11・14 民集 54 巻 9 号 2683 頁〔百選 39〕	133
最判平 13・3・13 訟月 48 巻 8 号 1961 頁〔第 2 次塩見訴訟〕	308
東京高判平 13・6・26 裁判所 HP	234
最判平 13・9・25 判時 1768 号 47 頁〔百選 5〕	253
大阪高判平 13・10・19 訟月 49 巻 4 号 1280 頁	269
最判平 14・1・31 民集 56 巻 1 号 246 頁〔百選 99〕	17, 231
大阪高判平 14・7・9 裁判所 HP	276
さいたま地判平 14・12・4 判自 246 号 99 頁	208
最判平 16・3・16 民集 58 巻 3 号 647 頁〔百選 80〕	258
東京地判平 16・3・24 民集 61 巻 6 号 2389 頁〔学生無年金障害者訴訟〕	109
東京高判平 16・9・7 判時 1905 号 68 頁〔百選 42〕	289
最判平 17・4・21 判時 1895 号 50 頁	126
京都地判平 17・4・28 判時 1897 号 88 頁	274
大阪高判平 17・6・30 判自 278 号 57 頁	211
大阪高判平 18・1・26 労判 912 号 51 頁	114
高松高判平 18・1・27 裁判所 HP	217
最大判平 18・3・1 民集 60 巻 2 号 587 頁〔百選 8・9〕	50, 311
最判平 18・3・28 判時 1930 号 80 頁	77
横浜地判平 18・5・22 判タ 1262 号 137 頁	223

奈良地判平 18・9・5 労判 925 号 53 頁 ……………………………………………………… *114*
広島高判平 18・9・27 賃社 1432 号 49 頁〔百選 90〕………………………………… *274*
東京地判平 18・10・25 判時 1956 号 62 頁〔百選 95〕…………………………………… *303*
大阪高判平 18・11・28 判時 1973 号 75 頁〔百選 47〕…………………………………… *142*
前橋地判平 18・12・20 労判 929 号 80 頁 ………………………………………………… *48*
最判平 19・3・8 民集 61 巻 2 号 518 頁〔百選 37〕……………………………………… *126*
最判平 19・6・28 労判 940 号 11 頁 ………………………………………………………… *148*
東京地判平 19・8・31 判時 1999 号 68 頁 ………………………………………………… *121*
最判平 19・9・28 民集 61 巻 6 号 2345 頁〔学生無年金障害者訴訟,百選 10〕…… *109, 110, 123, 305*
東京地判平 19・11・7 判時 1996 号 3 頁 …………………………………………………… *62*
名古屋高決平 20・2・1 家月 61 巻 3 号 57 頁 …………………………………………… *128*
最判平 20・10・10 判時 2027 号 3 頁〔百選 35〕………………………………………… *123*
東京高判平 21・3・25 労判 985 号 58 頁 …………………………………………………… *142*
福岡地判平 21・5・29 賃社 1499 号 28 頁 ………………………………………………… *258*
東京高判平 21・9・29 判タ 1310 号 66 頁 ………………………………………………… *62*
東京高判平 21・9・30 判時 2059 号 68 頁 ………………………………………………… *212*
東京高判平 21・10・29 労判 995 号 5 頁 …………………………………………………… *142*
最判平 21・11・26 民集 63 巻 9 号 2124 頁〔百選 96〕………………………………… *223*
秋田地判平 22・2・26 賃社 1522 号 62 頁 ………………………………………………… *277*
福岡高判平 22・5・25 賃社 1524 号 59 頁 ………………………………………………… *274*
那覇地決平 22・7・16 賃社 1528 号 55 頁 ………………………………………………… *267*
東京地判平 22・7・28 判タ 1356 号 98 頁 ………………………………………………… *241*
大分地判平 22・10・18 賃社 1534 号 22 頁 ……………………………………………… *252*
東京地判平 22・11・12 訟月 57 巻 10 号 2353 頁 ………………………………………… *130*
福岡地小倉支判平 23・3・29 賃社 1547 号 42 頁 ………………………………………… *270*
水戸地判平 23・6・16 判時 2122 号 109 頁 ……………………………………………… *84*
最判平 23・10・25 民集 65 巻 7 号 2923 頁〔百選 29〕………………………………… *62*
東京地判平 23・11・8 賃社 1553 = 1554 号 63 頁 ……………………………………… *260*
福岡高判平 23・11・15 判タ 1377 号 104 頁 ……………………………………………… *253*
最判平 24・2・28 民集 66 巻 3 号 1240 頁〔百選 3〕…………………………………… *271*
大津地判平 24・3・6 賃社 1567 号 35 頁 ………………………………………………… *260*
福岡地大牟田支判平 24・4・24 賃社 1591 = 1592 号 101 頁 ………………………… *84*
和歌山地判平 24・4・25 判時 2171 号 28 頁〔百選 101〕……………………………… *242*
東京地立川支決平 24・7・11 賃社 1572 号 44 頁 ………………………………………… *286*
東京高判平 24・7・18 賃社 1570 号 42 頁〔百選 82〕…………………………………… *303*
札幌地判平 24・7・23 判自 407 号 71 頁 …………………………………………………… *242*
長野地判平 24・8・24 判時 2167 号 62 頁〔百選 46〕…………………………………… *140*
大阪高判平 24・12・25 労判 1079 号 98 頁〔百選 49〕………………………………… *160*
札幌地判平 25・3・27 裁判所 HP …………………………………………………………… *303*
大阪地判平 25・4・19 判時 2226 号 3 頁〔百選 81〕…………………………………… *258*
大阪高判平 25・5・22 判タ 1395 号 160 頁 ……………………………………………… *84*
大阪地判平 25・11・25 労判 1088 号 32 頁 ……………………………………………… *173*
最判平 26・7・18 判自 386 号 78 頁〔百選 79〕………………………………………… *253*
最判平 26・10・23 判時 2245 号 10 頁〔百選 87〕……………………………………… *274*

最大判平 27・3・4 民集 69 巻 2 号 178 頁〔百選 65〕 …………………………………… *292*
札幌高判平 27・4・24 判時 407 号 65 頁 …………………………………………………… *242*
大阪高判平 27・6・19 判時 2280 号 21 頁〔百選 6〕 …………………………………… *173*
東京高判平 28・4・27 労判 1146 号 46 頁 ………………………………………………… *150*
東京地判平 28・6・17 判時 2346 号 20 頁 ………………………………………………… *111*
津地判平 29・1・30 労判 1160 号 72 頁 …………………………………………………… *181*
東京地判平 29・1・31 判時 2371 号 14 頁 ………………………………………………… *153*
大阪地判平 29・2・2 判時 2346 号 92 頁 …………………………………………………… *84*
最判平 29・3・21 判時 2341 号 65 頁 ……………………………………………… *173, 309*
最判平 29・4・21 民集 71 巻 4 号 726 頁 ………………………………………………… *121*
東京高判平 29・9・21 労経速 2341 号 29 頁 ……………………………………………… *153*
最判平 29・10・17 民集 71 巻 8 号 1501 頁 ……………………………………………… *130*

よくわかる社会保障法〔第2版〕
Understanding Social Security Law, 2nd ed.

2015年3月20日　初　版第1刷発行
2019年3月30日　第2版第1刷発行
2021年2月25日　第2版第2刷発行

編　者	西村健一郎
	水島郁子
	稲森公嘉
発行者	江草貞治

|発行所|株式会社 有斐閣|

郵便番号　101-0051
東京都千代田区神田神保町2-17
電話　（03）3264-1314〔編集〕
　　　（03）3265-6811〔営業〕
http://www.yuhikaku.co.jp/

印刷・大日本法令印刷株式会社／製本・牧製本印刷株式会社
©2019, K. Nishimura, I. Mizushima, K. Inamori.　Printed in Japan
落丁・乱丁本はお取替えいたします。

★定価はカバーに表示してあります

ISBN 978-4-641-24316-3

|JCOPY|本書の無断複写（コピー）は、著作権法上での例外を除き、禁じられています。複写される場合は、そのつど事前に（一社）出版者著作権管理機構（電話03-5244-5088, FAX03-5244-5089, e-mail:info@jcopy.or.jp）の許諾を得てください。|